善く生きることの地平

# 善く生きることの地平
── プラトン・アリストテレス哲学論集 ──

土橋茂樹 著

知泉書館

# 目　次

## 第1部　信念系の転換と知の行方
### ——プラトン対話篇読解——

第1章　『リュシス』篇解釈の一視点……………………………………5
　1　客観的専門知………………………………………………………6
　2　欲求の四項構造……………………………………………………8
　3　欲求の複合構造的説明……………………………………………11
　4　もう一つの知識観…………………………………………………13
　5　結　び………………………………………………………………17

第2章　信念系の転換と知の行方——『エウテュデモス』篇解釈試論
　　　……………………………………………………………………19
　1　信念系の転換………………………………………………………20
　2　詭弁の実例…………………………………………………………23
　3　学ぶこと（μανθάνειν）の二義…………………………………25
　4　領域的専門知から脱領域的知への転換…………………………27
　5　領域的専門知の《解釈》…………………………………………30
　6　自閉的写像言語系の克服…………………………………………32
　7　ロゴスを用いる知への転換………………………………………35

第3章　居丈高な仮想論難者と戸惑うソクラテス
　　　——『大ヒッピアス』篇の一解釈………………………………39
　1　序………………………………………………………………………39
　2　導入部（281a1-286c3）の解釈……………………………………40
　3　「仮想論難者」という仕掛け………………………………………49

  4 美の探求の解釈……………………………………………………58

附論 1 美とエロースをめぐる覚え書き……………………………83
  1 『饗宴』篇からの示唆………………………………………………84
  2 第二次性質と美………………………………………………………86
  3 私案提示………………………………………………………………90

附論 2 ソクラテスが教えを乞うた女性アスパシア……………97
  1 ギリシア悲劇に登場する女丈夫たち………………………………97
  2 アスパシアとペリクレス……………………………………………99
  3 アスパシアとソクラテス，そして弟子たち………………………101
  4 プラトンと『メネクセノス』篇，そしてアスパシア……………105

## 第 2 部 魂と《生のアスペクト》
### ――アリストテレス『魂について』の諸相――

第 4 章 アリストテレスの感覚論――表象論序説…………………111
 Ⅰ **自体的感覚対象と付帯的感覚対象**……………………………113
  1 事物は直接知覚され得るのか？……………………………………113
  2 アリストテレスによる感覚対象の三区分…………………………114
  3 感覚対象の「自体的／付帯的」区分をめぐる諸解釈の
    批判的考察…………………………………………………………117
  4 現象と志向対象………………………………………………………125
 Ⅱ **固有感覚対象と共通感覚対象**…………………………………128
  1 「～と見える」の三用法……………………………………………128
  2 固有感覚対象と固有感覚……………………………………………132
  3 共通感覚対象と共通感覚……………………………………………137
 Ⅲ **感覚をめぐる諸問題**……………………………………………145
  1 前節までの整理と二つの補完的議論………………………………145
  2 存在把握からの逸脱――矮小化と希薄化…………………………156
  3 結び――表象論に向けて……………………………………………160

## 第 5 章　アリストテレスにおける表象と感覚 ················ 165
 1 狭義の感覚・広義の感覚 ································· 166
 2 表　象 ································································ 170
 3 表象論の射程 ····················································· 174

## 第 6 章　ロゴスとヌースをめぐる一試論──アリストテレス
    『魂について』に即して ····································· 179
 Ⅰ **二つの言語観** ······················································· 180
  1 声・話声・言語 ················································ 180
  2 もう一つの言語観 ············································· 182
  3 世界の形相的把握機能そのものとしての魂の内なる言語 ···· 184
 Ⅱ **言語能力としての知性** ········································ 185
  1 思考能力としての知性 ····································· 185
  2 思考と感覚の類比 ············································· 190
  3 能動知性と光 ····················································· 194
  4 感覚能力の知性による変容としての付帯的感覚──小括 ···· 198

## 第 7 章　生のアスペクトと善く生きること──アリストテレス
    『魂について』を起点として ······························ 201
 1 生のアスペクトとしての〈生きている〉こと ······· 201
 2 ただ生きられるしかない〈生の事実〉 ············· 207
 3 人間の〈生のかたち〉としての「善く生きること」 ··· 210

## 附論 3　アパテイアの多義性と「慰めの手紙」──東方教父における
    ストア派の両義的影響 ······································· 213
 1 バシレイオスにおけるパトスの三区分とそのストア派起源 ···· 215
 2 バシレイオスにおけるアパテイア概念 ··············· 217
 3 アパテイア，エウパテイア，メトリオパテイア ···· 218

## 第3部　善き生の地平としてのフィリアー
──アリストテレス政治・倫理学の諸相──

### 第8章　アリストテレスのフィリアー論序説──友愛の類比的構造 …………………………………………………………… 225
1　フィリアーの諸形態 ………………………………………… 226
2　「友愛」の規定 ……………………………………………… 230
3　友愛の類比的構造 …………………………………………… 232
4　結　論 ………………………………………………………… 239

### 第9章　アリストテレスのフィリアー論──自己愛と友愛 …… 241
1　フィリアー概念の多様性と利他的友愛規定 ……………… 242
2　自己愛論 ……………………………………………………… 247
3　利他的友愛の可能根拠 ……………………………………… 249

### 第10章　正義とフィリアーの関係について──アリストテレス『ニコマコス倫理学』を中心に ………………………… 253
1　アリストテレスにおける正義論の概観 …………………… 254
2　衡平と友愛 …………………………………………………… 265
3　結　論 ………………………………………………………… 272

### 第11章　共同体におけるテオーリアーとフィリアー ………… 275
1　共同体の二つの位相 ………………………………………… 276
2　完全共同体と完全な友愛 …………………………………… 281
3　友愛と正義 …………………………………………………… 287
4　人としての善・市民としての善 …………………………… 290

### 第12章　13・14世紀におけるアリストテレス『政治学』の受容 ………………………………………………………… 293
1　序 ……………………………………………………………… 293
2　ラテン世界への『政治学』の導入 ………………………… 295
3　中世の社会・政治思想への『政治学』受容の影響 ……… 302

4　結　び………………………………………………………………314

第13章　善き生の地平としての共同体＝政治的公共性……………317
　　1　序………………………………………………………………317
　　2　共同体主義による自由主義批判…………………………………320
　　3　私的領域と公的領域の相関史……………………………………322
　　4　失われた公共性の再創出…………………………………………326
　　5　統合的共同体の紐帯としての公共的フィリアー………………329
　　6　《私たちの善き生》の地平としての公共性……………………330

第14章　人間本性と善——M・ヌスバウムによるアリストテレス的
　　　　本質主義の擁護………………………………………………331
　　1　序………………………………………………………………331
　　2　現代英米系倫理学における「徳」倫理の再生とその前史………333
　　3　アリストテレス倫理学＝政治学と「公共性」…………………336
　　4　M・ヌスバウムと現代アリストテレス主義……………………345
　　5　批判と展望——結びに代えて……………………………………360

附論4　アリストテレス離れの度合——古典的徳倫理学の受容と変遷
　　………………………………………………………………………363
　　1　徳と幸福の関係……………………………………………………364
　　2　行為における思慮の働き…………………………………………366
　　3　徳と政治的権利……………………………………………………367

あとがき……………………………………………………………………369
初出一覧……………………………………………………………………373
引用文献表…………………………………………………………………375
人名索引……………………………………………………………………385
事項索引……………………………………………………………………389
古典出典索引………………………………………………………………398

# 善く生きることの地平

―――プラトン・アリストテレス哲学論集―――

# 第1部

# 信念系の転換と知の行方

――プラトン対話篇読解――

# 第1章
## 『リュシス』篇解釈の一視点

---

　プラトン初期後半，おそらく初期から中期の移行期の作品であろう『リュシス』篇は，その副題にあるように「友愛」をテーマとするソクラテス的対話篇である。しかし，この対話篇に対してなされたこのように簡潔で教科書的な紹介内容をめぐってさえ，実は過去において（そして現在も）きわめて多くの論争がなされてきた[1]。カーンの叙述を借りれ

---

　1）　本対話篇に関して，(1) プラトンによる真筆性が疑われたことは過去においてなかったわけではない（たとえば 19 世紀において Ast や Socher など）。しかし，現在ではその真作性が疑われることはない。また，(2) 執筆年代に関しては，研究者たちの合意を得ることが久しくなかった。Verdam, von Arnim, Willamowitz がそれぞれ 4 番目，5 番目，6 番目の著作とみなし，Ritter と Raeder が 14 ないし 15 番目，つまり『饗宴』の直前に置き，Polenz に至っては，『パイドロス』『リュシス』『饗宴』の順であると主張した（cf. Levin [1971]）。現在では，初期後半，ないし初期から中期への移行期という線に落ち着いている。(3) 本対話篇がソクラテス的定義を巡る対話篇であるか否かという論点に関しては，Guthrie [1975] を始め多くの研究者が，『エウテュプロン』『ラケス』『カルミデス』などと並ぶ定義的対話篇とみなすが，その一方で Robinson [1941] は「友愛の何であるか」と「友愛成立の条件が何であるか」とが混同されていると指摘し，Sedley [1988] はさらに本対話篇が定義的対話篇ではないことを強く主張する。さらにソクラテス的対話篇を特徴づけるいわゆる Socratic elenchus と aporia に関しては，(4) Vlastos は本対話篇に Socratic elenchus は用いられないと断定するが，Siebach and Wrathall [2002] は D.Davidson の真理論を援用して本対話篇にもエレンコスが用いられていると主張する。また Renaud [2002] は，本対話篇に対するいわゆる分析的アプローチ（その典型が Socratic elenchus）とドラマ的・文学的アプローチの没交渉的関係の和解に向けて本対話篇におけるエレンコスの倫理的次元の開拓を試みる。(5) aporia に関しては，本対話篇が何らかの意味で aporetic であることに諸家の異存はないが，その上で Mackenzie [1988] はプラトン化した解釈を慎重に取り除きながら本対話篇が純正なソクラテス的アポリアに陥ることを主張し，対して Rowe [2000] は同時に本対話篇の対話者たちがある意味では euporia の状態にあることを指摘する。また，(6) 1913 年から 21 年にかけて，執筆年代史的問題やプラトンの哲学的発展の問題とともに，本対話篇におけるフィリアーとエロースの関係について Pohlenz と von Arnim の間に論争が起こったが，その経緯は Bolotin

ば,『リュシス』篇は「ひどく込み入った対話篇の一つであり,その解釈は果てしない論争の種であり続けた」[2]のである。そこで,本章では,そのような論争にその都度コミットすることは避け（いくつかの論争の経緯については簡略に注1で触れておいた）,しかも「友愛」「友」とは何であるか,といったメイン・テーマからも敢えて距離をとりながら,むしろ『リュシス』篇解釈の勘所とでも言うべきところを,本対話篇中に見出される二つの知識観を機軸とする新たな解釈視点を設けることによって些かなりとも浮き彫りにしたいと思う。こうした見直しの試みは,あくまでこの後予定される本格的な『リュシス』篇研究の準備作業に過ぎないが,同時に中期対話篇で展開されるプラトン的知識観の萌芽を明確化する試みでもある。

## 1　客観的専門知

第一の知識観については,ソクラテスとリュシスとの最初の対話（207d-210d）にその基本型を見出すことができる。

> 我々が知をもっている（φρόνιμοι）ような領域においては,誰でもが皆……我々に任せてくれることだろう。そして,そうした領域でなら何であれ自分の欲することができるだろうし,わざと我々の邪魔だてをする者もいないだろう。そこでは我々自身は自由の身であって,かえって他の人々を支配することになるだろうし,そうした領域は自分のもの（ἡμέτερα）となるはずだ。なぜなら,我々

---

[1979] に詳しい。(7) 本対話篇をめぐってもっともよく取り沙汰されるのが,他の著作との関係である。Gonzalez [1995] は,①本対話篇は『饗宴』で解決される主題（エロース）を扱うが失敗する（Schleiermacher, Stallbaum, Robin, Stefanini, Vicaire）,②本対話篇は『饗宴』の主要教説を先取りしている（Pohlenz, Friedlaender, Schoplick）,③本対話篇は『ニコマコス倫理学』で解決される主題（フィリアー）を扱うが失敗する（Guthrie, Annas, Robinson, Price [1989]）,④本対話篇は『ニコマコス倫理学』の主要教説を先取りしている（von Arnim, Hoerber）と分類する。Gonzalez自身は,本対話篇を他の著作の補助なしに理解でき,しかも独自の主張を備えた整合的な著作とみなす。さらにMackenzie [1988] は『パイドン』との内的繋がりを主張する。

2)　Kahn [1996], p.281.

はそこから利益を得るのだから。しかし，我々が弁えをもたないような事柄については，誰一人，我々がよいと思うことをすることを許さないだろう。誰もができる限り邪魔をするだろうし，それは他人のみならず父や母，あるいはもっと身近な者がいればその者でさえ同様なのだ。我々自身，そうした領域では他人に服従し，それは我々にとって他人のもの（ἀλλότρια）となるはずだ。なぜなら，自分はそこから何一つ利益が得られないのだから。（210a9-c4）[3]

ここで広義に「知」とは，① 何らか領域的であって，② その知をもつ者はその領域内で欲することを為すことができ，③ それが自他の利益になる[4]限りで，④「自分のもの」でもある（つまり利益をもたらしてくれるが故に他人もその利益目当てに彼に服従し，その結果，その領域では彼が支配権を〈わがもの〉とし得る），そういう知である。当然，そうした知をもたない者（ἄφρων）は，その領域内では自らの欲することを為すことができず，利益にならぬ限りでそれは「他人のもの」となる。さらにこうした知は，⑤ それを弁えているか否かの判定が第三者にも開かれている点で客観的である。たとえばリュシスの両親は，戦車競技で手綱を取ることをリュシスに許さず，駆者に任す（208a2-6）が，その場合，戦車競技に関する技術知を持つか持たぬかは第三者である両親によって判定される。

こうした知識観はさらに以下のような友愛観と結びつく。

では，我々が役立たずであるような事柄に関して，我々は誰かと友になるのだろうか，そして誰かが私を愛してくれるのだろうか。
——もちろんそんなことはありません。
そうすると，君の父上は君を，また他の誰であれ，ある人は他の人を，その人が役に立たない限り，愛することはないのだね。

---

3) テキストは J. Burnet (ed.), *Platonis Opera*, Oxford Classical Texts, 訳は私訳を用いる。本章において特に指示のない限り引用はすべて『リュシス』篇からのものであり，頁・行数のみを記す。

4) Vlastos [1981], pp.7-8, n.17 が正しく指摘するように，このテキスト箇所にはまだ利己的要素の含意も排除もない。

――そのようです。
　それゆえ，君が知者になるならば，誰もが君と友になり，君と親しくなるだろう。なぜなら，君は役に立つよい人になるのだから。（210c5-d3）

　要するに，AがBを愛する（AがBと友である）ためには，Bが上述のような知をもつ（つまり知者になる）ことが条件となる。その際，Bが知をもっているか否かの判定者はAであるが，その基準（ὅρος; 209c7）は取り立てて専門的で厳密なものではなく，あくまで当該領域（たとえば料理や医療）における〈素人〉と較べて誰が見ても明らかに〈上手くできる〉と「思われる」（209c4, d2, 210a1, 4, 7）限りのものである。A自身が当該領域の専門家である必要はない。ただBの振る舞いや言葉遣い，そして何よりその働きの結果（たとえば料理が栄養豊かでおいしい，病が治るといったこと）のうちに，誰が見てもBにはその領域の知がある（上手くできる）と思わせるだけの客観的な徴標があればいいのである。
　なお，ブラストスが正しく指摘したように[5]，この場面では，AがBを愛するのは，必ずしもBが〈Aのために〉役立つ（Aの利益になる）からではなく，Bの知があくまで一般的で客観的な，ある意味では公共的な有用性をもたらすからである。しかし，このようにAがBのもつ知の有用性の判定者であるという認知的側面からだけで，AがBを愛し求める動機が十全に説明されたと言い得るのだろうか。むしろAの側にBの知がもたらす有用性を必要とし，愛し求める要因がなければ，AはBを友とし愛しはしないのではないか。かくして探求は認知の側面から欲求の構造解明へと向かうのである。

## 2　欲求の四項構造

　AがBを愛し，AがBと友になるためには，Aの側にBの知がもた

---

5) Vlastos [1981], p.7.

らす有用性に対する欲求がまずなければならない。それは以下のように定式化される。

　　悪くも善くもないものが悪しきものの顕在の故に（διὰ κακοῦ παρουσίαν）善いものの友となる。(217b4-6)

　ここで「悪くも善くもないもの」がAに，「善いもの」がBに対応する。テキストではこのことが健康の例によって説明される。身体（A）は，少なくともそれが身体である限りは善くも悪くもない中立的なものであり（217b2-3），その限りで何かを求める原因をもたない状態にある。身体（A）が何かを求めるためには，その欲求の原因・動機として何らか悪しきもの，身体の場合なら病気がそこに付帯的に顕在しなければならない。なぜなら，健康な身体なら，健康の故にそれ自体で十分であって，他からの援助を必要としないが，病人の場合は，病気の故に，医術や援助を必要とするからである（217a5-6）。したがって，身体（A）は，病気という悪の付帯的顕在の故に（それに原因づけられて），医療援助という善，具体的には医者という善いもの（B）を求めずにはいられない（したがって医者と友になる）(217b3-4)。
　もはやAは，Bの知のもたらす有用性の判定者に留まってはいない。Aは何らかの悪（欠如や不完全性）を付帯することによってBを欲求する者にならねば，Bと友にはなれないのだ。ただし，ここで悪がAの自体的な性質になってしまっては，もはや善を志向するものではあり得なくなる。なぜなら，Aをそれ自体として悪しきものにしてしまう悪の顕在は，Aから善への欲望（ἐπιθυμία）も友愛も奪ってしまうからである（217e8-9）。ちょうど金髪が白く染められている時，老齢によって白髪になった場合とは異なり，白さを付帯してはいるものの，その毛髪自体はいまだ金色を自らの性質として保持している（217d1-e4）のと同じように，「悪が顕在してはいるものの，まだそれ自身，悪くはなっていない場合に，そうした（付帯的な）悪の顕在は，善くも悪くもないものに善いものへの欲望をもたせるのである」（217e6-8）。
　しかし，そもそもAがBを友とする時，果たしてAはBを自らの欲望の対象とみなしているのだろうか。A（病人）の欲望の対象となるの

は，B（医者）自身のもつ善さではなく，Bの知のもたらす善さ（健康）ではないのか。かくしてそのことを明らかにするために，これまでの欲求主体A，悪の顕在，欲求対象Bという三項構造に，「何かのため」という目的論的な契機が加えられ[6]，最終的に欲求構造は四項構造として提示されることになる。

　病人は病気の故に，健康のために，医者の友である（218e4-5）。すなわち「善くも悪くもないものである身体が，病気の故に，すなわち悪いもの故に，医術の友であり，しかも医術は善いものである。また，健康のために医術は友愛を獲得し，しかも健康は善いものである」（219a1-4）。抽象化して言えば，「悪くも善くもないものが，悪いものであり敵であるものの故に，善いものであり友であるもののために，善いものの友である」（219a6-b2）。ここに至って，Aが，悪の故に，善のために，Bを愛する（友となる）という四項構造が完成する。しかるに，B（友1）も，目的である善いもの（友2）も，どちらも友である以上，友2にも同様の四項構造が要請されるはずである。よって，友2のために友1が友として求められたように，友2にもそれのために自らが友となり得るような友3が必要となり，さらに友4，友5と目的の連鎖が続くことになろう。そうしたより上位の目的への遡行が無限に続くことなく，どこかで他の何かのためにではなくそれ自身のために求められる自体的・究極的な目的，すなわち「第一の友」（πρῶτον φίλον）によって，その連鎖が打ち切られ，その連鎖系全体としての目的論的な構造が保証される必要がある[7]。しかし，そもそも欲求主体Aに何らかの悪が動機とし

---

[6]　「何かの故に」というdia構造を用いて欲求の動機を説き明かしたソクラテスは，束の間，上機嫌になるものの，すぐさま疑念がわき起こり（218c6），まったく唐突に「何かのため」（ἕνεκά του）という目的論的要因を導入する（218d8）。しかし，このように抽象度が高く急展開していく議論に付いていけないと告白するメネクセノス（そしてリュシス）に再び病人と医者の例が示されることからもわかるように，ここで一見唐突に見える話の展開も，実は，病気の付帯的顕在によって動機づけられた欲求が病気の反対概念である健康との対比によって語られていた箇所（217a4-7）での伏線が，ようやく今ここで説明され始めるという意味でそれ以前の議論と実質的には繋がっているのである。

[7]　この点にかかわるテクスト219c5-d2の読みには注意が必要である。正確に言えば，アリストテレス流のいわゆるアナンケー・ステーナイ（Met. 1070a4），すなわち究極の目的がなければ我々の欲求そのものが不可能となる故，無限遡行は停止することが必然である，という考えをここに読み込むのは誤りである。むしろここでは，選言の必然，すなわち，どこかで止まるか，あるいは始原に行き当たるか，そのどちらかが必然だと言われている。ま

て付帯する限りでその悪の反対状態である何らかの善さが目的として欲求され得たのである以上、その何らかの善さの目的連鎖系における他の一切の目的がそれに依拠するところの「第一の友」の目的性さえ、実は何らかの悪の顕在に依拠しているのではないか。

　当該の目的連鎖系における他のすべてがそれのために善いと言われるその当のもの（第一の友）が、「病気がなければ薬が必要なくなる」（220d4）のと同様に、「それ自身では〈自らのために〉まったく役立たない」（220d6-7）、つまり他のすべての友がより上位の善いもののために（すなわちより上位の善いものに依拠してのみ）善いものであるのに対して、第一の友は他の善いものではなく自身の善さにのみ依拠すべきはずが、実は自身のために何ら善いものではなく、むしろその本性上、悪の顕在に依拠せざるを得なかったのである。この第一の友の倒錯した本性をプラトンは次のように強調的に表現する。「（第一の友が）我々にとって友であるのは、〈敵のために〉であることは明らかである。もし敵が立ち去れば、それはもはや我々にとって友ではないだろうから」（220e4-5）。

　こうして、欲求主体Aが対象Bを愛し欲求することの上述の説明は、ここでアポリアに陥る。しかし、このアポリアは真正なものであろうか。その点を以下で分析していくことにする。

## 3　欲求の複合構造的説明

　欲求対象Bは、客観的専門知により当該領域において有用な事柄をもたらすことができる（つまり善いものとみなされる）が、それだけでは欲求主体AがBを友として愛し求めることにはならない。Aが何らかの悪しき付帯的状態にあるが故に、その反対状態を得るために（反対状態を目的として）、Bを欲求する（友とする）ようになるのである。つまり、欲求対象Bは「何かの故に」という動機づけ、原因づけのための

---

た、Shanzに拠らずにBT写本に忠実にkaiと読めば「無限に遡行することにうんざりし、そしてあるアルケーに至るのが必然」とも読める。いずれにせよこの箇所だけでは、強い形而上学的含意が込められていると言い得るほど確固とした典拠とはなり得ないと思われる。

dia 構造と，「何かのために(ヘネカ)」という目的措定のための heneka 構造の両者からなる四項連関的欲求構造に組み入れられることによって，初めて欲求主体 A によって愛し求められ，友となるのである。

その際，dia 構造と heneka 構造を繋いでいるのは，一見すると善悪の反対構造であるようにみえる。つまり悪いものの（付帯的顕在の）故に，善いもののために，という両者の関係は，欠如や不完全性などの悪しき状態がその反対状態への志向性を動機づけるという仕方で，反対概念によって説明されている。その限りで，目的措定自体（つまり heneka 構造全体）が dia 構造に依拠しているとみなされ，heneka 構造の頂点にある第一の友も悪の顕在に依拠していると結論されたわけだ。

しかし，実は heneka 構造は決して dia 構造に依拠してはいない。医術の場合を例にとって見てみよう。患者は病気の故に，健康のために，医者を友にする（医術を求める）。確かにここでソクラテスはメネクセノスに「健康は友なのか友でないのか。——友です。——では病気は敵だね。——まったくそうです」(219a5-6) というように半ば強引に認めさせることによって，病気と健康の反対構造を浮き立たせている。その限りで，患者は病気の故に（医者のみならず）健康をも友にする（求める），と解することができる（そうであれば，健康という目的は病気という悪に依拠していることになる）。しかし，その直前で「医術は健康のために友愛を獲得した」(219a3-4) と語る箇所では，むしろ医術が医療領域においてもたらすことのできる利益（善さ）が健康である，という客観的専門知の特性に依拠して，医術が患者の友となり得ている点を強調している。健康が目的となり得るのは，医術との本質的・形相的連関による（医術の本質定義に「健康」は不可欠である）からであって，患者の健康願望によってではない。つまり，目的連関の系は dia 構造ではなく，それから独立した客観的専門知の本質構造の heneka 契機に基づいて展開されたあくまで認知的な構造契機なのである。

したがって，欲求構造とは，heneka 構造による目的措定的な認知的契機と，dia 構造による動機付けの契機とが融合した複合構造であることが明らかになった。非プラトン的な（むしろアリストテレス的な）言い方が許されるなら，前者は欲求構造の形相的契機であり，後者は質料的契機と言い得るだろう。そして，先程見た第一の友自体の目的措定が

dia 構造を介して悪の顕在に依拠している，というアポリアも，この複合構造を善悪反対図式によって強引に（おそらく意図的に）一元化したことによってもたらされたものである。

　しかし，以上の解釈はまだ真の解決をもたらすものとはなり得ていない。なぜなら，もし以上のような経路でアポリアを導出するつもりなら，第一の友は敵（すなわち悪）の故に（διά）友である，と言われねばならなかったのだが，実際にテキストでは「敵のために（ἕνεκα）」（220e4）という不可解な表現になっているからである[8]。この表現が十全に理解されない限り，『リュシス』篇の整合的な読みを手にすることはできないと思われる。しかし，そのためには，もはや客観的専門知という知識観だけでは太刀打ちできない。そこで，次節でもう一つの知識観をテキストからあぶり出し，その観点からもう一度この対話篇を読み直してみたい。

## 4　もう一つの知識観

　「魂においてであれ，身体においてであれ，またいかなる場合においてであれ，悪くも善くもないものが悪いものの顕在の故に善いものの友である」（218b8-c2）というテーゼを引用した際，実例としては身体における病気と健康のケースのみ引用したが，実は魂についてもソクラテスは例を挙げていた。

> 既に知者である者たちも，それが神であれ人間であれ，もはや知を愛すること（φιλοσοφεῖν）はないと我々は主張するだろう。また，自分が悪い者になってしまうほど無知（ἄγνοια）な者たちもまた知を愛することはないだろう。なぜなら，悪い者も無知な（ἀμαθής）者も誰一人知を愛さないからだ。（218a2-6）

---

　8）　Shorey [1930] は，Grote を始め多くの研究者が指摘するように，この表現が厳密には言葉遣いの誤りであると認めるが，にもかかわらず，プラトンがアポリアに見せかけるために故意にこの表現を用いたと主張する。そうすることによって，第一の友と他の一切の友との対照をできる限り完全に強調された対称的なものとするためである。

これを客観的専門知のモデルに当てはめると，こう具体化できる。何らかの領域の専門知習得を欲求する主体Aは，全面的に無知な者でも完全な知者でもないが，当該領域の無知の故に，その専門知の獲得を目指して（その知のために），当該専門知の教師Bを求める（友とする）。これは客観的専門知の学習に関するモデルといえる。たとえば読み書き知の学習は，読み書き知を備えた（つまり読み書きできる）教師を必要とし（友とし），読み書きできないことを動機として，それができる状態を目指して学習する。これは極めて常識的な知識観である。ところがソクラテスが上述の引用箇所に続けて語る言葉は明らかにそれとは異なる知識観を示している。

> だから（知者でも無知でもない者として）次のような者たちが残る。すなわち，そうした悪，つまり無知を抱え込んではいるが，まだその無知によって無知愚昧にはなっておらず，まだ自分の知らないことを知らないと思う，そういう人たちである。(218a6-b1)

この「自分の知らないことを知らないと思う」(ἡγούμενοι μὴ εἰδέναι ἃ μὴ ἴσασιν) という表現は，『弁明』21d7 (ἃ μὴ οἶδα οὐδὲ οἴμαι εἰδέναι) をあからさまに連想させる点でソクラテス的な知識観を強く示唆しているように思われる。当然その知識観には，人間は善美なることに関しては何も知らない，それなのに自他ともに知恵ある者とみなす者は，自分が知らないのに何か知っていると思っている (21d3-5)，といった主張も含まれる。このいわばソクラテス的な知と客観的専門知を比較するなら，両者の相違は歴然としている。ソクラテス的な知は ① 何ら領域的ではなく，むしろ超領域的であり，② 何ら実益にはかかわらず，③ その知によって他者を支配することなく専ら自己の支配のみに関わり，④ またその知の判定はひたすら自己の信念による内省的なものであって，決して客観的なものではない。

このような知識観に立てば，悪い状態とは，知を完全に欠いている状態ではなく，むしろ知らないのに何かを知っていると思うその人自身のあり方であり，それこそ真の意味での無知愚昧である。それは，自らのあり方を自己の信念が正しく把握できていないという点で，自己同一性

を欠いた悪しき状態である。悪い者とは「自分が自分と似ておらず，自己同一性を欠いている」(214d1-2) 者のことだからである。言い換えれば，自己を支配できていないということでもある。

では，このような知識観は客観的専門知と一体どのように接続するのであろうか。たとえば医術の場合，医者は健康のために患者から求められる者すなわち友になる。医療領域においては，医術の目的連鎖系の頂点には健康が立ち，健康がそこでの第一の友となるであろう。しかし，医療という領域を一旦はずしたならば，健康は果たして何のためにあるのだろうか。そもそもそれのために健康が友として求められるところの何かを医者は知ることができるのだろうか。少なくとも客観的専門知の定義からして，それは領域外のことであり不可能である。しかし，もし医者がそれをすら知っていると思うとすれば，その時こそ「知らないのに，知っていると思う」というまさに無知愚昧に陥ることになる。

健康のために医術が友となるという形の健康－医術目的連鎖をさらに始原 (ἀρχή) に向かって遡上していくことができるとすれば，それはもはや客観的専門知としてではなく，むしろそうした専門知が犯しがちな知の錯誤を論駁[9]し，「知らないことを知らないと思う」ように魂（こころ）のあり方をただしていくしかない。その際，第一の友とは，我々人間が人間である限り本性的に知ることのできない善であり，しかも我々人間にとってそれは，本来自らに固有のもの (οἰκεῖον) であったものが奪われたが故に求められずにはおれぬものである (cf. 221d6-e5)[10]。そうした目的連鎖の頂点にある第一の友が，同時に我々人間にとって本来固有のものでもあるとすれば，それを奪うものは「敵」であり，したがって，先に挙げた不可解な表現「敵のために」とは，究極目的の喪失とそのことによる知への喚起という事態を「敵」と「ために」

---

9) ここではヴラストスのいう Socratic elenchus に限定して考える必要はない。しかし，それでも本対話篇においてエレンコスが果たす役割は大きくはない。それは，対話相手が専門知をまだ十分に弁えない若者だから，というよりも，本対話篇の焦点が（おそらく虚焦点であろうが）ソクラテス的無知やアポリア呈示のその先に結ばれているからである。

10) Cf. Bordt [1998], S. 223, Gonzalez [1995], pp. 81-2. また οἰκεῖον の意味に関しては，cf. Levin [1971], p.246, Gonzalez [1995], p.83. ここで οἰκεῖον 概念を引き出すために用いられた ἐνδεής や ἀφαιρεῖσθαι が，οἰκεῖον 導出後 (221e3 以降) 一度も用いられない点に注目せよ。おそらくそれは，〈οἰκεῖον の欠如（＝悪しきこと）の故に，οἰκεῖον のために〉という図式に戻らぬためにであろう。

とを結合させることによって表現しようとするプラトン苦心の策と解せはしないだろうか[11]。

　しかし，同時に本対話篇は，いわば初期的なソクラテス的知識観を超えていこうとするものでもある。それは，目的連鎖に沿って垂直方向に客観的専門知とソクラテス的知を接続していくだけでなく，同時にいわば水平方向に両者を並置し類比することによって，特定領域的な第一の友である客観的専門知に相当する真の第一の友（すなわち善）の知を単に否認するのではなく，むしろその知へと超越していこうとする『饗宴』篇のディオティマ演説に直接繋がる方向であるだろう。こうしたいわば二重性が『リュシス』篇を極めて読みにくいものにしていることは確かである。具体的に見るなら，悪くも善くもないものが悪いものを付帯する，という欲求主体の状態に関して，一方の客観的専門知の側では，当該領域の知をいまだ持たない学習者が意味されるのに対して，他方のソクラテス的知の側では，むしろたとえそうした客観的専門知をもっていたとしても，それが何のための知であるか，客観的専門知には知ることのできないその目的をまさに知らないと思うこととして意味されているのである。その限りで「第一の友」に関しても，一方の客観的専門知の側では，それは専門知がそれをもたらすことのできる点で有用とみなされる，その点で何ら超越的ではない当該領域固有の目的（たとえば医術知に対する健康）として意味されるのに対して，他方のソクラテス的知の側では，我々が現にそれを知らないという限りで，ただ知らないと思うしかないもの，いわば自らの不在によって我々自らの魂（こころ）のあり方を知らしめるところの，超越的ではなくむしろ超越論的な根拠としてそれは意味されているのだ。こうした二重性，あるいはむしろ二層性がソクラテスの言葉に秘められているところに，『リュシス』

---

　11）言葉足らずなこの箇所での記述をもう少し敷衍すると以下のようになる。heneka 構造自体は，認知的，形相的な目的構造契機を自体的に枠づけているにもかかわらず，第一の友については，それ自体が不可知である以上，第一の友を「肯定（神学）的」に「何かのために」と表現することができない。しかし，まったくの無知であるわけではなく，その何かが第一の友へと向かわせる動機（原因）となっていることの知（自覚）が，自らの「第一の友のために」という位相での無知の故に可能となっている。それはまさに，自らに固有の究極の根拠の喪失という事態である。この両面を表すために「敵のために」と敢えて表現されたのではないだろうか。

篇読解の困難と同時にその鍵があるようにも思われる。

## 5　結　び

　我々が現に知ることのないそれを，ただ知らないと思うしかない，いわば自らの不在によって我々に客観的専門知とは異なる知の地平を拓くそれを真に第一の友とみなすなら，その途端，他の一切の知，いかなる客観的専門知もすべてが一挙にその真に第一の友の（すなわち善の）影（εἴδωλα ; 219d3）とならざるを得ない，そうしたある意味では恐ろしい仕掛けが『リュシス』篇には仕込まれているのかもしれない。しかも，そうした第一の友が，あくまで不在の根拠として，つまり予めそれが超越的な何か（つまりはイデア）として措定される途をいまだ歩むことなくただその前途を瞥見した限りでの考察として，『リュシス』篇は，『饗宴』篇を始めとする中期対話篇への橋渡し役にとどまらない，独自の意味をもつのであろう。

　本章がおぼろげながらも摘出し得た限りでの二つの知識観とそれに伴う二層性は，冒頭でのソクラテスとリュシスの対話においてリュシスが置かれていた客観的専門知の学習者としての位置づけが，その後のソクラテスとの対話を経ることによって，知り得ないことをそのまま知らないと思う，しかしその限りで不在の第一の友によってもう一つの知の地平を拓かれた，いわばソクラテス的知の体現者へと変容していく過程として，全編を通じて描かれているとも言えよう。もしそうであるとすれば，本対話篇が最終的に描き出そうとした友愛とは，実はこのように互いに知らないことを知らないと思う者同士の間に成立するものなのではないだろうか。結局友とは何であるかを見出すことができなかったにもかかわらず（否，そうであるからこそ），ソクラテスが「我々はお互いに友であると思っている」（223b6）と明言していることこそ，その動かぬ証拠であるだろう。

## 第2章

## 信念系の転換と知の行方
―――『エウテュデモス』篇解釈試論―――

　プラトンの対話篇の中で,『エウテュデモス』は不遇な作品である。それはしかし,『エウテュデモス』を巡る研究状況が決して華々しいものではなかったという, それ自体は正しい事実認識[1]にとどまるものではない。むしろ, それはもっと深刻な事態, すなわち,『エウテュデモス』という対話篇全体の一貫した主題が今まで見失われてきた, という点にかかわる。とはいえ, この対話篇の構造自体は, 一見すると極めて明瞭である。ソクラテスとクリトンによる枠となる対話に挟まれる形で（途中で一度その両者の対話が挿入されるのを除いて）, 第一・三・五幕はエウテュデモス兄弟による争論的詭弁の演示部分（「第一詭弁」「第二詭弁」などと呼ぶ）, 第二・四幕はソクラテスによる「知を愛することと徳を行うことの勧め」（275a1-2）[2]いわゆるプロトレプティコス・ロゴスの部分（PL1, PL2 と略記）という整然とした様式性を示している。こうして, 争論家の破壊的な言論（似非哲学）にソクラテスの建設的な言論（ディアレクティケー＝真の哲学）を対比させることによって, 前者を貶め, 後者を称揚する, というのが本対話編の意図である, そう一般には解され, その上で, 詭弁部分へは虚偽論が, プロトレプティコス・ロゴスの部分へはソクラテス／プラトンの哲学解釈が, という具合に分裂的に偏向していった。しかし, プロトレプティコス・ロゴスの部分の哲

---
1) E.g. Hawtrey [1981], p. vii , Chance [1992], p.1.
2) テクストは J. Burnet (ed.), *Platonis Opera*, Oxford Classical Texts, 訳は私訳を用いる。本章において特に指示のない限り引用はすべて『エウテュデモス』篇からのものであり, 頁・行数のみを記す。

学的解釈ではなく,『エウテュデモス』全体の主題の哲学的解明は,詭弁部分か哲学的部分かという二者択一的分裂の狭間でついに見失われてしまったかのようだ[3]。少なくとも対話篇を,哲学的意図をもった,それ自体が一貫した流れに乗った対話劇と捉える限り,詭弁部分がそれとして単独にではなく対話篇全体の主題との関係で,一体どのような積極的役割を担っているのかと問うことは,その主題理解にとって必要不可欠のはずである。かくして,ソクラテスが一体どのような意図をもってエウテュデモス兄弟という争論家を対話相手に選んだのか[4],という問いから発して,逆にソクラテス自身が行おうとする「哲学の勧め」の内実を探り出そうというのが本章の目指すところとなる。

その際,あくまでテキストの字句から読みとられる範囲内で,エウテュデモスやディオニュソドロスなどの発言者自身の観点から見られた事態を「表層」,他方,ソクラテスが表層の言明をどのように利用していくかというソクラテスの意図に基づいた観点から見られた事態を「基層」と仮に呼ぶことにする。もちろん表層も基層も作者プラトンの意図の下に形成される以上,作者プラトンの観点から見られた事態,いわば「深層」とでも呼ぶべき層があるはずだが,深層解釈にはテキストの字句以外の前提を必要とする上,そうした諸前提が恣意的なものでないという保証はないので[5],本章では基層解釈に専ら重点が置かれる[6]。

## 1 信念系の転換

ソクラテスは,対話篇冒頭で,エウテュデモス兄弟に備わる技術が,

---

  3) こうした分裂を避けようとする統一的な読みの試みとしては,たとえば,Canto [1989], T.H.Chance [1992]。
  4) Cf. R. Robinson [1942], R. K. Sprague [1962]. この両者が開いた虚偽(fallacy)を巡る問題圏に欠けているのは,エウテュデモス兄弟の用いた虚偽の言説をソクラテス/プラトンが彼らとは別の意図で用いる可能性,つまりその意味でのソクラテス/プラトンによる〈虚偽の使用〉を考えていく視点である。本章が提案する基層からの観点がそれに当たる。
  5) たとえば,Szlezák [1980], S.75-89 は,プラトンの「書かれざる教説」を前提した解釈である。
  6) 史的ソクラテスの問題や著作年代の問題は,研究者が避けて通ることのできぬ課題であるが,深層解釈を伴う故,本章では敢えて立ち入らない。

以前と今とでは決定的に異なることをクリトンに語って聞かせる。以前は，彼らの技術は，(1) 格闘技，(2) 法廷弁論，(3) それらを教えること，に関わっていた (271d1-272a4)。しかし，今や彼らはパンクラティアスティケー（万能闘技）を仕上げ，(a) 語られたことにはいつでも論駁でき，また (b) その点に関して人を同じように手強くする（教える）ことができるようになった (272a5-b4) とソクラテスは語る。この技術知，パンクラティアスティケー・テクネーこそ，争論術（ἐριστική）と呼ばれる知恵 (σοφία) である (272b9-10)。もはや彼らは以前のように格闘技や法廷弁論に真剣に取り組んではいない (273d3)。エウテュデモス自身の語るところによれば，彼らは今，(c)徳をもっとも立派に，かつ素早く授けること (273d8-9) を自らの任と自負している。

以前の彼らの技術 ((1)〜(3)) は，いわば領域的な〈技能授与型の知〉と特徴づけることができる。それに対し，現在のパンクラティアスティケーは，どこが異なるのであろうか。エウテュデモス自身が規定する特徴(c)が示しているのは，実はそれが〈技能授与型の知〉であるということに過ぎない。同様に，人を万能闘技者にすべく教えること (b) も〈技能授与型の知〉(3) に他ならない。となると，ソクラテスの規定する (a) すなわち「語られたことにはいつでも論駁できること」こそが，この知を以前の知と異ならしめる決定的な要素であるに違いない。この点をソクラテスは，信じている者だけを善い者にする（すなわち(c)技能授与型である）のか，(d) 信じていない者をも説得するのか，と問う (274d7-e5) ことによって明確に区別する。つまり，エウテュデモス兄弟の知を争論術として特徴づけているのは，この対話篇における限り，ソクラテスの方であり，しかも兄弟自身の自己規定 (c) が依然として〈技能授与型の知〉に留まっていることと対比するなら，ソクラテスが兄弟の知に求める要素は，実は (a) から (d) への線上にあるまったく新しい知のあり方であることがわかる。

では，「信じていない者をも説得する」(d) とはどういうことか。技能授与型である(c)が，もともとエウテュデモス兄弟から学ぶべきだと既に説得され，そう信じてもいる者を善い者にすることであるのに対して，そもそも徳が学び得るとも彼らから徳を学ぶべきだとも「まだ信じていない者（ὁ μήπω πεπεισμένος）」(274e1) を，徳は教え／学び得

るものであり，しかも彼らからもっともよく学び得ると信じるように説得すること（274e4-5）が，ここで言われる(d)すなわち「信じていない者をも説得する」ということである。もう既に何らかの信念系[7]を共有する者に，ある領域的な技能を授与する知 (c) と異なり，(d)はそうした技能授与に先立ち，まずもって説得によって相手の「信念系の転換」をもたらそうとする。ここで「信念系の転換」と呼んだものこそ，本対話篇の主題である，と私は思う。さらにソクラテスは畳み掛けるようにして，そうした信念系の転換こそが (e)「知を愛することと徳を行うことの勧め（προτρέπειν εἰς φιλοσοφίαν καὶ ἀρετῆς ἐπιμέλειαν）」（275a1-2）であることをディオニュソドロスに認めさせる（274e8 の ἄρα に注意）。この (a) → (d) → (e) がすべてソクラテスの側から提示されたものである以上，基層を動く主題を信念系の転換としての知の問題とみなすことに無理はないと思われる。対して技能授与型である(c)は，表層におけるエウテュデモス兄弟の態度の典型と言ってよい。つまり，表層を動く，それ自体が技能授与型の知を，同時に基層へと読み込み，照らし合わせることによって成立する一貫した動きこそ，『エウテュデモス』篇が抱え込む前述したような分裂を避けうる唯一の読み筋ではないか。詭弁論かプロトレプティコス・ロゴスかどちらか一方への偏向は，要するにテキスト読解の射程が表層にのみ限定された読み筋に過ぎない。

---

　　7)「徳は教え得る」と思っている人の信念 B は，その信念 B だけが他の信念とはなんらの影響関係なく，それ自体として単独に獲得・保持されているのだろうか。むしろ，実相はこうではないか。なんであれ信念は，他のそれに関わる様々な信念群との絡み合いの中から，たとえば B なら B というそれ自体同定可能な意味の顕現を可能とするそれ自身は背景に可能態的に退いている信念の場から立ち上がる。そうした場を，ここでは「信念系」と呼ぶ。信念 B を顕現させる場・背景・地平としての信念系は，顕在的な信念 B から逆照射される形で非顕在的に主題化されるしかない，それ自体は何一つ明確な境界線も輪郭もない，同定不可能で茫漠とした，したがって全体なのか局部なのかさえ問い得ない暗い広がりそのものである。しかし，信念非 -B を立ち上がらせる信念系をもっている人に，彼の信念を非 -B から B へと真に転換させようとするなら，そのためにはまず，彼の信念非 -B それ自身ではなくむしろ（非 -B を立ち上がらせるような）信念系の方を，B を立ち上がらせるような信念系へと何らかの仕方で予め転換していくことによってしか途は開けないであろう。それが「徳は教え得る」と思ってはいない人，そう信じてはいない人を説得するということなのだ。もし以上が正しいとすれば，『エウテュデモス』の主題は，「信念系の転換としての学び」の問題となるに違いない。

## 2 詭弁の実例

　第一詭弁には，詭弁1（275d2-276c7）と詭弁2（276d7-277c7）が含まれる。詭弁1は，学ぶ者は知のある者（σοφοί）か知のない者（ἀμαθεῖς）か，という二者択一の問いに対して，学ぶのは知のある者という答え（p）と，学ぶのは知のない者（非-p）という互いに矛盾する答えを，答え手であるクレイニアスから引き出す詭弁である。詭弁2は，学ぶ者は知っていることを学ぶのか，知らないことを学ぶのか，という二者択一の問いに対して，学ぶ者は知らないことを学ぶという答えと，学ぶ者は知っていることを学ぶ，という互いに矛盾する答えを答え手から引き出す詭弁である。ここで解釈者たちが展開する議論は，これらの詭弁は，μανθάνειν の両義性（learn / understand）に拠っているのか，あるいは σοφοί / ἀμαθεῖς の両義性（knowledgeable / ignorant と clever / stupid）に拠っているのか，という論点に集中している[8]。しかし，これらはいずれも表層を動く問答の解釈に過ぎない。基層から読み解くならば，ここでの議論にとって一番重要なことは，対話者であるエウテュデモス兄弟とクレイニアスに共通する信念系が，問答を通して，その問答に立ち会っているソクラテスに（そして私たちに）自ずと露呈せざるを得ないという点にある。表層においてはあくまで空虚な争論的詭弁に過ぎないものが，基層においてはその問答者の信念系露呈機能をもつという二重性がここにはある。

　まず彼らが共有する信念系においては，以下の命題が肯定されている。

　　知のある者は，現に知っていること（領域A）について，知っている。
　　知のない者は，現に知らないこと（領域非-A）について，知らない。

---

　8）　この点は Hawtrey [1981], pp. 57-61 に詳しい。

知のある者は，領域Aの拡大に伴い，領域Aという限定抜きに，賢い者と呼ばれる。
　　知のない者は，領域非Aの拡大に伴い，領域非-Aという限定抜きに，愚かな者と呼ばれる。

　これらは，常識的な信念系においてはすんなり肯定されるものと思われる。経験的に繰り返しある人を「知のある者」であると思うならば，ある段階でその人を「賢い者」と呼ぶのはごく自然な成りゆきである。したがって「賢い者」は当然「知のある者」である。同様に，「愚かな者」は「知のない者」である。また，「賢い者」であることの経験的テストは「知のある者」であるか否かのテストによって与えられる。手当たり次第に様々な領域の知の有無を確かめた結果，ほとんど何も知らない人を私たちは決して賢い人とは呼ばない。

　さて，こうした信念系がエウテュデモス兄弟およびクレイニアスのものとして認定され得るならば，先ほどの矛盾する答えを引き出すとみなされた詭弁1は，見かけ上のものに過ぎないことがわかる。この信念系において，

　　学ぶとは，領域Aについて知のある者が，領域非-Aについて知を得ること。

に他ならない。然るに，「知のある者／知のない者」の区別（従ってその区別に起因する「賢い者／愚かな者」の区別）は，その知の対象である領域A／非Aに定位したものである。とすれば，

　　学ぶ者は，領域Aに定位すれば，知のある者（およびそれに起因する賢い者）である。
　　学ぶ者は，領域非Aに定位すれば，知のない者（およびそれに起因する愚かな者）である。

という二つの命題は，両立可能であり，なんら矛盾しない。

## 3　学ぶこと（μανθάνειν）の二義

　しかし，第一詭弁の解釈をかくも紛糾させた張本人は他ならぬソクラテスその人であった。なぜなら，第一詭弁を後から説明するために，「学ぶこと（マンタネイン）」の二義性を持ち出してきたのがソクラテス自身だったからである。そのことがどうして第一詭弁の解釈を紛糾させたかと言うと，ギリシア語のマンタネインには，文字どおり「学ぶ」(M1) という意味 (277e5-278a1) と，「理解する」(M2) という意味 (278a1-5) があり，エウテュデモス兄弟の詭弁はその両義性に起因するものである，とこれまで解されてきたからである。そのため，解釈者たちは，果たして詭弁1と2が実際にこの両義性に起因するものなのかどうかを論じ続けた。しかし，この点の解明は表層における議論にとどまる限り困難をきわめるであろう。なぜなら，ソクラテスはこのM1とM2をもっぱら「信念系の転換」という基層におけるテーマを提示するために，表層の議論の中へ挿入したと思われるからである。すなわち，M1は，エウテュデモス兄弟とクレイニアスの信念系 =〈学ぶとは，領域Aについて知のある者が，彼の知らない領域非-Aについて知を得ることである，という領域的な知識観を真とみなす信念系〉と合致するのに対して，M2は，〈学ぶ（= 理解する）とは，領域Aについて知のある者が，領域Aについてさらなる知をもつこと，ひいてはAという領域性をはずした全体性へと知を解き放つことである，という脱領域的な知識観を真とみなす信念系〉と合致する。ソクラテスは第一詭弁を解説するように見せかけて，実は第一詭弁全体をM1に引き寄せながら，それをM2へと転換させようと，自らのプロトレプティコス・ロゴスを語り始めたのではないだろうか。しかし，もしソクラテスの意図がこのようなものであるとしたなら，一体彼はなぜエウテュデモス兄弟の知が愛知への勧めに必要だと考えたのだろうか。その答えは第一節で述べられたパンクラティアスティケーの特徴(a)すなわち「語られたことにはいつでも論駁できること」という点にある。すなわち，彼らの術知は，いついかなる言論にも論駁を加えることのできる術知であるとソクラテスが紹

介した時,彼は,彼らの言論が「戯れ」（παιδιά）⁹⁾のものであり,人の言論の揚げ足をとって「転倒させる」（ἀνατρέπειν；278b7, cf.278c1）言論であることは,既に承知していたはずである。それにもかかわらず,その知を自らの愛知への勧告活動に必要だと考えた理由は,それがまさに「戯れ」であり,ただ単に相手の言論を「転倒させ,解体するためだけの言論活動」（アナトレプティコス・ロゴス¹⁰⁾）だったからである。こうした「言論を転倒・解体していく言論」は,円滑に行われている日常的な言語活動においては常に背景に退きつつその当事者の言語活動を可能にしている信念系を,表層的な言葉上の不整合を介して,その信念系内での整合性への懐疑という形で逆照射することによって自覚化・主題化し,露呈していく機能を有するものであり,またそうであるからこそ,基層におけるソクラテスの意図にとっては必要不可欠なものである。もちろんエウテュデモス兄弟にこの点に関する方法論的自覚は一切ない。表層における彼らの関心は,あくまで相手を言葉の上で打ち負かすことにしか向かっておらず,その限りで彼らの言論活動にはそもそも愛智を動機づける要素などは皆無なのである。しかし,そうであるからこそ,基層においてはそうした言論活動が必要なのである。

　しかもその上,アナトレプティコス・ロゴスは,時には戯れのあまり,そこから抜け出すべき信念系ばかりでなく,そこへと抜け出すべき信念系までをも予示してしまうことがある。その一例は,詭弁2の前半（276e9-277b2）に見出される。そこでは,

　　（イ）（領域Aについて）知っている者が（領域非-Aの）知らないことを学ぶ。

　に対して,

---

9）277d6-e2, 278b2-c7.「戯れ」と「本気」（σπουδή）の対比は,『エウテュデモス』篇の節目節目（283b8-10, 288b4-d4, 292e8-293a6, 294b1-3, 300e1-2）に現れる注目すべきものである。

10）「プロトレプティコス・ロゴス」に対比させた私の造語で,『エウテュデモス』篇テキストから引いたものではない。

（ロ）（領域Aについて）知っている者が、何であれ知っていることを学ぶ。

と主張される。（ロ）は領域的な知識観を逸脱しかけているように見える。それはこういうことである。矛盾する言説を引き出そうとして，彼らが用いた「文字を知っている者が，その文字によって綴られた文章を学ぶ」というごく当たり前の事実を介して導入された（ロ）は，実は彼らによってそう意図されたわけでもないのに，M2を予示しているように思われる。なぜなら，文字の知はそれ自身が確かに（アルファベットや，ひらがな／漢字といったような）領域的に限定された知でありながら，同時に，文字はそれによって表現される限りのいかなる内容であれ（つまりは非領域的な）知の対象（ここでは朗唱された文）を構成するものであり，その限りで，領域性をはずし全体的な方向へと知を開放する機能があるからである。すべての文が文字によって構成されている以上，何であれ文を学ぶ者は，何らかの意味で既に知っているものを学ぶのである。この時，領域的な知（M1）として知っているもの（すなわち文字）から構成されたものを学ぶことは，領域的な知の対象である文字の知という限定された知の上に，新たな知のレベル（すなわち文字から構成される文の知というレベル）を築くことであり，それこそがM2のレベルに対応するものとなるのである。もちろん，この点の解明には，次節の「うまくいくこと」（εὐτυχία）概念の導入まで待たねばならないが，少なくとも領域性をはずす方向を示唆する「文字」概念の導入が，M1からM2への転換を予示していることは明らかである。

## 4　領域的専門知から脱領域的知への転換

続いて，PL1においてソクラテスは，明確に二つの知（σοφία）を区別する。ソクラテスはまず，人は誰でも「うまくいくこと」（εὖ πράττειν），すなわち幸福であることを望む（278e3）ものであり，またそのためには，人に多くの善いもの（πολλὰ κἀγαθά）が備わればよい（279a2-3），という二つの前提を自明のものとした上で，そうした

善いものの具体例を列挙していく。その際，富，健康や美などの身体の十全性，生まれの良さ，力や名誉，さらには思慮・正義・勇気といった諸徳に次いで，知（σοφία）が挙げられる（279c1-2）。この多くの善いものの一つとしての知を，今仮に「領域的専門知」と呼んでおく。

　しかし，こうした善いものをもっているだけで，人は果たしてうまくいく（幸福になる）のだろうか。実は善いもののうち，最大のものを見落としていたことに気付いたソクラテスは，それこそが「(幸運にも)うまくいくこと」（エウトゥキアー）だと主張する（279c5-8）。確かに，どんなに財産をもち，健康で徳を備えていようと，人生うまくいかず不幸な者はいるものである。当時の人々にとって，幸福であるか否かを左右する最終的な要因が，人知の至らぬ神的な配慮とでもいうべきところにあるという，いわば不合理な思いは根強いものであったろう。しかし，ソクラテスがエウトゥキアー概念を引き出してきた意図は別のところにあった。エウトゥキアー概念には，財産や身体や徳，さらには専門知といった様々な領域すべてに妥当するという（つまりどの領域であれ，最終的に運よくうまくいかなければ幸福にはなれないという）脱領域的な面がある。ソクラテスが目をつけたのは，エウトゥキアー概念のこの脱領域性である。しかも，さらに驚くべきことには，このどちらかといえば不合理な色合いの濃いエウトゥキアー概念を知と同一視するのである（279d6）。このことは子供でもわかることだとソクラテスに言われ，クレイニアスは驚きを隠せないが（279d7），実はこれは彼の若さのせいなどではなく，むしろエウトゥキアー概念の脱領域性を媒介させることによって，領域的専門知とは異なる知のレベル（今仮に「脱領域的知」と呼ぶ）を導出しようとする，すなわちM1からM2への転換を図ろうとするソクラテスの企みが，クレイニアスに代表される一般的な信念系の持ち主にとっていかに突飛なものであったかという証に過ぎないのである。

　この領域的専門知から脱領域的知への転換に関して，ソクラテスはさらに具体的な例示によって説明しようとする。まず，様々な領域的専門知に対応する専門領域内の行為をうまく行うことができるのは，当の領域的専門知である，という点が，笛吹き術や読み書きの術知の例で示される（279e1-4）。これはM1のレベルである。しかし，いくら技術知

第 2 章　信念系の転換と知の行方　　29

を持った者でも，それだけでうまくいくとは限らない。確かに技術知を修めてはいるはずなのに，下手な舵取りや藪医者はどこにでもいるものである。病気の時は，藪医者よりもうまい医者に看てもらいたいと思うように，いかなる領域であれ，よりうまくいくのは，うまい（知ある）行為者であって，下手な（無知な）行為者ではない（279e4-280a5）。ここで「知ある／無知な行為者」（280a5）と言われる際のその当の知は，たとえば「知ある舵取り（σοφὸς κυβερνήτης）」（279e5-6），「知ある将軍（σοφὸς στρατηγός）」（280a1），「知ある医者（σοφὸς ἰατρός）」（280a3）という表現に明らかなように，既に舵取り術，将軍術，医術といった領域的専門知を前提とした上で，さらにそれらすべてを評価する，領域的専門知とは次元を異にするいわば二階の知としての，脱領域的知を意味している。このような脱領域的知さえ備われば，もはやその上にエウトゥキアーを必要とはしないのである（280b2-3）。ここに至って，エウトゥキアー概念を介すことによって，領域的専門知から脱領域的知への，すなわち M1 から M2 への転換を図るというソクラテスの意図はもはや明らかであろう[11]。エウトゥキアー概念のもつ両義性，すなわち神的配慮に関わる不合理な面と，当該行為の成功という面を使い分けることによって，事がうまく運ぶために領域的専門知に付加されるべき幸運という不合理な要素を，領域的知をうまく行使するための脱領域的な知へと実に巧妙に置き換え，それと知らぬ間にクレイニアスを（そして私たちをも）M2 へと導こうとしたのである。

　しかし，領域的専門知を使用する知だからと言って，それはいわゆる経験知のようなものではない。少なくともソクラテスは，その方向へ議論を導こうとはしていない。議論が向かう先は，領域的専門知の使用の正・不正を評価し，その正しい使用を導き得る，より上位の知の審級である。ここでも先と同様の M1 から M2 への転換が見出される。まず，専門的な仕事（たとえば大工仕事や家具作り）において，当該領域の対象を正しく使用することを可能にするのは，領域的専門知（すなわち M1

---

[11]　この箇所の解釈として，新島 [1993]，39-40 頁は極めて示唆に富む。しかし，知の列挙の間に生じる「或る転調」とは，第一義的には，「専門知＝技術知（を持つもの）を用いる者としての受益者」（p. 40）への重点の移動にではなく，あくまで知の側での領域的専門知から脱領域的知への転換においてあると私は思う。

レベル）である（281a2-6）。しかし，そうした領域的専門知を含む富や健康や徳などの善いもの（τἀγαθά）の使用に関して，それらすべてを（πᾶσι）正しく使用すべく，それぞれの行為を導き，うまくいかせるのも，また知（ἐπιστήμη）なのである（281a6-b4）。ただし，そうした行為を導く知自体は，領域的専門知と同列の知ではなく，あくまで脱領域的な（すなわち M2 レベルの）知であり思慮（φρόνησις ; 281b6）なのである。

かくして，PL1 の最後でソクラテスは，領域的専門知を含む，富・健康・徳などの善いものは，それ自体では善でも悪でもなく，それらを脱領域的な知が導けばそれだけ大きな善となり，無知が導けばそれだけ大きな悪となる，と結論づける。もちろんこれは，M1 から M2 への転換後の話であって，M1 レベルにおいては，領域的専門知それ自身があくまで善いものの一つであった。だからこそ，M1 では，領域的な専門技能の授与およびそれに類比される徳の教授が主題化されたのである。しかし，ソクラテスはそのように知の授受を正当化する信念系自体を克服し，転換しようと試みる。では，M2 レベルにおける知の審級とは，一体どのようなものなのだろうか。

## 5　領域的専門知の《解釈》

一見すると，領域的専門知の獲得・所有ではなく，領域的専門知を正しく使用する脱領域的知が M2 レベルの知である，という結論が PL1 で引き出されたかのように見える。しかし，ここには大きな陥穽が仕掛けられている。その点が後で見るように PL2 で展開される。先取りして言うなら，領域的専門知を正しく使用する限りで，その使用知は領域的であらざるを得ない。医術知を正しく使用する知は，たとえその所属を医者と患者の双方に共有すべきものとみなしても，医療に関係する知であることには変わりはない。すると，領域的専門知を正しく使用する知も，それ自体がまた一つの領域的専門知であらざるを得ない限り，自らを正しく使用する知をさらに要請することになる。こうして，無限後退を余儀なくされる。となると，M2 における脱領域的知の可能性は予

第 2 章　信念系の転換と知の行方　　31

め封じられているということになるのだろうか。

　そうではあるまい。ソクラテスの一連の議論のピークが，もしエウトゥキアー概念の媒介による知の意味の転換のところにあるとするなら，M2 レベルの脱領域的な知とは，以下のように考えられるのではないか。まず考慮すべきは，領域的専門知がうまくいく，つまり正しく使用されているかどうかは，経験的にテスト可能だという点である。たとえば，医療行為において，実際にうまくいく（εὐτυχεῖν）ならば，たとえば首尾よく高熱が下がったとするなら，その観察可能な経験的事実によって，その医者はよい（知ある）医者と言われる。しかし，これは事柄の一面に過ぎない。なぜなら，高熱が下がるという経験的な事実だけで「うまくいく」という判断は構成されないからである。「うまくいった」という判断を下す者は，高熱が下がったという単なる経験的事実を（必要条件として）認知するばかりでなく，そうなることが「うまくいく」ということなのであるという信念をも（十分条件として）立ち上がらせねばならない。自分のであれ他人のであれ，ある行為に対して，その行為の成果が事実として認知され，しかもその成果が「それでよし，うまくいった」と信じられて，初めてその行為について「うまくいった」という判断が成立する。とすれば，領域的専門知の成果を事実として認知した上で，その事実を「それでよし，うまくいった」と肯定する，その信念を立ち上がらせる信念系（信念はいつも事後的に判断の分析によって得られる概念であって，判断以前にその信念が領域的な知として実体化されるわけではない。そう捉えられる時，M2 は既に M1 へと転化している）が，M2 レベルの知の在処だと言えるかもしれない。そうした知自体は，必ずしも領域的専門知を前提しない。高熱が下がったという事実を認知して，医者ではない者が「これでよし，うまくいった」と判断することは十分可能である。「それでよし，うまくいった」という信念を立ち上がらせる信念系は，本来，領域的専門知の有無にかかわらず存立し得るし，また同一の領域的専門知を所有している者同士の間でさえその存立・非存立の別が生じ得る，その限りでは領域的専門知とは次元の異なる，脱領域的な知の形態なのである。それは言い換えれば，領域的専門知によってもたらされた経験的事実を，「うまくいった」こととして《解釈する》ということなのかもしれない。もしそうであれば，脱

領域的な信念を立ち上がらせるいわば地平としての信念系は，既に所有されている領域的専門知（および，それによってもたらされた経験的事実の認知）の《解釈》を可能にする知のあり方として，既に獲得された知を理解するという意味での M2 レベルに位置するはずである。この際，被解釈項には領域的専門知が前提されるが，解釈項には必ずしも前提されない。だからこそ《解釈》は，原理的にあらゆる領域的専門知を解釈可能だが，反対にその《解釈》自身が領域的専門知へと固定化されることは許されないのである。確かに「文学解釈」や「歴史解釈」は，一見すると領域的専門知に見える。しかし，もしそうであるとすると，文学と文学解釈，歴史学と歴史解釈というように，同じ領域，同じ対象を扱うのにその領域の専門知が二重にあることになってしまうだろう。これは，知の所有と使用という知のモデルが，結局，領域的専門知の二重化という事態を招いてしまうという，以前に触れた陥穽に他ならない。そうした陥穽を避けるためには，《解釈》をあくまで，非領域的な二階の知として確保しておかねばならない。

## 6　自閉的写像言語系の克服

　しかし，以上のような基層におけるソクラテスの意図を，クレイニアスは理解しかねている。つまり，ソクラテスによる知の勧め，すなわち M1 から M2 への信念系の転換の試みは，クレイニアスにはまだ決定的な効力を発揮してはいないようなのである（281e1-2 のあまり釈然としない口調に注意）。第三幕のエウテュデモス兄弟による詭弁は，こうした場面で発せられた。表層では相変わらず見え透いた詭弁であるが，基層から見るなら，クレイニアスを始めとする，ソクラテスの論の展開に十分な納得が得られないでいる各自の堅固な，しかし背後に隠れている信念系を意識化させ，その解体を促すのに絶好の働きをするであろう。それは何よりも，信念系を構成している言語系の問題として立ち現れる。まず，否定が大きなテーマとなる。その導入は，クレイニアスを知者にすることを願うなら，それは彼を亡き者にすることだ，という詭弁の中に現れる。そこでは，「青年を知者にする」（283c5-6）という命題を，

第 2 章　信念系の転換と知の行方　　　　　　　　　　　33

反対概念を導入して「彼を無知ではないようにする」(283c8-d1) と換質して，その上で性質と実体の混同[12]を介して，「彼を今ある者ではもはやないようにする」(283d2-3) つまり亡き者にする (283d5-6)，という経路をたどる。これでもって，知と無知という本対話篇では馴染みの反対概念から，否定の問題圏への移行がなされたわけである。

　次いでエウテュデモスは「偽ることの不可能性」を主張する。彼はまず，言論の論題つまり言論対象である事柄 (πρᾶγμα) は，語られるものであるか否か，と問う (283e9-284a1)。もし，語られるものであるなら，すなわち言論とその対象である事柄の間に写像関係が成立するなら，言論は何であれ必ず何かある事柄について語る (284a3-4) のであるから，偽りはない。なぜなら，言論が語られる時，語られている事柄は必ず存在しており，つまりはその言論は真を語っているから (284a4-8)。しかし，もし事柄が語られるものでないとするなら，すなわち言論と事柄の間に写像関係が成立しないなら，何であれ言論が語られる時，その語られる事柄は存在していないのだから，その時その言論は，実際には存在しないもの (τὰ μὴ ὄντα) を写像する偽なる言論と言えるのではないか。この可能性をエウテュデモスは，「誰もないものを作ることはできない (τὸ μὴ ὂν μὴ οἷόν τ᾽ εἶναι μηδένα ποιεῖν)」(284b5-8, c3-4) として退ける。「ない」という言葉に対応する非存在を作り出すことはできない，という主張である。したがって，エウテュデモスにとって，ないものを写像する偽なる言論はあり得ず (284c5)，それが言葉である限り，存在する事柄との間に必ず何らかの写像関係をもつことになる。しかし，同一の言論 L1 が事柄 P1 と事柄 P2 を写像する可能性 (284c7-8)，あるいは言論 L1 と言論 L2 が同一の事柄 P を写像する可能性 (286a4-6)（この時，L2 は L1 にとって反論となる）はないのか。これらは今度はディオニュソドロスによって共に巧妙に退けられる (286a1-3, a7-b6)。要するに，行為する時，偽りを語ることも，思うことも，さらには無知であることもできない，つまり誤ることができない (287a1-4)，とエウテュデモス兄弟は主張しているのである。これは明白な詭弁であるが，これを基層から見ると，「知らない事柄（領域）を

---

12)　Cf. Gifford [1905], p28.

学ぶ」＝「技能授与／獲得という形の学習」＝「領域的専門知の獲得」というM1の一連の知識観を支えているのが，この言語と事柄が一対一対応の写像関係にある自閉写像言語系である，という事態が仄見えてくる。その言語系の中では，ある事柄を知らない，ということは，その事柄を写像すべき言語をまだ獲得していない，ということに他ならない。この言語・知識観に立つ限り，領域的専門知を持つ者は，少なくともその領域に関する限りは，その領域内の事柄を写像する言語を獲得している以上，決して過誤を犯さぬことになる。医術という領域的専門知を獲得した者が医者である以上，名医（知のある医者）と藪医者（無知な医者）の別はここでは存在し得ないのである。

　この点はPL1で既にエウトゥキアー概念を介して考慮済みのはずなのに，しかも否定概念がエウトゥキアー概念と同じ脱領域的な働きをもつものとして考察される余地をもちながら[13]，なおこのようにしてここで揺り戻しが来ざるを得ないのは，クレイニアスやクテシッポスの（そしておそらくは我々の日常的な）知識観や言語観が根強くM1レベルにある，ということの，おそらくは深層からのプラトンによる意図的な強調であろう。このような知識観，言語観，つまりはM1レベルの信念系にある限り，人を真に哲学へと説き勧めることはおよそ不可能である。なぜなら，M1レベルにある限り，知とは領域的専門知のことであって，そのような領域性を越えた全体的な知への憧憬（智への愛）は生まれようがないからである。

　したがってまず第一に求められるべきは，M1レベルの言語観をいかにして克服し，脱領域的な知へと信念系の転換を図るか，という方策である。その端緒をソクラテスは基層において言語のあり方に探ろうとする（と言うよりはむしろ，おそらくは，そのようにプラトンが深層において構想している）。

---

13）　なぜなら，すべての領域に関わるどの命題にも否定が成立するから。先に文字から文へという形で予示された知の脱領域化は，エウトゥキアー概念ばかりでなく否定概念によっても可能であっただろう。

## 7 ロゴスを用いる知への転換

　PL2 の末尾に挿入されたクリトンとの対話において，ソクラテスは，人々を幸福にする究極の術知である「王の術」をどう用いるか（292d1,5）と問うことによって，獲得・制作と使用の一致点に最終的に至ろうとする。作ることと作られたものを用いる知とが一致している（289b5-6），すなわち作り行うことにおいて使用の知が働く場面である。しかし，そうした知の場面へとやすやすと我々を誘ってくれるソクラテスではない。彼はアポリアを導くために，王の術を用いることによって他の人々を善くすべきだ（292d5-6）という形で，再び政治術という領域的な知へ戻ってしまう[14]。しかし，領域的専門知としての政治術がもたらすエルゴン＝領域的な利得とは，たとえば国民を豊かにしたり，自由にしたりということであって，それは善でも悪でもないと既に論定されていた（292b4-7）。つまり，政治術が領域的専門知である限り，そのエルゴンは人々を知恵のあるものにし，善いものにすることではない。では，人々を知恵のあるものにし，善いものにするためには，王の術は，獲得・制作と使用が一致した知として，一体その知をどう用いるのか。
　その答えは実は，既に PL2 の前のディオニュソドロスとのやりとりの中で暗示されていたと私は思う。ここで鍵となるのは，「それ（知）をどう用いるか（ἢ τί χρησόμεθα; 292d1, 5）」という表現である。それと同じ疑問構文が間接疑問文の形で既に 287c1-2 で用いられていた。そこでは，「ロゴスをどう用いるか（ὅτι χρήσωμαι τοῖς λόγοις），手だてがない」という言葉が何を意味しているか（νοεῖ）がソクラテスによって問われていた。表層においては，この νοεῖν という語の二義性（「考える」と「意味する」）を利用した詭弁がこの後続くのだが，基層から読み解くならば，ディオニュソドロスに先だって，既にソクラテス自身がこの両義性を逆手にとって彼自身の主張を打ち出していると解釈で

---

14) 王の術と政治術の同一性を巡る問題については，ここで詳述する余地がないが，さしあたり，M1 レベルにおいて同一な両者が M2 レベルにおいては異なる，と私は解している。

きるように思われる。ここでは，ロゴスがプラーグマを写像するというM1レベルの言語観ではなく，まったく新たな言語観が示唆されている。この箇所は，エウテュデモスの自閉写像言語系における誤謬不可能論を，行うにせよ語るにせよ考えるにせよ誤ることがない（287a7-8），と総括したソクラテスが，相手の言葉尻をつかむような形で「ロゴスをどう用いるか，手だてがない」という言葉が何を意味しているかを問う場面である。ところで，語ることは行うことであり，作ることだ（284c1-2）というエウテュデモスの言葉からして，彼らの自閉写像言語系（M1）は，

　　言語（ロゴス）が事柄（プラーグマ）を写像する＝事柄を〈語る＝行う＝作る〉

と図式化できる。つまり，M1の知は，作る知（制作術）なのであり，だからこそ存在しないものを作ることはできない，と言い得るのである。要するに，完全な一対一対応による自閉写像言語系を想定することによって，すべての言語はいわば透明化し，事柄が直接知られ，行われ，作られることができる，という信念を立ち上げる信念系こそM1レベルなのである。こうした信念系に立つ限り，たとえば医術知はその領域の言語（すなわち知）を獲得することによって，その当該領域の事柄を行い，健康や強壮を作り出すことができる，と信じられる。同様に徳もそれに対応する領域的専門知が作り上げてくれると信じられるようになる。このようないわば自らを透明化して事柄を直接媒介する言語系に対して，「ロゴスをどう用いるか，手だてがない」と言わしめる言語系は，基層からの読みでは，事柄に至る以前に言語自体がいわば不透明で言語使用者に抵抗を付与する系と解し得る。ここでは，言語によって事柄を作り・行うのではなく，言語自体を用いる＝言語において行う（πράττειν）という事態の成立が可能となる。そして，こうしたいわば命題的事態としてのプラーグマの成立の根拠を思惟する（νοεῖν）知[15]

---

15）ここにおいて知は全体性に関わる。すなわち，自閉写像言語系によって先了解的に予め可知的な対象として仕立て上げられていた領域的プラーグマの知ではなく，事象（プラーグマ）そのものの全体性に直に触れる（θιγεῖν）知，その限りで領域的プラーグマの根拠を

こそ，ソクラテスが勧めようとしている M2 レベルの知，すなわち脱領域的な知のあり方なのではあるまいか。少なくともソクラテス自身，彼が長いこと求めてきた知がそこで現れると思っていた地点とは，言論を作ることと用いることの一致する場面だと示唆しており（289d2-e1），それが事柄を作る場面すなわち M1 レベルでないことは確かである。

では，言語を用いる＝ロゴスにおけるプラッテインとは，何なのか。この明確な答えは『エウテュデモス』篇にはない。あるのは，何がそうでないか，という警告である。PL2 はそのためにある，とさえ言い得る。そこでは，領域的専門知を正しく用いる知が幸福をもたらす知として一旦は提唱されながら，そうした「用いる知」自体が一つの領域的専門知へと固定化していく危険性を，アポリアという形で知らせてくれる。こうした領域的知への固定化が起こるのは，幸福になるために必要だとみなされる多くの善，すなわち様々な領域における有益な事柄を求めがちな私たちの功利的な傾向性が一因とも思われるが，同時に知が「何かの知」という形で領域的に実体化されていくところにも原因が潜んでいる。だからこそ何らかのプラーグマの知の所有＝何らかのプラーグマを写像する言語の所有という形で自閉している M1 レベルから，そうした自らが所有するプラーグマの知自体をさらに理解し，解釈するというあくまで言語における行為を可能とし，そのことによって M1 レベルの自閉性をも内破する M2 レベルへの動き，すなわち信念系の転換こそが，『エウテュデモス』全編を貫くテーマとなり，人が徳を身につけ，幸福になる道となるのである。少なくとも，基層から読み取られ得る限りでの「知を愛し徳を行うことへの勧め」とは，そのようなものではないだろうか。

　＊　なお本章の基本構想は，加藤信朗先生宅で継続的に行われていたマンデー・セミナーにおいて『エウテュデモス』篇が講読された際に培われたものである。プラトンからどんどん遠ざかろうとする筆者の妄想をテキストへ繋ぎ止めて下さった先生とメンバーの皆さんに感謝します。

---

求める知が，示唆される。ここに至って『エウテュデモス』篇での対話相手がパンクラティアスティケーの完成者である，という設定自体が「全体性 τὸ πᾶν」への伏線であったとさえ読みとれるのである。

# 第 3 章

## 居丈高な仮想論難者と戸惑うソクラテス
―――『大ヒッピアス』篇の一解釈―――

## 1 序

　一連の美の定義の試みと失敗を描き，真贋問題および著作年代画定の問題に曝され続けたこの対話篇『大ヒッピアス』[1]を本章が考察する直接の動機は，実は，そうした美の定義問題や真贋問題を解明し，さらにはプラトン哲学の発展を跡付けるという本対話篇が孕む主要問題の正面突破にあったわけではない。それは，本対話篇の主題となるであろうアーギュメント全体から見れば，むしろ付け足しのようにみえる，また現にそうみなされて多くの解釈者に行き掛り上のコメントしか付されてこなかった，以下に挙げる二つの問題に根ざしている。

　(1)　美に関する対話が始まる以前の，一見，不必要に長過ぎるようにみえる導入部（序幕的対話部分）では，いったい何が準備されていたのだろうか[2]。全体の五分の一を占めるその導入部が，本対

---

　1）　テクストは，J. Burnet (ed.), *Platonis Opera*, Oxford Classical Texts を用い，特に指示のない限り引用はすべて『大ヒッピアス』篇からのものである。翻訳は，北嶋美雪 [1975]，R. Waterfield [1987]，さらに Woodruff [1982] 所収の訳を参考にしたが，訳文は筆者のものである。

　2）　傲慢で愚かなソフィストというステレオタイプのヒッピアス描写のために，果たしてプラトンがこれほどの長さの導入部を必要とするだろうか，結局同じような表現の繰り返しに過ぎないのではないか（cf. Tarrant [1928], p. xxix）という不信感が贋作説の一つの動機になっている点は否めない。そうした疑念に対し，Woodruff [1982], p.36 は，導入部でヒッピアスの versatility を具体的に詳述するためにはそれだけの長さが必要であり，しかもそこに

話篇全体の構成にほとんど寄与するところのない冗漫な箇所であるとするならば，それはたとえプラトンの真作であるとしても，既に失敗作の誹りを免れないであろう[3]。

(2) また，その導入部の直後すぐにソクラテス自身によって仮想された論難者の登場の場面は，我々読者に強い印象を残す。とても居丈高に傲慢な調子でソクラテスを問い詰める仮想論難者，その前でアポリアに陥り，何一つ答える術もなくただ戸惑うソクラテス。この鮮やかな対比は何を意味しているのか。仮想論難者という仕掛けは本対話篇の中で一体どんな役割を担っているのか。本対話篇の結構を形作るヒッピアス・ソクラテス・仮想論難者の三つ組みのもつ意味あいが解き明かされない限り，やはり本対話篇の本当の理解は得られないであろう。

したがって本章では，この二つの問題をまず2と3で考察した上で，そこで得られた見通しに基づいて，4において『大ヒッピアス』における美の探究の意味を検討していくことにする。

## 2　導入部（281a1-286c3）の解釈

(1)

本対話篇は，久し振りにアテナイを訪れたヒッピアスを迎えたソクラテスに対して，その無沙汰の言い訳として，自国エーリスで他のポリス，とりわけラケダイモーン（スパルタ）との外交折衝の使節として多忙をきわめている，と語るヒッピアスの公的な事柄（外交使節として

---

不必要な重複もない，と応じている。

3) 本章では真贋問題には一切立ち入らない。他の真作対話篇群との語彙，文体，議論の展開等における比較考察は『大ヒッピアス』研究に必須のものと思われるが，この種の議論は最後には往々にして「プラトンの手によるものとしか思われない／そうとは決して思えない」という主観的な物言いに終わりかねない (cf. Guthrie [1975], pp.175f., C. H. Kahn [1985], pp.267-269)。むしろ，対話篇全体としての構成および議論の展開の双方において，その対話篇がそれ自体でどれほど我々の探究的読みに応え，我々の思索をどれだけ刺激し啓発してくれるか，その哲学的生産力をこそ我々はまずもって量るべきではないだろうか。その意味では，本章は『大ヒッピアス』研究ではなく，あくまで『大ヒッピアス』研究序説に過ぎない。

第3章　居丈高な仮想論難者と戸惑うソクラテス　　　　　　　　41

の）に関わる有能さへの自負・自慢から始まる。ところが，それを受けたソクラテスは，ヒッピアスが外交的な業務の有能さとして語っているものを，私的な場面での有能さと公的な場面での有能さというように，すなわち，私的には（ἰδίᾳ）若者から金銭を受け取り，その報酬以上の利益を相手にもたらすのに有能であるが，公的には（δημοσίᾳ）多くの人々のなかで，軽蔑されることなく，評判を得ようとするものが（彼らに対して）当然そうするように，自分のポリスに恩恵を施すことにおいて有能である（281b6-c3），という仕方で公私二分する。その上で，七賢人を含む古の知者たちを，実際，通常の意味での公事にかかわっていたと思われる者たちをも含めて，つまりそれが事実に反するにもかかわらず，「明らかに公的政治活動を遠ざけた」（281c7-8）者たちとみなし，なぜそのようなことになったか，その原因をヒッピアスに問いただす。そう問われて，それは公事・私事の両面にわたって彼らの思慮が及ばなかったからだ（281c9-d2），などとすっかりいい気になったヒッピアスが答えていく，それが本対話篇冒頭のやり取りである。実は，ここで既にソクラテスの仕掛けが始まっている。ヒッピアスは，ごく普通の意味で，つまり外交的・政治的意味あいで，自身の公事・公的活動を語り出すのに対して，ソクラテスはヒッピアス言うところの公事・公的活動を，金銭取得（私的場面）と大衆への評判とり（公的場面）とが合体したものと察し，それと等値してしまう。したがって古の知者たちは，その意味での，つまり金銭取得と大衆迎合の合体したものとしての限りでの，ヒッピアス言うところの公的（＝公私合体的）活動を遠ざけたことになる。つまり，ここでのソクラテスの狙いは，彼ら古人が公的政治活動に携わらなかったという事実に反する主張をヒッピアスに認めさせることによって彼の自惚れぶりを馬鹿にすることにある[4]というよりは，むしろ彼らの活動をヒッピアスの基準（金銭取得＋大衆迎合）に照

---

　　4）　Woodruff [1982], p. xii 及び pp.36f. は，この箇所を，明らかな事実誤認にも表面的に同意してしまうヒッピアスの無内容さ・無思想性（the empty core），裏返せばどんな相手にも合わせることのできる彼の versatility, flexibility の表出の一つと解する。しかし，ソクラテスのアイロニーによるヒッピアスの無知の暴露と愚弄という筋だけがこの箇所の狙いだとするには，私的・公的区分の導入や古の知者への言及はあまりに念が入り過ぎてはいないだろうか。なお，古の知者たちの公的政治活動の実際については，p.37 に簡潔にまとめられている。

らす限り，正当には評価できない，つまり古の知者の活動を評価するにはヒッピアスのとは別様の基準が必要となるだろうという，ただそのことの示唆にあったのではないかと思われる。もちろん，自らの優位を信じて疑わぬヒッピアスに，この仕掛けは見えていない。この仕掛けはさらに続く箇所で補強される。

　ソクラテスは，諸技術の進歩と類比させて，ソフィスト術も進歩し，ヒッピアスたち現在の知者に比べたら昔の知者は劣るのではないか（281d3-7），とさらにヒッピアスの増長を促しながら，同意を得る。しかし，同意が得られるや否や，ソクラテスはまたもや，この技術の進歩を，公的，私的両面の進歩（282b3-4）と捉えなおす。公的には，使節としてやってきて公事をもっともすぐれてなし，また民会や評議会で評判をとるという点で，私的には自らの知の演示（ἐπιδείξεις）を行ない，若者と交わり多額な金銭を取得するという点で（282b4-c6），ヒッピアスら現在の知者（ソフィスト）の術は進歩してきた。対して，古の知者は誰ひとり，金銭を報酬として要求することも，雑多な人々の中で自らの知恵の演示を行なうことも，認めなかった（282c6-d1），そうソクラテスは言う。ここでも金銭取得と大衆への評判とりという対が強調される。ソクラテスはこれらを一応，私的，公的とわけてはいるが，もちろんその両者を厳密に区別しているわけではない。その証拠に，282b7-8及びc4-5では私的なものとして語られていた「自らの知の演示」が，282c7-d1では「雑多な人々の中での自らの知の演示」というかたちで公的なものとして語られている。金銭の授受契約を結んだ特定の若者への知の演示は私的，不特定の多数者の中での知の演示は公的，という区分なのだろう。

　このことの真意は，大衆への評判とりとその見返りとしての金銭取得とが渾然一体となったものをなし崩し的に「連続した全体」（cf. 301b2-3,6-7）として把握しているヒッピアスの立場を，「自らの知の演示」という同一なものを，各人へは「私的＝個別的に（ἰδίᾳ）」，雑多な人々には「公的＝共通に（κοινῇ）」，という形で（cf. 300a10-b1）「切り分けていく」（301b5）ことによって批判吟味していこうとするソクラテスの戦略（後に美の最終＝第七定義の批判吟味において採られるのと同じ戦

略)の予示にあったと私には思われる[5]。したがって,古の知者がこの対のどちらも認めなかった,ということの意味を,ヒッピアスにとってのこのような公私混合的な(なし崩し的連続説の)場面とは異なる,もう一つの何らか公共的な(評価の基準が何らかの仕方で各人に共有されているという意味で公共的な)場面が存するということの示唆とみることも,以上のようなソクラテスの意図的かつ執拗な対比を顧みると,あながちあり得ないこととは思われない。

いずれにせよ,本対話篇はヒッピアスにとっての公私混合的な場面とソクラテスにとっての公共的な場面とが,微細なズレという以上の何か決定的な異なりを示唆しているかのようにして始まるのである。

(2)
法(νόμος)はポリスに有害なものか有益なものか,とソクラテスに問われ,ヒッピアスは「法は有益であるべく制定されるが,もし,悪しく制定されるならば害になる場合もある」(284d2-3)と答える。法には良法もあれば悪法もある,というこのごく常識的なヒッピアスの考え方に対して,ソクラテスが示唆する法習観はきわめてラディカルなものである。法制定者は,法をポリスにとって最大の善なるものとして制定する(284d4)。つまり,その善なるものなしには,法に適う統治は不可能である。

> だから,法を制定しようとする者が,善を捉え損なうとき,法に適うことも,法自体も捉え損なっているのだ。(284d6-7)

〈ある何かが善なるものでないならば,それは法ではない〉,この対偶をとれば〈ある何かが法であるならば,それは善なるものである〉となる。つまり,法が法である限り,決して悪法は存在しない,という極めて強い主張をヒッピアスに同意させようとしているのである。しかし,そのようなことを知る由もないヒッピアスの答えは,両者の考え方の相違を際だたせるものといえる。すなわち,

---

[5] 導入部でのヒッピアスの立場を後半部の 301b2-c3 に直接繋ぐ解釈のテキスト上の支持は,304a4-b6 に見出せる。

厳密な論に従えばそうなる。しかし，人々にはそういう言葉遣いをする習慣はない。(284e1-2)

ヒッピアスは，ここで一種の二元論的な立場を採っている。厳密な論による真実の場面での法と，多数者・大衆にとっての法，ソクラテスの二分法（284e3）を用いるならば，真実を知っている人にとっての法と知らない人にとっての法。しかし，彼にとっての「真実を知っている人」とソクラテスにとっての「真実を知っている人」とは異なる。つまり，知られている真実が何を意味しているか，が異なるのである。ソクラテスの場合は，先ほどの「法であれば，必ず善い」というラディカルな真実であるのに対して，ヒッピアスの場合は，ソクラテスの巧妙な仕掛けによって次のように明らかにされる。

ソクラテスはヒッピアスにまず次の点を認めさせる。

　知っている人は，より無益なものよりも，より有益なものを，〈すべての人にとって〉，〈真実に〉，より法に適ったものとみなす。(284e5-7)

これに対し，ヒッピアスは，自らの二元論の一方，つまり真実の場合ならそうだ，と条件付きで同意する（284e7-8）。しかし，次にソクラテスは，ヒッピアスが了解していると思い込んでいる「すべての人にとって」「真実に」という限定句をヒッピアスが実はどのような意味で解しているか，その実相を明らかにする。

　もし，ヒッピアスによって〈真実に〉ずっと多くの益がラケダイモーン人の子息にもたらされるならば，〈その当の子息たちにとって〉は，ヒッピアスによって教育されることはより法に適ったことであり，彼らの父親によって教育されることはより法に適わぬことである。(285a4-7)

すなわち，ここで「真実に」とは「実際に益を彼らにもたらすならば」を意味し，「すべての人にとって」とは「その利益を享受する限り

## 第3章　居丈高な仮想論難者と戸惑うソクラテス

でのすべての人にとって（つまりラケダイモーン人の子息たちにとって）」を意味している。とすれば，ヒッピアスにとっての「知っている人」が知っている真実とは，〈当該の事柄が自分に真に（実際に）有益である〉ということであり，〈そうした真に益を受ける者たちすべてにとって，その事柄は法に適ったものである〉ということになる。自分の息子が外国人による教育を受けることが真に有益かどうかわからない父親たちは，その限りで「知らない者」であり，そうであるがゆえに従来の（外国人からの教育を禁ずる）習わしに従って自分たちが教育するほうがより有益であり，したがって法習にも適っていると考えるだろう。つまり，ヒッピアスの教育が仮に実効あるものだと仮定すれば，その教育の益を享受する子息たちにとってヒッピアスの教育は父親の教育より有益であり，それがためにより適法であるのに対して，父親たちにとっては自分たちの教育のほうがヒッピアスのよりも有益であり，それがために適法でもある。ここにヒッピアスの二元論的態度が見事に具現化されている。ヒッピアスは，ラケダイモーン人の父親たちに真実を説得しようなどとは微塵も思わない。それどころか父親たちの（実は誤っている）適法性を，悪法といえども法，郷に入らば郷に従え，といわんばかりに尊重しさえする。「それは彼らの法ではないのだよ」（284c5, 9）としたり顔で諭すヒッピアスにとって，ラケダイモーンという土地は，私的な場面での金もうけさえ我慢すれば，もう一方の公的場面での評判とりは自由に行える土地なのである。「彼らは自分の話を喜んで聞き，賞賛してくれる」（284c8）と得意げに話すヒッピアスに，ソクラテスのラディカルな法意識は理解できない。そもそも，ソクラテスが示唆する主張においては，法である限り，善であり，有益なものであるのだから，すべての人にとって有益であることは，すべての人にとって法に適っているのである。対してヒッピアス的二元論的構図にあっては，法をそれ自体として善であるか否かと問う姿勢が皆無であり，むしろ当事者は常に相関項との比較において，相関項よりは有益である／より法に適っている，と比較級で語らざるを得ない。つまり比較級表現には，子息にとってはヒッピアスの教育のほうが父親のそれよりもより有益だが，父親にとっては自らなす教育のほうがヒッピアスのそれよりもより有益だ，というように「誰にとって」という対人相対性がつきまとうのである。

以上より，ここでもソクラテスの示唆する場面と，ヒッピアスの立つ場面の異なりが明らかになったと思う。ただし，我々にとってより身近な立場がヒッピアスのものであることをここで銘記しておきたい。あくまでもヒッピアスは大衆の考え方，我々の日常のものの見方を代表する者としてここにいるのである。

(3)
　ソクラテスの誘導によって明らかにされたところでは，ヒッピアスは，私的には自らの知の演示を若者に対して行うことによって多額の金銭を取得し，公的には自らの知の演示を雑多な人々に対して行うことによって評判を得る，という点で有能であった。しかし，ラケダイモーンでは，自分たちの息子の教育に関するラケダイモーン人たちの遵法的な（ヒッピアスに言わせれば，彼の教育の有効性を知らぬがゆえの真実には違法的な）態度によって，私的な活動＝金銭取得活動は自粛せざるを得ない。かくして，彼の地では，多くの人々の前で自らの知を演示し評判を得る，という彼の公的な面での有能性がクローズアップされることになる。では，一体彼の地で彼は何を行なうのであろうか。彼が行なう知の演示とはどのようなものであるのか。それは，世間が彼に帰するところの様々な学術知（cf. 285b7-c3）の教授でも専門的技能の授与でもない。実は，ただひたすら当地の人々が喜ぶこと，すなわち「昔語り」(285d8) をするのである[6]。それはちょうど，子供たちが快い物語を語ってくれるがゆえに老婆に接するのと同じだ（286a1-2），とソクラテスは言う。ヒッピアスは，物語上手の老婆のように，おそらく身ぶり手ぶり

---

　6) ソクラテスによって，一旦は当今のソフィストとして，ゴルギアスやプロディコス，プロタゴラスと同列に置かれはする (cf. 282b4-c6, d4-5) が，本対話篇でのヒッピアスは，最後まで一貫して，聴衆が何を好み求めているか，つまり何を「カロンだ」と評価するかというその都度の評価の文脈に自らを適合させる徹底した文脈相対主義者として描かれる点で，他のソフィストと比して極めて特異な人物像である。この点で，ヒッピアスのこうした 'a mathematician in Athens, but an antiquarian in Sparta' というような捉えどころのなさが，本対話篇の主題である「美」の捉えどころのなさと重なる，という Woodruff [1982], pp.130f. の指摘はきわめて的確である。ただし，ヒッピアスのそうした versatility を彼の the empty core と結ぶ Woodruff 解釈 (p. xii) に対して，私はむしろ，いつ・どこで・誰に・何が喜ばれ，評価されるか，という「評価の文脈，評価の基準」に関する知識の膨大な蓄積を可能にする彼の「記憶力」(285e9-10) の方を強調したい。

第3章　居丈高な仮想論難者と戸惑うソクラテス　　　　　　　　　47

を交え，服装にまで気を遣いながら（cf. 291a6-7），見ても聞いても快い，視覚と聴覚に訴える仕方で語るのであろう。そして，それこそが人前でなされる彼の知の演示，自らが知者であることの誇示なのである。その意味では，演説や講演というよりも，むしろ大道芸人の演し物に近いといえよう。では，その演目は何なのか。

　それが「立派な（美しい）[7]公的行為（καλὰ ἐπιτηδεύματα）とはどのようなものか」（286b1）なのである。当地で最近大当たりをとったというこの演し物は，公的な場面で評判を得ることにかけては天下一を自負するヒッピアスが，どうすれば，公的な場面で「立派だ」と人々から評価してもらえるか，といういわば秘伝を「極めて美しい（立派な）法に適った事例を数多く」（286b3-4）枚挙していくことによって細大漏らさず語る，という代物である。


(4)
　以上，導入部のやや立ち入った読みから，ヒッピアスの本対話篇における位置付け，性格づけ，さらには彼の信念傾向が幾分かは明らかになったものと思われる。同時に，それと対比されるべきものが漠然とであれソクラテスによって示唆されているようにも思われる。以下にその対比リストを挙げる（ヒッピアスの信念は H で，それとの対比でソクラテスが示唆していると思われるものは S で表す）。

　【公共評価[8]および公共評価の場面に関して】

---

　7）καλόν を「美しい」と一義的に訳すことには，Woodruff [1982], pp. xii f. の言うように，『大ヒッピアス』篇が本来もっている哲学的奥行きを損なう危険性がある。かと言って Woodruff のように一貫して 'fine' と訳し通すことも，日本語の場合，最善とは言えまい。したがって本章では，「美しい」「美」という訳語を，あるものがもっている価値を評価する際の一般的な表現として「公共評価」という問題圏と重ねることによって，訳語から生じる制約を予め取り除いておきたいと思う。なお「公共評価」に関しては次注を見よ。
　8）本章のもっとも重要な論点は，美（καλόν）の問題を「公共評価」およびそれを可能とする「公共評価の場面」の問題として考察する，というところにある。このとき「公共評価」とは，さしあたり，あるもの／人に対する賞賛や非難（cf. 286c6-7）が人々の間でなされ，かつ，その賞賛や非難が妥当であるとの信念がその人々の間で共有されているような，そういう評価のことを意味している。もちろん，妥当性の判断のレベルも，妥当であるという信念の及ぶ範囲もその都度多様であろう。しかし，少なくとも何らかの意味での公共評価の存立は，間主観的な評価の場面あるいは評価の文脈といったものがそうした評価に先立っ

H1：公共評価とは，公的な場面すなわち雑多な人々の前で，彼らを喜ばせることによって得られる人々からの賞賛，評判のことである。
S1：そのような意味での公共評価の場面が，真の意味での公共評価の場面と言えるのだろうか。またそこでなされる評価が真の意味での公共評価と言えるのだろうか。

【法に関して】
H2：法には良い法も悪い法もある（公共評価の場面の規範・基準は相対的なものである）。
S2：ポリスに最大の善をもたらす限りで法は法であり，善なるものでなければそれは法ではない（公共評価の場面の規範・基準は絶対的である）。

【真実を知っている人に関して】
H3：真実を知っている人と知らない人の区別は，H1と抵触しない。また，たとえ何らかの点で悪い法だと知っている者にとっても，それを知らない者にとってと同様に（その悪しき）法は法として機能する。
S3：法が法である限りそれが善なるものであるということ（S2）を知る者，ひいては善を知る者が真実を知っている者であり，その限りでの知っている者が立つのはH1の公共評価の場面ではあり得ない。また真実を知っている者にH2はまったく容認できない。

　公的場面における評価すなわち公共評価（大衆における評判）を得ることにかけてはもっとも有能だ，というヒッピアスの自負，および，公共評価（美しい公的行為）という主題に関して彼が自らの知の一端を演

---

て既に生活形式として存立していることに依拠している。したがって，公共評価というものは本来，自らに固有な場面の「外部」を想定することすらできない。我々のこの現実の評価の場面の本来あり得ない外部すなわち虚構の中にいわばアルキメデスの点として，仮想論難者が置かれているのである。

第3章　居丈高な仮想論難者と戸惑うソクラテス　　49

示することによって，大きな公共評価（評判）が得られたという自画自賛，そのどちらもH1～3の信念に裏付けられたものである。ではS1～3にコミットするのはソクラテス自身なのであろうか。

## 3　「仮想論難者」という仕掛け

(1)

　美しい公的行為に関するヒッピアスの話を，相応の人物を伴って聞きに来い，という誘いを適当に受け流したソクラテスは，ヒッピアスに質問するという形で，自らも美に関する話をし始める。もちろん，ソクラテスはそれをヒッピアスの話に意図的に重ねようとしているのであるから，当然，公的場面での評価〈何かを醜いとして非難し，美しいとして賞賛する（286c6-7）こと〉が問題となる。しかし，注目すべきなのは，その問題を居丈高な調子で（ὑβριστικῶς）切り出し，ソクラテスをアポリアに陥れた「ある者」（仮に「仮想論難者」と呼ぶ）がここ（286c5）でソクラテス自身によって語り出され，以後，ある箇所を除いて最後まで本対話篇を引っ張っていく，という，おそらくプラトンによって何らかの対話劇上および哲学上の効果を期待されたこの仕掛けについてである。

　　この「仮想論難者（imaginary disputant）」というdramatic deviceに関しては，① それがプラトン的であるかどうか，また ② その目的が何であり，しかも ③ それが成功したか否か，という三点において従来より頻繁に議論がなされてきた。とりわけ，①と③は密接に連動しており，また真贋論争の大きな論争点ともなった。この文学的な仕掛けがうまく機能しており（③），プラトン的である（①）とみなすのは，G. Stallbaum, P. Vrijlandtを始めとして，G. M. A. Grube, R. G. Hoerber, W. K. C. Guthrie, P. Woodruffなどである。とりわけGuthrieは，この仕掛けを 'quite in Plato's vein and scarcely imitable'（Guthrie [1975], p.176）と評価し，Woodruffはそれが本対話篇の 'the most original feature' であって，プラトンの模倣者の手

によってもたらされたものとは思われない（Woodruff [1982], p.44）と主張する。こうした真作派の②に関する基本的な論調は，ソクラテスとヒッピアスの直接対決を何らか緩和・婉曲化する文学的機能のうちにその目的を見出すというものである（e.g. Stallbaum, Guthrie, Woodruff, Waterfield）が，それ以外にも，τις が historic Socrates を表現している（Vrijlandt）とか，本対話篇に散在する triplet を構成するという点でもこの仕掛けは重要（Hoerber [1964], pp. 150f.）などといった見解が見られる。これに対し，この仕掛けがうまく機能しておらず（③），プラトン的でもない（①）という贋作派の陣営の代表は E. Horneffer であり，D. Tarrant である。その基本的主張は，この仕掛けが一貫した用いられ方をしておらず，仮想論難者が唐突に現れたり，消えたりするため，もはやその効果は失われている（Tarrant [1928], p.xiii）というものである。以上の両陣営に対して，本章は，①③に関しては，真作派に与するが，②の点では新しい視点を提示するつもりである。

　ところで，①②③の議論には各々さらに次の問題が付随する。①→④他のプラトン対話篇群における仮想の話者という仕掛けの有無，②→⑤仮想の論難者は誰か，③→⑥ヒッピアスはこの仕掛けに気付いていたか否か，⑦二度にわたる仮想論難者の不在は何を意味するか，以上である。

　まず④に関しては，Grube-Tarrant 論争がその議論の場を拓いたといえる。そもそも仮想の話者という文学的な仕掛けは，プラトンにおいて珍しいものではない。まず，特定の人物（ないし擬人化された者）が仮想される事例は（略表記は Liddell and Scott, *Greek-English Lexicon* に依拠），1. *Tht*.165e7-168c5（プロタゴラスが対話者として仮想される），2. *Smp*. 201d1-212c3（虚構の人物ディオティマによるエロース賛歌），3. *Euthphr*. 5a3-b7（メレトスが意義申し立ての相手として仮想される），4. *Lg*. 893b4-894c4（「だまされやすい議論」（892d2）を擬人化した仮想の尋問者が対話相手），5. *Cri*. 50a6-54d1（国法が擬人化されソクラテスを詰問する），6. *R*. 478e7-479a8（美そのものを認めない見物好きの男を答え手として仮想する），7. *Grg*. 452a1-d1（様々な δημιουργοί が対話者として仮想される）。これらに対し，不

第 3 章　居丈高な仮想論難者と戸惑うソクラテス　　　　　　　　　51

特定な人物が仮想される事例は，『大ヒッピアス』を除けばいずれも Grg. で，451a7-c9, 455c6-d5 が挙げられる。（なお，Grg. 506c5-507c7 は，議論を最初から要約するための便法として仮想される対話であるが，その対話相手は不特定の人物ともカリクレスともとれるため，分類は保留しておく）。以上がプラトンにおける用例のすべてであるが，Grube [1926], pp.136-7 はこれらいずれをも『大ヒッピアス』における「仮想論難者」と同種の仕掛けとみなすことによって，その真作性の根拠としたのに対して，Tarrant [1927], pp.83f. は，2 を除いた他のすべての事例が仮想された場面であることの何らかの言明を伴っている（2 は但し書きなしにも虚構とわかるはず）のに，『大ヒッピアス』はむしろ仮想論難者にアポリアに陥れられたことが事実であるかのごとく語る点で，他のプラトン真作群の事例とは異質（つまり非プラトン的）とみなす。本章は，『大ヒッピアス』の「仮想論難者」という仕掛けが他の仮想の話者の事例とは異質であるという点で Tarrant に同意するが，その理由は他のすべての事例と異なりこの仕掛けが対話篇全体の構成と議論展開とに密接に関係しているからであり，そのことからも当然それが仕掛けとして成功しているとみなす点で彼女とは決定的に立場を異にする。

　次に⑤に関しては，「ソーフロニスコスの息子」（298b11）という対話の終盤に飛び出すソクラテス自身の言葉，さらにその表現の平行箇所（Euthd. 297e7, La. 180d7, 181a1）を挙げるまでもなく，仮想論難者は実はソクラテス自身である。Guthrie [1975], p.176 や Waterfield [1987], p.240 によれば，仮想論難者はソクラテスの御しがたい alter ego であり，Woodruff [1982], p.81 によれば，それはダイモニオン（Ap. 40a）を思い起こさせるとまで言われる。しかし，真に問われるべきは，仮想論難者が結局誰であったか，ということではなく，なぜ，彼はソクラテスをアポリアに陥れた「ある誰か」として仮想されなければならなかったのか，しかも，終盤近くになってそれがソクラテス自身だと正体明かしをしたにもかかわらず，最後には「とても近しい身内のもので，同居している」（304d3-4）と再び謎掛けのように曖昧にしてしまう，作者（プラトン？）の作為を強く感じずにはおれないこの仕掛け全体の本対話篇

における意図が何であったのか，ということではないだろうか。こうして②に戻る。しかし少なくともこの仕掛けは，ソクラテスと仮想論難者との関係だけでなく，もう一人の対話者ヒッピアスとの関係も当然含み込んでいる以上，⑥の問題とも連動している。

さて，そこで⑥だが，もともとヒッピアスをどうしようもない愚か者と最初から決めてかかる傾向がどの解釈にもみられ，そう前提する限りヒッピアスがソクラテスの策に気付くかどうかなど最初から問題にされなかった。ところが，Woodruffによって，もっとしたたかなヒッピアス像が描かれたことによって，⑥が問題として浮上した。実際，ヒッピアスは仮想論難者がソクラテス自身であると298b11の時点で気付いたのか（それにしては反応がまったく冷静だ），それとも最後まで気付かなかったのか（それほど愚かだったのか）。Woodruff [1982], pp.107f. は，ヒッピアスがソクラテスの習慣，特徴，対話方法に通じていたとすれば，当然その時点までに既に（つまり最初から）その仮想の問い手がソクラテスであることに気付いていたに違いないと推測する。私もヒッピアスが対話のかなり前半から気付いていたと思う。ただし，気付いていたのは仮想論難者が誰かということなどよりも，むしろそれがあくまでもソクラテスの仕掛けた一種の戯れなのだという，ただそのことだけだったと私は思う。

最後の⑦については，Woodruff [1982], p.107 が簡潔に答えている。すなわち仮想論難者の一度目の不在は議論が専門的になってきた時，二度目の不在はヒッピアスがソクラテスを直接対話相手にしたいと思った時だから，というものである。二度目の場合はともかく，一度目の場合は本章ではもっと踏み込んで解釈することになるだろう。

導入部の末尾から間髪を入れずに登場したこの仮想論難者の本対話篇における位置付けは，明らかにヒッピアス，ソクラテス，仮想論難者という三つ組みの中に見て取ることができる。その動きを美に関する七つの規定（B1～B7と表示）と共に以下に示す。

第 3 章　居丈高な仮想論難者と戸惑うソクラテス　　　　　　53

（1）　居丈高な仮想論難者と戸惑うソクラテス（286c5-d3）
　　　　再度論戦し相手の論破を狙うソクラテス（286d3-e1）
　　　　　→争論的語彙の頻出（286d7, 287a2,4,6-7）
（2）　仮想論難者 対 ソクラテス＝ソクラテス 対 ヒッピアス
　　　　ソクラテスが仮想論難者の真似をしてヒッピアスに答えさせる（287a3-4, b5）
　　B1　美しい乙女が美である
　　B2　黄金が美である
　　B3　(a) 金持ち，(b) 健康，(c) 尊敬，(d) 長生き，(e) 両親を弔い自分の子供による自らの埋葬，という条件を充たしたものが美である。
　〔以上すべてヒッピアスが提示する〕
（3）　仮想論難者の不在（293e5-298a5）→ソクラテスとヒッピアスの直接対話
　　B4　ふさわしいものが美である
　　B5　有用・有能なものが美である
　　B6　有益なものが美である
　〔以上すべてソクラテスが提示（ただしB4は仮想論難者が示唆）〕
（4）　仮想論難者の再登場（298a5-300b2）
　　　　再登場後は仮想論難者　対　ソクラテス・ヒッピアス
　　B7　見ることと聞くことを介した快が美である
　〔ソクラテスが提示〕
〈仮想論難者の二度目の不在（300b2-303d11）
　→ソクラテスとヒッピアスの直接対話〉
（5）　ヒッピアスと仮想論難者の両方から責められるソクラテス（304b7-e5）
　　　　そのことを自らの為になることとして耐え忍ぼうとするソクラテス（もはや報復論戦を望まない）（304e5-9）

　(1)では，ソクラテスと仮想論難者が強い対比の内に置かれている。仮想論難者の傲慢な態度に対して，ソクラテスも「再度論戦する」(286d7)「(相手を議論で) 打ち負かす」(287a2)「(相手の議論のあらを探

して，そこを突いて）反論する」（287a4,6-7）といった争論的な態度を露にしている。しかし，実際にはソクラテスがこの論難者を模倣して問い，それにヒッピアスが答え，その答えに論難者を模したソクラテスがさらに反論を加えていく，という形をとることによって，第三者の立場にいたはずのヒッピアスが，本人もそれと気付かぬまま，ソクラテスを介して，つまり直接に仮想対話内に入ることなく，仮想論難者と強く対比されることになるのである（(1)→(2)）。しかしその後，しばらく仮想論難者が姿を消す。つまり，ソクラテスが仮想論難者に成り変わって問答を主導することをやめ，ソクラテスとヒッピアスとが直接の対話相手となる。そして，再び仮想論難者がソクラテスによって呼び出された時，三者の関係は(2)とは異なり，(4)となる。初め，あたかも論敵であるかのように対比された仮想論難者に自らを模すことによって，自分が仮想論難者から問い詰められている側でありながら，同時に仮想論難者の立場にも身を置くことができるようにし，そのことによってヒッピアスその人を仮想論難者と向き合わせようとしたソクラテスが，ここではヒッピアスと組んで（自らは「我々」と自称し，論難者には「君たち」と呼ばせて[9]）仮想論難者と対峙しているかのような構えをとっている。そこには一体どういう意味があるのだろうか。そして，最後に(5)において三者の位置付けをだめ押しのように打ち出す際には，ソクラテスはヒッピアスと仮想論難者のどちらに与することもない第三の位置に置かれるが，もはや(1)の時のように荒らぶる姿でではなく，穏やかに耐え忍ぶ姿で対話を締めくくる。敢えて図式化すれば（もちろんそれは，あくまでソクラテスの仕掛けの中においてであり，仮想論難者とは常にソクラ

---

9) (2)の場面でもソクラテスは，自分とヒッピアスのことを「我々」と呼んでいる（e.g.288c1,7, 289b6, c1, 290b8, c6, d3, 291b5, 291e6）。しかし，これは(2)に先立つ箇所287a2で「我々」と言う場合と同様に，仮想されている対話内でソクラテスが「我々」と言うのではなく，あくまで仮想されている対話外で，つまり現に向い合っているヒッピアスに対してソクラテスが「我々は」と言っているに過ぎない。それに対して(4)の場面では，仮想されている対話内で「我々」「君たち」と呼ばれている。なお，この例外としては，(3)の直前，仮想論難者からの問題提示の場面で仮想された対話内で「我々」（＝ソクラテス＋仮想論難者）と言う箇所293e1, 2が挙げられる。これは(2)の場面の回顧である。仮想対話内に限れば(2)では〈ソクラテス〉対〈仮想論難者〉だったのだから，その議論の当事者双方を指して「我々」は当然。なお，(4)の場面でソクラテス＋ヒッピアスとなる最初の兆しはおそらく既に292d7-e1に見出せるだろう。

第3章　居丈高な仮想論難者と戸惑うソクラテス　　　55

テスによって語られる限りでの虚構的存在に過ぎないのではあるが），〈ヒッピアス〉対〈仮想論難者〉，〈ソクラテス〉対〈ヒッピアス〉，〈ヒッピアス＋ソクラテス〉対〈仮想論難者〉，というように対話者の組み合わせが移り変わっていく。この推移と美をめぐる対話の推移は何らかの呼応関係をもっているのだろうか。

(2)
　そもそもソクラテスはなぜ最初からヒッピアスと直に向き合おうとしなかったのか。言い換えれば，仮想論難者という仕掛けがソクラテスにはなぜ必要だったのだろうか。ここで 2・(4) の最後の問いを思い出してほしい。ヒッピアスの立論を支える信念群 H1〜3 に対比された S1〜3 に果たしてソクラテスはコミットしているか，という問いである。以下でその点を検討してみたい。
　まず，真実を知る者は何を知っているのか，ということを語り得る限りで S3 に相応しいのはやはり真実を知る者でなければなるまい。然るにソクラテスは，仮想論難者との鮮やかな対比によって，美に関する真実を知らない者の側にいることは明らかである。よってソクラテスは S3 にはコミットできない。また，『クリトン』篇のソクラテスを思い起こすなら，不正なことを命じる法はもはや法ではない，とは必ずしも言い得ない場合がある（cf. *Cri.* 54b）という彼の基本姿勢が窺え，その限りで S2 をそのままソクラテスに引き受けさせることはできない。最後に S1 は，そもそもそれが H1 に対する疑念でしかないので，ソクラテスが S1 にコミットすることには別に問題はないものの，少なくとも S2 と S3 にコミットできない以上，S1〜3 を一まとめのものとみなす限り，ソクラテスが S1〜3 にコミットしている，と言うことはできない。
　とすれば，S1〜3 にコミットし得る登場人物（？）は仮想論難者しか残っていない。逆にいえば，ソクラテスは自らが S1〜3 にコミットし得ないが故に仮想論難者を立てた，とも言い得るのではないか。この点をさらに 3・(1) で考察した (2) の場面，すなわちヒッピアスと仮想論難者が強く対比される場面のもっている本対話篇における意義と絡めて若干の説明を加えたい。
　そもそも，仮想論難者という仕掛けによって目論まれていたことは何

だったのだろうか。少なくともそれは，今見たように，導入部において漠然とした形でではあれ，ヒッピアスのH1～3という信念群の対比項として示唆されたS1～3という信念群が帰属すべき主体として想定されたものだ，と私は思う。また，大衆にとっての（つまり我々にとっての）美（公共評価）の基準がそこにおいて機能している公共評価の場面（これを〈公共評価の場面I〉と呼ぶ）がH1～3と整合的な関係にあるのと同様に，真実を知っている者の美（公共評価）の基準がそこにおいて機能する公共評価の場面（これを〈公共評価の場面II〉と呼ぶ）はS1～3と整合的な関係にあるはずである。ヒッピアスは前者の場面におり，仮想論難者は後者の場面にいる。この両者は確かに対比されているかのようにみえる。しかし，厳密に言えば，この両者を直接対比させることは不可能である。なぜなら，それら両方の場面とは，それぞれの特定の公共評価を可能にしている諸条件である以上，そうした可能の制約の上に生じた結果としての特定の公共評価から事後的にしか語り得ないのだが，それぞれの場面の特定の公共評価は，その両方の評価を比較するための，いわば共通分母としての第三の場面を持たない限り，いずれもそれぞれの場面とは整合的な，つまりそれぞれの場面では妥当な公共評価であって，その上でさらにどちらがより妥当な評価であるか，と問うことはもはやできないからである。

　では，(2)の場面で何がなされようとしているのか。それは，ヒッピアスが立つ公共評価の場面Iで機能している美（公共評価）の基準を，その場面から引き離してそれ自体として，仮想論難者が立つ公共評価の場面IIに置き移すことの試みではないだろうか。もちろん，自らの公共評価の場面を離れた美（公共評価）の基準はその効力を失うのであるから，この試みはヒッピアスにとっては明らかに不当である。しかし，自らの美（公共評価）の基準が無効となるような別の公共評価の場面が存在することに思い至らぬヒッピアスにとって，この試みの不当性はまったく見えていない。では，ここでの対話は自分の美（公共評価）の基準が絶対だと思い込んでいたヒッピアスの思いの錯誤を暴露するためのものなのか。その線は薄いと思われる。むしろ，大衆にとって（つまり我々にとって）身近な美の基準に対して，その機能を可能にする公共評価の場面Iからではなく，その機能への〈批判〉を可能にする公共評価

第3章　居丈高な仮想論難者と戸惑うソクラテス　　　　　　　　57

の場面Ⅱから，いわば，公共評価の基準のさらなる評価をここ(2)では行なおうとしているように思われる．逆にいえば，仮想論難者が登場している時は常にこの批判的評価がなされている場面である．

　(2)と(4)の違いは，その間に仮想論難者の不在場面(3)が挟まれることによって説明がつく．つまり，(2)の批判的評価に基づき，自らの公共評価の場面Ⅰ，つまりはH1～3の中でどこまで美の基準としての機能をそれ自体として（S1～3との対比においてではなく）考察できるか，といういわば場面Ⅰ内考察(3)の後，今度はそのような場面Ⅰ内考察による美の基準の洗練化がどこまで可能かという点に関して，再び仮想論難者の立つ場面Ⅱからの批判的評価を受ける(4)[10]，という筋になると思われる．

　以上の解釈は，(2)～(4)の対話者の組み合わせの変化とも調和するように思われる．すなわち，(2)では，ソクラテスの手ほどきによってヒッピアスの美の基準が仮想論難者の批判的評価の対象となり，(3)ではその批判に基づきソクラテスとヒッピアスが直接に対話しながら特にB2の美の基準をソクラテスが主導する形で公共評価の場面Ⅰの内部で考察し，(4)ではソクラテスとヒッピアスが行なったような場面Ⅰの内部での考察の洗練化の可能性自体が（つまりその限りでソクラテス＋ヒッピアスが）再び仮想論難者の側から批判的に評価されるのである．

　さて，ここまでの2と3の予備的考察に基づいて，『大ヒッピアス』篇での美の探究を見直してみるとどうなるであろうか．

---

10) ただし，この場面で仮想論難者の二度目の不在場面が挿入される理由としては，今のところさしあたり，仮想論難者による場面Ⅱからの批判的評価を引き受ける形で，場面Ⅰ内における公共評価には避けることのできない不都合（つまり評価の相対性）がもともと孕まれているということの一つの現れを，あくまで場面Ⅰ内でソクラテスがヒッピアスとの直接対話によって明らかにしようとする場面だから，としか言い得ない．

## 4 美の探究の解釈

(1) 文脈相対性（文脈相対性はその文脈の内部にいる限り露わにならない）

　まず，ヒッピアスが仮想論難者の「美とは何であるか」という問いに答えられるようになるまでには，まずもって予備練習とも言うべき準備が必要であった。なぜなら，ヒッピアスがラケダイモーンの人々に聞かせたという話は「美しい（立派な）公的な行為はどのようなものか」というテーマであり，その中では，きわめて多くの，きわめて美しい法に適った行為が語られていた（286a8-b4）以上，いきなり「美とは何か」と尋ねても，そうした彼の話の中に登場する事例が列挙されるのが落ちだからである。つまり，既に美しい事例の列挙を得意としていたヒッピアスに，前もってそのような事例の列挙を求めているのではない，ということを実際の問答の中でわからせる必要があった，と解してよいだろう。287c1-e1 がそのような意味での予備的対話にあたる。そこでは以下のような条件が挙げられている。

　　C1：F は F-ness によって[11] F である。例：正しい人は正義によって
　　　　正しい。

---

11)〈正しい人々／知者／善いもの／美しいもの〉は〈正義／知恵／善／美〉によって〈正しい／知恵がある／善い／美しい〉(287c1-d1) という表現にあらわれる the instrumental dative の用法（その他には，289d2, 294b1, 300b5, 302b8, c2-3, e9）は，さらに διʼ ὅ というもっと強調された形で (288a10)，また αὐτὸ τὸ καλόν (288a9, 289d2)，ἐκεῖνο τὸ εἶδος (289d4)，εἶδος (298b4)，τὸ αἴτιον (299e4) という形で言い換えられていく。こうした一連の語法が，容易に中期プラトンのイデア論語法を想起させることから，果たして『大ヒッピアス』篇はイデア論にコミットしているのか，そこでの関心は存在論的なものか，他の対話篇群との比較における相対的な著作年代の画定はどうなるか，といった問題が生じることとなる。しかし，私にはまだこれらの問題に立ち入る力はない。本章では，さしあたり Woodruff [1982], pp. 161f. の立場，すなわち，イデア論にコミットはしていないが，他の初期対話篇に比べれば近い，しかし，存在論をそこに読み取る必要はない，という立場が暫定的に踏襲される。ただし，『大ヒッピアス』篇を定義論として読み解いていこうとする Woodruff の戦略，またそこでの要となる logical cause という鍵概念に関しては（私としては或る疑念をもたざるを得ないのだが，ここでは）論評を留保しておきたい。

第3章　居丈高な仮想論難者と戸惑うソクラテス　　　　　　　59

　　C2：F は the F によって F である。例：すべての美しいものは，美
　　　　によって美しい。
　　C3：F-ness / the F は何かあるものである。
　　C4：「何が F であるか（τί ἐστι F;）」という問いと「F とは何であ
　　　　るか（τί ἐστι τὸ F;）」という問いは異なる。

　以上を承けて，ヒッピアスは「わかった」（287e2）と言うが，それ
がどの程度の理解であったのか，という点に関して従来の解釈は否定的
であった。それに応じて，

　　B1　〈美しい乙女〉が美である（παρθένος καλὴ καλόν, 287e4）

というヒッピアスの最初の答えに関しても解釈が分かれている。

　　もしヒッピアスが「美とは何であるか」という問いの真意（すな
　わち C4）を理解していないとするならば，この答えはどのような
　誤りを犯しているというのだろうか。① 伝統的解釈は，普遍（a
　universal）の定義を求めるこの問いに対して，「何が美しいか」の
　答えにあたる具体的事例（a concrete instance）・個別（a particular）
　を答えてしまう，という所謂 the universal/particular confusion を犯
　している，とみなす（e.g. Burnet [1924], p. 32, D.Tarrant [1928], p.47,
　Allen [1970], p.70）。これに対して，② 彼はソクラテスの問いを十
　全には理解し損なっているが，かと言ってその答えが個別的事例と
　いうわけではない（その点で①は誤っている），という解釈が近年
　有力になりつつある（Nehamas [1975], pp.287-306, Woodruff [1982],
　pp.50f., Benson [1990], pp.125-142）。
　　しかし，私は②の①に対する論駁はあまりフェアではないよう
　に思う。①の論者は，確かに C4 の二つの問いの混同を，（i）求
　められている普遍と，（ii）それが述語づけられる some particular
　(Burnet), a particular instance among sensible things (Tarrant),
　examples of universals (Allen) の混同とみなしているが，そのいず
　れも ii をそれ以上（形而上学的には）明確化していない。ii はあく

までiに対比される限りで，述語（i）に対する主語（ii）であり，普遍（i）に対する個別事例（ii）である。しかし，(a) 普遍とは多くの事物に述語可能なものであり，(b)具体的事例とはそれが不可能なものである，という Benson（p.126）の the Aristotelian account によるならば，実は個別事例（ii）の内には，「ナウシカアは美しい乙女である」と言う際の(b)「ナウシカア」＝具体的事例と (a)「美しい乙女」＝普遍の両方が含まれることになる。①の論者はあくまで「美しい乙女も美しい」と語る場面に立って「美しい乙女」を個別事例（ii）に配していると思われるのだが，②の論者はそこに(a)と(b)の区別を持ち込むことによって，「美しい乙女」を普遍（少なくとも個別ではない）の側に置こうとする。要するに，②は①の論駁というより，むしろ①の細密化というべきである。そう考える限り，湯本泰正 [1998], 20-32 頁も，Nehamas の 'Being a beautiful maiden is what it is to be beautiful' という解釈を「超近代的」と退けてはいるものの，②の線上にあるとみなしてよいだろう。

　本章も②の延長線上にある。しかし，ヒッピアスは C4 を理解し切れぬまま，C1，C2 の the instrumental dative の用例から得られた了解によって，「美とは何であるか」の問いを，「それによって」何かを美しいと評価するところの「それ」，すなわち公共評価の基準を問う問いとして理解した，と解釈する点で，本稿は①②の議論とはまったく異なる場面からこの問題を議論することになる。先取りして述べるなら，(a)であれ(b)であれ ii が美しいと言われるためには，まずもって i がその評価の基準として既に知られていなければならない，という点でヒッピアスはソクラテスの問いを正しく理解したのだが，ソクラテスがその基準を，すべての美しい事物に共通な一なる基準とみなすのに対して，ヒッピアスはそうした公共評価が常に文脈依存的なものであるという信念に基づき，その都度の評価の文脈に固有な公共評価の基準は無数あるとみなす点で両者の対立は決定的だと言えよう。

　いずれにせよ，従来の解釈には，ヒッピアスが H1 ～ 3 の信念群をもち，公共評価の場面 I における美の基準の代弁者である，という視点

## 第3章　居丈高な仮想論難者と戸惑うソクラテス

が欠けていたように思われる。もし，そうした視点に立って，C1〜C4の条件を見るならば，B1という答えがヒッピアスにとって誠実な，その限りで最善の答えだった，ということができると私は思う。以下にその論拠を挙げる。

　条件 C4 における二つの問いに違いがあるか，と問われて，「違いはまったくない」（287d9）と断言したヒッピアスが，その直後（287e2）にその違いを理解した，と言うのは確かにあまりに不自然である。しかし，彼が「わかった」と言ったのは，その二つの問いの違いを理解したということに限られるのだろうか。少なくともヒッピアスの立つ公共評価の場面Ⅰでは，何が美しく，何が美しくないかを識別できることが公共評価の実質であり，逆にそのような公共評価をなし得る限り，そうなし得るというそのことのみによって，その者には公共評価の基準が知られている，とみなされていたことであろう。その限りで条件 C4 での二つの問いはヒッピアスたちにとってはもともと同一のことであった，と言えよう。とすれば，そもそもその違いを理解する必要性すらなかったわけであり，それを理解したとは到底言いがたい。むしろ，条件 C1 と C2 から，「それによって」美しいと評価される，その公共評価の基準（「それによって」の「それ」）こそが今問われている事柄だという理解が，「わかった」ということの主たる内容だったのではないか。条件 C4 の十分な理解が得られなくとも，条件 C1 と C2 の理解によって，ヒッピアスには「美とは何であるか」という問いが，特定の事例を答えとして求めている問いではない，という理解は十分に得られるはずである。美しいものの或る特定の事例が，その当の特定の事例であることによって美しい，という意味で「美しい乙女が美しいのは，（その当の）美しい乙女によってである」とヒッピアスが理解しているのではない，ということは明白であるように思われる。「美しい x は，その当の美しい x によって美しい」というのであれば，x に何を代入してもその x の美しさは保証されることになるのだから，そのようにひとしなみにすべてを美しくしてしまうものを美に関わる公共評価の基準とすることは明らかに無意味である。美（公共評価）の基準に関して，ヒッピアスには少なくともそれだけの理解は当然あったはずである。

　しかし，ヒッピアスがそのように特定の事例が問われているのでは

ない,と正しく理解していたならば,なぜ「〈美しい乙女〉が(問われている)美である」と答えたのだろうか。美しい乙女とは,特定の事例に過ぎないのではないか。まず,こう考えてみよう。ヒッピアスは,今問われているのは「それによって」の「それ」,すなわち美(公共評価)の基準である,ということは条件C1・C2より理解しているはずである。その理解を公共評価の場面Ⅰに適用するなら,H2(公共評価基準の相対性)より,美(公共評価)の基準もあくまで相対的なものであり,その限りで真実を知る,ということも相対的にしか言われ得ない(→H3)ことになるだろう。すると,この場面での公共評価はあくまで大衆の評判(→H1),つまり真実を知らない多数者が数多く弁えている,さしあたり一応の(prima facie)評価基準ということになる。したがって,ヒッピアスとしては,そうした数多くのprima facieな評価基準の中から一つ選び出して答えれば,仮想論難者の要求する(すなわち特定の事例ではなくて,その事例をそれによって美しいと評価し得る基準を求める問いへの)答えの水準において,しかも公共評価の場面Ⅰにあくまで立脚した答えを誠実に提示したことになるのである。

　ただし,ここで言うprima facieな評価基準というものは,特定の事例でないだけでなく,いわゆる一なる普遍者としての美でもない。公共評価の場面Ⅰにおいては,H2から類推されるように,一なる普遍者としての美が評価の基準として存在する必要も余地もない。いわば「評価の文脈」とでも呼ぶべき無数の文脈と相関的にそれぞれの文脈固有の評価の基準が,大衆にprima facieな評価の基準としてごく常識的に共有されているだけである。それは,伝統や習慣から培われたものであるかもしれないし,神話や悲劇などからの文芸的常套句として大衆に共有された文脈依存的な評価基準であるかもしれない。たとえば,乙女の美しさと若枝の美しさが同じ基準によって美しいと評価されることがあるとしよう[12]。その場合,美しい若枝は美しい乙女によって(すなわち美しい乙女を基準にして,美しい乙女のごとく)美しい,とも美しい乙女は美しい若枝によって(すなわち美しい若枝を基準にして,美しい若枝のごとく)

---

12) ここではホメロスの『オデュッセイア』の一場面 (Homerus, *Odyssea* Ⅵ 142, 155-157,166-169) を念頭に置いている。そこでは,美しい乙女 (εὐώψ κούρα) と若枝 (θάλος / νέον ἔρνος) とがまったく同種の嘆賞の対象であるかのように述べられている。

美しい，とも言い得るであろう。美しい乙女と美しい若枝はさしたる理由もなく（おそらくは外見上の類似に基づいて）同じ評価の文脈にある。しかし，美しい牝馬はその同じ評価の文脈には入らない。したがって，美しい乙女と美しい若枝をその構成員の一部として含む評価の文脈において，それらが「それによって」美しいところの「それ」，とは少なくとも乙女と若枝という二つの事例に跨るものである。しかし，それらが「それによって」美しいところの「それ」を名指す際に，単に「美しいもの（τὸ καλόν）」というだけでは不十分である。なぜなら，その美の基準は，あくまである特定の評価の文脈に固有の基準だからであり，その特定の文脈を指示しない限り，その基準は評価の基準として機能しないからである。とすれば，その評価の基準は，〈美しい乙女〉という形でその固有の評価の文脈性を個別の事例による限定として被らざるを得ない（その事情はちょうど，「柿（の）色」という形で柿という事例の限定を受けながら，柿色の表紙，というように他の事例に適用可能であることと類比的である）。もし以上のように解釈できるならば，「美しい乙女は，（美しい若枝の評価の基準としても機能する，その意味で美しい乙女という特定の事例を越えた評価基準としての）〈美しい乙女〉によって美しい」と言うことは，公共評価の場面Ⅰに立つ限り，極めて正当である。こうして〈美しい乙女〉が美だと主張したヒッピアスは，美しい牝馬も美しいのでは，と問われても，何ら怯むことなく「〈美しい牝馬〉も美である」（288c4）[13]と答える。公共評価の場面Ⅰにあっては，評価基準が一つであることはむしろあり得ず（公共評価の相対性），したがってまた，牝馬を含む評価の文脈の評価基準が美しい乙女ではなく，〈美しい牝馬〉であるということにも何の問題もない。女神と乙女と猿の評価の文脈の相違は，公共評価の場面Ⅰに立つ大多数の者にとって自明なことである。しかし，土鍋も美だ，と言うことは，明らかにそうした評価の文脈を知らぬ無教養な者なのである（288d1-3）。したがって，公共評価

---

[13] ヒッピアスが直接こう答えたわけではない。これは仮想論難者（を模したソクラテス）による「美しい牝馬も美しい（καλόν）のか」という問いに「君の言う通りだ」とヒッピアスが答えた，その答えを問いから補ったものである。なお，これに続けて「我々のところには，まったくもって美しい牝馬がいるのだから」（288c5）という時の「美しい牝馬（複数形）」は評価の基準としての〈美しい牝馬〉ではない点に注意せよ。

の場面Ⅰにおいては，女神と乙女と土鍋を比較して，乙女は土鍋に比すれば美しいが，女神に比すれば醜い，すなわち，同一のものが美しくもあり，醜くもある，いわゆる「同一物の相反する現れ」という事態は生じ得ない。なぜなら，女神と乙女と土鍋とを同一の評価の文脈で比較することは，公共評価の場面Ⅰにおいては，無教養な者のなすことであって，ごく常識的な教養を備えた人なら，誰でも（この意味でヒッピアスは「すべての人」(288a3-5) と言っている）美しい女神は〈美しい女神〉によって，美しい乙女は〈美しい乙女〉によって，というように各々の評価の文脈に応じた的確な評価基準を適用するだろうからである。

では，仮想論難者（を模したソクラテス）がここでやっていることは何なのだろうか。それは，ヒッピアスの公共評価の基準を評価の場面Ⅰから引き離し，評価の場面Ⅱの中へと置き移すことである。場面Ⅰにおいては何ら問題のない多元的な価値基準の並立可能性が，場面Ⅱに引き移されることによって，同一物の相反する現れとして立ち現れるのである (289c4-5, d1)。仮想論難者の「美とは何であるか」という問いは，単に美の定義を求める問いであるのではなく，むしろ，評価の場面Ⅱにおいて初めて十全に機能するその問いを，場面Ⅰの評価の基準に適用することによって，場面Ⅰにおいては十全に機能していた評価の基準を場面Ⅱへと置き移すための一種の議論上の装置だったのである。

(2) 対物相対性（物相互の関係を評価する場合に生じる相対性は，そうした事柄に対する領域的専門知の有無によるものであり，公共評価の場面Ⅰの内部の問題である。）

2・1

「〈美しい乙女〉が美である」(B1) という答えが，日常流通している評価の場面Ⅰから引き離され，評価の場面Ⅱに置き移されることによって，〈美しい乙女〉が美しいものであるに劣らず醜いものでもあり (289c4-5)，美しくかつ醜い (289d1) ことが明らかになったわけだが，ヒッピアスは必ずしもそのことが，B1が美の基準たり得ないことの根拠になるとはまだわかっていないようである。くどいようだが，公共評価の場面Ⅰにおいては，評価の文脈が変われば，美しいと評価されていたものも醜いとみなされるのが当たり前なのである。だから，ヒッピア

スにとって，美しい乙女が神々より美しいと言うことが明らかに忌避すべきことである（なぜなら，神々の方が人間よりも優れていることは，まったく自明な評価基準となっているのだから）のに対して，神々に比べるなら美しい乙女も醜くみえる，ということはごく当然のことであるだろう（cf.289c7-8）。したがって，「Fとは何であるか」という問いに対する答えが満たすべき条件，すなわち，

　　C5：Fであるというそのことが，非Fでもある，というように現
　　　　れてはならない。（反対性質共在禁止条件）

を，おそらくヒッピアスは，それ自体としてはまだ十分に把握できていないのではないか。そこで，仮想論難者はさらに条件を加える。

　　C6：問われているFそのものとは，「その形相が付け加わる時には」
　　　　（289d3-4）他のものすべてがFとみえるものである。

ただし，Fが美の場合，「美そのものによって，他のものすべてが飾られる」（289d2-3）という補足説明がつく。どうやら，ヒッピアスはC6をこの補足説明の（後半の）意味でだけ理解したと思われる[14]。そこで次のように答えられる。

　　B2　黄金が美である。（289e2-3）

確かに，美しい持ち物（289e2）すなわち装飾品評価の文脈における黄金の評価基準としての有効範囲は，〈美しい乙女〉のそれに固有な文脈における評価基準としての有効範囲をはるかに上回っているだろう。しかし，条件C6は条件C5によって常に補完されなければならない。

---

[14] C6及びその補足説明を述べたソクラテスの言葉（289d2-5）の内には，αὐτὸ τὸ καλόν や ἐκεῖνο τὸ εἶδος という強い表現が，些か唐突に挟み込まれているのだが，その直後にヒッピアスがその内容を復誦する際（289d7-8）には，ほぼ逐語的になされたにもかかわらずその二つの表現だけが欠落している。つまり，よく理解できない言葉を端折って，自分に理解できる部分だけで答えたもの，それがB2であると思われる。

つまり厳密に言えば,「Fそのものとは,その形相が付け加わる時には他のすべてのものがFとみえ,決して非Fとみえてはならない」のである。黄金の場合,たとえ黄金で飾っても美しく見えない（評価されない）ものは確かにある。B2は,条件C5の真意を理解しないままC6の言葉尻に答えた結果であって,結局またもやC5に違反する（かのようにみえる）。すなわち,

　　　それがふさわしい場合には,美しくみえさせ,ふさわしくない場合には,醜くみえさせる。（290d2-3）

　ところで,C5（反対性質共在禁止条件）は,S2（善きものとしての限りで法は決して悪しきものではあり得ない）との明らかな対応からもわかるように,あくまで評価の場面Ⅱに固有の特徴であり,評価の場面Ⅰでは意味をなさない。言い換えれば,C5が条件として機能するのは,あくまで評価の場面Ⅱにおいてである。したがって,B1の時と同様に,（黄金で飾られて美しくなるものもあれば当然ならないものもある,しかしそのことが黄金の公共評価機能を損なうことには必ずしもならない）場面Ⅰから,B2だけ場面Ⅱへと置き移すことによって,初めてB2が条件C5に違反した,と言い得ることになるはずである。

　しかし,ここで注意が必要である。ふさわしい場合には,ものを美しくみえさせる,という「～させる（ποιεῖν）」という言い方は,本対話篇では,B2の議論に入ってすぐ,彫刻製作の領域における専門家が「アテナ像の目を黄金にしなかった（οὐ … ἐποίησεν）」（290b3）というあくまで専門家の観点からなされた能産的な働きを雛形にした上で,「黄金はすべてのものを美しくするもの（ποιῶν）である」（290b6-7）を経て「美しくみえさせる」という今問題にしている箇所での「もの」の使役機能を意味する用法へとシフトしたものである。したがって,この「～させる」という表現が登場するとき,そこには「専門家の観点からなされた能産的な働き」という雛形の意味が何かしら影響を及ぼしていると考えることもできよう。もしそうなら,この表現が登場するとき,本対話篇に限れば,場面は実はⅡには移っていない,とみなし得る。以下にその説明を試みよう。黄金といちじくの木は,それ自体で

第 3 章　居丈高な仮想論難者と戸惑うソクラテス　　　　　　　　　　67

は明らかに黄金が美しく，両者をそもそも比べることさえ「無教養だ」（290e3），というヒッピアスの態度は確かに鮮明である．しかし，土鍋と杓子との，〈もの対もの〉の対物関係の知がそこに介入すると，いちじくの木の方が黄金より杓子の素材としてはふさわしい（なにしろ黄金製の杓子なら土鍋を壊してしまうだろうから）とわかる（cf.290e4-291a2）．つまり，黄金といちじくの木という素材に関して常識的な評価文脈で考える素人の観点に，杓子と土鍋という調理道具に関する領域の（もしそんな人がいるならば）専門家の観点を対比させると，黄金は一方で（それ自体としては）美しくみえていたのに，他方ではむしろ醜く（有害に）なる，あるいはいちじくの木は一方では美という評価の文脈にさえ入っていなかったのに，専門知によって，美しいものに「見立てられる」．ここに専門知のもつ，ものがそれ自体としてはもっていなかった美（評価されるべき価値）を，他の事物との適合性という関係によってそのものに「もたせる（ποιεῖν）」という能産的な働きが明らかになる．しかし，これはあくまで場面Ⅰの内部での，領域的専門知をもつ者ともたない者との相違であって，したがって，〈知らない者にはFとみえるが，知っている者は非Fとみえるようにする〉ということの意味はC5（反対性質共在禁止条件）の水準にはない．言い換えれば，一見，C5に抵触するようにみえる対物相対性は，領域的専門知の権威によって，あくまで公共評価の場面Ⅰの内部で克服され得るのである．この点はB4～6が場面Ⅰの内部での考察に終始することと密接に関連する．そこで，説明の都合上，B3に先立ってB4～6における問題の方から見ていきたい．

### 2・2

B2とB4～6は，明らかに同一の問題圏を形成している．しかし，B2からB4の間には大きな転換点がある．以下の二つの箇所を比較すれば明らかである．

> B2「象牙や黄金は，それがふさわしい時，美しく見えるようにし，ふさわしくない時，醜く見えるようにする．」

B4「ふさわしいものは，それが備わっているものの各々を，それが備わる時，美しく見えるようにするのか，あるいは美しくあるようにするのか。」(293e11-294a2)

B2では，美しく見えるようにするのは，黄金であるが，B4では，それは「ふさわしいもの (τὸ πρέπον)」である。B2では，黄金それ自体の本性など問われなかったし，また美であるとされたのも，「もの」としての黄金であったが，B4では，「ふさわしいものそのものの本性 (τὴν φύσιν αὐτοῦ τοῦ πρέποντος) が美であるかどうか」(293e4-5) という強い言い方がされている。煩瑣ではあるが，整理のために次のように記号化してみよう。

B2 黄金 (a) が付加した杓子 (b) は，黄金 (a) のスープ (s) に対する (ふさわしくない) 関係 (R) の時，黄金 (a) によって美しくない (F である)
= a が b を R の時に F にする (ποιεῖν) = b は <u>a によって F である</u> = <u>a が</u> the F である

B4 目 (b) の見ること (s) に対する (有用な) 関係 (R) が備わる目 (b) は，その関係 (R) によって美しい (F である)
= R が b を F にする = b は <u>R によって F である</u> = <u>R が</u> the F である (ただし B4 以降では，R は the R となる)

ただし，ここで R とは，a/b の s に対する関係 (ふさわしさ [B4], 有用・有能さ [B5], 有益さ [B6]) のことを表示する。
この時，s に「何か悪いことをなすこと」(296c7) を代入すると，b は何か悪いことをなすのに有能・有用であることによって美しい (評価される) ということになるが，それは当然認められず (296d1), B5 (有用・有能なものが美である) は却下される (296d6-7)。代わりに s には必ず「何か善いものを作り出すこと」(296d9) を代入するようにしたのが B6 (有益なものが美である) である。すなわち，b が何か善いもの (s) を作り出す，つまり b が何か善いものの原因 (296e8-9) である時，

第3章 居丈高な仮想論難者と戸惑うソクラテス　　　　69

その限りでbは有益なものであり，「有益なものであることのゆえに美しい」（296e4）と評価される。

　さて，今挙げられたことすべてに共通していることは，Rを判定する者の専門知（技術知）が実はB2，B4～6のすべての評価の前提になっている，ということである。しかし，B2においては，「もの」と「もの」との適合性という関係Rがいわば客観的に既に成立しているという観点の下に，そうした関係を持つ「もの」が評価の基準となり得ていたのに対して，B4以降では，そうしたもの同士の関係R自体を評価の基準として取り出すことによって，それが専門知の内容とみなされるようになっていく。つまり，Rを判定する知，評価主体の側へと議論の重心が移ったように思われる。B2が却下された後のヒッピアスの「いかなる人にも醜くみえない」（291d2-3）という言葉が，直接にはB3への，しかし，B4以降にも繋がる形で，美を作り出す判定者，評価主体の側への重心の移動を示唆していると言うこともできるだろう。それは，「しかるべき関係RがbをFにする」から「しかるべき関係Rを判定する知を所有した者がbをFにする」への，また，「bが何か善いものを作り出す」から「しかるべき関係Rを判定する知を所有した者が何か善いものを作り出す」への移行とも解し得る。美しいものの事例として「知（σοφία, φρόνησις）」が挙げられるようになることが，この動きと軌を一にしていることに注意が向けられるべきであろう（296a5-6, 296e3, 297b4）。

　しかし，もし以上のようであるとすると，bに「知」を代入した場合，どうなるのであろうか。知（b）が美しいのは，知自らが作り出した何か善いもの（s）によってなのか，それとも，知（b）はそれ自体が美しく，かつ善いのであろうか。さらにbに「法」を代入してみるなら，法（b）が善いのは，法自らが作り出した何らかの善（s）のゆえになのか，それとも法（b）はそれ自体が善なるものであり，美しいものなのだろうか。B6を却下する理由となった，原因（作り出すもの）と結果（作り出されるもの）が異なる以上，善の原因である美とそれによって作り出された善は異なる（という不都合が生じる），という従来必ずしも明確な説明がなされてきたとは言い難い箇所（296e7-297d9）の論点は，まさにこの点，つまり，知（b）がそれ自体として美しいのは，知が作り出

した何らかの善（s）によってなのではない，という点にある。そして，このことは，法をそれが作り出す何らかの善さ（有益さ）によって，その限りで善い（有益だから善い）とする公共評価の場面Ⅰと，法は決して善なるものでないことはない（それ自体が善い）とする公共評価の場面Ⅱの差異とも重なってくるであろう[15]。

　このことは，次のように敷衍できるかもしれない。専門知によって権威づけられた美しさとは，それ自体での美しさとは異なる。後者を第1次的な美とするなら，前者はあくまで第2次的，副次的な意味で美しいものであるに過ぎない。たとえば，野太い農耕馬は〈サラブレッド〉という評価基準によっては美しくないが，農耕作業に関して，その道の専門家から見れば，それが有益であるが故によい（美しい）馬だ，と評価される。このとき，その馬がもたらす有益さ，つまり何か善いものは，その馬がそれ自体として美しい，それ自体として善い，という意味での善さとは異なる。であるから，その農耕馬がそれ自体として美しくない，したがって善くない，という第1次の公共評価と，しかし，農耕作業における有益さという点では善い，という第2次の専門家による評価とは明らかに異なる。この事情はサラブレッドの場合でも同様である。仮に，専門知による限り，サラブレッドは走るということに関して善さをもたらす故に美しい，と仮定するならば，美しいサラブレッドの

---

　15）B 2に端を発してB 4〜6と練り上げられ，もっとも美しい（κάλλιστος, 297d3-4）と見えていた規定が，実はものごとをそれ自体として評価する基準とさえなり得ていない，その限りで，〈美しい乙女〉という基準にさえ劣るもっと笑止なもの（γελοιότερος）なのかもしれない（297d6-8），というソクラテスの言葉に込められているのは，単なる皮肉にとどまるのだろうか。確かに，ヒッピアスが多用する，その限りで公共評価の場面Ⅰにおいて典型的な負の評価態度であったろう「笑止である」という言葉が，もっとも美しいと見えていたものが実はずっと笑止だった，という形でヒッピアスに投げ返されるのは，皮肉な結末である。しかし，それ以上に，「美とは何か」という問いを問いとして引き受け得たソクラテスであればこそ，その彼をして，その問いを前にして「どこへ向かえばよいか，もはやわからず，行き詰まっている」（297d10-11）という思いを抱かしめた何かが，B 4〜6の規定の失敗の内に探られねばならない。それは，もし本章の解釈によるならば，ソクラテスやヒッピアスが立つ公共評価の場面Ⅰにおける限り，「美とは何か」という問いには答え得ないという決定的な挫折感ではないだろうか。だからこそ，その舌の根も乾かぬうちに「ちょうど今，うまい手立てが見つかったように思う」（297e4-5）とケロリと言ってのけた後，しばらく姿を消しておいた仮想論難者を再登場させることによって，公共評価の場面Ⅱを再び引き寄せ，そうして行き詰まりの状況打開を図りつつ，美の最終規定の吟味に取り掛かろうとする，この段取りの鮮やかさにほかならぬプラトンの作為を感じずにはおれない。

それ自体としての美しさ（公共評価），それ自体としての善さと，走るということに関する専門的判断の結果としてもたらされる善さとは，明らかに異なるのである。

さて，ソクラテスとヒッピアスによってなされたこの一連の対話によって一体何がなされたのか。それは，おそらくこうなるだろう。つまり，対物相対性にかかわる，領域的専門知に基づく評価の基準は，「美とは何であるか」という問いの答えとは認められない，ということである。第2次の評価の場合，領域的専門知による相対性の克服が可能であるが，第1次の評価の場合，そうした権威がないまま，相対性が許容されたままになっている。そこに場面Ⅱに固有な問い「美とは何か」が問われることによって，同じく場面Ⅱに固有の条件C5（反対性質共在禁止条件）がそうした相対的評価判断を恣にしていた場面Ⅰに課せられることになったのである。とすれば，その限りでの美（公共評価）の基準の探求から，第2次の，つまり領域的専門知による評価がはずされるのは当然のことといえよう。

(3) 対人相対性（第1次評価すなわち領域的専門知に依拠し得ない公共評価においては，「誰にとって」という観点の相違から生じる対人相対性を避けることができない）

3・1

B2は，最終的には今まで考察してきたような意味で公共評価の場面Ⅱにおいて相反する現れとして問題化されることにはならないのだが，少なくともB2却下の時点では，黄金はいちじくの木に比べ，美しいものであるが，同時に醜いものとしても現れる，という形でひとまずは却下される。この段階でヒッピアスは，「美（公共評価の基準）とは，どんな場合にも，どんな者にも決して醜く見えるようなことのないもの」（291d2-3）という，先ほどのC5（反対性質共在禁止条件）の真意を理解したかのような発言をする。ここに至って，ヒッピアスは，問われている美が普遍的なものであることをようやく理解した，とする解釈が大勢であるが[16]，それは間違いであると思われる。ヒッピアスの立場に立っ

---

16) たとえば，D.Tarrant [1928], p.56, 北嶋美雪［1975］，33頁，R. Waterfield [1987], p.246.

てみれば，B1が却下されたのは，美（公共評価）の基準がそれぞれの評価の文脈に応じて多数並立していたから，またB2では，B1のような常識的な評価基準に対して，専門家的な評価の仕方が，真実の評価として対置されたから，ということになるだろう。だとすれば，二度と却下されないようにするためには，専門知を持たない者だろうが持つ者だろうが，ともかく誰一人として反対することのできない決定的な答えを一つ提示すればよい，と思うのも当然である。つまりヒッピアスはあくまで公共評価の場面Ⅰに立っており，とりわけH1の信念によって大衆の評判こそが公共評価であると思っている以上，先に引用した彼の発言における「どんな場合，どんな人」というのもすべて公共評価の場面Ⅰにおけるものである。そこで，ヒッピアスが考案した方法は，大衆の間でほぼ確定していると思われる評価を思い付くまますべて結合する，というものである。すなわち，

> B3 美とは，(a) 金持ち，(b) 健康，(c) 尊敬，(d) 長生き，(e) 両親を弔い自分の子供による自らの埋葬，という条件を充たしたものである。(291d9-e2)

立派な（美しい）人だ，と公的に評価してもらう（一般大衆に認めてもらう）のであるから，評価者はあくまで一般大衆であり，当然，評価基準は世上流布している伝統的で常識的・類型的なものばかりである。ここでは領域的専門知がかかわることはできない。なぜなら，ここでの評価は，その人を人としての限りで評価することであって，何らかの特定の観点から，例えば走ることとの関連から評価することではないからである。もちろん，いくら常識となるほどの類型的評価基準であっても，それが一つだけなら，たとえば「金持ち」という基準だけなら，すべての人々がそれをその人が立派であることの基準と考えるとは限らないであろう。しかし，それをいくつも連言で結べば，もはや誰も反対できまい，とヒッピアスは考えたわけである。とはいえ，おそらく彼にしてみれば，(a)〜(e)の条件の内のいくつかを充たせば，それで公的には（つまり大衆には）評価されるだろう，という程度のことだったと思われる。何より彼の関心事は，いかにして誰からも反対されないか，ということ

だったのだから。

ところが、仮想論難者は条件(e)への反例を示すことによってB3を却下しようとする。すなわち、(e)は時には、

> ある者たちにとっては美しいが、別のある者たちにとっては美しくない。(293c4-5)（これを以後、「対人相対性」と呼ぶ）

つまり、すべての者にとって美しいわけではない。しかし、ここで曖昧にされていることは、これが(e)の却下なのか、それともB3の却下なのか、ということである。もし、前者ならば、(e)をはずした(a)〜(d)を充たしたもの、という新たな規定が吟味されなければならないだろう。もし、後者ならば、B3は、

> B3・1　美とは(a)〜(e)の「すべての」条件が充たされたものである。

と修正されなければならないであろう。いずれにせよ、ソクラテスはこの曖昧さを残したまま、あくまで仮想された対話の中で一気に対人相対性を導きだし、「美が何であるか」に今なお答え得ない (293c5-7)、と結論づけてしまう。

## 3・2

さてここで、2・(2)の考察をもう一度思い出してほしい。その際、「美」も「法」も共に「公共評価の基準」と一括して呼ぶことにする。公共評価の場面Ⅰにおいては、大衆すなわち大多数の「知らない者たち」は、公共評価の基準に適っていると「思われる」もの（すなわち大多数の者が自分たちにとって有益だと思っているもの）即適法なもので「ある」とみなす。それはヒッピアスの証言からも窺える。対して、ヒッピアスが自称する限りでの彼のように「知っている者」は、たとえば、外国人（＝彼自身）による教育が公共評価の基準（ラケダイモーンの法習）に適っていない、然るにその教育は本当は有益であり、したがって法に適っている、故にその基準（ラケダイモーンの法習）の方が真実には善い法（公共評価の基準）ではない、ということを知っている。したがって、大衆

(知らない者)にとっては外国人による教育は適法ではなく、ヒッピアス(知っている者)にとってはそれは適法である、ということになる。そして、前者がそう「思われる」ものがそう「ある」という評価判断であるのに対して、後者は、対物相対性における「ふさわしさ・有益性」の判定は領域的な専門知に基づく、という前節の考察による限り、知に基づいたそう「ある」という評価判断である。その意味で、ヒッピアスは自分を知者の側に置くのである。しかし、果たして公的な場面での諸行為の評価に関して専門家がいるのであろうか[17]。ヒッピアスは自分たちソフィストがそうだと主張するだろう(cf.295e10-296a4)。しかし、彼自身、結局大衆と同じように、外国人による教育は適法ではないということを、つまり、自分が専門知に基づく評価基準だと思っているものよりも、大衆の評価基準に服す方を何の葛藤もなく選び取っている。それは、彼の評価基準が実は何ら専門知(もしそれがあればの話だが)に根ざしていない、つまりその限りで彼は知っている者ではない、ということを彼自身の行動が示している場面でもある。彼は実は大衆と同じように自分にそう「思われる」ものをそう「ある」とみなしているだけなのだが、そうした「思われ」を知であるかのように粧っているだけなのである。

以上から次のことが公共評価の場面Iに立つ者の信念とみなされる。

---

17)「公的場面での諸行為」という表現は、294c8-d3 における ἐπιτηδεύματα の訳語であり、公共的な(つまりポリスに関わる、政治的な)役割における営み・務めを意味する。また、そうした公共的な役割を秩序づけている所謂「公序良俗」が同箇所での νόμιμα の意味するところである。つまり、「すべての本当に美しい公序良俗や公的場面での諸行為」がその箇所で問題になっている事柄なのだが、それらに関して人々は無知であり、それゆえ争いが絶えない、という事実がヒッピアスによって確認される。しかし、そのように無知な人々とは別に、そうした事柄にもしかるべき専門知をもった者がいるのではないか。νόμιμα や ἐπιτηδεύματα が法に関わる事柄である以上、法律家がその道の専門家であるのは当然ではないのか。しかし、ここで先の 4・(2)・2・2 での考察を思い出してほしい。法が作り出す善(有益性)を評価する(つまり第2次的な美を評価する)限りでの専門家は当然いてしかるべきである。それが法律家である。しかし、法をそれ自体として評価できる者は、法をあくまで善き法として制定できる者であらねばならず、その限りで、その者の備える知は領域的専門知ではない。なぜなら、彼が善き法を制定するためには、まずもって善を知らねばならないのだが、「善とは何か」に答え得る領域的な専門知はあり得ないからである。もし、以上のような推測が正しいなら、公序良俗や公的場面での諸行為に関しては、大衆が無知であるのみならず、専門知も成立し得ない、ということになるであろう。

第3章　居丈高な仮想論難者と戸惑うソクラテス　　75

　　H4：大多数の者（知らない者）にとって現れ（φαίνεσθαι）と存在
　　　　（εἶναι）は一致する。

　ところで，公的な行為の評価の場面は専門知の場面ではない，ということを先に見た（注17参照）。言い換えれば，公的な行為の評価の場面では，専門知の場面のように真実にはどうであるかを知っている者は一人もいないのである。したがって，H3とH4から，

　　H5：公的行為の評価の場面では，知っている／知らないの別なく，
　　　　すべての者が，そう思われること（δοξάζεσθαι）がその通り
　　　　ある（εἶναι），とみなす。

が導出される。当然，こうした中で，ヒッピアスのように，自分にとってはそうではない，自分は知っている，と主張する者が出てこよう。領域的専門知の権威が知を僭称する疑似知の排除を可能にした対物相対性の場合と違って，領域的専門知の権威をもたない公的行為評価の場面にあっては，ヒッピアスのごとき疑似知の僭称者の跋扈を許し，それがためにそこでは意見の対立や争いが絶えない（cf.294d2-4）。こうした争いとは結局誰が真に知っている者としての権威をもつか，ということの争いであって，対等な立場での意見の不一致に基づく争いではない。こうした事態を公共評価の場面Ⅰにおける「対人相対性Ⅰ」と呼ぶ。この対人相対性を克服できる専門知はない。
　これに対して，そうした意見の対立や争いが実は何らの知に基づくものでもないということが明らかになった上での相対性が考えられる。自分こそは知っていると思っていても，それが真実に知っていることではない，ということが明らかになる場面，つまり公共評価の場面Ⅱの内にそうした対人相対性そのものを置き入れることによって明らかになる対人相対性，これを公共評価の場面Ⅱにおける「対人相対性Ⅱ」と呼ぶ。評価の場面Ⅱにおいては，評価の基準は絶対的であり，一であるのだから，この対人相対性は克服されねばならない。しかし，評価の場面Ⅰにおいては，対人相対性Ⅰが克服される必要性はない。なぜなら，当人たちは，自分だけが真実を知っており，後は知らない者たちだと思ってい

るのだし，ヒッピアスのように，結局自分は知者だという自負だけは温存しておきながら，本当はそうではないけれども公共評価（大衆の評判）を得るためには無知な大衆の基準に服すのは何の問題もない，と思っているのだから．つまり，私が何かを美だと評価し，あなたがその同じ何かを醜だと非難する際，そのどちらの評価が真であるかを決めるさらなる審級が実は存在していない，という意味での相対性（Ⅱ）は，そうした意味での上位の審級を求める「美とは何であるか」という問いが成立し，かつ，その問いに答え得ない場面（すなわち評価の場面Ⅱ）において初めてリアルに問題化されるのである．

　ここまでのところを纏めておこう．ヒッピアスは，仮想論難者から「美とは何であるか」と問われて，B1～3の答えを提示した．しかし，B1は，美（公共評価）の基準たるべき〈美しい乙女〉が，【評価の文脈を異にする神々と比べられるならば】醜いものとしても現れるがゆえに，B2は，同じく基準たる〈美しい黄金〉が，【土鍋との関係において見られるならば】醜いものとしても現れるがゆえに，さらにB3は，同じく基準たる〈美しい（立派な）生き方〉が，【別の者にとっては，つまり別の者の観点から見られるならば】醜いものとしても現れるがゆえに，すべて却下された．しかし，B1における【　】内の条件は，公共評価の場面Ⅰにおいては通常は問題化されることはないし，B3における【　】内の条件も，B3を公共評価の場面Ⅰで見る限り問題化され得ない（知者／不知者格差の傾きを帯びない対等な立場での意見の不一致としての対人相対性Ⅱは，公共評価の場面Ⅰにある限りは生じない）．したがって，いずれも公共評価の場面Ⅱへと置き移されることによって初めて【　】内の条件を充たすことができる．それに対してB2は，【　】の条件を公共評価の場面Ⅰにおける領域的専門知すなわち技術知に負っている以上，あくまで公共評価の場面Ⅰの内部でその相対性を克服する方途が可能である．それがB4～6であり，あくまで公共評価の場面Ⅰ内部の議論であるので，仮想論難者はその間だけ不在なのである．しかし，そこで明らかになったことは，そうした専門知（技術知）に基づくよい（美しい）という公共評価は，第2次的な評価であって，第1次的で自体的な公共評価とは，そもそもその評価の位相が異なる，ということで

第 3 章　居丈高な仮想論難者と戸惑うソクラテス　　　　　　　　77

あった。そこで，次に我々がなすべきは，B1 と B3 を公共評価の場面 II に持ち込むことで明らかになったそれぞれの相対性を，いかにして解消するか，つまり言い換えれば，いかにして「美とは何か」に答え得る美（公共評価）の基準を求めるか，ということになる。

### （4）　第7定義の本対話篇全体における意義

　しかし，そのような場面に立ち至り B7〈見ることと聞くことを介した快が美である〉（298a6-7）を立てるや否や，ソクラテスは，B3 に由来し，対人相対性の問題圏に含まれていた「法や公的場面での行為」（298d1-2）の問題に関しては，それを留保しようと提案する。確かにここでのソクラテスの言い方は微妙である。そうした「法や公的場面での行為に関すること」が B7 と「おそらく無関係ではないということが判明するだろう」（298d1-3）が，当面は「そうした法に関する話は一切人前には持ち出さないで」（298d5），あくまで B7 の考察に踏み止まろう，そう彼は言う。しかし，私はここで B3 に由来する対人相対性の問題が，B7 の吟味においては一旦棚上げされた，とはどうしても思えない。「人前には持ち出さない」が，何らかの形でその問題も B7 の吟味の内で論じられているのではないだろうか。

　ひとまずここでは，B1 と 3 の問題点を確認することから始めよう。まず B1 は，美（公共評価）の基準として普遍的な「それ自体美しいもの」を摑みかけていながら，それぞれの評価に固有な文脈を組み入れることなしには，その当の基準自体を指示できない，つまり「美しい乙女」「美しい神々」というように言い表すしかない，という問題を抱えていた。しかし，逆にそうした評価の文脈を取り除いてしまったら（つまり公共評価の場面 II に持ち込んだなら），たちまち「美しい乙女」は醜いものとしても現れてしまう。いかにしたら，こうした相対化に陥ることなく評価の文脈性をはずせるだろうか。また，B3 の場合は，ある人にとって美しいものが，別の人にとって醜く現れてしまう，という対人相対性の問題を抱えながら，その克服を図ろうとするや，（第1次の評価の場面であるゆえに）本来知り得ないはずのことを領域的専門知（技術知）で知り得ると思いなしてしまう錯誤への道が控えている。こうした錯誤に陥ることなしにどのようにしてこの対人相対性を克服できるので

あろうか。

　少なくとも，我々の読みすすめてきた筋に乗る限り，B7がこうした問いに答えるならば，極めて自然な筋運びとなるように思われる。そのために，B7には以下のようなB1とB3との対応関係があることを指摘したい。

|  | 美とはXを介した（διά）Zである | 美とはYを介したZである |
|---|---|---|
| B7 | 視覚を介した快 | 聴覚を介した快 |
| B1 | 乙女を介し視覚に快をもたらすもの | 牝馬を介し視覚に快をもたらすもの |
| B3 | 私[18]を介してもたらされた快 | 君を介してもたらされた快 |

　もし，こういう対応が認められるとすれば，「美しい乙女と美しい牝馬の両方」というかたちで各々に固有の評価の文脈性を拡張していこうという文脈相対性克服戦略（B1）と，「私にとっての観点と君にとっての観点の両方」という形で観点の相違そのものを解消していこうという対人相対性克服戦略（B3）の両方の妥当性は，B7の妥当性と対応することになるだろう。そもそもB3が最初に採ったこのような連言方式の吟味はうやむやにされたままであった（4・(3)・3・1参照）。とすれば，この箇所はやはりB1とB3の再吟味の場面ともとれるはずである。しかも，直前のB6においては，専門知による評価を成立させる規範や知そのものの（結果からの第2次評価ではなく）それ自体の評価がいかにして可能か，という問題が残されたままであった（4・(2)・2・2参照）。すべてはB7の吟味に託されることになる[19]。

　結論を先取りすれば，こうして連言によって基準として妥当する範囲

---

　18）「私と君」は各々は一人だが，両方は一人ではなく二人だ，という形で，私と君の対比は301d7に初めて見出される。この「私と君」に大きな比重を置いた解釈としては，山本巍［2000］, 17-20頁がある。

　19）以下の第7定義の解釈は，『大ヒッピアス』篇全体を一貫した解釈の筋を提起する，という本章の意図によって，かなり限定された観点からその概要のみが述べられている。とりわけ，いまだ十分な究明が得られていないthe continuity theory of realityの解釈に関しては，稿を改めて論じる必要を痛感している。今のところその点に関するもっとも充実した研究としては，M.L.Morgan［1983］, pp.133-158がある。

を拡張し，やがては（すべての事例を包括し得るという意味で）普遍的なものにしよう，という目論見は論理的に成立しない，ということになる。

まず，前提は，

　ⅰ．P1 は美しい
　ⅱ．P2 は美しい
　ⅲ．P1 + P2 は美しい

これらのいずれを言うことも公共評価の場面Ⅰにおいては問題ない。乙女は美しい，女神は美しい，乙女も女神も両方とも美しい。しかし，女神に比べれば乙女は醜い，と言い出すとⅲは言えなくなる。したがって，ⅰ～ⅲを言えるためには，その原因となるものとして，すべてに共通なものが必要になる。それをr（1 + 2）とする。するとP1はr1の働きしか受け入れないのであるから（乙女は乙女を介し視覚に快をもたらすものの働きのみを受け（伴い），女神を介し視覚に快をもたらすものの働きは受けない），P1 は r（1 + 2）の働きを受けた状態にはなっていない。P2についても同様。とすると，ⅰとⅱの各々がもつ評価の文脈の違い，あるいは評価主体の違い，一言で言えば固有な観点の違いをⅲによって解消しようという試みは，ⅲを可能にする原因 r（1 + 2）が個別的にⅰ・ⅱを可能にする原因とはならない（cf.302e5-9）ことによって失敗に終わる。ⅰ・ⅱそれぞれを個別に可能にする原因は，ⅲを共通に可能にはしないし，ⅲを共通に可能にする原因はⅰ・ⅱそれぞれを個別に可能にはしない。

要するに，視覚や聴覚，乙女や牝馬，私や君，といった介在（διά）性を公共評価の基準，あるいはそうした公共評価を可能にする原因のなかに含みこむ限り，たとえそうした個別の介在性の総和を求めたとしても，そうした介在性がもたらす相対化を免れることはできない，という結論である。しかし，我々が現実に公共評価を行なうとき，あらゆる次元の介在性を排除していくことは一体可能であろうか。私は私のパースペクティブからしか世界を評価することはできない。無論，私に見えないものの裏面を，後ろにまわって見る，といった形での補完は可能であ

る。しかし，私は君にならない限り君のパースペクティブをもつことは不可能なのであり，そうした意味での介在性は，人が生きていくための根本的制約である。もしそうであるなら，人は生きている限り「美とは何であるか」という問いには答え得ないことになる。美とは何かを知らず，それがゆえに様々な相対化の波に洗われながら，それでも日々，公共評価を行ない続ける人々に対して，「そんなにしてまでも君は死ぬより生きている方がましだと思うのかね」（304e2-3），そう挑みかかるようにして問うてくるのは他でもないあの仮想論難者なのである。

(5) 結びに代えて

結局，我々が日々行なっている公共評価は，その基準となっているものを上位の審級である公共評価の場面Ⅱにおいて吟味する限り，常に何らかの相対性を，つまり相反する現れを引き起こしてしまう，そういう評価なのである。言い換えれば，日々，あれが美しい，これがよい，と評価していながら，我々は実はそれがなぜ美しいのか，その原因を語れない，つまり知らないのである。我々の前にある道は二つである。なぜ美しいかを言えなくても現に評価できているのだから，それでいいではないか，というヒッピアスの道。それに対して，美しいものの原因である美そのものを真に知っていると想定された仮想論難者の立つ公共評価の場面Ⅱを常に上位の審級として，本対話篇で行なわれたような吟味活動を継続していこうとするソクラテスの道。ただし，ソクラテスは自らの道を「何か妙な運命」（304c1）にとりつかれた，「耐え忍ぶ必要のある」（304e5）道だと言う。なぜなら，ソクラテスの前に別の新しい道があるわけではなく，現実に彼が歩まざるを得ないのはあくまでヒッピアスの（そして大多数の人々の）道（＝公共評価の場面Ⅰ）であり，しかも，そんな道を歩むぐらいなら死んだほうがましだ，という思いに絶えず苛まされ，引き裂かれるのだから。しかも，そうやってソクラテスが「彷徨い，行き詰まる」（304c2）ところにしか彼自身の道（あくまで場面Ⅰの内で，場面Ⅰの評価基準を場面Ⅱから批判的に吟味し続けていく道）は開けないのであるから。どうやら，まだここには天駆ける美そのものへ

のエロースが生まれていないかのように[20]。

　＊　本章は，加藤信朗先生宅でのマンデー・セミナー（『大ヒッピアス』篇の講読は 1997 年 10 月 20 日〜 1998 年 4 月 28 日）に多くを負っています。加藤先生はもちろんのこと，伊藤雅巳，栗原裕次，高橋雅人，河谷淳，瀧章次，野村光義，松浦明宏の諸兄から，様々な議論や対話を通して有形無形の教えを受けました。心から感謝いたします。また，本章はその草稿段階において，第 30 回ギリシア哲学研究会（1998 年 7 月 26 日，於青山学院大学）で基本構想を発表する機会を得，三島輝夫，荻野弘之，田中伸司，納富信留，一色裕，田坂さつき，上田徹の諸先生から質疑応答その他を通じて，多くの厳しい御批判と僅かではありましたが暖かい励ましをいただきました。おかげで，数多く散在していた過ちや不備を多少なりとも改善することができたかと思います。ありがとうございました。

---

20)　ここで私は，公的評価の場面ⅠとⅡの区別によって，いわゆる「二世界説」の萌芽を見て取ろうとしているわけでは決してない。ソクラテスとヒッピアスは同じ世界に棲んでいながら，その一方にしか「美とは何であるか」という問いが問いとして機能しないという事実，同様に人々は同じ世界に棲んでいながら，その大多数に「美とは何であるか」という問いが問いとして機能しないという事実，しかも万一その問いが問いとして機能したとしても，真正な答えがその世界の中では決して見つからない，という事実，そうした事実が仮想論難者および公的評価の場面Ⅱを想定することによってしか現出してこない，本対話篇で言えるのはそこまでであり，それ以上のことではない。決して二つの存在領域を区別することを主眼とするものではない。

# 附論 1
# 美とエロースをめぐる覚え書き

───────

　人は誰しも美しいものとの出会いの経験をもつだろう。美しい風景に息を飲み，疾駆する馬の美しい走りに魅了されることもあれば，美しい旋律に心を動かされ，美しい人に恋い焦がれることもあるだろう。そしてやがて，こう問うかもしれない。なぜ私たちは美しいものに心惹かれるのだろうか。そもそも美とは何なのだろうか。しかし，このように問うとき，私たちは知らず知らずの内に論点先取を犯している。美が既に存在している「何か」であり，私たちが接近可能な「何か」であるかのように，私たちは語り振る舞う。だがそれは果たして本当にそうなのか。

　本論では，美しい事物・事象を美しいものとして現出させることによって自らは絶えず背後へと退き隠れる「美」というものが，それ自身，本来的に「近づき得ないもの」であって，その限りでこの世界のどこにもその場をもたない「異他的なもの」（das Fremde）であること，しかし同時に「根源的に近づき得ないものへの何らか確証可能な接近可能性」（bewährbare Zugänglichkeit des original Unzugänglichen）[1]を探ることによって，美しいものに関わる「恋（エロース）」を，接近不可能な美への接近仕方として捉え返すことが可能であること，以上二点を粗

───────

　1）　E. Husserl [1950], S.144. この箇所は他我の存在性格に関わるものであるが，本論では異他性一般の記述として取る。「根源的に近づき得ない」とは「根源的に知り得ない」ということでもあろう。すると「根源的に知り得ないものへと近づくこと」とは「不知の知」としての愛知（フィロソフィア）に他ならず，その限りでまさにエロースの問題なのである。なお，「異他性」に関しては，B. Waldenfels [1995] から多くの示唆を得た。

描したい。その際，プラトン中期の対話篇『饗宴』のエロース論から考察の端緒を得ることになるが，それはどこまでも「示唆」の域にとどまる参照であり，本格的な『饗宴』篇研究は後日に期したい。その意味で，本論はプラトン解釈でも『饗宴』篇研究でもなく，あくまで「美とエロースをめぐる覚え書き」に過ぎない。

## 1 『饗宴』篇からの示唆

「なぜ，恋は美しいものを対象とするのか？」（204c4）[2]，あるいはもっと明確に「美しいものに恋する人は，たしかに恋し求めている，だが何を恋し求めるのか？」（204d5-6）と誰かに問われたらどう答えるか，そうディオティマに尋ねられ，ソクラテスは「美しいものが自分のものになることを。」（204d7）と答える。しかし，さらに「美しいものを自分のものにしたその人には何がもたらされるのか？」（204d8-9）と問いつめられ，ソクラテスは「その問いにたやすく答えることなど，私にはまったくできない」（204d10-11）とすっかり逃げ腰になってしまう。このソクラテスによる（それが本気であるにせよ，ないにせよ）解答不能の告白がいかなる意味をもつかについては，その直後のやりとりが示唆的である。

ディオティマは，早速「美しいもの」と「善いもの」とを取り替えて，今のとまったく同じ形の問いを繰り返す。

「善いものに恋する人は，たしかに恋し求めている，だが何を恋し求めているのか？」（204e2-3）—「善いものが自分のものになることを。」（204e4）—「善いものを自分のものにしたその人には何がもたらされるのか？」（204e5）

ここでも当然ソクラテスは再度，解答不能を告白するかと思いきや，「これはさっきのよりたやすく答えることができる。それは幸福にな

---

2) 『饗宴』からの引用についてのみ，引用文の後の括弧内にその箇所を記す。

るということだ。」(204e6-7) と今度はすっかり自信をもって答える。まったく同形の問いと答えの中で、この決定的な違いは何に起因するのだろうか。「恋し求める」という限りでは美と善に対する我々の構えに何の相違もない。ところが、いざ美／善の獲得・所有という段になると、様相が一変する。善の所有＝幸福が自明であるかの如く語られるのに対して、美の所有に関してはもはや語ることすら能わずといった風である。同義的に語られることの多い美と善にあって、一体、その両者を分かつものは何であろうか。

そのヒントは、ディオティマによる謎のような次の言葉の内にあると思われる。

> 恋の働きとは、心身両面にわたって美しいものの内に産むことである。(206b7-8)

ここで「美しいものの内への出産」と言われていることは、後の叙述によれば、知恵や徳の面で産むべきものを身ごもり始めた者が、「美しい言葉」(210a7-8)、「若者たちをより善い者にする言葉」(210c1-3)、「多くの美しく壮大な言葉や思考」を産むことである。いずれも「美しい言葉を産む」と言われるのだが、これは「美しいものを美しいと賞賛する」つまり「讃美する」ことを意味していると私には思われる。しかし、讃美にも二種の仕方がある。一方の讃美は「その対象の各々について真実を語らねばならない」(198d3-4)、すなわち真なる讃美である。もう一方の讃美は「対象にできる限りもっとも偉大で美しいものを捧げることである。たとえそれが真にそうあろうとなかろうと。」(198d8-e1) すなわち偽りの讃美である。偽りの讃美は、時に若者を有頂天にさせることもあろうが、結局は堕落させるものである。とすれば、若者をより善くする讃美は当然、真実を語る讃美である。

さて、『饗宴』篇からの以上の引用によって、恋（エロース）と美の関わりについて以下のような輪郭を抽出することができるだろう。

(1) 恋とは、美しいものを自分のものにしたい、という欲望をもつ。
(2) しかし、恋は、美しいものを実際に獲得・所有することを直接

の対象とするのではなく，
　(3)恋する対象の真実を語るような仕方で讃美することを求める。

　つまり，恋と美の関係は直接的なものではなく，必ず讃美という言語的（思考的）媒介を要する何か迂回的なものである。この点で善と欲求の関係とは異なる。よい（おいしい）林檎を自分のものにしたい（食べたい）と欲し，実際に齧りついた（獲得した）ならば，その時，欲求は充足され，満足が得られる。しかし，美しい林檎に向けられる欲求は，それを獲得することへではなく，むしろその林檎を讃美することへと向けられる。ソクラテスの前述のためらいは，まさにこの点に起因していたのである。

## 2　第二次性質と美

　前節で，恋と美の関係は何らか迂回的なものだと述べた。しかし，この点に関しては若干の補足が必要であろう。なぜなら，美の経験はもっとも直接的だとも言い得るからである。真，善，美，正といった価値概念を何らか具現化した個体において，その個体を獲得・所有する，あるいはその個体と交わる以前に，その価値を直接「感覚できる」のは，美だけである。よい（おいしい）林檎もいい万年筆も，食べてみておいしく，使ってみて使い勝手がいいのであって，それ以前にいいか悪いかはわからない（あるいは，せいぜい「おいしそう」「よさそう」に見えるだけである）。よい人かどうか，正しい人かどうかは，見ただけではわからない。ところが，美しい人は，見ただけで美しいのである。いわば美しさが自ら輝き出て，視覚や聴覚に直接訴えかけてくるとさえ思われる。こういった可感的直接性が美の特徴ではないのだろうか。
　しかし，私たちは本当に眼前の個体の美しさを感覚しているのだろうか。たとえば今，大きな赤い夕陽が山の端に沈もうとしている。たまたま山小屋からその光景を目撃した私たちがその夕陽の美しさに感動したとしよう。さて，当然私たちは，その夕陽の「丸さ」，「赤さ」，「美しさ」を見て（感覚して）いるはずである。この時，その「丸さ」「赤さ」

「美しさ」とは，果たしてその太陽が元々備え持つ，その内にある丸さ，赤さ，美しさなのだろうか。周知のように，ここでジョン・ロックによる「第一次性質」と「第二次性質」の区別を持ち込むことができる。

まずロックは，「人が考える時，およそ知性の対象である限りのもの」（Ⅰ i.8）[3]，言い換えれば心が自らの内に知覚するものと，「そのような知覚を我々の内に引き起こす物体内の物質の変容」（Ⅱ viii .7）とを区別する。前者のみを「観念」（ideas）と呼び，後者すなわち観念を産む「力」（powers）は「性質」と呼ばれる。性質のうち，固体性，延長，形，動と静，数といった事物の内在的特質のことが「第一次性質」，それに対して「事物自身の内にあって，ただそれのみが第一次性質によって我々の内に様々な感覚を産む力」[4]（Ⅱ viii .10）のことが「第二次性質」と呼ばれる。先ほどの例で言えば，夕陽の「丸さ」は第一次性質，「赤さ」は第二次性質である。ところで，ロックによれば，「第一次性質の観念は……第一次性質の類似物である，……しかし，第二次性質によって生み出された観念は，第二次性質とまったく類似していない」（Ⅱ viii .15）。この点はJ・L・マッキーの解釈[5]に従えば，たとえ私が太陽の形を楕円と見誤ったとしても，私の観念「楕円形」と太陽の内在特質である「円形」とは，少なくとも「形」という同じカテゴリーに入るが，私の「赤い」という観念の場合，そのように色づけられた太陽に内在する力，あるいはその力の基盤となる物質が「色」という同じカテゴリーに入ることはあり得ない。私に夕陽が丸く見えるのとまったく同様に夕陽は実際に丸いのである。たとえ丸く見えるのが私の目の錯覚であったとしても，夕陽は何らかの形を実際にもっているのである。対して，私が見て

---

3) 以下，ロックからの引用はすべてLocke [1965] からのものであり，（第1巻，第1章，第8節）を意味する。以下同様。

4) Mackie [1976], p.12 の解釈に従って訳した。nothing. . .but を nothing except の意味で取るマッキーに対して，but を接続詞と取って「事物自身の内にはなく，むしろ第一次性質によって我々の内に様々な感覚を産む力」と解す研究者も多い。このように取るなら，第二次性質は事物の内にはなく，我々の心の中にあることになる。しかし，ここには ideas と powers の混同があるように思われる。ここで「第一次性質によって」と言われているのは「事物の感知不可能な（ほど微細な物質）部分によって」のことであり，そうした事物の微細な物質部分によって産み出された力（すなわち第二次性質）は当然，事物の内にあるはずである。心の内にあるのは，精確に言えば，第二次性質の観念であって第二次性質ではない。因みに大槻訳はこの点で極めて精確である。

5) Mackie [1976], pp. 13f.

いるような夕陽の赤さ，あるいはそれに類する「色」を夕陽自身に帰すことはできない。夕陽が備えているのは，力とその力の基盤となる物質だけである。

さて，ロックの考えを以上のようなものと解するなら（もちろん，彼の表象主義的な認識論にはその後多くの批判がなされたのだが，ここでそれらへ立ち入りはしない），第一次性質である夕陽の「丸さ」は夕陽が元々備え持つものだが，第二次性質である夕陽の「赤さ」は夕陽（という物体）が元々備え持つものではない，ということになる。では夕陽の「美しさ」はどうだろうか。一見すると，美しさも第二次性質であるかのように思われる。だが，たとえばR・M・ヘアによれば「赤さ」と「美しさ」は決定的に異なる[6]。夕陽に「赤さ」が帰属するための意味論的・言語論的規約が「同一条件下で同一対象に対する二人には，一方が赤い，他方が赤くない，ということが許されない」という形をとるのに対して，「美しさ」の帰属に関する規約の方は，「同一条件下で同一対象に対する二人には，一方が美しい，他方が美しくない，ということが許されている」という形をとるからである。「赤さ」は交通信号として利用できるが，「美しさ」はできない。色盲（そして色盲検査）は存在するが，揶揄的な表現でない限り「審美的色盲」などは存在しないし，それを検知する方法もない。しかし，こうしたことは，ヘアによれば，「赤さ」や「美しさ」という性質が事物の本性の内に存在するか否かという存在論的な問題構制から導出されるべき事柄ではなく，あくまで性質の帰属に関する言語使用上の規約に基づくべきものなのである[7]。

しかし，いわゆる第二次性質と価値的性質のこうした非対称性は，絶対的なものなのだろうか，それとも何らか相対化できるものなのだろうか。ある程度は相対化が可能だと言えるだろう。たとえば，B・ウィリアムズによれば，世界が第二次性質の多くをもつものとして知覚できるのは，「こうした性質が我々の世界との知覚的関わり方を構成し，また世界のこうした現れ方がある特定の仕方で現に働いていると知ったか

---

6) Hare [1985], p. 47. なお，ヘアは「赤さ」と「悪さ」を比較しているが，ここでは本論の主題に沿って「美しさ」に置き換えた。

7) Hare [1985], pp. 47f.

らといって，そのことによってこの体系がぐらつくことはない」[8]からである。ある人ひとりだけが何かの加減で夕陽が金色に見えたとしよう。しかし，だからと言って，夕陽が赤いという世界了解に直ちに変更が加えられる必要はない。むしろ，その人の色覚を検査したり，見ている位置や角度を調べたりして，赤く見えなかったことの何らかの説明を加えていくことによって，同時に夕陽が赤いという事態の正当化をも行うことになるからである。同様のことが，事実と価値の混淆した「濃い（thick）概念」の下ではローカルな次元に限り成立する，とウィリアムズは言う[9]。それはこういうことだ。紅葉を愛でる文化圏の人々，たとえば日本人にとっては，確かに紅葉は美しい，つまりそのような世界把握の体系化が成立しているのである。しかし，紅葉を美しくないと言う他の文化圏の人の主張に対して，彼に紅葉が美しく見えなかったことの説明を企てても，それは紅葉の美しさの正当化にならない。それどころかローカルな次元での判断に反省を加え，メタレベルでの説明を試みることによって，それまで成立していた審美体系に揺らぎが生じることさえあるだろう。ここに至って，第二次性質とのアナロジーは崩れるのである。

　このことは，倫理的概念の客観性に関わる大きな困難を予想させる。しかし，その問題に立ち入ることは控え，たとえ濃い概念の下でのローカル・レベルであれ，夕陽が美しい，紅葉が美しい，という世界把握の体系化が成立していると前提して，話を進めていきたい。ただし，今までの「赤さ」（第二次性質）の代わりに，J・マクダウエルに倣って「怖ろしさ」との類比を試みてみよう[10]。「赤さ」の知覚の場合と同様，「怖ろしさ」の場合も，認知者の側の条件，つまり恐れへの傾向性から独立した観点から（つまりロック的に）考察することは，もはや私たちには意味がない。「恐ろしいもの」自身の内に「怖ろしさ」が存在するか否か，という形での問題構制によっては，恐怖に関する認識論は成立しない。

　さて，ある事物ないし事態を恐ろしいものにする（fearful-making）

---

8) Williams [1985], pp. 149f.
9) Williams [1985], p. 150. cf. pp. 140f.
10) McDowell [1985], pp. 120f.

客観的な性格の認知に何らか合理的な仕方で依拠した〈恐れに固有の態度・反応〉を表すことが，怖ろしさを実際に経験するということであるとするならば，その経験のリアリティは，その対象がその固有の態度・反応に「見合った（merit）」[11]ものであるということに懸かってくる。その際，その対象が恐怖に固有な態度・反応に見合ったものであるということは，それが実際に「恐ろしい（もの）」である，ということと同義である。犬嫌いの人が犬を見て逃げるのは，その犬が「恐ろしい」からである。犬好きの人が犬を見ても逃げないのは，その犬が恐ろしくないからである。恐怖に固有の態度・反応が見出される場合，そこにはその態度・反応に見合った性質が実際にある，と言ってよい。このことは「美しさ」にも当てはまる。面白いことにプラトンの記述はマクダウエルのそれと同じことを告げている。

　　恋し求められるに値するものは，実際に美しく，優雅で完全で，祝福されるべきものである。（204c4-5)

## 3　私案提示

　いささか長い迂路を経て，再びプラトンに戻ってきた。ここまでの考察から，恋と美の関係は，〈恋に固有の態度・反応は賛美である〉→〈賛美に値するものは実際に美しい〉というように賛美を媒介した何らか迂回的なものであるということが示された。しかしこのことと，「美しいものを自分のものにした人に何がもたらされるか」という問いのもつ，ソクラテスにとって解答不能なほどの不可解さとは，一体どのようにかかわるのか。私なりの考えを概略的に展開してみたい。

　(1)　〈世界の内に自らの場をもたない原 - 異他性〉の〈ここ〉への現出
　美しいものを自分のものにしたい，という恋の欲望は，「自分に固

---

11)　McDowell [1985], p. 118.

有な（eigen）ものにすること」（Aneignung）を目的とする以上，自分に固有ではないもの＝異他的なもの（das Fremde）に対して発動する。「異他性」のもっとも中心的な意味契機は「空間性」にあると思われる。たとえば「外国（fremde Länder）」のもつ異他性は，「ここ（＝私に固有な空間）にはない国」の「ここにはない」という性格に由来する。しかし，ここにはなくとも，あそこにはある，という程度の異他性であれば，ただ移動するだけで私に固有なものにすることができる。自分のものにするということ自体が不可解になるほどの根源的な異他性とは，したがって，私に固有化可能な一切の空間に存在しない，つまり「世界の内に自らの場をもたない」ということである。この意味での異他性を，これからは「原 - 異他性」と呼ぶことにする。しかし，自分のものにしたいという欲望がそれによって発動されねばならない以上，何らかの仕方で原 - 異他性が私に対して現前する必要がある。したがって，恋の欲望は，世界の内に自らの場をもたない原 - 異他性が世界内の〈ここ〉に現出するという，矛盾を孕んだ事態によって惹起される。

(2) 原 - 異他性の〈ここ〉への現出を讃美したいという恋の欲望

世界の内に自らの場をもたない原 - 異他性によって惹起された恋の欲望はしかし，その原 - 異他性を直接の対象とすることはない。原 - 異他性は，恋に固有の態度・反応として「賛美」というある意味での言語的活動を惹起する。つまり，恋とは，世界の内に自らの場をもたない原 - 異他性が世界内の〈ここ〉に現出しているという，その現出の経緯全体を賛美したいという欲望なのである。確かに，恋の欲望とは，広義には「善なるものや美しいものの欠如の故に，その欠如しているものへと向けられた」（202d1-3）欲望であるのだが，より限定された意味においては，人間を越えた神的な事柄を，神と人間の中間に位置する「解釈者であり伝達者」（202e3）として賛美したい，という欲望のことである。この限りで，賛美とは，原 - 異他性の現出という事態を自らの言葉によって解釈し伝達することである。

(3) 讃美は常に既に原 - 異他性の隠蔽と具体的美の現出の同時遂行である

恋に固有な態度・反応である賛美に値するもの，すなわち恋し求められるに値するものは，その限りで実際に美しいものである。「君の瞳は美しい」という賛美が捧げられたその瞳は，実際に美しいのである。しかし，ここに決定的な問題がある。私に賛美への欲望を惹起させた原 - 異他性は，確かにここに現出した。しかし，それはあくまで「世界の内に自らの場をもたないもの」の現出という矛盾を孕んだ事態であったはずだ。にもかかわらず，私の賛美は，自らの意図に反して，原 - 異他性の現出という全体性を分断し，常に既に原 - 異他性を背後に退き隠すと同時に，〈ここ〉に固有の美を現出させる。この限りで，賛美とは，その営為事態が常に既に原 - 異他性の隠蔽と具体的美の現出の同時遂行であらざるを得ない。ということは，賛美とは，それがたとえ真なる賛美を意図したものであっても，それが賛美である限り，常に偽りの賛美とならざるを得ない。中間者としての恋する人は，原 - 異他性の現出という事態を解釈し伝達する，すなわち賛美することによって，絶えず原 - 異他性の現出という事態それ自身を隠蔽してしまう。言い換えれば，賛美され，伝達されるのは，その都度，原 - 異他性の現出という事態の「像（エイドーロン）」(cf. 212a4) でしかあり得ない。その意味では，賛美とは，世界の内に自らの場をもたない原 - 異他性を，世界の内で表現すること（ミーメイスタイ），すなわちミーメーシス[12]である。

(4) 異他性現出空間の原 - 異他性方向への上昇

恋する人は，恋に固有な態度・反応，すなわち「真に」讃美することを求める。ところが，原 - 異他性の現出という事態を讃美する者は，不可避的にその「像」を語り表わし，偽りの讃美をなしてしまう。そうした讃美者が自らの讃美の本来性を取り戻すためには，事の真実へと自ら

---

12) ミーメーシスの訳語をここで「模倣」と言い切ってしまうことには抵抗がある。世界の内に自らの場をもたない原 - 異他性の現出という事態を，それに見合った言語媒介的な態度で「表現」しようとすると，それは必ず世界の内で異他性を表現したもの，つまり原 - 異他性ではなくて，それの「像」を表現したものになる。こうした「目の当たりにしているものを表現しようとして，実は像としてしか表現できない」，そういう表現をここではミーメーシスと呼ぶ。

の讃美を差し向けるしかない。事の真実とは何か。〈世界の内に自らの場をもたない〉という事態（原‐異他性）がそれにもかかわらず〈ここ〉に現出している，ということである。では，その「像」とは何か。〈ここ〉に何か一つの異他性が現出している，すなわちここに〈異他的なもの〉がある，ということである。とすれば，異他的なものが現出する場のもつ〈ここ〉性を，〈ここ〉ではない〈あそこ〉へ，〈ここ〉でも〈あそこ〉でもない〈別のところ〉へ，さらに〈ここ〉でも〈あそこ〉でも〈別のところ〉でもないどこかへ，というように限りなく〈世界の内での場のなさ〉へと近づけていくことが，讃美の本来性を取り戻す方途となるだろう。それは，一方では，特殊から普遍への動きであり，他方では，身体的なものから精神的なものへの動きとなる。この身体，あの身体から，身体一般へ，さらには精神一般へ，と讃美すべき異他性現出の空間を原‐異他性の方向へといわば上昇させていく動きは，讃美が，つまり恋が本来の姿に戻ろうとする，これもまた不可避な運動なのである。しかし，同時にこの本来性回復の運動は常に必ず挫折する。その挫折とは，結局本来性を回復できない，という意味での挫折ではなく，本来性を回復できたかどうかさえそもそも知ることができない，という意味での挫折である。なぜなら，〈世界の内に自らの場をもたない〉原‐異他性が〈ここ〉に現出するという事態の真実が何であるのか，そのことを知ることなしには，讃美が本来性を取り戻し，真なる讃美となったかどうかの尺度を私たちが手にすることはないからである。

(5) 〈世界の内に自らの場をもたない原‐異他性〉が〈私〉に現出することの意味

私にもっとも固有な空間である〈ここ〉から限りなく遠ざかろうとする不可避な運動が，最終的に至ろうとしている地点を私たちは知ることができない。つまり，私の讃美しているその当の事態が「像」であるのか否か，私の讃美が本来的であるのか否か，それを知ることさえ私には叶わず，せいぜい「私には自分が真なる讃美をなしていると思われる」（cf. 202a8-9: ἡ ὀρθὴ δόξα）としか言えないのである。ところがここにある逆説が生じる。〈ここ〉からの限りない逃避行が，まるでループを描くようにして，〈私〉自身に向かったとせよ。私にとってもっと

も固有な場である〈私〉において，〈世界の内に自らの場をもたない〉原-異他性が現出するのだ。その時，突然，〈私〉は私にとってもっとも異他的なものとなる。確かに私は私自身にとって，もともと謎であった（「汝自身を知れ」）。しかし，それはせいぜい，私にもっとも固有な空間に何か異他的な断片がいくつか転がっている，と言った程度の謎である。しかし，その私にもっとも固有な場の「全体」すなわち〈私〉そのものがまさに原-異他性の場に一挙に変換してしまう，その時，一体そこで何が生じるのだろうか。私はこれ以上先へと考察を進めることができない。少なくとも以下の二点を問いかけることによって次なる考察の糸口とするのみである。

　まず，少なくともこの〈私〉に突然生じた転換経験によって，私がそれまで真なる讃美だと思っていた一切の讃美が，その瞬間に，「像」に向けられた偽りの讃美であったと一挙にわかる，そういったことがあり得るだろうか。この問いは次のように言い換えられる。私に固有な空間である〈ここ〉とは，私の空間である限り，私そのものではなく，いわば私にとって対象的な〈ここ〉に過ぎない；然るに原-異他性をそうした対象的〈ここ〉に何か異他的なものとして再現することは，所詮，原-異他性の現出という事態を模倣した像に過ぎない；しかし，そのことの私自身にとっての理解は，対象的ではない〈ここ〉，私の（所有する）空間ではなくまさに私自身である場の全体＝〈私〉に原-異他性が現出する経験を自らの尺度にすることによって一挙に会得されるのではないだろうか。

　しかし，同時に次のことが問われねばならない。果たして，私にとって，〈世界の内に自らの場をもたない〉原-異他性とは何だろうか。私の世界に決して現れることのないものを，少なくとも一つは挙げることができる。それは私の「死」である。私の死は私の経験し得る世界全体のどこにもその場をもたない。なぜなら，私の死とは，その世界の消滅でもあるからだ。しかし，もしそうなら，私の世界に決して場をもたない，私が絶対に経験し得ない〈死〉が〈私〉に現出するとは一体どういうことなのであろうか。（もちろんそれは生物学的な死ではない。なぜなら，私の生物学的な死とは，私にとって別段いかなる現出でもなく，ただ何もかもすべての消滅に過ぎないのだから。）

附論1　美とエロースをめぐる覚え書き　　　　　　　　　95

　以上の二つの問いに答えることは，私にはできない。そもそも私に答えることの可能な問いなのかどうかさえもわからない。言えることは，〈世界の内に自らの場をもたない〉原‐異他性が〈私〉に現出するという事態そのものを，私自身が透明な指示と化すことによって露わにする，そのような讃美の仕方がもしあり得るとするなら，それこそが真なる讃美ではないか，という朧気な見通しだけである[13]。

### (6)　真なる讃美の頽落形態としての公共評価

　真なる讃美の頽落形態として日常流通している讃美のありようは，原‐異他性の現出という事態をではなく，その「像」をそれと知らず讃美する，というものである。その「像」化はしかし，必ずしも私秘的とは限らず，むしろそこに公共評価の尺度として局所的に機能するような，何らかの意味の収斂が見出される[14]。日常生活圏には，そのような意味の収斂点が無数に存在している。つまり，ある特定の意味の収斂点を取り巻く領域内にある個体を人々が「美しい」と評価するのは，その特定の意味の収斂点をその公共評価の尺度とすることによって，言い換えれば，人々が共有する信念系において，その領域での讃美対象として既に像化されたものをさしあたりの美の規範とすることによってなのである。したがって，それとは別の意味の収斂点をも含んだより広い領域内において，どちらの意味の収斂点を尺度とするかによって，その価値評価が相反することは充分あり得る。しかし，そのような複数の意味の収斂点を日常生活圏の内にもつ私たちにとって，そのような無数の収斂点の布置は，既に私たちを取り囲む環境世界の一部となっており，山々の夕景を前にすれば，あたかも夕陽を赤いと認識するように，夕陽を美しいと評価するのであり，一人の可憐な少女を前にすれば，あたかもその頬を赤いと認識するように，その少女を美しいと評価するのである。確かに「赤さ」は一つの意味の収斂点をもつであろうが，今述べているよ

---

[13)] 土橋 [2000] において，この見通しの以下のようなギリシア教父的展開を試みた。すなわち，「自らを透明な指示と化す」のはもはや〈私〉ではなく，そこにはただ，「新しい人」の誕生，さらには世界の〈新たなる創造〉だけが見出される，言い換えれば，霊的な方向への感覚の深化は魂の浄化と軌を一にした人間神化(テオーシス)に他ならない。

[14)] 公共評価の次元での「美」の働きを『大ヒッピアス』篇に即して考察したものとしては，本書第3章を参照いただきたい。

うな位相での「美しさ」には，その意味が必ずしも一つに収斂する必要はなく，むしろ文脈依存的な仕方で，相互に何ら矛盾することなく並存し得るのである。

　以上，3-(1) から 3-(6) まで，ごく粗い私（試）案を提示した。一応辛うじて，それ自体として独立した論述形態を採ってはいるものの，言うまでもなく，そのすべてがプラトンによってインスパイアされたものであり，同時にまた顕在的，伏在的を問わずプラトンを指示しているものである。しかし，私としては，この私案をプラトン解釈として提示する目論見は微塵もないこと，したがってまた，「イデア」を「原-異他性」と解そうなどという莫迦げた野心は毛頭ないということ，この二点だけは最後に明言しておきたい。（本来，このような覚え書きは筐底に秘すべきものであり，ひたすら読者の寛恕を請うものである。）

# 附論 2
# ソクラテスが教えを乞うた女性アスパシア

─────────

## 1 ギリシア悲劇に登場する女丈夫たち

　昨年，ギリシア国立劇場が1974年，79年に次ぐ三度目の来日を果たし，エウリピデス作『メデイア』を斬新な演出プランに基づいて上演した。黒海東岸のコルキス王国の若き王女でありながら，遠来のギリシア青年イアソンへの一途の恋ゆえに，父と祖国を裏切り，弟を惨殺し，追われるようにコリントスへと亡命するも，夫イアソンに裏切られ棄てられ，その復讐のために我が子までも手にかけ殺した，あの悪名高きメデイアの悲劇である。今回，その驚くほど抽象化された舞台の中で，とりわけ目を惹いたのが大きな白い照る照る坊主のような子供二人の人形であった。メデイアといえば誰でもすぐ「子殺し」と連想してしまう，あの幼気な子供たちが，この舞台では一つの小道具でしかなかったのだ。おそらく，殺される子供たちさえ「道具」とみなすべく人形に仕立てた女性演出家ニケティ・コンドゥーリの意図は，一人の女性があらゆる呪縛を（実の子との絆さえをも）打ち捨て，自らの運命と対峙し，決断と行為によって抑圧された自己の解放を実現していく，その軌跡を一本の太い筋で描くところにあったのだろう。
　しかしそうなると，この悲劇そのものが，不実な夫イアソンへの憎悪とその夫との間になした子供への愛情との間で引き裂かれていく葛藤を描いたドラマというより，むしろあらゆる抑圧や呪縛と闘う女性の凄まじいまでの生き様を描いたドラマということになりはしまいか。女装し

た男優演じるメデイアに，ほとんど歌舞伎の『伽羅先代萩』「御殿」の場の政岡かと見紛うばかりの濃厚な演出を施した蜷川幸雄版『メデイア』に親しんだ我々にとっては，確かにそのような疑問も生じよう。だが，アルゴー号の神話的英雄であったイアソンを，当時最先端にあったギリシア文明による自然秩序への侵犯者として捉え返すことができるならば，異形の存在メデイアにもまた，魔術的辺境から襲来した既存文明の解体者としての新たな位置づけが可能であろう。旧東独の反体制女性作家として知られたクリスタ・ヴォルフが，壁崩壊後，一転して体制協力者として激しいバッシングを受ける中，自らへの弁明と重ねるようにして，自著（*Medea Stimmen*, 1996）においてメデイアの「冤罪」を晴らそうとしたのも，そうした傾向の顕著な例であろう。

　ギリシア悲劇の現代的解釈の是非はともあれ，異邦の（つまり他者としての）女性がもつこうした既存の価値秩序を解体するほどの根源的な「力」には，確かに大いに興味がそそられる。その思いは，ギリシア悲劇が上演されていた頃の古代アテナイの事情を考えるなら，なお一層強まるだろう。当時，つまり紀元前五世紀頃のアテナイでは，男性と女性の生活圏ははっきりと区別され，完全な棲み分けがなされていた。政治的に自由市民とみなされたのは成年男子だけであり，女性はその母／妻としての存在でしかなく，自らは市民とは認められていなかった。男たちは相次ぐ戦争にそなえ，体育場で体を鍛え，その合間に政治談義に花を咲かせ，また時には少年愛に耽った。女たちは子を産み，育て，家を守った。このような徹底した家父長制的男社会に支えられた古代民主政国家アテナイに，なぜメデイアのような妖力をもった女丈夫の活躍する悲劇が上演され得たのだろうか。

　確かにギリシア悲劇には，メデイアの他にもクリュタイメストラやアンティゴネといった男性陣を圧倒するほど存在感に溢れた女丈夫たちが登場する。当時，女性たちが観劇を許されたかどうかも定かでないというのに，これは一体どういうことなのだろうか。川島重成（『ギリシア悲劇』，33頁）によれば，悲劇上演とは，当時，政治・軍事の領域に狭く限定されていた男性の視野を拡大し，「神の側から，そして女性の側から，つまりは他者の目をもって自分たちの特権的な市民イデオロギーを，驚きをもって捉え直し，あるいは反省を促す絶好の機会として機能

附論2　ソクラテスが教えを乞うた女性アスパシア　　99

した」のだという。奴隷や在留外国人と並んで女性をも非市民として排除しておきながら、そのいわば「外部」「他者」を内へと巧妙に取り込むことによって自らを維持していく装置、それがアテナイ民主政における悲劇上演の何とも皮肉な位置づけだったのだろう。

## 2　アスパシアとペリクレス

　では、舞台の上にしかメデイアのような女丈夫は存在しなかったのだろうか。実は、アテナイのような徹底した男社会にも、あるいはむしろ男社会だからこそ、自らの才能を遺憾なく発揮した女性たちが、ほんの一握りだがいた。しかもそれはメデイア同様、アテナイ人女性ではなく、在留外国人女性であった。

　アテナイ民主政の完成者とも言うべきペリクレスが紀元前451年に制定した市民権法によれば、アテナイ市民（つまりアテナイ人男性）の正妻として嫡子＝市民を産むことができるのは、アテナイ人女性に限られていた。したがって在留外国人女性は、同じく在留外国人である男性の妻である以外は、よくてアテナイ市民の内妻、普通は女奴隷と同様、何らかの職業をもたねば生きてはいけなかった。物売りや乳母といった定番職種に就く者もいたが、多くはヘタイラと呼ばれる遊女・娼婦に身を落としていった。ピンは歌舞音曲や知的会話によって男たちを楽しませる高級遊女から、キリは身を売る娼婦までその内実は多様であったが、奴隷身分の娼婦たちが収入の大半をピンハネされ悲惨な生活を送ったのに対して、高額の収入と高度な教養に恵まれたヘタイラもごく一部にはいたようである。それは丁度、江戸は吉原に、たとえば初代篠田実の浪曲や落語の「紺屋高尾」で有名な高尾太夫や、志ん生がよく高座にかけていた「幾代餅」の幾代太夫のような、大名道具と呼ばれて庶民には手の届かない花魁がいたようなものである。

　さて、そうした恵まれたヘタイラの中からは、美貌と才知を武器に権力者に言い寄り、ついには自らも権力の一端を担う者まで現れた。その一人が今回、我々のヒロインとなるアスパシアである。小アジアはミレトスに生まれたアスパシアが目をつけたのは、あろうことか、あの稀代

の政治家ペリクレスであった。

　プルタルコスの『ペリクレス伝』(24) によれば，アスパシアは当時，ギリシア男の垂涎の的であったイオニア女タルゲリアとまるで競い合うように，図抜けた政治的力量をもった男たちを狙っていたらしい。なにより彼女自身，政治によく通じていた上に，当時の政治家がこぞって求めていた弁論の術をも弁えていたようで，ペリクレスもそうした才知に強く惹かれ，彼女を深く愛でたのであろう。とはいえ，所詮は男と女，プルタルコスも，ペリクレスの彼女への思いがまさに一種の恋愛（erōtikē）であったことを示すために，彼が毎日アゴラへ出かける時と戻ってくる時，彼女と熱烈なキスを交わしたとわざわざ言い添えている。

　ペリクレスは既に遠い親戚筋から正妻を娶っており，クサンティッポスとパラロスという二人の息子までもうけていたのだが，その後夫婦仲がうまくいかなくなり（ひょっとすると，家族皆が閉口したというペリクレスの家計に対するあまりの細かさ，締まり屋ぶり（同書 16）が原因だったのかもしれない），彼女を離縁して別の男に嫁がせ（彼女にとっては再々婚），その上でアスパシアを引き取った。しかし，彼女が在留外国人であったがために，正式な妻として家に入ることは叶わなかった。何事にも容赦のない喜劇作家たちは，ここぞとばかりに，彼女のことを「妾（pallakē）」「売女（pornē）」「淫乱（katapygosynē）」などと口汚く囃し立てた。誹謗中傷はやがてスキャンダルへと発展し，アスパシアは瀆神罪および遊女（paidiskē）斡旋の咎で告訴される（同書 32）。確かに彼女がその手の生業に手を染めていた可能性は高いが，ペリクレスの政敵が彼女に纏わるよからぬ巷説を種に仕組んだ茶番であることは目に見えている。アイスキネスの伝えるところによれば，ペリクレスはその裁判で涙ながらに懇願し，彼女の告訴を取り下げさせたという。

　喜劇作家アリストファネスが『アカルナイの人々』で引いている巷説はもっと荒唐無稽で，あのギリシア世界を二分したペロポネソス戦争の発端が遊女の争奪に，それもこともあろうにペリクレスの愛妾「アスパシアから遊女二人を盗み出した」ことにあるとする。あの大戦役の原因について，トゥキュディデスはもっともらしくアテナイ・スパルタ両国の政治的対立から説き起こしているが，プルタルコスはペリクレス

がまったく個人的な動機で，つまり自分の近しい友人，名彫刻家フェイディアスや哲学者アナクサゴラス，それにアスパシアに集中した非難を戦争によって払拭することを狙ったという反ペリクレス陣営の憶測を紹介している。真実は不明だが，ペリクレス陣営に対する政敵たちの妬みと悪意の渦がアスパシアをも巻き込んでしまったことだけは確かなようだ。

アスパシアはペリクレスとの間に父と同名の息子をもうけた（前440年頃）が，その父自身が制定した市民権法によって，その息子はあくまで庶子として相続人とはみなされなかった。しかも，皮肉なことに二人の嫡子を相次いで亡くしたペリクレスには，自らの制定した法の無効を市民たちに嘆願する以外に跡取りをもつ途はなかった。アテナイ市民の温情で市民権を得たこの息子は，やがて前406年，将軍として兵を率いたアルギヌサイの海戦において見事勝利を収めるも，折からの暴風のため，海に落ちた味方兵や戦死者を回収できなかった咎で，違法な裁判によって処刑されてしまう。その時，その裁判の違法性を主張したただ一人の人物こそ，誰あろう，あのソクラテスである（『ソクラテスの弁明』32b）。

## 3　アスパシアとソクラテス，そして弟子たち

今回，我々にとってもう一人の主人公であるソクラテスは，他のことは能なしだが，こと色恋の道に関しては達人だ，と自ら吹聴してまわっている人物である。美少年には目がない上に，テオドテという美人が肌も露に絵のモデルをつとめていると聞けば，ただちに見物に出かける（クセノフォン『ソクラテスの思い出』第3巻11章），そんな男である。狭いアテナイの街で，評判のヘタイラ，アスパシアにソクラテスが関心を寄せないはずはあるまい。まして，アスパシアは巧みな弁論を操る術を心得ているというのだから，ソクラテスを引き寄せる餌としてそれ以上のものはない。

案の定，ソクラテスはアスパシアのもとに何度か足を運んだようである。たとえば，上手に縁結びをする仲人にはどんな心構えが必要か，と

いうようなことを彼がアスパシアから聞いたとクセノフォンは伝えている（同書第2巻6章）。このクセノフォンという人物，ペルシア内陸部の敵中深く敗残・孤立した一万のギリシア人傭兵を率いて，幾多の困難を乗り越え，見事ギリシア帰還を成し遂げた優れた軍人であると同時に，その体験記を今でもなお第一級のエンターテイメントである『アナバシス』に著した文人でもあるが，若くしてソクラテスに私淑し，『ソクラテスの思い出』や『ソクラテスの弁明』といった「ソクラテスが登場する対話篇（Socratikoi Logoi）」の著者としても夙に有名である。アリストテレスは『詩学』第一章で，このソクラティコイ・ロゴイを文芸の一つのジャンルとして掲げているが，それは何もプラトンの対話篇だけを指しているのではなく，このクセノフォンを始め，幾人もの弟子たちがソクラテスの言行を対話形式で残したものをも含んでいると思われる。残念ながら，その多くは散佚し，残存してもほとんどが断片なのだが，その中になんとそのままズバリ『アスパシア』と題されるソクラティコイ・ロゴイが二篇も見出されている。

　通常，「小ソクラテス学派」と呼ばれる，プラトンとクセノフォンを除いたソクラテスの直弟子たちの内，確かにアンティステネスとアイスキネスの二人が共に『アスパシア』という名の対話篇を書いているのだが，その事実は，当時アテナイ随一のゴシップメーカーであったソクラテスとアスパシアを取り合わせる面白さもさることながら，実際に二人のやりとりが人々に目撃されていたことをも強く匂わせ，興味深い。各々を少し見てみよう。（なお，以下においてSSRは，*Socratis et Socraticorum Reliquiae*（G.Giannantoni, 1991）の略記号であり，V A 142などは断片番号である）。

　まず，アンティステネスの『アスパシア』断片は短いものが三つしか残存していない。一つはペリクレスの二人の嫡子のあまり芳しくない交友関係の非難 (SSR V A 142)，もう一つは先に見たペリクレスがアスパシアと毎日二度公然とキスを交わすというエピソード（SSR V A 143. おそらくプルタルコスの記事の出所はここだろう）。最後はポントスのヘラクレイデスの言葉として，「（彼ペリクレスは）家から妻を追い出し，快楽の生活を選んだ。メガラ出のヘタイラ，アスパシアと一緒に暮らし，彼女に財産の大部分を貢ぎ込んだ」(SSR V A 144) と言われている。いず

附論2　ソクラテスが教えを乞うた女性アスパシア　　　　103

れも公人として相応しくないペリクレスの私生活が非難の的になっているが、それは「快楽に溺れるくらいなら気が狂った方がましだ」と公言して憚らず、快を遠ざけ徳を求める、という明快単純な倫理観をもったアンティステネスらしい態度といえよう。しかし、これではソクラテスとアスパシアの関係について何の手がかりも得られない。

　他方アイスキネスの方は、対照的にかなりの分量の断片が残っており、ソクラティコイ・ロゴイと言い得るだけの複雑な構成もある程度復元できる。対話の外枠は、ソクラテスとカリアスの対話であるが、ソクラテスの話の中には、あたかも劇中劇のごとく、アスパシアとクセノフォンとの対話が挿入されている。試しに対話の導入らしき部分を訳してみよう。

　　カリアス：あなたが何よりも知を尊重すべきだと力説なさっておられるのは、ソクラテスさん、私もしばしば耳にしています。そしてあなたが若者たち一人一人にそれぞれ先生を紹介なさっていることもね。
　　——するとソクラテスがカリアスに「じゃあ、息子さんをミレトスの人アスパシアのところへやりなさい」と勧めるものだから、
　　カリアス：男を女のところへやれですって。倅はまだ年端もいかないというのに、あの女のところへ通わせろ、とおっしゃるのですか……　　（SSR V A 62）

ここでは、いつもとは逆にソクラテスの方が「息子の教師に誰かいい人はいないか」と尋ねられ、こともあろうに、当時アテナイ一悪名高く、また一番権力に近い女性、アスパシアが推薦されたのだ。父親カリアスの狼狽ぶりが、逆にアテナイにおけるアスパシア像の威力を感じさせて、なかなか面白い。

　この後、アスパシアがいかに優れた教師であるか、その説得のためにいくつかの具体例が挙げられていく形で対話は進む。まず、国を指導するに足る器量をもった女性が存在するということの例示として、ペルシア女王ロドグーネー、さらにはテッサリアの王子と結婚してかの国を30年も治めたヘタイラ、タルゲリアが挙げられる。いずれも歴史的信

憑性のまったくないお伽噺のようなものかと思われる。次いで，アスパシアが著名な弁論術家ゴルギアス流の優れた弁論術教師であることが，彼女の実質上の夫ペリクレスが引き合いに出され，証示される。

> ミレトスの人アスパシアは，ペリクレスの舌をゴルギアスによって磨いた，と言われる。(SSR V A 65)

さらにペリクレス没後，彼女の次の夫，一介のしがない商人であったリュシクレスの政治方面での成功譚が挙げられるが，これも，彼女の才覚なしにはペリクレスの活躍もあり得なかったということの強調のための，いわばダメ押し的創作であろう。最後に，若きクセノフォン夫妻に対して，アスパシアがいかに優れた徳の教師であったが，対話 - 内 - 対話の形で示される。

さて，以上のようなエピソードに時代考証を加えた上で，現在アメリカの代表的プラトン研究者の一人であるチャールズ・カーンは，「『アスパシア』の中でソクラテスによって引き合いに出された五つのエピソード（ロドグーネー，タルゲリア，ペリクレス，リュシクレス，クセノフォンとその妻）のどれ一つとして，歴史的に精確ではなく，歴史上ありそうなことでさえない」という判断を下している (C.Kahn, *Plato and the Socratic Dialogue*, 1996, p.28)。となると，我々が主にプルタルコスを手がかりに描いたアスパシア像というものも，実はかなり怪しいものかもしれない。少なくとも，弁論術の教師，徳の教師としてのアスパシア像が，ソクラティコイ・ロゴイの中でかなり意図的に立ち上げられてきたものだ，という点は動かし難いように思われる。

では，ソクラティコイ・ロゴイの完成者とも言うべきプラトンの場合，このアスパシア問題はどう扱われていたのだろうか。実は今見てきた『アスパシア』とほぼ同時期に（おそらくその後に）プラトンが書いたであろう『メネクセノス』篇にその問題を解く鍵がある。

## 4 プラトンと『メネクセノス』篇，そしてアスパシア

　かのカーンをして「この小編が，プラトンの全著作の内，もっとも謎めいた作品であることはほぼ疑いない」とまで言わしめる，この『メネクセノス』なる小対話篇に関しては，一時その真作性が疑われたものの，現在，プラトンの真筆性を疑う者はほとんどいない。著作年代は，対話篇中の「大王の和約（アンタルキダスの平和）」への言及より，前386年以降と想定される。ソクラテスが獄死した前399年から既に13年後の出来事を，もはや鬼籍入りして久しい当のソクラテス自身の口から語らせるプラトンの意図がどこにあるのか知る由もないが，少なくともこの対話篇のもつ虚構性の一端を垣間見ることができる。

　とはいえ，アテナイとプラトンをめぐる歴史的状況を考えに入れずに話を進めるわけにはいくまい。まずアテナイはと言えば，当時のいわば「世界大戦」であるペルシア戦争の勝利から，その後一転して，ペロポネソス戦争という内戦により，スパルタ率いるペロポネソス同盟軍の前に降伏を余儀なくされ，悲惨な「三十人僭主」の暗黒時代をも経験した。しかし，前395年から前386年まで続いた反スパルタ共同戦線によるコリントス戦争のただなかで，アテナイはかつての敵ペルシアの援助で城壁を再建し，海軍を再興していった。それを知ったスパルタは直ちにアンタルキダスを使節としてペルシアに送り込み，交渉の末，前386年に成立したのが，先に見た「大王の和約」つまりペルシアを仲立ちとしたコリントス戦争の終結である。

　一方プラトンはと言えば，ディオゲネス・ラエルティオスによる限り，ソクラテスの死後，つまり28歳を境に，メガラを始め，キュレネ，南イタリア，エジプトなど各地を旅する機会を得たが，前387年までには旅先のシケリア島から帰国し，彼自身の学園アカデメイアをアテナイの北西郊外に設立した。30歳頃から対話篇の執筆を開始していたプラトンではあったが，40代に入ってからのアカデメイア設立は彼の哲学および執筆活動にとって大きな転機となったことだろう。何より彼の外地滞在中，ゴルギアスを筆頭とする弁論教師達の躍進ぶりは，帰国

直後のプラトンに強烈な対抗心を生んだものと思われる。ドイツの碩学ヴィラモヴィッツは，そうしたプラトンの心情を，まるで小説のように描き出してくれる。

> プラトンは，居並ぶ弁論教師たちの列に新規参入していかなければならなかった。そうなれば自分もソフィストとみなされかねないが，そうするより仕方がなかったのだ。……彼自身，たとえ弁論の分野だろうと，彼ら弁論教師たちの誰にも負けないだけの力があると自負していた。その思いに押されるようにして，彼は戦死者追悼演説という形で政治的な演説を書いたのである。(U. v. Wilamowitz-Moellendorff, *Platon I*, 1920, S.266)

このようにして，プラトン対話篇としてはきわめて異質な，戦死者追悼のための葬送演説 (epitaphioi logoi) の実例を丸ごと収めた『メネクセノス』篇が誕生したという訳である（ここで「戦死者」とは，終結したばかりのコリントス戦争で命を落としたアテナイ兵のことである）。しかし，後にキケロの証言がありはするものの，現在，研究者の多くは，ヴィラモヴィッツのようにプラトンが実際に追悼演説を書いたとは考えていない。彼らによれば，あくまで『メネクセノス』篇は，ゴルギアス流の弁論術への風刺がこめられたパロディーであって，作中の追悼演説を含め，プラトンが真面目に書いたとは思われない，というのだ。そうした風刺の効いた戯れの極めつけとして，アスパシアが登場する。

> ソクラテス：私には，たまたま弁論術に関してその力量凡庸ならぬ女の先生がいるのだが，彼女は他にも多くの優れた弁論家を生み出してきた。そのうちの一人が，ギリシア人の中でも抜きん出た弁論家，クサティッポスの息子ペリクレス　その人だ。
> メネクセノス：その女性とは誰ですか。むろん言うまでもなく，あなたがおっしゃっているのはアスパシアのことでしょうね。
> (235e4-8)
> 　　……　中略　……
> ソクラテス：きのう僕は，アスパシアが今度の戦争で亡くなった者

たちの追悼の演説をするのをすっかり全部聞いたのだよ。それと言うのも，君の言っているように，アテナイ人たちが演説をする者を選び出そうとしている，という話を彼女も聞いたからなのだ。そこで彼女は僕に，どのように語ったらいいか，ある部分は即席で，ある部分は以前既に考えておいたことを詳しく話してくれた。それは，僕の思うには，ペリクレスの行った追悼演説を彼女が作ってあげた時のことじゃないかな。その時の演説の残りを貼り合わせて彼女は語ってくれたのだ。　(236a8-b6)

　ここに描かれる弁論教師としてのアスパシア像が，アイスキネスの『アスパシア』を踏まえたものであることは，もはや説明を要すまい。しかし，プラトンほどの人がアイスキネスの意匠をただありがたく拝借していただけなのだろうか。そこには，プラトン独自の仕掛けが隠されてはいないのだろうか。
　その点に関して，1963年に発表されたカーンの解釈はいまだに際だっている。それによれば，アスパシアへの言及は，彼女がソクラテスに読み聞かせてあげた葬送演説と，同じく彼女が作ってあげた（と言われている）ペリクレスのそれとの関係をクローズアップするためのプラトンによる仕掛けであった，というのだ。当時のアテナイでもっとも有名な葬送演説と言えば，ペリクレスのそれであったが，実際にその演説がなされたのは，ペロポネソス戦争第一年目にあたる前431年冬のことであり，プラトンの生まれる四年前であった。ではプラトンはペリクレス演説の詳細を一体何によって知り得たのか。それがトゥキュディデスの『戦史』（第2巻34〜46）であることは，ほぼ間違いない。アスパシアよりも劣った弁論教師としてアンティフォンの名が『メネクセノス』篇には挙げらているが，トゥキュディデスによるアンティフォンへのすこぶるつきの賛辞（『戦史』第8巻68）を考慮すれば，プラトンはアンティフォンの名を出すことによって，暗にトゥキュディデスのことを示唆していたのかもしれない。いずれにせよ当時の対話篇読者にとって，アスパシアとは，たとえ彼女とペリクレスとの関係が実際はどのようなものであったにせよ，トゥキュディデスによって記録されたペリクレスの葬送演説を想起させるのには，まさにうってつけの人物だったのである。

おそらくプラトンには，トゥキュディデスによって称揚されたペリクレス民主政への激しい対抗心があったのだろう。歴史家が自らの経験した「事実そうあったアテナイの歴史」を書いたのなら，自分は「かくあるべきアテナイの歴史」を書いてやる，そういった野心がプラトンを突き動かしたのではないだろうか。それは当時のアテナイ市民の信念世界の内に確固とした地位を占めていた歴史観や政治観への果敢な挑戦であったことだろう。ではその時，プラトンが自作中にアスパシアを登場させた意図はどこにあったのか。確かに一つはペリクレス演説との媒介役というものだったろう。しかしそれ以上に，私には，プラトンがアスパシアの内に求めていたものが，メデイアを始めギリシア悲劇の女丈夫たちがもっていた既存の価値秩序を解体するほどのあの根源的な「力」だったような気がしてならない。
　このことは，中期の傑作『饗宴』において彼がディオティマという外国人女性を自らの代弁者として登場させたことを思い起こさせるかもしれない。しかし，ディオティマはあくまで想像上の人物であった。対して歴史上のアスパシアの存在は，たとえそれがどれほど多くの噂と虚構にまみれたものであろうと，確固として疑い得ないものであった。歴史上に実在した人物であると同時に，その頃のアテナイ人がこぞって信憑していた仮想世界の中で常に既存秩序破壊的な「他者」としてリアルに屹立していたアスパシア。プラトンはそんな〈アスパシア＝女性〉のもつ根源的な力を自らの対話篇中に注ぎ入れようとしたのではないだろうか。だが彼が〈他者としての女性性〉のもつ威力を本当に理解していたかどうかとなると，どうも心許ない。というのも，やがて彼は，「かくあるべきアテナイの歴史」から「かくあるべき国制」を論じるべく，主著『国家』篇に取り組むことになるのだが，その理想国家論において，守護者層の女性と子供の共有，つまり「子宮という再生産手段」（上野千鶴子）の国家管理化とでも言い得るような，あの悪評高い主張を展開していくことになるからだ。いまだにその真意が解き明かされたとは思えないこの問題に関して，もし叶うことならアスパシアに一言意見を聞いてみたい，そう思うのは私だけだろうか。

# 第 2 部

# 魂と《生のアスペクト》
—— アリストテレス『魂について』の諸相 ——

# 第 4 章
## アリストテレスの感覚論
―― 表象論序説 ――

　ひとは「存在するもの（τὸ ὄν）」と一体どこで出遭うのか。
　この問いは，ことさらに問い質すことさえもが憚られるほどに当たり前と思われている事態に向けられている。確かに我々の身の周りは存在する「もの（πρᾶγμα）」で満ちている。したがってそのこと自体に懐疑のまなざしを向けるのでない限り，ごく一般的に次のように答えることができよう。
　ひとは「生きている（ζῆν）」その只中においてごく日常的に「存在するもの」と出遭う。
　だが，この答えの見かけの自明さこそが実は冒頭の問いの射程をも見誤らせる罠となる。実際この問いは一筋縄ではいかないところがある。そもそも存在する「もの」とは一義的に画定した確かな何かなのか。山の端に沈む夕陽を眺める羊飼いに，実は本当の太陽はもうそこにはなく，我々が見ているのは単に一定の光の放射過程によって生じた太陽の仮象に過ぎないのだと科学的知見のある者が言うとき，ここには二つの太陽，二つの「もの」があるのだろうか[1]。いやそれどころか同一人のこころの内にも，足の幅に見える太陽と本当はこの地球より遥かに巨大な（と思われている）太陽とが共存しているのではないか[2]。アドル

---

　1)　Heidegger [1962], S. 9f.
　2)　アリストテレス『魂について』428b3-4. なお，テクスト指示は Bekker 版により，以後アリストテレスの著作名は Met. 等と略記する。ただし，De An. からの引用はすべて頁・行数のみを記す。また，引用符内の訳文は原則として筆者のものであり，訳文中の〔　〕括弧は筆者の挿入である。

フォ・ビオイ＝カサーレスは，我々にとって実は「もの」がこうした曖昧で不安定な位置にあるということを，「モレルの孤島」に「実在する」二つの太陽という小説的虚構を借りてまざまざと見せつけてくれる[3]。かくして，「もの」について論ずるためには，まずもって「もの」とは何か，「もの」がどのレベルで語られているのか，を問わねばならぬであろう。しかも，このように「もの」が多義的であるということは，それらのうち「本当に存在する」ものは何かという問いをも同時に引き起こす。つまり「存在する」ことの「真（ἀλήθεια）」とは何か。それ自体で（καθ᾿αὑτό）存在する「もの」のうちに存在することの真はあるのか。あるいは，万人にとって存在すると思われているものこそ「本当にある」ものなのか。さもなければ，ある特権的な者（神，純粋な魂，智者，「わたし」）に現れるものこそが真に存在するものなのか。要するに「存在するもの」とどこで出遭うのかという問いの「どこ？」とは，まさにこれらの問いによって問い質される事柄の収斂点とならねばならないのである。そしてこのことに思いが至らぬ時，ひとはいともたやすく冒頭の問いの罠にかかる。

　さしあたり筆者はこう考える[4]。「存在するもの」がそれ自体で現に存在するのは，「存在するもの」が自然本性的に備えもつ存在の「かたち（εἶδος）」を，それとは別の存在者（人間）が何らかの仕方で自らの存在の「かたち」とし，しかもまさにそうすることこそが他ならぬ自分（人間）自身の自然本性的な存在の「かたち」であると「わかる」[5]まさに「その時」[6]において「存在するもの」の「存在する」ことの「真」が「わたし」に現成する。「その時」以前には，「存在するもの」も「わたし」もない。そして，このような意味での出遭い，つまり「存在するもの」と「わたし」の現成（ἐνέργεια）がまさにそこからこそ可能に

---

[3] ビオイ＝カサーレス［1990］。

[4] 以下に示すような問題意識は，ひとりアリストテレスの存在把握ばかりでなく，プラトンやパルメニデスの存在把握にまで届く射程をもつ。このいわば存在の形をめぐる大局観とでも言うべきものについては，筆者は，加藤［1973］から多大な恩恵を受けた。

[5] 単に知識をもつことではなく，身をもってその知を生きるという意味での遂行的知の謂。

[6] ヴィトゲンシュタインならこれを「閃き（Aufleuchten）」と呼ぶだろう。Vgl. Wittgenstein [1969], S. 504.

なる場として，筆者は「知覚」を考えたい。したがって，アリストテレスの感覚論を考察対象とする本章が目指すところは，単にアリストテレスにとって感覚とは何であったか，という問いに収め尽くすことはできない。むしろ，我々同様に「存在するもの」と出遭う初発の地点を「感覚」と見定めたアリストテレスが，その見定めを彼自身の感覚論の展開の中でどこまで一貫して保持し得たのか，言い換えれば「存在するもの」とどこで出遭うかという問いを彼自身が一体どこで問い得たのか，そう問うことにこそ本章の最終的な課題がある。

## I　自体的感覚対象と付帯的感覚対象

### 1　事物は直接知覚され得るのか？[7]

　日常的にはあまりにも自明過ぎてことさらに問い直されることもない「感覚すること（αἰσθάνεσθαι）」をめぐって，古来よりおよそ反常識的とも言える仕方で多くの哲学的議論がなされてきたが，とりわけもっとも根本的と思われる議論は次のようなものであろう。たとえば，今わたしの眼前に机がある。今わたしに見えているのは，その机のこちら側の灰色の表面だけである。しかし，わたしが今見ているその机は，わたしに見えているこちら側の灰色の表面だけでなく，わたしには「見えていない」あちら側の表面や引き出しや四本足など様々な特徴から成っている。それでもわたしは「机を見ている」「これを机として見ている」と言う。ここで哲学者たちはしばしば「感覚（sensation）」と「知覚（perception）」の区別を持ち出す。そして，その区別によって同時に「感官知覚（sense-perception）」に関する対立する二つの立場が生じる。
　すなわち一方では，我々が直接に感覚するのは何らかの感覚的印象，感覚与件（sense-data），我々自身のもつ観念（ideas）であって，机のよ

---

7) このテーマについては以下の議論が透徹した展望を与えてくれる。木曽［1982］，48-65頁。

うな物体的対象つまり対象である「もの（material things）」を直接に感覚しているわけではない，と主張される。では，机のような感覚的対象はいかにして把握されるのか。それは，直接感覚された感覚的印象，たとえば「灰色」が「机」として知覚されるのである。その際，感覚と知覚の溝を埋めるものは，記憶，経験，習慣，連想，推測，期待などである。他方，日常言語の用法に注目する立場に立てば，我々はそのような媒介なしにともかく机を見る，つまり物体的対象を直接感覚する。ただしこの立場からの主張は，素朴なものから洗練されたものまで幅が広い。その一方の極は，我々が物体的対象を感覚する時，その物体は存在し，逆に存在しないものは決して感覚し得ない，という素朴実在論的な主張である。これに対し，我々が感覚するのは感覚与件か物体的対象か，という単純な二分法自体を批判し，「見る」「聴く」などのような知覚語のより繊細で多義的な用法に着目する立場がもう一方の極にある。この立場に立つ限り，我々が感覚するものはすべて我々の内なる感覚的印象であるというテーゼにも，我々が感覚するものはすべて実在するものであるというテーゼにも拘束されることなく，「感覚する」ことの多様な働きそのものに焦点を合わせることが可能である。その意味では，この立場は，先の感覚与件説や素朴な日常言語哲学の説に対する第三の立場とも言えるであろう[8]。

いずれにせよ，認識論の初発の地点に位置し，常識的にも自明とみなされている「感覚する」ことの内には，それが実は疑似問題なのかどうかは別としても，今概観したような問題がいわば「知覚の謎」として控えているのである。しかも，そうした謎をめぐる諸議論が近・現代に固有のものではなく，むしろアリストテレスの時代には既にかなり論じ尽くされていたのである。

## 2　アリストテレスによる感覚対象の三区分

では，アリストテレスはこの問題，つまり何が感覚されるのかという

---

8）この立場を志向するものとして，たとえば，Anscombe [1986], pp. 12-34 を参照。

## 第4章　アリストテレスの感覚論

問題にどうかかわっていくのであろうか。ここで注意せねばならないことは，確かに問題とされている事柄自体は現代にのみならず古代ギリシアにも共有されていたが，議論で用いられている用語の点で大きな相違が見出されるという点である。それは，D・W・ハムリンも指摘したように[9]，ギリシア語にはそもそも「知覚」と「感覚」の区別がないということである。しかし，そのことによってアリストテレスがその区別に相当するような「感覚」の多義性に気づかなかったと言うことはできまい。彼のテキストを見れば，むしろ彼ほど「感覚」（αἴσθησις, αἰσθάνεσθαι 及びその派生語）の多様な意味を配慮し，その体系的説明に苦慮した哲学者もいないのではないかとすら思われる。

　では，感覚を探求するにあたってアリストテレスが採った方法とは具体的にどのようなものであったのか。『魂について』第1巻第1章では，まず探求の順序をめぐる一般的な問いが立てられている。すなわち，より先に問われるべきは魂の全体か部分か，さらに魂の部分に関して，より先に探求されるべきは魂の部分かその働きか，また働きがより先なら働きとその働きに対置されるもの（対象）とはどちらがより先か，と問い進められる。感覚に関して言うならば，問われているのは「感覚すること」（働き・現実態），「感覚することのできるもの」（魂の感覚的部分・能力），「感覚されるもの」（感覚対象）以上三者における探求の先後関係である。これに対して第2巻第4章で，能力（可能態）よりも働き（現実態）が論理的に（κατὰ τὸν λόγον）より先である，と答えられる。ここで「論理的に」とは，「現に何かであるもの」なしに「何かであることの可能なもの」の理解ないし定義はあり得ないという意味での「より先」であって，生成における意味，つまり可能的にあるものが現実化するという意味ではない。なぜなら，もし後者の意味でなら，「可能態にある知識は一人の人間においては時間的により先である」（431a2）ということになるからである。次いで対象が能力や働きよりも先に考察されるべきだと仮定される。ただし，あくまで「もしより先に考察されるべきならば」と仮定されているだけで，働きに対置されるもの（対象）

---

9) Hamlyn [1959] p. 6, Hamlyn [1968], pp. 88, 99. なお本章では，αἴσθησις に対応するものは原則として「感覚」一語で表現していくが，どうしても不自然な場合には「知覚」という表現も用いることにする。

がなぜ働きより先に考察されるべきなのかという明確な理由は述べられていない。かくして，第2巻第6章において感覚対象の区分がなされる運びとなるのだが，後に論じられるように本来感覚作用の相関者であるべき感覚対象の感覚対象である限りでの先在性を，さしたる明確な理由もないままに探求上の方法的根幹に据えてしまったところに，アリストテレス感覚論が孕む問題性と限界性の一つの兆しが現れているように思われる。しかし，いずれにせよ，感覚対象の三区分に至るまでの道筋は，以上のようなものであった。

では，感覚対象はどのようにして分類されていくのであろうか。アリストテレスによれば，感覚対象はまず「自体的に感覚されるもの (τὰ καθ᾽ αὑτὰ αἰσθητά)」と「付帯的に感覚されるもの (τὰ κατὰ συμβεβηκὸς αἰσθητά)」(「ディアレスの息子」というようにして特定される個体実体) とに大きく二分される (418a8-9)。さらに前者はそれぞれの感覚に「固有な対象 (τὰ ἴδια αἰσθητά)」(たとえば視覚には色，聴覚には音，味覚には味，臭覚には匂い，触覚には温度・湿り具合・堅さ) と，二つ以上の感覚に「共通な対象 (τὰ κοινὰ αἰσθητά)」(運動，静止，数，形，大きさ) とに二分される (418a9-11)。したがって，感覚対象は最終的に，自体的・固有感覚対象，自体的・共通感覚対象，付帯的感覚対象の三種類に区分されることになる。これらは，「感覚されるもの」である限りで本質的に感覚の相関者であるが，同時に「感覚される存在者」である限りで存在論的構成にも与る。つまり，感覚対象をこのように区分することの目的は，第一には「感覚すること」の多義性の解明にあるが，同時にそれは感覚者に彼の環境世界がどのように現れているかということの解明でもある。また，このように「現れ」と「存在」の緊張関係が背景にある以上，真理をめぐる問題もまたそこに絡まざるを得ないため，アリストテレスによって単に事実として表明されているに過ぎない自体的・固有感覚対象の感覚の不過謬性にも当然しかるべき理由づけが要請された。その結果，この問題を現代的に「内的知覚表象の直接知覚」という形で捉え直し，アリストテレスの自体的感覚対象と付帯的感覚対象の区別に「内的知覚表象の直接知覚と外的事物の間接知覚」の区別を重ね見ようとする方向が解釈上の一般的傾向となった。しかし，果たして「自体的感覚」と「付帯的感覚」とを「直接知覚」と「間接知

覚」とに換言することは正当であろうか。まずは以下において諸解釈を批判的に考察し，そうすることによってその問題を論じていくことにする。

## 3 感覚対象の「自体的／付帯的」区分をめぐる諸解釈の批判的考察

### (1) 予備考察

まず，『魂について』第2巻第6章の付帯的感覚対象に関する定義的箇所を見てみよう。

> しかし，たとえばもし「白いもの」がディアレスの息子であるならば，それ〔ディアレスの息子〕は付帯的な感覚対象と呼ばれる。なぜなら，それ〔ディアレスの息子〕は，「白いもの」に，感覚されているもの〔ディアレスの息子〕が付帯しているが故に，付帯的に感覚されるからである。それ故また，〔感覚対象が〕そのようなものである限り，〔そうした〕感覚対象によっては〔ひとは〕何一つ作用を受けない。（418a20-24）

ここで明言されているように，付帯的感覚対象は感覚者に直接作用しない。逆に言えば，感覚者に直接作用するものが自体的感覚対象ということになり，ここから「自体的／付帯的」区分が「直接的／間接的」区分と同一視されていくのは，ごく自然である。そして，我々がそれから直接に作用を受けるもの，すなわち直接に感覚されるものだけに「感覚する」の用法を限定することによって，「単なる付帯的感覚対象は，本来は決して感覚されない」という解釈が生じる。この解釈は，先に触れた「物質的対象は直接に知覚され得るか」という認識論的な問題意識における感覚与件説と結び付くことによってより一層の定着を見ることになる。これに対して，そもそも「感覚する」の用法をこのように狭く一義的に限定すること自体が，予め付帯的感覚対象（物質的対象）を排除

することであり、不当な前提である、と批判する解釈も出ている[10]。確かに、引用された箇所においても（そのテキストの読みに従う限り）「ディアレスの息子」は何らかの仕方で既に「感覚されているもの」なのである。したがって、「付帯的感覚対象は本当に感覚されるのか否か」という問いは、そこでの「感覚する」の意味が正しく把握されない限り、真正な問いたり得ない。しかし、もともと「感覚する」ことの多様な意味を正しく画定するためにこそアリストテレスは第2巻第6章で感覚対象を考察していたのではなかったのか。かくして問題は振り出しに戻る。

我々はまず、アリストテレスが何を付帯的感覚対象として挙げているかを、テキストに則して正確に見届ける必要があるだろう。『魂について』に関する限り、以下の用例を見出し得る。

① 不特定な基体：例として「色をもつもの（τὸ ἔχον χρῶμα）」（424a21-24）
② ある特定の個体：例として「白いものはこのものか、あるいは他のものか」（428b21-22）、「このものが我々に〈人間〉と見える」（428a14）
③ 確定記述句によって指示される個体：例として「ディアレスの息子」「クレオンの息子」（418a20-23, 425a24-27）
④ 最下の種：例として「白いものが〈人間〉であるか否か〔を見ること〕は必ずしも真ではない」（430b29-30）、「色付けられたもの〔白いもの〕が何であるか」（418a16）
⑤ 複数の固有感覚がそれについて同時生起するところの同一基体：例として「胆汁について、それが苦くて黄色だという感覚が」既に予め経験されている場合、「黄色である（感覚する）ならば、それを胆汁だと思う（οἴεται）」（425a30-b4）

以上の内、②の最初の例と③は文脈から明らかに付帯的感覚対象である。①は、先に見た第2巻第6章の定義的箇所から類推されるような、

---

10) たとえば、土屋［1984］、1-19頁、特に17頁。

第 4 章　アリストテレスの感覚論

自体的感覚対象すなわち感覚性質や属性がそれに帰属するところの基体としての付帯的感覚対象を示している。しかし①は，感覚性質や属性がそれに帰属するところの基体からは離存し得ないという存在論的制約の表明であって，「何であれ〔白い〕色をもつもの」という限りでは「この基体」というような指示機能をとりたててはもたない。このように「何であれ自体的感覚対象をもつもの」という不特定の基体を意味する用法を，付帯的感覚対象の「帰属的用法」と呼ぶことにする。これに対し，②と③は「指示的用法」と呼ぶことにしよう。ただし，②は確定記述句に拠らずに「何か（実体）」すなわち種の個体例をその場その場で直示する用法であるのに対し，③は確定記述句による個体指示，いわば強い指示的用法である。また，④は基体ではなく述語であり，特殊者ではなく普遍者である。しかし，我々が自体的対象である「白いもの」を感覚し，しかもその「白いもの」が〈人間〉であるなら，その時，〈人間〉を付帯的に感覚すると言うことができるのではないか[11]。少なくとも，「ディアレスの息子」ではなく〈人間〉を付帯的に感覚すると言い得る場面が④によって示唆されていると見ることはできるだろう。そして，後に見るようにこの④の用法は②の用法と相即不離の関係にある。最後に⑤は，共通感覚の文脈で語られているとはいえ，「胆汁」という基体の把握である以上，付帯的感覚に数え上げられるであろう。ただし，ここでは「胆汁だと思う」というように感覚ではなくドクサ的判断について語られている点に注意が必要である。しかし，そもそも付帯的感覚において感覚的要素と判断的要素を完全に分離できるかどうか自体が問題となる以上，その扱いは微妙である。さしあたりそうした判断を可能とするものとして，⑤を②や④に準ずるものとして位置づけておくことにする。

　以上からもわかるように，アリストテレスが付帯的感覚対象とみなすものは実に多様である。しかし，従来の諸解釈はややもすればこうした多様性を見落としがちであった。いくつかの代表的な解釈を批判的に回顧してみよう。

---

11)　Cf. Barnes [1975], p. 255.

## (2) 諸解釈とその批判

### (a) F・ブレンターノの解釈とその批判

「付帯的感覚対象は決して感覚されない」と主張するF. ブレンターノの場合[12]，彼が挙げている『詭弁論駁論』第24章における付帯性による虚偽の例からその主張の分析が可能である。すなわち（彼が再構成した例によれば），「変装しているその人を君は知っているか？」「否。」「それなら君は，ほかならぬ自分の父が誰かを知らぬことになる。」つまり，質問を受けている者の父親が実は変装していたというわけである。では，この例によってブレンターノは付帯的感覚対象を一体どのようなものとして示そうとしたのだろうか。今仮に，変装している人の肌の色や顔かたちなどをF，その変装した人（たとえばピエロ）をXとし，「君の父」をYとしよう。ブレンターノの主張は以下のように解釈できるだろう。FをYと知らずに感覚する時，Fは自体的に感覚されるが，Yは（Fの基体であるXが実はYと同一であるが故に）付帯的に感覚されるに過ぎない。ここでの付帯的感覚対象は，先の用例③，つまり確定記述句「君の父」によって指示される個体Yを意味している。さてこの時，「君は今何を感覚しているか」と尋ねれば，君は当然Fと答えるだろうがYとは決して答えない，否，答えようがない。したがって，付帯的感覚対象Yはそれ自体としては本来決して感覚され得ないのである。

しかし，この議論は不十分である。なぜなら，君がFをYとして知覚していないということは，換言すれば君がFをX（「変装している人」とか「ピエロみたいな人」など，いずれにせよその場で直示できるような対象〔用例②〕）として知覚しているということであるはずなのに，その点がまったく考慮されていないからである。つまり，X＝Yを知っている我々にとっては，「君がXを見る」が真であれば当然「君がYを見る」も真であり，指示的に透明（referentially transparent）であるが，「君」にとって「FをXとして見る」が真であっても「FをYとして見る」は必ずしも真ではない，つまり指示的に不透明（referentially opaque）なのである[13]。この二通りの観点を区別することなくむしろ巧妙に合成したものが前述の詭弁であり，それに乗じたのがブレンターノ

---

12) Brentano [1867], S. 84.
13) 「指示的に透明／不透明」に関しては，Quine [1953] を参照せよ。

の解釈なのである。したがって，我々は次のように言うべきである。付帯的感覚対象とは，「君が自体的対象FをX（用例②）として見」，また「自体的対象GをY（用例③）として見る」時のXとYのことであり，そのいずれの場合に「今君は何を見て（感覚して）いるか」と尋ねられても，必ず現にそれを感覚していると答えられるもののことである。つまり，付帯的感覚対象は少なくとも用例②のレベルでは自体的感覚対象が感覚される時必ず同時に感覚されている。これ以上のこと，たとえばX＝Yについての知の有無などは付帯的感覚対象の問題とは直接には何の関係もない。

(b)　R・D・ヒックスの解釈とその批判

次に「自体的／付帯的」区分は「直接的／間接的」区分である，という解釈の代表者としてR・D・ヒックスの解釈を見ていくことにしよう[14]。彼によれば，「自体的／付帯的」区分は「それ自身によって／他のものによって」区分と同様に「直接的／間接的」区分に換言できる。我々は，事物の感覚性質（自体的・固有対象）や事物の属性（自体的・共通対象）は直接的に，事物自身（付帯的対象）は間接的に感覚する。しかし，常識的にはまず事物こそが直接的に感覚されるはずである。そこでヒックスは問う。厳密な意味で感覚されるものとは，事物の性質や属性なのか，それともそれらの帰属する基体すなわち事物なのか？　注目すべきは，彼がここで付帯的感覚対象を用例①の帰属的用法で論じている点である。つまり，感覚されるのは，色か，それとも「色をもつもの」か，と問うているのである。彼の答えはこうである。厳密な意味で直接的に感覚されるのは，事物の性質・属性すなわち自体的感覚対象であって，事物自身ではない。他方，日常的な言葉遣いから見るとどうしても事物が感覚されるように思われるが，この場合でも，感覚されるものはあくまで何らかの感覚性質をもったものとしての限りで感覚される。つまり，「ディアレスの息子」であるから感覚されるのではなく，それが「白いもの」であるから感覚されるのである。さて，今仮に，感覚性質Fに対して用例①の付帯的感覚対象「何であれFをもつもの」

---

14)　Hicks [1907], pp. 360f.

をxとするなら，ヒックスの解釈は，xは単にxとして感覚されるのではなく，Fである限りでのxとして，Fに対する固有感覚によって付帯的に感覚される，となる。しかし，アリストテレスによれば，時には逆にxがFとして固有感覚によって感覚されることもある（422a10）。したがって，固有感覚（たとえば視覚）がFをxとして感覚するのが付帯的，xをFとして感覚するのが自体的，と一応区別できたとしても，結局両者の感覚は相即不離であって，それを「直接的／間接的」として二分するのはいわばF(x)とでも表記されるような一なる事態〔xがFである〕の一なる感覚的把握を事後的に二様に分析し抽象したものに過ぎない。このことは「白いもの（τὸ λευκόν）」というような感覚性質や属性を表すギリシア語がその基体を含意せずには語り得ないということ[15]（つまり自体的感覚対象のギリシア語表現には付帯的感覚対象の帰属的用法が既に含意されているということ），また敢えてそこから基体を捨象し「白性」のようなものを抽出したとしても，かえって「（抽象されたものである限り非感覚的な）白性を（直接）見る（感覚する）」というような不可解な事態を招くことになってしまうことからも明らかであろう。要するに，用例①のレベルにある限り付帯的感覚対象の感覚は，それに内属する自体的感覚対象の固有感覚による感覚とまったく同一な事態なのであり，「直接的／間接的」区分はそこから事後的に抽象された区分に過ぎないのである。

(c) W・D・ロスの解釈とその批判

ロス[16]はヒックスと異なり，付帯的感覚対象の感覚を共通感覚の一種とみなす。まず，自体的感覚対象はヒックス同様に，直接的に感覚される。たとえばディアレスの息子の物理的特徴が感覚者に直接作用して「白い」という自体的な感覚を引き起こす。このことは，標準的な感覚条件が整えばどの感覚者にとっても同様である。しかし，この自体的感覚「白い」を「ディアレスの息子」として感覚（知覚）できるのは，「ディアレスの息子」を知っている（つまり，「ディアレスの息子」という確定記述句の意味を知りかつその指示対象を同一指定（identify）できる）者

---

15) Cf. Met. 1028a20-29.
16) Ross [1961], pp. 34f.

だけである。ロスはこうした感覚事例を，白くて甘い砂糖を味わう経験をもった者だけが，視覚によって（「白い」ではなく）「甘い」を付帯的に感覚できる，という事例と対応させる。両者いずれの感覚も，自体的・直接的な感覚に記憶や連合の働きが加わって初めて可能となるのであって，両者の違いは連合によって呼び醒まされる事柄の複雑さの違いに過ぎないとされる。

　この解釈は，自体的感覚における物理的刺激の受容という面に対して，付帯的感覚における感覚内容形成という面に感覚者の能動的な役割を見る。つまり，人間の事物知覚が，感覚器官による感覚与件の受容と感覚対象の主観的構成との総合として把握されているのである。したがってこの解釈による限り，付帯的感覚対象は純粋な感覚対象ではないことになる。しかし，ここに問題がある。ロスの挙げた例に従えば，「甘いもの」を視覚によって付帯的に感覚するということと，「白いもの」を「ディアレスの息子」として付帯的に感覚することは果たして同じ種類の主観的な働きであろうか。仮に「白い」や「甘い」という複数の固有感覚の同時経験が，それら複数の自体的感覚の基体である「ディアレスの息子」の付帯的感覚をも可能にするのであろうか。確かに，甘い香りの香水を常用する色白の女性を知っている者にとって，彼女の色白さを見ることによって「甘い（香り）」を付帯的に感覚することは可能であろう。しかし，彼女の感覚性質をいくら束ねて同時経験しても，そのことが「指導教授某氏の一人娘」という確定記述句によって指示される個別実体の感覚（知覚）を可能にすることは決してあるまい。このことは，連合の複雑さの違いによって説明のつくことではない。むしろ，様々な感覚性質の経験に先立って，つまりそれらを可能にするような仕方で個体実体の把握が何らかの形で語られねばならないのではないか。そして，そのことが個体実体の付帯的感覚ということで意味されていることなのではないか。いずれにせよ，付帯的感覚対象は先に見たように用例①②③と多層的であるので，仮に用例③の強い指示が不可能な場合でも，そのことが付帯的感覚自体を不可能にする理由とはならない。むしろ，それが顕在的ではない場合も含めたいかなる場合にあっても，何らかのレベルでの付帯的感覚はすべての感覚経験に付帯し得るはずである。さもなければ，付帯的感覚とは直接的な感覚所与の主観に

る加工・再生産に過ぎぬことになり，アリストテレスが何故ことさらに付帯的感覚対象を「感覚の」対象にしたかが不問に付されることになってしまうだろう．しかし，我々が問い質さねばならないのはまさにその点なのである．

(d)　D・W・ハムリンの解釈とその批判

今まで取り上げてきた諸解釈が，何らかの形で自体的／付帯的区分を直接的／間接的区分と同一視することを自明な前提としてきたのに対し，ハムリンはまったく新しい基準を導入する[17]．すなわち，ここで彼は「自体的」とは『分析論後書』第1巻第4章で示された用法のうちの一つ，すなわちそのものの「何であるか」つまり本質定義中に含まれる，という意味であるとする．たとえば，視覚を定義するなら「色を感覚することのできる能力」として，聴覚を定義するなら「音を感覚することのできる能力」として定義されるであろうが，このようにそれぞれの感覚の本質を規定する際にその定義中に必ず含まれる対象が「自体的感覚対象」と呼ばれるのである．これに対し，様々な物的対象はそれぞれの固有感覚つまり五感の定義中に含まれることは一切なく，その限りで「付帯的感覚対象」と呼ばれる．要するにこの解釈によれば，自体的／付帯的区分とは本質的／非本質的区分のことなのである．

この解釈は，感覚の成立にかかわる従来の認識論的アプローチに対して，「感覚」概念そのものの考察へと重心を移し変えることによって，感覚能力の有効な区分基準を与えることを可能とした．とりわけ，『魂について』第2巻第6章での感覚対象の区分が最終的に感覚能力の区分を目的としているという点に関して，この解釈は非常に明確な見通しを与えてくれる．しかし，それはあくまで自体的／付帯的区分に関して言えることであって，自体的感覚対象の内部の固有／共通区分ではむしろ逆に説得力を欠くように思われる．特に共通感覚対象が「共通」と呼ばれる所以をこの解釈で説明できるか否かという点になると絶望的である．なぜなら，各固有感覚の本質規定に内含されないが故に「共通」で

---

[17] Hamlyn [1968], pp. 105, 107. なお，感覚と感覚対象の双方が互いの定義中に内含される可能性を認めようとする点を除けば，ソラブジもハムリンと同様の解釈を取る．Sorabji [1979], pp. 76f.

あり得る感覚対象は、第六番目の固有感覚であることなしにそれを自らの本質的な対象となし得る共通感覚対象にとってのみ「自体的」対象である、という解釈はいささか強引に過ぎるし、そもそもそのような共通感覚対象に固有の感覚や感覚器官がないことが明らかである（425a14-16, 20-21）以上、それらは複数の固有感覚によって付̇帯̇的̇に感覚される以外にはあり得ないからである。

しかし、そうした弱点にもかかわらずこの解釈の我々にとっての最大の貢献は、付帯的感覚対象が直接に感覚され得るか否かという問題に一切コミットしない説明モデルを提示した点にある。従来のアリストテレス解釈において、物的対象（付帯的感覚対象）はまったく感覚（知覚）されない、あるいは感覚以外の知的要因を必要とするという解釈が大勢を占めていた[18]ことを思えば、ハムリンのなした解釈上のある種の方向転換は非常に意義あるものであった。

さて、以上の自体的／付帯的区分をめぐる諸解釈の批判的考察から朧げながらも諒解できた点がいくつかあったかと思われる。次節ではそれらを下敷きにして、筆者なりの解釈試案を提示してみたいと思う。

## 4　現象と志向対象

前節で考察したように、自体的感覚対象と付帯的感覚対象の区別は、直接的か間接的かという区別と対応するものではない。自体的感覚対象は、存在論的には基体の内に内属する性質（個体内属性）であり、それ自体で存在することのできない依存的な存在である。このことは、その言語表現において、たとえば「白さ（λευκότης）」ではなく「白い（もの）（λευκόν）」として語形変化することにも現れている[19]。しかも、感覚者によって感覚される以前には可能的にしか存在し得ず、感覚者の当該感覚能力の現実態がその感覚対象の現実態となることによって現実に存在するものとなる。この意味で、つまり感覚によってのみ現実態にな

---

18）　今までに考察してきた Brentano, Hicks, Ross の他にこうした解釈の方向を取る者としては、たとえば、Rodier [1900], pp. 359f, Graeser [1978], pp. 89ff.

19）　こうした παρώνυμον に関しては、特に Cat. 10a27-b11 を参照せよ。

るという意味で，これは感覚にとって自体的な対象なのである。

ところで，このように解される自体的感覚対象を感覚する時，たとえば「白い（色）を見る」時，それは厳密には「白いもの」である何らかの「もの」の存在を含意しており，その存在に関する知ないし信念を前提しているので，我々としてはまずそれを除去するような表現を工夫しなくてはならない。今仮に，「白い（色）を見る」を「白く見える」「（感覚者に）白く現れる」と副詞的に言い換え，これを「副詞的用法」と呼ぶことにしよう。自体的感覚対象は，もしそれ自体を独立に考察することができるならば，実体的な「もの」としてではなく，むしろ存在する仕方として感覚者に現れてくるのであろうから，そのような事態の適切な表現はやはり「白く見える」，「丸く見える」，「動いて見える」などのような副詞的用法となろう。確かにこうすれば，「白いもの」という仕方で基体を含意することなしにその個体内属性の「わたし」への現れを記述することができる。さらに，このような「〜と見える」「〜と現れる」という表現が指し示すところは，感覚者に直に把握された対象のあるがままであり，その限りで勝れた意味での対象の「現象（φαινόμενον）」と言える。以上の点に関しては，自体的対象であるという限りで固有感覚対象も共通感覚対象もまったく同様である。

これに対し，付帯的感覚対象は，存在論的にはそれ自体で存在する個体存在である。したがって，感覚者が感覚する以前にもそれはそれ自体で現実的に存在しており，自体的感覚対象が感覚の働きに依存しているのと対照的である。しかし，このことによって付帯的感覚対象が感覚されるかというと，そうではない。まず，感覚は基本的に判断する働きである（418a14-16, 424a5-10, 426b8-14, 427a20-21, 428a3-5, 432a16, An. Post. 99b35）。したがって，付帯的感覚対象たとえばクレオンの息子を見ると言う場合，それはクレオンの息子を（他の者から）識別するということである。ところで一般にある個体をそれと同種の他の個体から識別できるのは，そのものの付帯的性質によってである。たとえば，肌の色（白い），顔の形（丸い），振舞い（つまり動き）などからクレオンの息子だと判別する。その場合，クレオンの息子を見るとは，肌の色，顔の形，振舞いなどを「クレオンの息子として見る」ということである。このことは，肌の色や顔の形から「クレオンの息子」を推測したり連想し

第4章　アリストテレスの感覚論　　　127

たりすることでも,「白い」や「丸い」の感覚の結果として「クレオンの息子」の知覚が生じたということでもない。白い（白く現れる）ものを見ること即クレオンの息子を見ることなのであって, その二つは同時に生起する同一事態の相即不離なる二側面なのである。ただし, 前者（自体的感覚対象）が感覚の働きによってその現実態を得るが故に感覚対象であるのに対して, 後者（付帯的感覚対象）は, そうした自体的感覚対象すなわち感覚性質がそれに内属するところの基体としてそれを感覚（知覚）しようとする, いわば感覚（知覚）者の志向的意図によって感覚対象なのである。

　この意味は, 次の例から明らかである。今わたしが池の畔で水面を覗き込んでいるとしよう。わたしに見えている自体的感覚対象つまり水面の色（の分布）は一つであるが, それをわたしは, ちょうどそこにいるのが水を通して見える魚として, あるいはただ水（面）として, あるいはその水面に映るわたしの顔として見ることができる。そのどれとして見るかは, わたしの志向的意図あるいはその時々の状況に依存している。つまり, 魚釣りをしているなら魚として, 模型ボートを浮かべたくて波の有無を調べているなら水面として, 顔の汚れが落ちたかどうかを気にしている時なら水面に映る顔として, という具合に見える。しかも, 魚も水（面）も顔の映像もすべてその時にわたしの感覚活動とは無関係に存在するものであり（ただし最後の例の顔の映像, 一般に鏡像などの場合, そうは簡単に言えないのだが）, それをわたしは直接に見る。そのことがつまり, 同一の色（の分布）を魚, 水（面）, 顔の映像として見るということなのである。この場合, 色（の分布）すなわち自体的感覚対象は感覚の働きによって一義的に決まるので, たとえば青を赤として見るということは不可能であるが, 付帯的感覚対象は必ずしも感覚の働きによって一義的に決まるわけではなく, むしろその対象の決定つまり判断は感覚者の意図ないしはそれをも含み込んだ状況に依存している。ここに, 錯誤の可能性の有無の問題も絡んでくるのであろう。また, 付帯的感覚対象は必ずしも具体的な物的対象そのものと全面的に合致するわけではなく, むしろその物的対象と付かず離れずの関係にありながら, 感覚者に対して「何かとして」現前することによってその対象の感覚を可能とさせる存在位相にあるということがこの解釈によって示唆さ

れる。あるいはある意味では，感覚者が存在するものの存在に出遭い／触れることを可能とする位相が，付帯的感覚対象なのではないか。

しかし，さしあたり今はそのように示唆するに止める。この点に関する先に挙げた各種の付帯的感覚対象それぞれに即した考察は，その可謬性の問題と絡めて後ほど（Ⅲ - 1 - ⅱ）詳細になされることになる。いずれにせよ，本章において自体的感覚対象と付帯的感覚対象の区別を筆者がどのようなかたちで捉えようとしているかのおおよその図柄は，従来の諸解釈の批判を地とすることによって，朧げながらも浮き彫りにされたのではないかと思う。

## Ⅱ　固有感覚対象と共通感覚対象

### 1　「〜と見える」の三用法

前節において，自体的感覚対象と付帯的感覚対象の区別は，現象と志向対象の区別，つまり「〜と見える」と「〜として見る」の区別として解釈された。しかし，前者たとえば「白く見える」と言う場合でも，実はそこにいくつかの意味の違いが生じることがある。そこで自体的感覚対象の位置づけを明確にするためにも，「〜と見える」の用法に関して十分な考察を加えておく必要がある。

「〜と見える」の用法については，少なくとも以下の三通りの用法が区別されなくてはならないだろう。

（1）感覚条件が不備のため対象がよく見えない時，あるいは自分の感覚に保証を与え得ないための責任回避や言い訳的に，あるいは自らも自身の感覚に懐疑を表明したい時，我々は「（本当は白くあるのかどうかわからないが）白く見える」と言う。このような「見える」の用法は，感覚者にとってむしろ対象が不明であることの表明であって，対象を何らか記述する替わりに自分にそのように「思われる」ということを表明したものに過ぎない。

(2) 次に，「(本当は) 白くある」という存在命題にいわば寄生した比較の用法がある。この比較の用法については，たとえば洗濯した白いシーツと新品の純白のシーツを較べる場合を考えてみよう。すなわち，洗濯したシーツが新品のシーツと較べられることによって「白く見える」と言われる時，この「白く見える」という句によって「新品の純白のシーツがそう見えるように見える」，つまり「新品の純白のシーツのように見える」と言っているに過ぎない場合がある。この場合，その言明は，洗濯したシーツがそれ自体でどのように現れているか／見えているかということの自体的で記述的な表明たり得ず，単にパラダイムである新品のシーツと類似しているということを語っているに過ぎない。したがって，このような「白く見える」の用法は，比較・類似の表明に書き換えることができる。

(3) では，新品のシーツが「白く見える」のは何と比較してであろうか。「白さそのもの」と比較してであろうか。あるいはむしろ，対象のあるがままを表している「見える」という用法があるのではないか。これが第三の用法である。たとえば，洗濯物の白さ度テストをしている場合を考えてみよう。ある被験者は，新品の純白のシーツがその中に含まれているが，それがどれかは知らされていないため，それらの中でおそらくもっとも「(過去に見た) 新品のシーツがそう見えるであるように見える」ものを選んで，それが「白く見える」と言う。これは第二の比較・類似の用法である。しかし，同時にこの言明は，「わたしには白いと思われるが (本当のことはわからない)」という含み，つまり「見える」の第一用法によってその「白さ」に対する判断に何らかの留保をも与えている。もし，「これが新品のシーツです」と正解を教えられ，それが被験者の選んだものと異なっていたとしても，「白く見えはしたけれども本当は (少し黄ばんでいて) 白くはなかった (つまり新品のシーツではなかった)」と釈明する余地が最初から用意されているのである。これに対して，その中のどれが新品のシーツかを既に知っている人の場合，たまたま光の具合でそれが黄ばんで見えたので「白くは見えないが，本当はそれが純白のシーツだということをわたしは知っている」と言ったとしても，そこに何ら矛盾はない。逆にまた，「白く見えるそのシーツは，事実本当に (新品で) 白いとわたしは知っている」と言うこ

とにも何ら問題はない。要するにそれぞれの状況で対象が自らを直接に現している限りで，それは「白く見え」たり「白く見えなかった」りするが，それは感覚者が留保つきで「そう見える（思われる）」と言う場合と異なって明らかに対象の現れ，見えの記述である。なぜなら，事実それが「白くある」と知っていても，それは白く見えることも白く見えないこともそれ自体として可能だからである。それに対して，第二の比較・類似の用法なら，「白くある」と知っていて，かつ「白く見えない」ということは矛盾する。なぜなら，比較・類似の用法では，「白く見える」は「白くあるものがそう見えるように見える」という意味であったので，「白くあるものであり，しかも（その同じ）白くあるものがそう見えるようには見えない」という矛盾した文になるからである。つまり第二の用法による限り，「白くある」ものは必ず「白く見える」のである。しかし，より厳密には，「白くある」ものが自分自身，つまり「白くある」ものに類似するという言い方自体がそもそも不当である。なぜなら，「見える」の比較・類似用法は，範型 - 似像関係に固有の表現であって，範型自身の自己述語としては機能しないからである。また，「白くある」と知っていて，しかも第一の「思われる」の意味で「白く見える」と言うことも不当である。なぜなら，第一の用法で「白く見える」とは，「本当のところ白くあるかどうかはわからないが」ということを含意した表現である以上，白くあると知っているものに適用できないはずだからである。

　しかし以上に対して第三の用法では，たとえ「白くある」ものであっても，条件によって「白く見えない」ことが許容される。つまり，「白くある」かどうかにまったく無関係に，「白く見える」ということはわたしに直接に確かなことなのである。この用法を，対象がそれ自らとして現出するという勝れた意味で「現象」的と呼ぶことにする。その上でさらに，「〜と見える」という言葉遣いによって視覚に限定されざるを得なかったこの現象的用法の及ぶ範囲を，他の諸感覚へと敷衍していく。たとえば，次のアウグスティヌスの言葉がこの敷衍された現象的用法を例示するものと思われる。

　　だがわたしは，アカデミア派の者が次のように言う人を，どのよう

第4章　アリストテレスの感覚論　　　　　　131

に拒否することができるか，それは知らないのである。すなわち，「わたしはこれがわたしに白く現れていることを知っている。これがわたしの耳を楽しませていることを知っている。これはわたしにいい香りを感じさせることをわたしは知っている。これはわたしにおいしい味がすることをわたしは知っている。これがわたしに冷たく感じられることをわたしは知っている」と[20]。

　それ自体でどのようにあるか，すべてのひと（あるいは動物）にとってどのようにあるか，わたしにとって常にどのようにあるか，こうしたことに現象的用法は一切関知しない。「感覚しているまさにその時に，わたしにとって対象がどのように現れているかをわたしは直接に確かなこととしてわかっている」，これが現象的用法の言わんとするすべてである。

　さて，このように現象的に「白く見える」ということ自体はその感覚者にとって直接に自明であるが，その意味するところは，「白く見えていると思う」，「白く見えていると信じる」，「白く見えているということを知っている」というような判断（ドクサ），信念，知識に何ら依拠することなしに，わたしに直接確かなこととしてその白いものがわたしに「白く」現れている，ということである。したがってそこでは，「白く見える」ということを「見る」ということもあり得ない。「白い」対象は色づけられているが，「白く見えていること」自体は当然何ら色づけられてはいないからである（cf. 425b17-20）。とすれば，「白く見える」ことを知覚する感覚は視覚ではないし，また他の能力でもない。むしろ，それはそう知覚されること自体において直接に明らかで確かなことなのであって，それを再度知覚するのではない。

　ところで，こうした現象的用法で語られる感覚対象は，さらに固有感覚対象と共通感覚対象とに区分される。そこで，その両者が一体どのようなものであるかを以下に順次見ていくことにする。

---

20）　アウグスティヌス［1979］，125頁。

## 2　固有感覚対象と固有感覚

　アリストテレスにとって固有感覚は，他のすべての感覚（知覚）能力のモデルとなるべきものであり，その意味ではアリストテレス感覚論の長所も短所もすべてはこの固有感覚のありようにかかっているとも言える。したがって，感覚を論ずる際に彼の掲げる準則も基本的にはすべて固有感覚に適用されるべきものである。その準則とは以下の四つである。

- ① 形相受容準則：「感覚は，感覚対象の形相を質料なしで受容することのできるものである」（424a17-19, cf. 425b23-24「感覚器官は……」）
- ② エネルゲイア準則：「〈感覚することのできるもの〉とは，可能態における〈既に現実態においてある感覚対象〉のようなものである」（418a3-4, cf. 425b26-27）
- ③ 同一者異相準則：「感覚対象の現実態と感覚の現実態は同一であるが，それらの何であるかという（本質的）あり方（τὸ εἶναι）は同じではない」（425b26-27, cf. 426a15-17, 427a2-3, 431a14, 19, 432b1）
- ④ 感覚＝ロゴス（比）準則：「感覚は一種のロゴス（比）である」（426b3, cf. 424a31）

これら四種の準則によって固有感覚がいかにして説明されていくのか，それを以下に見ていきたい。

　（ⅰ）『魂について』第2巻と第3巻の間には，感覚に関する次のような対立ないし矛盾がある。すなわち，

- a　感覚は一種の性質変化である。（415b24, 416b34）
- b　感覚は決して性質変化ではない。（431a5）

両者の文脈を比較するなら，前者は問題解決のための試論的性格をもつが，後者は様々な議論を経た後の帰結的性格をもつ。そのことがもつ『魂について』の発展史的な意味あいについては，今は触れる余裕がない[21]。さしあたりはこの両者を，アリストテレスの感覚理解を構成する双方向的な問題意識の現れとみなしておこう。すなわち，前者 a は感覚作用の物理生理的な成立基盤を問う方向にあり，後者 b は日常的に「感覚する」と語る我々の語り方とその論理を問う方向にある。この双方向性はいずれ後に見るように，固有感覚に強く見られる感覚与件説的アプローチと，付帯的感覚に強く見られる日常言語的アプローチという対比と類比的である。しかし，いずれにせよ固有感覚の素性を問おうとしている我々には，ひとまず a の観点から考察を始めるのが順当かと思われる。

そもそも動物にとって感覚はいかにして可能か，その自然学的成立根拠が問われねばならない。とは言え，アリストテレスが生物と無生物の識別徴表として感覚を挙げた時，もう既にこの探求の主戦場は「性質変化」であった。なぜなら，生物も無生物も共に性質変化を被るが，生物の被る性質変化すべてに無生物がかかわるわけではなく，そこに生じる位相の異なりにおいてこそ感覚の成立を解き明かす鍵が潜んでいたからである。

まず我々には以下のことが前提されている。「変化を受けるもの（τὰ ἀλλοιούμενα）が変化を受けるのは，いわゆる受動的性質（παθητικαὶ ποιότητες）に関して受動する（πάσχοντα）ことによってである」（Phys. 244b5-5$^b$）。ここで「受動的性質」とは，『カテゴリー論』第 8 章において性質カテゴリーの第三の類として挙げられており，甘さ－辛さ，温かさ－冷たさ，白さ－黒さなどがその例である。また，これらを受容するもの（τὰ δεδεγμένα）はこれらによって「このような（性質の）もの」と語られる。たとえば，蜜は甘さを受容することに

---

21) Cf. Hamlyn [1959], p. 6. 要するに，著作年代の点で第 2 巻が先か第 3 巻が先かという問題である。Jaeger 説に基づいて第 2 巻をプシューケー論関係の著作群の最後期に位置づける Ross [1955], p. 17 に対して Hamlyn は異議を唱え，『魂について』におけるアリストテレス感覚論の展開に鑑みれば第 3 巻が第 2 巻以前に書かれたはずはなく，むしろその逆だと主張する。

よって「甘いもの」と言われ、物体は白さを受容することによって「白いもの」と言われる。しかし、そもそも受動的性質が「受動的」と呼ばれる所以は、受容するもの自身が受動するからではなく、「上述の性質の各々が、感覚に関して受動を作り出すことができるもの」(Cat. 9b5-7)だからである。たとえば、甘さは味覚に関して何らかの受動的状態（πάθος）を作り出すが故に受動的性質と呼ばれるのである。また、これらの受動的性質が固有感覚対象としての感覚性質と外延を等しくするというのもその故である。ともかくこの点では無生物も生物も同様であり、さらにまた生物における感覚する能力のない部分も感覚できる部分も同様である。「なぜなら、感覚もある意味では変化を受けるからである。というのは、現実に働く感覚は、感覚が何らか受動している間の身体における運動だからである」(Phys. 244b10-12)。

では、無生物と生物、あるいは生物における感覚する能力のない部分と感覚できる部分は、受動的性質の受容に関して一体どこで異なるのであろうか。まず、無生物ないし感覚する能力のない部分は、受動的性質たとえば白さを受容して性質変化を被るなら、「そのような（性質の）もの」たとえば「白いもの」と呼ばれるのに対し、生物における感覚できる部分は何らかの性質変化を被っているにもかかわらずそうは呼ばれない。なぜなら、たとえば白いものを見ても、その見ている人／見ている目は白くならないからである（ただし、たとえば温かい湯に手先を浸すような感覚の場合は、その点が微妙である）。さらに、受動的性質を「受動する時、〔無生物はそのことを〕感知しないが、〔生物は〕感知する」(Phys. 244b15-245a1)。以上の二点は、経験からの帰納によって明らかである。しかし、さらに踏み込んで「では、感覚にとっての性質変化とは一体どのようなものであるのか」と問い直せば、実はまだ何も説明されていないことに気づかされる。

(ⅱ) そこで、以下にその点に関するアリストテレスの理論を本章に必要な範囲で纏めてみたい。

　〈1〉自然学的・宇宙論的前提：アリストテレスにおいて、宇宙の自然学的（物理的）構造と我々の感覚（知覚）能力とは解き難

く結び付いており，前者によって後者のありようが規定される[22]。

〈1-1〉感覚対象と感覚器官の間の媒介物（τὰ μεταξύ）及び感覚器官は，単純なもの（τὰ ἁπλά）＝四元素（空気，水，火，土）から成り，またその故に感覚には五感しかあり得ない（第3巻第1章）。

〈1-2〉宇宙・自然界の構成要素は四元素である。

〈1-2-1〉単純なものとして現れている物体すなわち四元素の属性は，二対の反対性質（温－冷，乾－湿）の組み合わせから成る。すなわち，火＝温＋乾，空気＝温＋湿，水＝冷＋湿，土＝冷＋乾（『生成消滅論』第2巻第2・3章）。

〈1-2-2〉触覚における様々な反対性質は前述の二対に還元される（『生成消滅論』329b16-330a29）。

〈2〉それぞれの固有感覚対象は，一対の反対対立する受動的性質（感覚性質）間の比（λόγος）から成る。たとえば，視覚対象である色は白い－黒い，聴覚対象である音は高い－低い，味覚対象である味は甘い－辛い，などという反対性質間の比から成る。（感覚＝ロゴス（比）準則の適用）

〈2-1〉固有感覚対象とは，「自体的に感覚されるもの」すなわち「感覚されるものであることの原因を自らのうちにもつもの」（cf. 418a30-31）が，そのもの（実体）である限りにおいてではなく，それが「どのような（受動的性質）」であるかによって感覚されるものである（424a23-24）。

〈2-2〉一対の反対対立する受動的性質によって，その固有感覚対象の領域／種が規定され，さらにその領域／種に固有の感覚器官が特定される。したがって固有の感覚も規定される。

〈2-2-1〉ハムリンの自体的感覚対象についての解釈はこの点で有効である。すなわち，それぞれの固有感覚はその本質定義の内に必ずそれぞれの固有感覚対象を含む。たとえば，視覚の場合，目による色の感覚というように。

---

22) Cf. Modrak [1985], p. 57.

〈2-3〉形相受容準則における「形相」とは，固有感覚対象の形相すなわち感覚性質の比のことである。（cf. 427a8-9）
〈2-3-1〉一対の反対性質によって特定された固有感覚の種は，その反対性質間の比によって特殊化される。
〈3〉感覚の質料的側面としての因果過程：固有感覚対象はそれに固有の媒介物と感覚器官に一種の運動（κίνησις），性質変化（ἀλλοίωσις）を引き起こす。逆に言えば，媒介物と感覚器官は作用を受ける（πάσχειν）。
〈4〉感覚の形相的側面：形相受容準則の適用。
〈4-1〉感覚器官は何らかの大きさをもつもの（つまり物質的なもの）であるが，感覚つまり感覚することができるということの本質は，感覚器官の比であり能力である（424a26-28）。
〈4-1-1〉感覚器官と感覚能力は同一のものである。同一者異相準則の適用。（424a25-26）
〈4-2〉固有感覚対象における反対性質間の比と感覚器官の比は，その伝達を〈3〉の因果過程に依存するが，それ自体としては純粋に形相的に（つまり質料なしに）一致する。形相受容準則，エネルゲイア準則，同一者異相準則の適用。
〈5〉感覚における可能態−現実態構造。
〈5-1〉固有感覚対象の可能態とその固有感覚の可能態は，〈3〉を介して現に感覚する時，両者共に現実態においてあり，しかも同一である。エネルゲイア準則，同一者異相準則の適用。
〈5-2〉固有感覚においては，感覚の働きから独立して客観的に固有感覚対象が存在すると想定する実在論（realism）の立場も，固有感覚対象の存在から独立した感覚（内的感覚表象）を想定する知覚表象説（representationalism）の立場も共に不適切である。なぜなら，感覚と感覚対象の双方に可能態と現実態の二通りの意味があるにもかかわらず，両者はいずれもそれを見落としているからである。（cf. 417a18-20, 426a20-26）

（ⅲ）以上がアリストテレスの固有感覚論の概要である。さらに第2巻第7章から第11章まで，五感に関して物理・生理学的に詳論される

が，本章ではそれらに触れる余裕はない。しかし，それらすべてを通じて見出せる固有感覚にとって象徴的とも言える特徴について少しだけ触れておくことにする。その特徴とは，感覚する者はすべて身体をもつが故に，先の概要の〈3〉すなわち質料的な因果過程を必ず必要とするという点である。つまり，感覚は身体を経由することなしには成立し得ない。身体の許容度を超えた感覚性質によっては感覚は成立せず，むしろ感覚器官を破壊してしまうという事実がこのことを如実に物語っている。同時に固有感覚は何らかの媒介物によって対象と繋がらなくては成立し得ない。このことは何も視覚や聴覚に限られず，触覚のような接触的な感覚においても同様である。なぜなら，触覚にあっては身体自身が媒介物とみなされるからである。

さて，こうした事柄をやや抽象的に言い換えるなら，固有感覚は常に対象との隔たりを必要とする，ということになる。しかし，形相受容準則や同一者異相準則に見られるように，固有感覚には質料的側面と並行して形相的側面があり，そこにおいては対象と感覚は現実態において一致する。したがって，固有感覚とは隔たりつつ一致すること，つまり質料的に隔たりつつ形相的に一致することだと言ってもよいだろう。そして，隔たりがあるからこそ質料的な運動／性質変化による受容が必要になる。この限りでは，感覚は一種の性質変化である。しかし，その形相的側面に目を向けるならば，質料性を排した現実態における形相的一致は，もはや性質変化とは呼び得ない。要するにこのことこそ，本節（ⅰ）の冒頭に示した，感覚が性質変化である／あらぬという二つの記述の意味するところなのである。

では，固有感覚対象と固有感覚に関する考察はここまでにし，次に共通感覚の問題に移ることにしよう。

## 3　共通感覚対象と共通感覚

何が共通感覚対象かという点については，少なくとも『魂について』に関する限り問題はない。第2巻第6章と第3巻第1章で挙げられている例は，運動，静止，形，大きさ（量），数（一を含む）というように

一致しており,「すべての感覚に共通のもの」という定義も与えられている。しかし,そうした共通感覚対象を感覚するのは一体どのような能力なのか,またそれはいかなる仕方で感覚するのか,さらにはそのいわゆる共通感覚の働きにどのようなものがあるのか,という点になると『魂について』の記述は非常に曖昧になる。以下においては,まずその点の解明が試みられねばならない。

共通感覚の機能としては,知覚的(perceptual)機能と統覚的(apperceptual)機能,後者をさらに感覚の再帰的知覚(いわゆる自己意識)と固有感覚対象から成る複合体の統一と識別の知覚,というように区分していくのが伝統的な解釈である。しかし,そもそも「共通感覚」(κοινὴ αἴσθησις)という術語が明確にその姿を現すのさえ,『魂について』においては僅か一度,それ以外の著作にあっても二箇所に過ぎない[23]。したがって,必ずしも今挙げた諸機能がすべて共通感覚に帰せられるかどうかも実は不明である。

(ⅰ)そこでまず,確実に共通感覚の機能であると目される知覚的機能から考察していくことにする。この機能は言うまでもなく共通感覚対象の感覚であって,対象の側で予めなされた固有／共通という区分基準に応じた,あくまでも固有感覚との相関において語られるべき機能である。しかし,その点に関してはアリストテレスのテキスト解釈上の問題がまず論じられねばならない。たとえば第3巻第1章では次のように言われている。

> それぞれの〔固有〕感覚によって我々が付帯的に感覚する共通な感覚対象,たとえば運動,静止,形,量,数,一に,固有な感覚器官は存在し得ない。(425a14-16)

しかし,第2巻第6章では,共通感覚対象は自体的に感覚されるものとみなされていた。そこでトマス・アクィナスも使用した古いラテン語訳では,その点の齟齬を解消しアリストテレスの主張に一貫性をもた

---

23) De An. 425a27, De Mem. 450a10, De Part. An. 686a27.

第4章　アリストテレスの感覚論　　　　　　　　　　139

せるために，先の引用箇所の「付帯的に」の前に否定詞を挿入し，「そ
れぞれの感覚によって我々が付帯的にではない仕方で感覚する共通感覚
対象」というようにテキストが修正されている[24]。これに対しシンプリ
キオスは，「共通感覚対象を固有感覚によって付帯的に感覚する」とい
う説は，アリストテレス自身が否定しているところの「共通感覚対象に
固有な第6番目の感覚がもしあれば」という仮定からの帰結に過ぎな
いと解釈する[25]。しかし，現在，解釈の大勢はこの箇所の記述を何らの
修正なしに文字通りアリストテレス自身の主張とみなす方向にある。
　たとえばヒックスは，こう解釈する[26]。まず一方で，付帯的感覚対象
について「〔感覚対象が〕そのようなものである限り，〔そうした付帯
的な〕感覚対象によっては〔ひとは〕何一つ作用を受けない」(418a23-
24) と一般に解釈される箇所の〔　〕内に共通感覚対象に関する記述
を代入・付加し，「共通感覚対象である限り，共通感覚対象のいずれに
よっても視覚は何一つ作用を受けない」と読ませる。つまり，視覚は大
きさとしての限りの大きさや運動としての限りの運動によっては，その
固有の対象すなわち色によってのような仕方で作用を受けることはな
い。しかし他方では，「何らかの運動は触覚によっても視覚によっても
感覚されるものである」(418a19-20)，つまり共通感覚対象の固有感覚
（視覚）による感覚の成立が主張されている。したがって，この二つの
主張を同時に充たす方式は「固有感覚が共通感覚対象によって付帯的に
作用を受ける（感覚する）」ということになる。ただしここで「付帯的
に」とは，「クレオンの息子」が付帯的に感覚されると言われる場合と
同じではないけれども類似した意味，すなわち色のような感覚性質（固
有感覚対象）が直接に感覚されるのに対して，「クレオンの息子」が間
接的に感覚される時，それの属性である限りの運動や大きさや形なども
「付帯的に」感覚される，という意味でヒックスは取っている。
　これに対しロスは[27]，共通感覚対象は固有感覚によって付帯的に感覚

---

24) At uero neque communium potest esse sensitiuum aliquod proptium, que unoquoque sensu sentimus non secundum accidens, ut motus, …… unius.
25) Simplicius [1882], pp. 182 *l.* 38-183 *l.* 4.
26) Hicks [1907], pp. 426f.
27) Ross [1961], p. 270.

されるが，それは「クレオンの息子」が感覚されるような狭義での「付帯的に」ではないとする。つまり，付帯的な感覚に広狭二義の区別を設けることによって，共通感覚対象は425a15では固有感覚によって（広義に）付帯的に感覚されるが，a27-28では（狭義に）付帯的には感覚されないことになり，両者に矛盾は生じないというわけである。ハムリンもこの両者には事実上矛盾はないとするが[28]，彼の場合は先に見たように自体的／付帯的という区別をヒックスやロスのように直接的／間接的という区別と取らずに，本質的／非本質的という区別と取るため，その論点は前述の二者とはやや異なる。すなわち，共通感覚対象は固有感覚対象のための感覚器官によって，つまり固有感覚によって感覚されるが，二つ以上の固有感覚によって感覚され得るので，共通感覚対象は固有感覚（つまり五感）のいずれにも本質的ではない（共通感覚対象がそれぞれの固有感覚の定義にその要素として内在していない）。その意味で共通感覚対象は固有感覚によって付帯的に感覚される。それに対し，共通感覚対象は共通感覚に対して本質的関係にある（とハムリンは主張する）。その意味では，共通感覚は付帯的な仕方でではなく感覚されるのである[29]。

（ⅱ）本章の解釈も基本的にはこうした一連の注釈者と同じ線上にある。すなわち本章の解釈によれば，共通感覚対象も自体的感覚対象である限り，「白く見える」などの固有感覚対象同様に「丸く見える」「大きく見える」「動いて見える」などというように副詞的の用法によって表現可能な現象である。では，固有／共通の区別はどこにあるのか。それは，それぞれの感覚にとって対象からの因果過程が必要十分条件となるか，単なる必要条件に留まるかの違いである。つまり固有感覚は，その固有の感覚対象から物理的媒介（τὰ μεταξύ）を経て特定の感覚器官に至る物理生理的な因果過程を自らの本質規定の内に含むが，共通感覚の方は，確かにそういった因果過程なしには成立し得ないという側面をもちつつ，同時にそれだけでは共通感覚の「共通」たる所以を何ら本質的には規定し得ないという側面を持ち合わせているのである。とりわけ，

---

28) Hamlyn [1968], p. 117.
29) この問題については以下も参照せよ。Modrak [1987], p. 200, n. 22.

## 第4章 アリストテレスの感覚論

共通感覚には固有の感覚器官がないという点は決定的である。したがって，固有感覚の場合，［感覚器官が固有感覚対象によって物理的作用をうける（πάσχειν）］＝［一種の性質変化（ἀλλοίωσις）］＝［感覚作用］という等式が成立するが，共通感覚の場合，それ自体としてはそもそも作用を受ける器官もない以上むしろ何らの性質変化でもない。

では次に，共通感覚対象はいかにして感覚されるのであろうか。まず，我々にとってもっとも原初的な「原感覚」（Ursensation）とでも呼び得る事態を想定してみよう[30]。それはある特定の感覚器官によって受容される感覚情報（つまり現象）の総体であって，たとえば視覚ならば「白く見える」や「丸く見える」などが，触覚ならば「温かく感じる」や「丸く感じる」などがその原感覚の内にいまだ固有／共通などと分節化されることなく融合している状態である。しかし，この原感覚の固有／共通感覚への分節化は，経験的にも概念的にも比較的容易である。まず，〈色〉（固有感覚対象）のある特定の現れ方である「白く」は，先天盲や目隠しをした者には感覚され得ないが，〈形〉（共通感覚対象）のある特定の現れ方である「丸く」は，そうした者にも触覚をもつ限りで感覚され得る。したがって，こうした日常的な経験から我々は固有感覚（対象）と共通感覚（対象）とを容易に区別できる。また概念的には，「色を触知する」と言うことは論理的に不可能だが，「形を見る」も「形を触知する」も共に論理的に可能であり，そのような日常的な知覚語の用法によって容易に区別できる。ただしここで注意せねばならないのは，共通感覚対象（たとえば形）を感覚する（見る，触知する）のはあくまで固有感覚（視覚，触覚）ないし各々の感覚器官によってであり，その意味で付帯的に感覚される。しかし同時に，〈形〉は見ることも触知することも可能なものとして視覚と触覚とに共通な対象である[31]。したがって，視覚と触覚（目と指先）によって受容された，という因果過程をその自体的規定から捨象するならば，わざわざ固有感覚によっ

---

30) Cf. Phys. 184a21-22. 「我々にとってまず最初に明確で判明なものは，むしろ一緒くたに混ぜ合わせられたもの（τὰ συγκεχυμένα）である。」

31) このように視覚と触覚の共通性をごく自然に前提するアリストテレスに対し，G・バークリは視覚観念と触覚観念との数的および種的な異質性を主張する。バークリ［1990］, 121-159 節参照。

て「付帯的に」と限定する必要もなくなり，〈形〉はそうした限定なしにただ単に共通な感覚対象として感覚されると記述できる。かくして「我々は共通感覚対象に関して，付帯的ではない仕方で共通感覚をもつ」（425a27-28）ことができる。しかし，因果過程をも取り込んだ記述を行うなら，「我々は共通感覚対象をそれぞれの固有感覚によって付帯的に感覚する」（425a15）と言わざるを得ない。いずれにせよ，その二つの記述の間に矛盾はまったくない。

　最後に共通感覚の物理的な成立基盤のようなものに触れておこう。確かに感覚器官に直接作用するのは固有感覚対象だけである。しかし，アリストテレスはまた「色〔固有感覚対象〕と大きさ〔共通感覚対象〕は同時に相互に随伴し合う」（425b8-9）とも言う。つまり，感覚器官によって受容された感覚情報は自体的には固有感覚対象なのだが，それに共通感覚対象も随伴するという仕方によって，実は我々が「原感覚」と呼んでいたものとかなり近い事態がそこで示唆されているのではないだろうか。もしこのように解釈することが可能なら，固有感覚対象として見れば単なる色であっても感覚器官（目）によって受容された感覚情報の総体として見れば，色に随伴する様々な感覚対象を取り込んだいわば「原感覚」が感覚者には得られるはずである。つまり，色付けられたものは何らかの形や大きさをもち，動くか静止しており，いくつかのものとして，感覚者に直接確かなものとして現れてくるのである。

　ただし，ここでの「随伴」現象が物質的対象の側の存在構造に由来するものなのか，それとも我々の側の自然本性的な感覚構造に由来するものなのかはまったく不明である。おそらく，物理的な性質変化の因果過程に依存し，それが故に不可謬な固有感覚と，感覚者の志向的意図に依存し，それが故に誤知覚も可能な付帯的感覚とのちょうど中間にそれは位置するのではないかと思われる。つまり，共通感覚対象の感覚には，対象側からの物理的制約と感覚者の側からのいわゆる主観的制約が，ある緊張関係を保ちながら混淆状態にあると言える。

　そうした一例は，「それら〔共通感覚対象〕をすべて我々は〈運動〉によって感覚する」（425a16-17）という箇所の錯綜した解釈に見出される。まず，ほとんどのギリシア語注解者たちは，この箇所での「運動」を，感覚対象によって感覚器官の内に引き起こされた運動すなわち性質

第 4 章　アリストテレスの感覚論　　　　　　　　　　143

変化・受動的状態（πάθος）と解釈する。トマス・アクィナスも「運動によって」を「変化（inmutatio）によって」と言い換える[32]。なぜなら，感覚対象が感覚（器官）を変化させることによって我々は感覚するからである。しかし，もし彼らのように解釈するなら，ヒックスが指摘するように[33]，固有感覚対象と共通感覚対象にはほとんど区別がなくなり，なぜアリストテレスがこの箇所でわざわざ「共通感覚対象を運動によって感覚する」と述べ立てねばならなかったのかが不明となる。確かにトマスは，その区別を感覚対象の側での基体－属性関係という存在論的構造に見ようとするが，その区別はむしろ付帯的感覚対象と自体的感覚対象との区別であって，共通／固有感覚対象の場合には彼の説明は不適切である。そこで，以上のように感覚器官における何らかの運動と解釈するのでなく，外在的な物質的対象の運動と解釈することも可能であろう。しかし，その場合なぜ外在的対象の運動の感覚が他の種類の共通感覚，たとえば形や大きさや数の感覚より先となるのか。少なくとも論理的には運動は数より「より先」ではあり得ない。とすれば，たとえば数えることによって数を感覚するという場合のように心的運動がむしろより先なのであろうか。しかしこの場合，「心的運動」で意味されている事態が不明確である。数を数えるということは必ずしも心的レベルでだけ論じられるわけではなく，むしろ物質的レベルで考察されることもある（Phys. 263a25ff., cf. Hamlyn [1968], p.118）。あるいは，感覚者の数え上げていく「動作」を「運動」とみなすこともできよう。確かにヴィトゲンシュタインの例の中では，「五つ」という数つまり共通感覚対象は数え上げる振舞い（Handlung）によって確認されていた[34]。形も手や指を動かすことによって触覚的に感覚されるであろうし，物体の運動自体もたとえば眼球の運動によって感知されると言い得るであろう。しかし，ここまで来ると近代的な心理学の知見をアリストテレスのテキストに読み込んでいるという批判を避けて通ることはできない。（とはいえ，共通感覚対象に対する感覚者の身体的運動・動作による感覚，という解釈は魅力的であるし，また現代の心理学的知見にも通じるところがあるよ

32）　Aquinas [1959], Lib. III, Lect. I, n. 577.
33）　Hicks [1907], p. 428.
34）　Wittgenstein [1969], S. 290.

結局，以上のようにいずれの解釈も決定的な解決策とはならぬため，ついにはこのテキスト自体を修正して，「運動によって」という文言を削除する案も出された[35]。しかし，一方でこのテキストの修正を認めるだけの十分に合理的な根拠があるようには思われない。他方，少なくとも本章のこれまでの考察における限り，当該箇所での「運動」を，外在する物的対象の運動や感覚器官における性質変化，さらには感覚者の身体的動作とみなすことはできそうにない。そこで本章では，ここでの「運動」を，『魂について』第3巻第3章において感覚からの運動として語られている「表象」(428b10-429a2) と取りたい。もちろんそこでの表象は，共通感覚からの運動としても述べられている。しかし，だからと言って，感覚→表象という因果的理解は柔軟性を欠く解釈のように思われる。むしろ，固有感覚つまり感覚器官を介する物理的因果過程を経て得られた「原感覚」からの運動がすなわち共通感覚なのだとは考えられないだろうか。その際，共通感覚からの運動はさらに広義の感覚となる。

　いずれにせよ，このように解釈の紛糾する理由は，共通感覚の場合，外在する物質的対象とそれを感覚する主体との関係が固有感覚のように専ら物理的生理的な側面から明確に説明できないところにある。したがって，共通感覚の物理的生理的成立基盤について言い得ることは，それが固有感覚あるいは固有感覚器官にあるということ以上でも以下でもない。

　(ⅲ) 共通感覚のいわゆる統覚的機能についても一言触れねばならないだろう。ただし，この機能について論じるということは，アリストテレスにおいて「意識」を語り得るか否かという非常に扱いにくい問題にかかわることであり，本章の限られた枠内で論じ尽くすことはできない[36]。とりわけ，複合感覚対象の統一的感覚と識別に関しては，『自然学小論集』の諸記述が重要であり，『魂について』に考察の的を絞った本

---

　35) この Torstrik の修正案は Hicks [1907], pp. 428f. によって好意的に紹介されているが，Hamlyn [1968], p. 118 は修正の必要なしとする。
　36) この点については是非とも以下を参照されたい。Kahn [1979], pp. 1-31.

第4章　アリストテレスの感覚論　　　　　　　　　145

章にあっては十全な論述は望めないであろう。したがって，これらの詳細な議論はすべて別稿に譲ることになるが，しかし少なくとも次の点だけは述べておかねばなるまい。それはすなわち，反省的意識を始めとする統覚的機能は，果たして共通感覚の働きなのかどうかという点である。少なくとも『魂について』においてその証言はない。確かなことは，反省的意識や統覚的意識の働きが経験的事実のレベルではアリストテレスによってもう既に把持されていたという点，しかもそれを固有感覚としては説明し切れず，さりとて共通感覚として特定してもいないという点である。さらに今までの考察からも明らかなように，共通感覚対象を感覚するものは第六番目の固有感覚でもないし，共通感覚として実体化されたものでもない。いつでも具体的に働くのは固有感覚であって，共通感覚はそれらに付随しただけの，いわば拡張された働きに過ぎない。つまり，アリストテレスにあっては，いかなる種類の感覚（いわゆる意識も含む）であっても，その説明モデルは固有感覚なのである。「見ていること」を感覚（知覚）するといういわゆる反省的意識を論ずる際にも，見ていることを「見る」という仕方でしか論じ得ない（425b12-23）ところにそれは如実に現れている。このことは次節で論じるように，明らかにアリストテレス感覚論特有の限界である。

## III　感覚をめぐる諸問題

### 1　前節までの整理と二つの補完的議論

　アリストテレスの区別した三種類の感覚対象がどのようなものであるかという点については，今までの考察によってほぼその輪郭が把握できたと思われる。そこで以下では議論をさらに深化させるべく，いくつかの新たな観点を導入し，その上で要点を整理しつつ若干の補完的コメントを行いたい。
　まず，我々は心的状態／事象や心的活動の内的側面と外的側面の区別

を導入する必要があるだろう。すなわち，ある人ないしは動物が何らかの心的状態にある，あるいは心的活動をしている場合，その心的状態／活動は，

① その当事者自身が体験する内的なありようとして一人称的に報告される。ただし，その当事者自身の体験に身を置く仕方で報告がなされた場合は，その主語が一人称である必要はない。とりわけ動物がその当事者の場合は，その内的側面の報告は擬人法的仮構によってしかなされ得ない。
② ある者の心的状態／活動は，その当事者以外の者が外的に観察することが可能な身体的振舞い／ありようとして，その当事者に帰属するかたちで記述される。ただし，当事者自身が客観的観察者の立場に身を置く仕方で記述がなされた場合は，その主語が一人称であっても①が報告されたわけではない。

さて，『魂について』においてアリストテレスの感覚論を考察していく場合，こうした心的状態／活動の二側面を区別していくことは以下の二つの点で重要である。

(a) 認知的（epistemic）な感覚と非認知的（non-epistemic）な感覚という区別に関して。たとえば，「机を見る」というように命題的ではない事態を感覚する場合と，「これが机であることを見る」というように命題的な事態を感覚する場合とを考えるなら，前者が非認知的感覚であり後者が認知的感覚である。なぜなら，「机を見る」という文は，「見る」という心的活動の外的側面の記述であり，仮にそれが机かどうか知らない者，とりわけ動物にも可能な感覚であるのに対し，「これが机であることを見る」の方は，「当事者はこれが机であることを知っている」を含意しており，当事者の立場に立ってのみ可能な内的側面の報告である。

R・M・チザムによるロビンソン・クルーソとフライデイの例を挙げ

第 4 章　アリストテレスの感覚論　　　147

ておこう[37]。

　　ある朝，突然，かれらの眼の前に船があらわれたとき，それが船で
　　あることは，クルーソにとっては，一目瞭然であった……。しか
　　し，フライデイにとってはどうであったろう。彼は年若く，まだ文
　　明にもさらされていなかったから，その眼はたぶん彼の主人の眼よ
　　りはよかったであろう。つまり，二人のうちでは，フライデイのほ
　　うに船はよくみえたのである。しかし，彼は船をみたとはほとんど
　　いえなかった。

　この場合，「フライデイが船を見る」は真か偽か。我々観察者は，
様々な状況と脈絡によって「船を見る」という心的活動を彼に帰属させ
るのであり，現に彼は船を見ているのであるから，この文は確かに真で
ある。しかし，彼に「今，君は何を見ているのか」と尋ねたならば，彼
は決して「船を見ている」とは答え得ないだろう。つまり，彼は認知的
に「それが船であること」を感覚してはいない。したがって，その限り
では先の文は偽である。要するに，心的事象に関してはその内的側面と
外的側面によって真偽が異なる場合もあるのである。この点は，後に見
るように感覚の可謬性の問題，とりわけ付帯的感覚の場合に大きな問題
となる。

　(b) 心身論に関して[38]。すなわち，心的状態／活動の外的側面とは観察
された身体の振舞い／ありよう，さらには身体の物理的生理的側面を
指すのに対し，内的側面とは当事者によって報告される，観察によら
ない，純粋に心（意識）に固有の側面を指す。その上でこの両者が，平
行したままなのか（心身二元論，平行説），前者が後者に還元されるのか
（観念論的一元論），後者が前者に還元されるのか（唯物論的一元論），あ
るいは同一事象の二側面なのか，と問われ得る。いずれにせよ，かく問

---
　37)　チゾルム（チザム）[1970], p. 16. なお，この翻訳は初版によるものであるが，原
書第二版 (1977) では，この例を含む章などが大幅に書き換えられた。また，第三版にも和
訳（チザム [2003]）がある。
　38)　この主題に関しては，木曽 [1987/8] が非常に詳しい。

うことが心身問題の要諦である。もちろん，意識と身体という現代的問題設定そのものを，魂と身体の関係を問うアリストテレスに押し付けることはミスリーディングである。しかし，感覚を論じていく際，彼がその都度の考察において心的状態／活動の内的側面と外的側面のいずれに焦点を合わせていくのか，そう問うこと自体は十分に意味をもつ。少なくとも，彼がデモクリトス流の唯物論的一元論とプラトン的二元論の両陣営のどちらに与することもなく，彼独自の立場を表明し得るためには，心的状態／活動の両側面を明確に語り分けつつ関連づけていくことこそが必要となるであろう。そしてまた後に述べるように，実はこうした心身論的問題設定自体が，他方でアリストテレスの感覚論をもある仕方で枠づけているのである。

さて，以上のような新たな観点を加味することによって，前節までの考察の不備をある程度補いたいと思う。さしあたり前節までの考察のあらましを整理すると下の表のようになる。この表に，認知的／非認知的という座標軸と心的／身体的という座標軸とを重ね合わせていくことによって，かなり立体的な理解が得られるはずである。

| 感覚対象の区別 | | 自体的／付帯的の区別原理 | 固有の身体的感覚器官 | 資料的側面 | 形相的側面（感覚内容） | 可謬性 |
| --- | --- | --- | --- | --- | --- | --- |
| 自体的 | 固有感覚対象 | 現象<br>①副詞的用法（「白く見える」）<br>②「～と見える」の現象的用法 | あり<br>五感 | 物理生理的因果過程の記述を本質規定の内に含む | 反対対立する感覚性質間の比を受容する | 不可謬 |
| | 共通感覚対象 | | なし | 物理生理的因果過程の記述を本質規定の内に含まないが，共に固有感覚の受容作用に依存する | 複数の固有感覚によって感覚される物的対象の共通属性 | 可謬 |
| 付帯的感覚対象 | | 志向対象（「～として見る」） | なし | | 自体的感覚対象の基体である物的対象（ただし多義的） | 可謬 |

（ⅰ）まず，アリストテレスにとって感覚とはどの程度身体的であるのか。この勝れて心身論的な問題意識の下では，感覚をめぐる議論は以下のように展開される。そもそもアリストテレスによれば，魂とは二

第4章　アリストテレスの感覚論　　　　　　　　　　149

つの種差すなわち場所的運動と感覚に代表される判別能力によって規定される（427a17-21, 432a15-17）ものである。このことは一般通念の認めるところでもあり，「魂をもつもの〔生物〕は魂をもたないもの〔無生物〕から二つの点，すなわち運動と感覚することによってもっとも異なると思われている」（403b25-27）。さて，我々の考察対象である感覚に限って言えば，果たして感覚は無生物（物体）と生物を分かつ識別徴表たり得るのだろうか。少なくとも感覚が一種の性質変化とみなされる時，それが単なる物体における性質変化とどこで異なるのか。この点については，先にⅡ-2-（ⅰ）で少し論じたが，ここでは可能態と現実態の観点から再論したい。

　たとえば文法に関して無知な者の場合，彼は今後文法に関する知識を学習することが可能であるという意味で可能態にあると言える。この意味での可能態を「可能態①」と呼ぶことにする。次いで，この者が学習することによって文法の知識を所有する者となった時，学習の可能性を実現したという意味で彼は現実態（これを「現実態①」と呼ぶ）にあるが，しかしその知識を所有するだけで現にその知識による活動をしているわけではないので，その意味では可能態（これを「可能態②」と呼ぶ）にあると言われる。最終的には，このような知識の所有者が自らの知識を活用して現に知識活動をなす時，彼はこの意味での現実態（これを「現実態②」と呼ぶ）にあると言われる。この時，可能態①から現実態①への移行は，学習による性質変化であり，知識の欠如状態から所有状態への転化であり，つまるところ広義の運動である。これに対して，可能態②から現実態②への移行を性質変化と呼ぶのは適切ではない。笛吹きが笛を吹き大工が家を建てるのは，自分自身の能力実現への進展（cf. 417b6-7），いわば自己実現であって，素人が「笛を吹けるようになった」「家を建てられるようになった」と語られる場面とは明らかに文脈を異にするのである。

　では，感覚の場合はどうか。まず可能態①から現実態①への移行は，感覚の場合は親から生じ，生まれた時には既に現実態①＝可能態②の状態にある，つまり感覚能力が備わっている（417b16-18）。対して，可能態②から現実態②への移行は，外的な感覚対象による（417b20-21, 25-26）感覚能力の一種の自己実現である。これは教師によって教育される

という意味での他による運動（可能態①から現実態①への移行）と異なり，他である外的事物の存在を前提せざるを得ないにもかかわらず活動それ自体が自己可能性の実現であり，ある意味での自己運動として，外在する他の事物によって惹起される無生物の運動から区別される。

　しかし，果たしてこの説明は生物と無生物とを区別することに成功しているだろうか。この問いに対しては，『自然学』第8巻第4章のほぼ同主旨のテキストを典拠にして「否」と答えることができよう[39]。なぜなら，その箇所では前述された特殊な意味での性質変化ないしは一種の自己運動という説明様式が，魂に固有な働きにのみならず，自然的な諸物体にも適用されているからである。たとえば，水は可能態①においては軽いものであるが，それが熱せられるなりして空気になった時には，現実態①＝可能態②において軽いものであり，外からの妨げがないならば，それは現実態②において直ちに軽いものの活動すなわち上昇をなす。このことから明らかになったことは，可能態②から現実態②への移行は，魂の活動にのみ固有な自己実現＝自己運動の仕方ではないということである。なぜなら，感覚能力の可能態②から現実態②への移行つまり自己能力の実現にとって，外的な事物（感覚対象）の存在が必要条件であり，外的妨害の除去が十分条件であるという指摘は，感覚活動という魂の一種の自己運動が内発的な要因抜きに外的要因のみで説明可能であるという決定論的主張を当然含意しているはずだからである。

　では，この問題に関する解決策とは一体いかなるものなのであろうか。ヒントは先に用いたテキストそのものの内にある。すなわち，自然的物体にも生物に用いたと同様の説明方式が適用され得ることを示唆した『自然学』第8巻第4章のテキストにおいて，可能態②から現実態②への移行を条件づける句は「何も妨げるものがない限り」（Phys. 255b4, 7, 10-11）だけであった。ところが，『魂について』における可能態と現実態に関する同趣旨の，ただし自然的物体への適用には一切触れていない分析では，同様の条件として，「欲するならば，しかも外在するものの何かが妨げない限り」（417a27-28，傍点筆者）が挙げられている。この二つのテキストを比較するなら，後者における自然的物体への適用例

---

39)　この論点は以下から得た。Furley [1978], pp. 165-179.

の不在と「欲するならば」という句の付加が意味するところは，可能態②から現実態②への移行が単に物体間の出来事の連鎖としてだけでは捉え切れないということではないだろうか。とりわけ，思考活動においては，可能態②から現実態②への移行は，「欲する時，自分の意のままに(ἐπ'αὐτῷ)」(417b24-25)，つまり感覚活動のように外的な感覚対象の現存を前提することなしに遂行される，そうアリストテレスは強調する。我々は，少なくとも彼のこうした論述の中に決定論に対する断固とした態度を読み取ることができる。したがって，感覚とは物体的変化と思考活動とを媒介し，しかもその両面を備えもつ物心混淆であり，固有感覚における物体的変化との直接の繋がりと，付帯的感覚における思考活動における普遍把握の萌芽とを，その両極への双方向性として分かちもつものなのである。

（ⅱ）次に各種感覚の可謬性の問題を論じていきたい。まず固有感覚の場合，それが不可謬であるという言明については次の点での注意が必要である。つまり，固有感覚が誤らないのは，視覚の場合なら色，聴覚の場合なら音についてなのか，あるいは種別化された色や音についてなのか，という区別である。もっとも強い意味で「それについては誤りがあり得ない」(418a12) と言われるのは，それぞれの固有感覚の対象が「色であることや音であること」(a15) である場合である。これは既に論じたように，たとえば視覚の定義中にはその固有の対象である色が既に内含されているという論理的制約の現れに過ぎない。「見ている」ならば，それは必然的に「色を」見ているのであって，「音を」見ているのではない（なぜなら，そのことは論理的に不可能だから）。しかし，これに対し第3巻第3章では，固有感覚における最小限の誤りの可能性が指摘される(428b19)。これはその2行後に，固有感覚の不可謬性の例としてではあるが，「白い」が挙げられているということから考えて，おそらく「種別化された色」の場合の可謬性への言及であろう。しかし，この場合であってすら誤りの可能性は極めて低いのではないだろうか。少なくとも，我々の解釈による限り，固有感覚には原則的に真偽を問い得ない。なぜなら，固有感覚対象とは，色覚異常のように不完全な場合を除いた固有感覚能力によって把握される感覚性質のあるがままの現れ

であり，その点に関する限り感覚成立のための他の付帯条件が標準的であるか否かは一切問われないからである。たとえば，標準的な条件下で「赤く」見えるリンゴが，ナトリウム照明下で「灰色」に見えても，その「灰色」という感覚は，その時のリンゴのあるがままの現れであり，その限りでは決して偽ではない。もちろん，そのリンゴが「本当は赤い（色）である」以上，「灰色」という「見え」はあくまでも偽ではないか，という反論は可能である。しかし，そうした反論に対しては，リンゴが「リンゴで・あ・る・」という意味でそれは「赤い（色）で・あ・る・」のではない，なぜなら標準的な条件下で「赤く見える」時，それを「赤い（色）である」と言うのがいわば知覚語の文法であって，別の条件下で「灰色に見える」ならばそれは「灰色である」と言ってよく，事実それはその時灰色なのだから，と答えることができる。確かに我々の日常生活という文脈にあっては，そういった固有感覚対象ですら，「〜である」と疑似－実体化して特定しておく必要がある場合がないわけではない。赤信号は夕陽の下でも，色眼鏡をかけていても，とにかく「赤であり」，「見間違い」は許されない。しかし，そのことと固有感覚の可謬性とは何のかかわりもない。もし，以上のように解釈することが正しいなら，先の箇所（428b19）でのアリストテレスの言明はやや徹底さを欠くものと言わざるを得ないであろう。

　次に共通感覚対象の場合，それは確かに固有感覚対象と同じ自体的対象ではあるが，「感覚においてもっとも誤り得る」（428b24-25）のが共通感覚対象に関するものだとも言われている（第2巻第6章では，共通感覚の誤りの可能性については一切触れられていない）。固有感覚対象と同様に対象のあるがままの現象としてあるにもかかわらず，何故，共通感覚はもっとも誤り得るとされるのであろうか。それは，複数の固有感覚によって共通に，しかし「付帯的に」感覚されるというその成り立ちによると思われる。すなわち，複数の固有感覚たとえば視覚と触覚がそれについて同時生起するところの共通対象「丸さ」（という形）は，確かにそのあるがままに視覚にも触覚にも「丸く」現れるが，その「丸さ」は両者にとって固有の感覚対象ではなく，その意味で単に付帯的に感覚される。したがって，「共通」感覚対象である「丸さ」は，単一の固有感覚（視覚）によっても「付帯的に」ならば感覚され得る。しかし，共

第4章　アリストテレスの感覚論　　　　　　　　　　　　153

通感覚対象とは本来，複数の固有感覚がそれについて同時生起するところの共通対象である以上，その複数の固有感覚の内のいずれか一つだけによって付帯的に感覚される場合は，たとえそれが共通感覚の機能とみなされるにせよ，少なくとも「精確に感覚活動がなされる」(428a13)という観点から見る限り，十全になされた場合に較べて，その精確さ，明瞭さは劣るであろう。この点については，胆汁という同一対象を「苦く」て「黄色い」と同時に感覚するという先行経験を経た後に，誤って「黄色であれば，胆汁だと思う」(425b3-4)という例と対応させることができるだろう。確かに，上述の「丸く見える」も「黄色く見える」も自体的感覚対象の現象であり，その限りでは真偽不問であるが，前者の場合ならそれが「共通」感覚対象とみなされ，後者の場合ならそれが付帯的感覚対象とみなされるところに，それぞれ「真か偽かを明瞭に感覚していない」(428a14-15)にもかかわらずある種の判断を下すという誤りがあると言えるだろう。要するに共通感覚の誤りとは，複数の固有感覚を働かせるべきところを一つの固有感覚によって付帯的に感覚する際の判断の不精確さ，不明瞭さに由来するのであって，共通感覚が自体的感覚である限りで真偽不問の現象であるという面は保持されたままである。

　最後に付帯的感覚対象の可謬性を見てみよう。まず，帰属的用法すなわち「何であれ自体的感覚対象をもつもの」の場合，自体的感覚対象である感覚性質や属性がその基体から離存不可能だという存在論的制約によって，それらの現象と相即不離の関係にある（I-3-ii(b)参照）。したがって，この用法の対象についてはむしろ自体的感覚対象に準ずるものとして真偽不問とみなしてよいだろう。

　では，これに対して，指示的用法での付帯的感覚対象は，それ自体として真偽の別が問われ得るのであろうか。まず，種の個体例を指示するという意味での弱い指示用法の場合から考察してみよう。この用法は，先にI-3-iで触れたように，最下の種を把握する付帯的感覚の用法と相即不離の関係にある。アリストテレスのテキストの用例を比較考量すれば，その点は明らかである。そもそも，我々が付帯的感覚対象に関する感覚で誤るのは，「白いものがこのものか，あるいは他のものか」(428b21-22)という点についてであるが，それは「そのものが我々

には〈人間〉と見える（φαίνεται）」（428a14）というように最下の種の個体例を直示する場合に生じる誤りである。このことは，「色付けられたもの〔白いもの〕が何であるか（τί）」（418a16），さらには「白いものが〈人間〉であるか否か〔を見ること〕」（430b29-30）において生じる判断の誤りと相即不離である。ここで付帯的感覚とは，我々が既にI-4で解釈したように，対象を「～として見る」働きなのであり，その「～」には実体（最下の種）語が代入される。そこでは，「ディアレスの息子」のような特殊者・個別者が問われているのではなく，道行く人影を繰り返し「人として見る」ことによって「一人，二人，三人……」と数え上げていく際の，「人として」の「人」，つまりある種の普遍性を帯びた種（εἶδος）が問われている。その限りでは，付帯的感覚対象とは単に「非認知的に」感覚されている個別的・物質的対象のことではなく，むしろ「認知的に」～として感覚されているその「～（種）」のことであり，存在する事物が我々感覚者に現れる時，必ずそのように「～として」現れざるを得ない，特殊／普遍，客観／主観，存在／認識，もの／こころの境界面に位置する存在－認識様相のことである。

　では，そのような「～として見る」付帯的感覚に，果たして真偽は問い得るのであろうか。たとえば，薄暗がりに仄白く見えるマネキンが置かれており，それをある者が見ている時，非認知的に「その者はマネキンを見ている」という文は，彼がそれを人として見るかマネキンとして見るかにかかわりなく真である。しかし，彼がその仄白いものを認知的に「人として見ている」時，「その仄白いものは人間である」という述定をなせば，その仄白いものは「本当はマネキンである」ので，その述定は偽となる。確かに人間とマネキンのそれぞれ「何であるか」を知り，その両者を識別できる者が，たまたま薄暗がりで「見間違う」というケースはよくある。これは，感覚活動が精確になされなかったが故の誤りである。しかし，明るい照明の下，万全の感覚条件下にあっても，「形と色とによってそれが人であると認識できる」（De Part. An. 640b33）わけではない。なぜなら，形や色の他にさらに目的因も含めた勝れた意味での人間の「何であるか」が知られていなくてはならないからである。したがって，それを知らぬ者は「見間違う」ことがあり得る。

　さて，こうした「見間違い」の場面で，誰かが感覚者に「今何を見て

いるのか」と尋ねれば，彼は「人」と答えるであろう。これは彼の視覚体験の報告であり，「その仄白くて，かくかくの形をしたものは人間である」という述定の省略形と考えられる。その限りで，本当はマネキンであるその存在者の述定として，それは偽となる。しかし，たとえ見間違いであり，その判断が偽であっても，そのような述定に先立って「人として見る」という感覚があったことは確かである。その「人として見る」という感覚は，次のような場面でもっとも顕在化する。たとえば，ドアを開けた途端に仄白いものが見え，思わず「人だ！」と叫んだとしよう。そして，これを先の視覚体験の報告である「人」と較べてみよう。ウィトゲンシュタインならこう言うはずである。

　　この報告と叫びとは，共に知覚ないし視覚体験の表現である。しかし，この叫びがそうであるのは，報告とは違った意味でなのだ。それは我々から絞り出されるものである（Er entringt sich uns.）。——これの体験に対する関係は，悲鳴の苦痛に対する関係に似ている[40]。

　筆者は本節において，付帯的感覚対象を思考対象と解釈し，それの感覚を「〜として見る」働きと解したが，ここでの叫び「人だ！」はまさにその「〜として見る」働きの顕現なのである。これを，身を振り絞り出すようにして苦痛を表現する叫びと重ね合わせるなら，主述分化した述定のレベルにある報告「人」とは異なり，「人だ！」は主述分化以前の未分化な，ある種の全身的衝動とも言い得る身体的表現＝叫びなのである。したがって，このように前述定的・前判断的な「〜として見る」働きである付帯的感覚そのものには，当然，真偽は問い得ないであろう。もし，付帯的感覚に誤りがあるとしても，それは「〜として見る」働きによって成立する述定のレベルにおける判断の誤りであり，しかもまた，そうした判断の誤りは，既に見た感覚の精確さの欠如や「何であるか」の知の欠如によるものであって，付帯的感覚そのものの誤りではないのである。

---

40) Wittgenstein [1969], S. 507.

最後に,「ディアレスの息子」のような強い指示的用法の場合, それを「クレオンの息子」と見間違えることも確かによくある。この場合, 誤りの原因は, 感覚活動の精確さの欠如か,「ディアレスの息子」と特定するための識別徴表に関する知の欠如かのどちらかである。一体どれほどの識別徴表を数え上げればいいのか, また何が決定的な識別徴表なのか, といったことについては常に困難がつきまとう。しかし, まず何よりも「ディアレスの息子として見る」ことによって見間違いさえもが可能となるのであるから, その「〜として見る」働き自体は十全に機能しているはずである。したがって, ここでも付帯的感覚そのものは真偽無記あるいは真偽以前であるという結論に至った[41]。したがって, もしそこに真偽つまり誤りの可能性があるとするならば, それは「…が〜である」という述定レベルにある何らかの判断を感覚者がなした場合である。逆に言えば, そういった何らかの判断機能の占める割合が高くなるほど, 可謬性の度合いも高くなるわけである。

## 2　存在把握からの逸脱 ——矮小化と希薄化

前節後半（ⅱ）において真偽に関する問題がやや詳細に論じられたが, ここに至ってようやく冒頭の問い「ひとは存在するものと一体どこで出遭うのか」に答える機が熟したようである。その意味するところはこうである。まず筆者の解釈では, 感覚対象であるのは現象と志向対象であり, 前者が「〜と見え」, 後者を「〜として見る」という働きがそれぞれの感覚であった。さらに前節では, そうした感覚の働き自身は, 主述構造による肯定・否定すなわち述定と, 事物の結合・分離との対応として了解されている限りでの真偽の地平にはないと結論づけられた。では, そのように真偽無記の感覚とは, 外界の物理的刺激を専ら受容するだけの単なる受動的性質変化であり, その都度, 流動し消滅する仮象として,「何であるか」という存在の知に一切かかわることのないものなのであろうか。決してそうではあるまい。むしろ, 述定においてこと

---

[41] この結論には,「存在の現象には, 偽はありえない」(加藤 [1973], 8-9頁),「立ち現れには真偽がない」(大森 [1976]) という主題に通ずるところがある。

さらに真偽が問われねばならない理由が，言語による存在把握である述定と存在との乖離，認識様相と存在様相との剪断にあるとするなら，かえってそのような真偽の地平にはない感覚にこそ，その両者の界面にあって架橋媒介する役割が可能なのではないだろうか。そのように解することができる限り，感覚にとっての真理とは，まさに存在に「触れること（θιγεῖν）」（Met. 1051b24）の内にこそあることになろう。では，そうした述定以前の，あるいは幼児や動物にとっては言語以前の，存在との出遭い・接触としての真は，感覚の奈辺において現成するのか。

　（ⅰ）まず，自体的感覚とりわけ固有感覚の場合はどうであろうか。伝統的解釈が示すように，固有感覚（器官）は対象から「直接に」物理的作用を受けるのであるから，少なくともその意味では存在するものとの「繋がり」はあると言えよう。確かに，空気や水といった媒介物（τὰ μεταξύ）や目，耳などの器官を経由するとはいえ，「性質変化を受けるものと変化させるものとの間には何も存在しない」（Phys. 244b2-3）のだから，物理的因果系列の連続性は保証されていると言える。しかし，そのことが我々の言うところの「存在するものとの出遭い」となり得ようか。少なくとも，単なる物理的接触のみをもって「存在するものとの出遭い」となし得ないことは確かである。なぜなら，そこには何の「わかり」つまり知もないからである。まさにこのもの（τόδε τι）であるところのものは一体何であるのか[42]，そう問い続けたアリストテレスにとって，その問いがそこにおいて初めて成立する場面こそ「存在するものとの出遭い」だったのである。

　しかし，この問いの道程には，「存在するものと可知的なものとの矛盾」[43]がある。なぜなら，アリストテレスは，一方で完全に実在し実在の最高位に属する（つまり第一実体である）のは個体である（Cat. ch. 5, cf. Met. Ⅶ, ch. 1）としながら，他方で知の対象としてもっとも可

---

42) この問いは，以下を考慮することによって Met. 1030a3 より導出されたものである。すなわち，τὸ τί ἦν εἶναι は「何であるか（τί ἐστι）」という問いに対し，その答えとして自らを表現するより完全な定義を要求する存在すなわち本質である故に，根底に「何か」を問い求める志向的存在性格をもつ。また，ὅπερ τι = ὅπερ τόδε τι である。cf. Ross [1970], p. 170. なお，Met. 1028a17 の τί ἐστι の主語として τόδε τι を補えばこの問いになる。
　43) Cherniss [1962], p. 340.

知的なものを第一に存在するものとして措定している（Met. 1028a32-33, 1030b4-6）からである。前者の側に立てば，可知的対象である普遍（類・種）は存在論において第二義的な性格をもち，その限りで非実体とされる（Met. 1038b8-9, 35）が，後者の側に立てば，いかなる個体も厳密な意味での知の対象たり得ず（Met. 1003a14, 1036a28-29, 1039b20-1040a7），その限りで第一の実体とはみなされ得ない。そこで，こうした一見両立し難い対立を止揚し，そのことによってより一層深化した実体理解を展開することを企図して導入されてくるのが形相概念である。確かに，人工物を制作する技術家の魂の内に存する形相として（Met. 1032a32-b2），すなわち共に何らかの質料を「この何か」にする原因として（Met. 1041b4-9），形相はもっとも真なる意味で実体であるとみなされ得る。

では，この形相はどのようにして把握されるのであろうか。ここで先にⅡ-2で示された形相受容準則すなわち「感覚は，感覚対象の形相を質料なしで受容することのできるものである」を想起するなら，形相はまずもって感覚によって把握されるとみなし得るはずである。しかし，そこ（Ⅱ-2-ii）で示されたように，形相受容準則における形相とは，同一者異相準則や感覚ロゴス（比）準則との協働によって把握される固有感覚対象の形相すなわち感覚性質の比のことであった。勝れた意味での，つまり形相＝実体である形相とは，決して感覚性質などではない。ここに形相＝第一義の実体へと方向づけられた勝れた意味での存在把握からの第一の逸脱形態，すなわち形相概念の矮小化が見出される。

このような矮小化の原因は，感覚に関するアリストテレスの問題構制自体に伏在している。第一に，研究順序の問題として感覚対象の画定が感覚能力の本質規定に先行するという点（I-2参照），第二に，いわゆる五感による固有感覚能力をモデルにして他の様々な感覚（知覚）機能を説明していこうとする点（Ⅱ-3-iii参照），第三に，こうした傾向をもたらすものとして，存在界の自然学的（物理的）構造と動物の感覚（知覚）能力の等根源性に基づいて後者を前者によって規定しようとする点（Ⅱ-2-ii〈1〉及びその注参照），以上三点がその原因とみなされよう。心身問題の脈絡から見るなら，「もの」から「こころ」を説明し尽くそうとする時にこうした矮小化が生じることとなる。つまり，アリストテレスが

感覚をある種の性質変化として説明し切れなかったところに,「こころ」を唯物論的な方向で研究していくことの限界が読み取れると同時に,その限界点にこそ感覚の働きの本質が潜んでいるとも言い得るのである。したがって,感覚を非認知的なものとしてではなく,あくまで認知的なものとして考察していくことが,その限界の踏み越えにとって肝要となるであろう。

（ⅱ）では,逆に感覚者の志向的働きと解釈された付帯的感覚の場合はどうであろうか。III-1-ⅱで考察されたように,認知的に「～として」感覚している時の「～（種）」やウィトゲンシュタイン流の叫び「～（種）！」は,存在する事物が我々感覚者に現れる時,必ずそのように「～として」現れざるを得ない,存在／認識,もの／こころの界面に位置する様相であり,その限りでは我々にとっての「存在するものとの出遭い」の初発の地点となり得る最有力候補である。もともと「存在するものとの出遭い」は「このもの」の本質への問いを可能とする場であったが,「このもの」が個別者としての限りでは本質定義不可能にして学的認識の対象たり得ない（cf. Met. 1003a14, 1036a28-29, 1039b20-1040a7）以上,その存在するものの本質への問いを可能とするものは,特殊／普遍の界面に位置する志向的対象としての付帯的感覚対象とその感覚以外にはあり得まい。しかし,実はここには存在把握の第二の逸脱形態,すなわち形相概念の希薄化が控えているのである。

まず,その希薄化をもたらすものとは何か。それは,「形相は普遍である」というテーゼである。アリストテレスのテキストにあっては,それは次のようにして導出される。たとえば,ソクラテスとカリアスは相異なる個体であるが,「形相においては同一である。なぜなら,彼らの形相は不可分だから」(Met. 1034a5-8), しかも「多くの事物に共通であるものが普遍である」(Met. 1038b11-12), 故に形相は普遍である（cf. Met. 1036a28-29）。しかし,もし形相が普遍であるならば,それは先に挙げた「いかなる普遍も実体たり得ない」というテーゼと結び付いて形相の非実体化をも招きかねない。確かに,存在するものとののっぴきならない出遭いの場面での「～（種）！」という叫びは,忽ち日常の平板な報告文へ埋没し,普遍的述語としての「種語」へと容易に頽落してい

く。存在と触れ合う原初のみずみずしさなど，そのように述語としての普遍者へと頽落した形相には望むべくもない。形相概念の希薄化とはこのような事態を指す。

　以上（ⅰ）（ⅱ）のように，存在把握にかかわるアリストテレスの問題構制は，形相概念の矮小化と希薄化という二つの方向への逸脱形態を不可避なものとして孕むのである。

## 3　結び——表象論に向けて

　しかし，こうした逸脱形態はなにもアリストテレスの問題構制に固有のものではなく，むしろ我々の感覚の働きに課せられた固有な制約に由来するものである。すなわち，人間であれ動物であれおよそ感覚する限りのものすべては身体的存在者であり，物質的組成による感覚器官なしには外界の物理的刺激（感覚性質）を受容できず，しかもそれが「認知的に」感覚されるためには，何らかの普遍的な知の介在を欠き得ないからである。したがって，こうした制約の中で存在するものとの出遭い，触れるということは，まったく稀有な，まさに「閃き」としか言いようのない事態と言えよう。しかし，だからこそ伝統的解釈は，①知性的能力による能動的働きに対する感官知覚の受動的働き，②思惟対象の普遍性に対する感覚対象の個別性，③存在にかかわるのは思惟，現象にかかわるのは感覚，という以上三種の図式をアリストテレスに帰し，「存在するものとの出遭い」の場面を見落としてきたのである。対して本章は，普遍／個別の界面に位置する（つまり②を否定する）付帯的感覚対象を，「〜として」志向的に感覚する付帯的感覚の能動的働き（つまり①の否定）によって，我々は存在するものと出遭う（つまり③を否定する）という解釈を提示した。そして，ここで出遭われた存在するものこそ，まさに存在することの感覚された「かたち」（εἶδος）だったのである。

　しかし，アリストテレスにあってもこうした「存在するものとの出遭い」の稀有な場面が真正面から主題として取り上げられることは終になかった。むしろ，彼にあって存在把握とは，ロゴスによる形相の「語り抜き」によって遂行されるべきものであった。今はもはやこのことを詳

細に論ずる時ではないが、最小限の説明を示すなら、以下のようになる。まず、ここでロゴスとは、何かが他ではなくまさにそれ自体であるところの「何であるか」を語り抜く言葉、すなわち定義である。では、語り抜かれるそれ自体とは何か。それが形相である。しかし、形相とロゴスは二つの別個のものではない。なぜなら、形相はロゴスによって語り抜かれない限り十全には顕現し得ないが、他方、形相を語り抜かないロゴスは定義たり得ないからである。たとえば、青銅でできた像が眼前にあり、それが質料と形相の結合体と言われる時、そこでの形相とは、「形相として語り抜かれる（ὡς εἴδους λεγόμενος）」（Met. 1035a7）限りでの銅像のことであって、別に「銅像そのもの」がその銅像のどこかに隠蔽されてあるというわけではない。

　この「語り抜かれた形相」とは、述べの地平へと頽落した「希薄化した形相」では決してない。アリストテレスにとって、矮小化や希薄化という逸脱した存在把握への道筋を回避するためのもっとも賢明な水先案内は、この「語り抜き」としてのロゴスであった。では、このような形相とは、我々が「〜として見る」ところの志向対象「〜（種）」と同じものであろうか。ここでも同一者異相準則が適用できるように思われる。まず、付帯的感覚が把握するのは形相の識別相である。すなわち、付帯的感覚とは何らかの色や形を「〜として」感覚する働きであったが、そうした感覚性質や属性は、その基体を他の基体から識別することを可能とする特徴であり、そうした識別特徴の「〜（種）として」の感覚である以上、その「〜（種）」は形相のいわば識別相と言い得るだろう。それに対し、「語り抜かれた形相」はその同じ形相の自体相である。すなわち、このものが他の何かでなくそれ自体でまさにこの何ものかであることの根拠を示すものである。要するに、存在するものの存在することの「かたち」を、識別相として、つまり感覚される「かたち」として把握する働きが付帯的感覚であるのに対して、それを自体相として、つまり語り抜かれる（しかし感覚されることのない）「かたち」として把握するのがロゴスの働きである。

　識別相と自体相の区別。それは、現象と存在、第二性質と第一性質、主観と客観、そういった区別と重なり合いながらもそのいずれとも決して合致しない。識別相は、存在するものどもの只中にあって、他を背景

へと退かせつつもその背景化によってかえって自らを際立たせてゆくその存在様相を「〜（種）として」感覚されるよう現出せしめる位相である。それに対して，自体相は，そのものが「〜（種）として」存在することの根拠をそのもの自体に即して開示する位相である。確かに，このものがまさにこの何かとして存在する根拠，このものが存在することの真実のすがたは，自体相によってこそ説き明かされるのであろう。しかし，それぞれの存在するものと最初に遭遇接触する地点は，やはり感覚現場なのだ。その一点に関する限り，自体相における形成の語り抜きとは，畢竟，感覚現場からの撤退に他ならないのだろうか。

　いや，そうではあるまい。そのような二元的な図式化は，アリストテレスの存在探求の営みを硬直化したものに過ぎない。我々を悩ます『分析論後書』第2巻第19章において彼が示唆しようとするものに思いを向ける時，次のように問うことができよう。実は，この感覚から思考へ，識別相から自体相へという魂の働きそのもののダイナミズムこそが，彼にとって「存在するものとの出遭い」そのものを成り立たせている原因なのではないか。感覚対象と感覚器官を含む身体という「もの」の次元から，感覚や欲求や思考などの「こころ」の次元を経て，もしかすると能動知性をも貫き通すかもしれないこの一連の魂の動きへの我々の遂行的参与のみが，実は「存在するものと出遭う」というそのこと自体なのではないか。さらには，アリストテレスにとってこうした大きな魂の動きをその初発の地点で可能たらしめる働きとは一体何であったのか。

　本章冒頭の，「ひとは存在するものと一体どこで出遭うのか」という問いによって誘われ導かれた我々の考察は，微(かす)かな手応えを得たのも束の間，以上のような新たな問い返しを迫っている。筆者にとって，その答えの在り処の確証はまだ摑めていない。しかし，問われるべきは表象（φαντασία）である。なぜなら，本章の一連の考察によって示された，存在するものを「〜として」感覚する働きは，存在するものが「〜として」現れることと相即不離であり，しかもその際にそのものを「〜として現れさせる」働きこそが表象の働きだからである[44]。しかし，そこか

---

　44）表象と感覚のおおまかな見取り図としては，次章（第5章）を参照されたい。

ら先は次章以降に委ねることとしよう．その意味でも，本章は表象論のためのほんのささやかな一序説に過ぎないのである．

# 第5章
## アリストテレスにおける表象と感覚

　「魂をもつものは、魂をもたないものから生きているということによって異なる」(413a21-22)[1]、しかもこのことは一般に運動と感覚の二点において顕著であると思われている (403b25-27)、そうアリストテレスは『魂について』において述べている。ここで魂(プシューケー)とは「生きること」の原理であり、様々な生のレベルに応じた種々の能力によって多層的に論じられるが、とりわけ「動物であること」を初めて可能とする感覚(アイステーシス) (413b1-2) に関する記述量は他を圧している。このことは、動物の生を植物や人間の生から分かつ感覚能力、欲求能力、場所的運動能力の現在と、知性(ヌース)ないし思考能力の不在とのうちで、感覚の占める主導的役割を示唆している。言い換えれば、感覚こそが動物のいわば「生のかたち」を規定するのである。もちろん、人間のようにより高次な知性的能力を備えた動物の場合は、何かを感覚することによってばかりでなく、想起し推論し、何を為すべきかを選択するというような複雑な過程を経ることによって然るべき行動に移ることができる。しかし、一般にそうしたより高次な知性的能力をもたない動物の場合、感覚と行動とは分断されたり媒介されたりすることなく、それ自体一まとまりのプロセスとして把握される必要がある。つまり、動物の各々の種が自らに固有の食物や外敵をそれとして認知・判別し、欲求・忌避し、近づき・逃げる、そうした一連のプロセスとして初めて各々の動物の生のかたちがとらえられるのである。そして、そのような動物に固有な生のかたちを第

---

1) テクスト指示は Bekker 版により、書名は De An. (De Anima), De Ins. (De Insomniis) 等と略記。ただし、De Anima からの引用はすべて頁数・行数のみを記す。

一に規定するものこそが感覚の働きなのである。

　しかし，アリストテレスにとってそもそも第一義的に感覚とは，五感によって外的な感覚対象の性質，つまり固有感覚対象(タ・イディア・アイステータ)を把握することに過ぎなかった。したがって，そうしたいわば「狭義の感覚」を動物に固有な生のかたちの構成契機として捉え直すためには，むしろ逆に動物の生のかたちから狭義の感覚をそれ以上の何かとして意味づけていくことが必要であろう。同様に，感覚された対象がその動物にとって，単に感覚されたものとしてではなくそれ以上のものとして，つまり実行し得る何らか善いものとして現れない限り動物はそれに向かって動きはしない。したがって，ここでも狭義の感覚を越えていく何らかの働きが必要となる。それを今仮に「広義の感覚」と呼んでおけば，要するに動物は，この広義の感覚によって自らの種に固有の環境を知覚し，固有の環境において行動するのであり，その二点において無生物と決定的に異なるのである。

　では，このような広義の感覚の働きはいったい何によって可能となるのか。本章ではかく問うことによって，最終的にはそうした感覚能力の拡張を可能にするものこそが表象（φαντασία）であると示すことを意図している。以下ではそれに先立ってまずこのように問いかつ答えていくために最小限必要な予備的考察を行い（1），次いでアリストテレスの表象概念を検討した上でその本質的規定をなし（2），然る後にそうした表象機能の具体的発現の場面においてその本質規定を展開していく（3）という手順を採る。

## 1　狭義の感覚・広義の感覚

　本章の議論を展開するに当たっては少なくとも（ⅰ）動物の生のかたちの概観，（ⅱ）そこでの感覚の多義性，（ⅲ）現実活動(エネルゲイア)と運動(キーネーシス)の区別，以上三点を行論上必要な範囲で，つまりあくまで予備的な程度で考察しておかねばならない。

　（ⅰ）そもそも感覚とは，動物に備わる各々の感覚器官に固有な外的感覚対象から「動かされ(パスケイン)，作用を受けることによって生じる……一種の

第5章　アリストテレスにおける表象と感覚　　167

性質変化<sub>アロイオーシス</sub>」(416b33-35, cf. 415b24) である。言い換えれば，動かずに動かす感覚対象によって感覚器官は性質変化という仕方で動かされ，そのことによってさらに感覚能力自らも他を動かしていく<sup>2)</sup>。ところで，こうした動かされかつ動かしつつある状態，つまり感覚器官内あるいは身体における運動としての感覚内容<sub>アイステーマタ</sub>によってさらに動かされていくのが表象である (De Ins. 460b28-32, 461a17-19, cf. 428b10-429a2)。次いでこの表象の働きによって感覚対象は欲求され得るもの<sub>オレクトン</sub>として表象され，そのようにして表象された限りでの欲求対象<sub>オレクトン</sub>は欲求能力を動かす (433b11-12)。さらにこのようにして動かされた欲求は，身体各部分を動かし，最終的にはその当の動物自身の場所的運動つまり行動を引き起こす (cf.433b27-30, De Motu An. chaps. 6-8)。このような因果的な運動連関をざっと概観するだけでも，外在する事物からの物理的刺激を感覚器官が，受容<sub>パスケイン</sub>し，さらにそこから次々に生理的な反応を引き起こしていく求心的運動と，逆にその同一の外在対象を志向するようにして身体を動かしていく遠心的運動との中間に，その反対方向の二つの運動をいわば媒介するかたちで表象が語られているということは明らかである。言い換えれば，動物を動物たらしめる二大徴標である判別能力<sub>ト・クリティコン</sub>と場所的運動能力 (427a17-21, 432a15-18) は，表象作用を介して総合されその動物の種に固有の生のかたちとなっていくのである。

　（ii）しかし，アリストテレスにとって「感覚する<sub>アイスタネスタイ</sub>」ということは，決して物理的な刺激の受容という一面に留まることなく，むしろその意味は多義的である。まず，感覚者にとって「白くみえる」「高い音に聞こえる」「熱く感じる」さらには「動いてみえる」「丸くみえる」などと現れる直覚的に確かな対象が自体的な感覚対象<sub>タ・カタ・ハウタ・アイステータ</sub>とされ，それがさらに視覚に色，聴覚に音などのようにそれぞれの感覚器官に固有な感覚対象<sub>タ・イディア・アイステータ</sub>と，運動，かたち，大きさなどのように複数の感覚器官によって付帯的に感覚される共通感覚対象<sub>タ・コイナ・アイステータ</sub>とに区分される（『魂について』第2巻第6章）。ただし，本来的な意味で感覚対象から「作用を受け」「性質変化す

---

2)　運動（変化）における「動かずに動かすもの」＝欲求対象，「動かされかつ動かすもの」＝欲求能力という図式 (433b13-18) は，感覚対象及び感覚能力の性質変化に関しても類比的に適用可能であろう。ただしその場合，広義に運動とは，実体，性質，分量，場所における転化すべてを含む (cf. Phys. 200b32-34) ものである。

る」のはこのうちの固有感覚対象の感覚であり（418a24-25），本章では
この感覚を「狭義の感覚」と呼ぶ。これらに対し，感覚器官が作用を受
けることによってではなく，固有感覚対象の感覚に付帯する仕方で感
覚される付帯的感覚対象がある（418a20-24）。自体的感覚対象が直
　　　　　　　タ・カタ・シュンベベーコス・アイステータ
覚的に「〜とみえる」現象であるのに対して，付帯的感覚対象は「〜と
して見る」という仕方で志向的に把握される対象とみなすことができよ
う[3]。以上のように対象の側から規定され，それぞれの対象に応じた仕
方で語られた感覚の他に，さらに「感覚をもつならまた表象と欲求をも
もつ」（413b22-23）と語られる常に快と苦を伴う感覚（413b23-24）が
ある。これは先に述べたような一連のプロセスとしての動物の生という
文脈の中で意味づけられた，いわば動物に固有な生の構成契機としての
感覚のことである。こうして狭義の感覚とそれ以外の様々なレベルでの
広義の感覚が区別されるわけだが，同時にこれらが織り合わされること
によって感覚は外界の事象を判別することのできる能力となる。

　（ⅲ）しかし，ここで次のような疑念が浮かぶかもしれない。それは
すなわち，（ⅰ）で述べられたような因果連関に組み込まれるのは狭義
の感覚だけであって，（ⅱ）で挙げられた他の広義の感覚はそうした因
果的な運動連関だけからでは語り得ないのではないか，というものであ
る。そこで，『魂について』第2巻第5章に展開される可能態／現実態
にまつわる議論を援用してその疑念を解消しておきたい。

　たとえば文法に関して無知な者の場合，彼は今後文法に関する知識を
学習することが可能であるという意味で可能態にあると言える。この意
味での可能態を便宜上，可能態1と呼ぶ。次いでこの者が学習すること
によって文法の知識を所有する者となった時，学習の可能性を実現した
という意味では彼は現実態1にあるが，しかしその知識を所有するだけ
で現にその知識による活動をしているわけではないので，その意味では
可能態，つまり可能態2にあることになる。最終的には，このような
知識の所有者が自らの知識を活用して現に知識活動をなす時，彼はこの
意味での現実態，つまり現実態2にあると言うことができる。この時，
可能態1から現実態1への移行は学習による性質変化（417a31）であ

---

　　3）感覚対象の「自体的／付帯的」区分をめぐる問題及び付帯的感覚対象の詳細につい
　　ては，本書第4章I-3及び4を参照のこと。

り，知識の欠如状態から所有状態への転化（417a31-32）であり，つまるところ広義の運動（キーネーシス）である。これに対して，可能態2から現実態2への移行をそうした意味での性質変化，運動と呼ぶのは適切ではない。なぜなら，大工が家を建てることは，変化すること，つまり自分と反対の状態に転化し大工が大工でなくなることではなく（417b9），自分自身の能力実現への進展（エピドシス）（417b6-7），いわば自己実現だからである。

　以上を感覚の場合に当てはめてみるとこうなる。まず可能態1から現実態1への移行は感覚の場合は親から生じ，生まれた時には既に現実態1すなわち可能態2の状態にある（417b16-18）。これが自然本性的に備わる感覚能力である。対して可能態2から現実態2への移行は，外的な感覚対象（417b20-21）によって引き起こされた感覚能力の発現・現実活動[4]であり，反対なものによる一種の滅亡（417b2-3）である性質変化，未完了・不完全な活動（アテレース）である運動（キーネーシス）（417a16-17）とは画然と区別される。今，感覚能力を始めとする魂の諸能力が発現し現実活動をなすと語られる場面を仮に「エネルゲイアの文脈」と呼び，感覚が外在する感覚対象からの作用を受けることによって生じる一種の性質変化であると語られる場面を「キーネーシスの文脈」と呼ぶなら[5]，『魂について』第2巻（415b24, 416b34）と第3巻（431a5）の間にある「感覚が性質変化であるか否か」に関する一見矛盾する言明も，この二つの文脈の使い分けとみなすことができると思われる。キーネーシスの文脈が感覚作用の物理的生理的基盤を形成する物言語の領域とするなら，エネルゲイアの文脈は日常的に「見る」「聞く」「感覚する」などと心のありようを語る領域と言えよう（cf. De Sens. 446b2-6）。前者にあっては感覚は性質変化と語られるが，後者にあっては感覚能力は決して対象から作用を受けることも変化することもなく，持続的な過程なしに現実活動として発現すると語られるのである。要するにこの二つの文脈は，同一の感覚作用について矛盾なく語られるのである。

---

　4）　感覚能力の現実態化を触発する感覚対象に固有の現実態というここでの論点は，「知性能力の現実態化を触発する現実態は何か」という能動知性を巻き込んだ問題圏にまで類比的に有効であろう。Vgl. Seidel [1971], S. 108.
　5）　この二つの文脈の使い分けについては，藤沢令夫 [1980]，第7章におけるキーネーシスとエネルゲイアの二局面構造的解釈に負うところが大きい。

もしこのように解釈することが許されるなら先に挙げた疑念は次のように解消できるだろう。すなわち、（ⅰ）において因果的な運動連鎖として把握された動物の生はあくまでキーネーシスの文脈で語られている以上、狭義の感覚がそこでの中心となるのに対して、（ⅱ）における感覚能力の様々なレベルでの発現すなわち広義の感覚の現実活動はエネルゲイアの文脈で語られている、とみなすのである。

## 2 表　象

さて、以上のような予備的考察を踏まえた上で、表象それ自身の考察へと進むことにする。まず『魂について』第3巻第3章に現れた一般的な表象規定から見ていくことにしよう。

> もし表象が、それによって何らかの表象内容(ファンタスマ)が我々に生じると我々が語るところのものであり、比喩的に何かをそう語るのでないならば、表象とは、それによって我々が判別し、真・偽を語る能力(デュナミス)や状態(ヘクシス)のうちの何か一つであるのか。然るにそのようなものとは、感覚(アイステーシス)、思い(ドクサ)、知識(エピステーメー)、知性(ヌース)である。(428a1-5)

結局、この直後の吟味によって表象はこれら四つのいずれでもないことが示されることになるのだが、表象と他の諸能力との異同がこのようにことさらに問われるところに、逆に表象概念のある種の摑みどころのなさが窺える。そもそも従来の表象解釈は、表象を広く「現れ、見え（τὰ φαινόμνενα）」と取るか、あるいは術語的に「心像（mental image）」と取るかという両義的な緊張関係の中で展開されてきたが[6]、

---

6) 従来の表象解釈が直面した困難は、ほとんどがアリストテレスの表象概念に内包される次のような分裂によるものである。すなわち、①感覚活動と同時に働く表象と感覚活動から離れて働き得る表象、②認識の領域における表象の役割と欲求・実践の領域における表象の役割、③動物における表象と人間における表象などがそうである。とりわけ①は、表象とは、精密に感覚活動がなされていない時に対象がどのように見えるかという「現われ、見え」なのか、感覚対象が立ち去った後にも内的に保持されるその似像すなわち「心像」なのか、という解釈上の対立を生んだ。しかし、真なる感覚経験にも表象が生じている（428b25-

第5章　アリストテレスにおける表象と感覚　　　　171

この箇所の解釈をめぐっても「比喩的に語られるもの」をどう解釈するかによって両者は対立してきた。つまり，「比喩的に語られるもの」が「現れ，見え」を意味すると取るならば[7]，そう語られることのない「何らかの表象内容」は「心像」だと解されることになるが，それに対し「比喩的に語られるもの」の意味を「単なる見せかけ，虚飾」と取るならば[8]，「何らかの表象内容」を広く「現れ，見え」と解しても一向に差し支えないからである。しかしこうした解釈の相違にもかかわらず，両者のいずれもが表象を能力とみなす点には何ら疑いを差し挟むことがなかった[9]。だからこそ，感覚能力と思惟能力の間に位置していながらその位置づけが決して明瞭ではないと非難されたり[10]，あるいはむしろ無用な能力とみなされた[11]ことさえあったのである。いずれにせよこうした批判は，表象を感覚，思い，知識，知性などと同列の判別能力とみなしているという点では一致している。ところが，実際にアリストテレスのテクストにおいて魂の主要な能力がさしあたって名のみ枚挙される場面（414a31-32, 433b1-3, E.N. 1139b16-18, cf. 432a31-b3）では，表象能力はなぜか決まって除外されている。これは表象が取るに足らない能力だからではなく，むしろ表象がそれ自体としては能力として語られ得ないようなものだからではないだろうか。

　既に予備的考察（ⅲ）で見たように，感覚を始めとする諸能力は可能態2（＝現実態1）であるが，アリストテレスにとってそうした能力はその能力の現実活動つまり現実態2によって，さらにその現実活動はその活動の対象によって本質規定される（415a16-22）。その際，可能態2にある能力はその対象からの触発によって現実態2へと自己発現するのであるから，これはあくまでエネルゲイアの文脈において語られね

---

29）以上，この二つの解釈のいずれも①による困難を完全に解消したとは言い難い。「一種の弱い感覚」（Rhet. 1370a28-29）というアリストテレス自身の言葉に端的に示されるような典型的な表象観を批判的に克服し，動態的な現出機能として表象を捉え返すためには，②，③による困難をも解消し得る統一的な表象解釈が必要であろう。そうした試みの例としては以下を参照せよ。Nussbaum [1978], Essay 5; Labarière [1984], pp. 17-49; M. V. Wedin [1988].

7）たとえば，Hamlyn [1968], p. 131; Schofield [1978], p. 136, n. 58.
8）たとえば，Nussbaum [1978], pp. 252-254; Watson [1982], p. 105.
9）唯一の例外である Wedin [1988], pp. 45-63 からは多くの示唆を得た。
10）Hamlyn [1968], p. xiv.
11）Ross [1961], p. 39.

ばならない。ところで表象の場合，唯一の例外[12]を除けば，「表象対象（φανταστά）」がアリストテレスによって語られることは一切ない。このことは，もし表象が能力であるとしてもその活動を他の能力の活動から区別する固有の対象をそれが持たぬ以上，表象をそれ自体として他の諸能力と並び立つ能力と特定することの不成立を意味しているのではないか。もしそうであれば，当然，現実態2における表象活動もそれとして特定できないことになる。つまり，こうしたことはすべて表象がエネルゲイアの文脈で語られてはいないということを示している。では，表象はいかにして語られ得るのか。

ここで再び第3巻第3章のテクストに戻るなら，先程の名目的な表象規定の後，さらに次のようなより立ち入った規定が登場する。すなわち，

> しかし，このものが動かされると，それ［動かされたこのもの］によって他のものが動かされ得るから，また表象は一種の運動であると思われ，感覚なしには生じることがなく，むしろ感覚するものどもに生じ，感覚が対象とするものどもを対象とすると思われるから，然るにこの運動は感覚の現実活動によって生じ得るものであり，そのように生じ得た運動は感覚に似たものであらねばならないから，〔以上の理由から〕この運動は感覚なしに生じることも，感覚しないものどもに存することもできないだろう。また，この運動を持つものはこの運動によって多くのことを為したり為されたりできるのだろうし，この運動が真であり偽であることもできるのだろう。（428b10-17）

> 表象とは，現実態にある感覚によって生じた運動であるだろう。（429a1-2）

さて，この規定によって明らかにされていることを本章の議論に引き寄せて語るならば，表象は固有の対象を持たず，したがって固有の現実

---

12) De Mem. 450a23-25. この箇所には写本上の問題もある。cf. Wedin [1988], p. 62.

## 第5章　アリストテレスにおける表象と感覚

活動も持たぬが故にエネルゲイアの文脈では語られ得ず，むしろ感覚対象によって生じた感覚の現実活動によってさらに引き起こされた運動としてあくまでキーネーシスの文脈でのみ語られ得る，ということになるのではないだろうか。もちろん文脈が異なるだけで記述される事態は同一である。アリストテレス自身が，「表象能力と感覚能力は同一の能力だがその本質は異なる」（De Ins. 459a15-17, cf. 432a31-b2）と明言するのもそのためである。一方で，外界の対象からの物理的刺激によって引き起こされた身体内の因果的運動連関として語られる事態は，他方で魂の諸能力の現実活動として語られるのである。第3巻第3章で表象と感覚，思い，知識，理性という諸能力との相違を示す議論が錯綜したものとなるのもこうした事情があるからである。言い換えれば，表象は感覚を始めとする魂の諸能力の発現を可能とする機能としてのみ語られ得，その限りで従来の「心像」説も「現れ」説もともにこうした表象の生き生きとした機能そのものをまだ摑み切ってはいないのである。

　では次に，感覚の現実活動によって生じた運動とは一体どのような運動であろうか。たとえば，「思惟することさえ ...... 表象なしにはないとすれば，思惟することもまた身体なしにはあり得ないだろう」（403a8-10）とアリストテレスが言う時，表象が身体的なものであることは既に暗黙の前提とされている。あるいは，「想起は身体的領域における表象内容の探求だ」（De Mem. 453a14-16）と言われる場合も，同様に表象は身体的なものと想定されている。とすれば，表象とは何らか身体的な運動と解することができるであろう。しかも，その運動を引き起こすものを，固有感覚対象からの作用を受けて生じた感覚器官内の運動としての狭義の感覚と解するならば，表象を現実態にある感覚から身体内に生じた運動として一貫してキーネーシスの文脈で語ることができるだろう。逆に表象をエネルゲイアの文脈から見るならば，表象とはそれ自体で現実態にある何かとしては特定され得ず，常に感覚に似たものとしてしか語られ得ぬものとなるであろう。

　さて以上から，「表象とは狭義の感覚によって引き起こされた何らかの身体的運動であり，これをこの身体的運動と同一の事態のエネルゲイア文脈における現実活動として語ると広義の感覚になる」という解釈が可能となるだろう。確かに狭義の，つまり固有感覚対象の感覚活動から

だけでなく，共通感覚対象や付帯的感覚対象の感覚活動からも表象が生じることがテクストに示されている（428b25-27）が，そのことは決してそれぞれの種類の感覚がまずあって，その対象が立ち去った後も何らか身体内に残り存する残像のようなものが表象だと言っているわけではなく，むしろエネルゲイアの文脈でそれぞれ独立した活動として語られるものも，キーネーシスの文脈ではあくまで一連の因果的運動連関の一部に過ぎないのだということなのである。

## 3　表象論の射程

ではこの「身体的運動」とはいかなるものなのだろうか。たとえば人間のように外から観察できない内面の報告が可能な者の場合，表象を感覚とは区別された仕方で「～として現れる」「～として見える」というように語ることができる（cf.428a12-15）。もちろんこの場合にも，第3巻第3章に見られるように表象をどこまで感覚や思いや知から切り離してそれ独自に語り得るかという問題は残る。しかし，少なくともこのように内面からの報告が可能な人間に対し，一般に動物の場合，対象が何として表象されているかは，その動物の行動を外から観察することによってしか知られ得ない。つまり，最初にも述べたように，それぞれの動物に固有な生のかたちからのみ動物の表象内容は把握され得るのである。したがって，動物にとって表象とは狭義の感覚によって解発されたその動物に固有な身体的反応であり，それによって広義の諸感覚および欲求，行動へと向かういわば感覚能力の拡張が可能となるところのものである，そう解釈することができよう[13]。たとえば，動物が何かを外敵

---

13) ただし，表象の働きをすべての動物に配し得るか否かという，アリストテレスの整合性を欠くテクスト（415a10-11, 428a9-11, 429a2-9, 434a4-7）からはおよそ解答不能な問題に対しては，ここではさしあたり以下のように考えておきたい。確かに外界を感覚的に判別しつつ行動するのが動物の生である以上，そうしたプロセスに不可欠な表象の働きは，Nussbaum [1978], pp. 236f. の言うように原則的にはすべての動物に存するはずである。しかし，動物の表象内容が外に現れた行動を通してしか我々に推測され得ない以上，たとえ表象によって生きている動物であったとしても，その行動が無規定なものとしてしか観察されなければ，表象も無規定な仕方によってあるとしか言い得ず（434a4-5），その限りでは表象を持たぬものとして語られざるを得ないのである。

として感覚するとは，単にそのものの色や匂いを感知するに留まらず，即座にそれを回避するような行動に直結する身体的な「構え」を必然的に伴うのである。それは決して色や匂いからそれが敵であることが推論されたのではない（なぜなら，動物にそのような推論能力はないからである）。また，「身体的な構え」とさしあたりここで呼んでいるものは，たとえば崖っぷちに立った時に思わずからだを堅くするといった全身的な態勢から，心臓を含む血液の循環系（現代的に言い直せば脳を含む神経系）の変化までをも含む広い概念であり，場所的運動ないし行動に移る直前の様々なレベルでの身体各部の変化を指している。こうして表象をこのような身体的な構えと解することによって，前述した認識と行動の分断という陥穽に陥らぬばかりか，認識と行動を一まとまりのプロセスとして繋いでいく表象の構成的機能をも浮き彫りにできるだろう。

ただしここで「表象の構成的機能」と言うのは次のような意味においてである。たとえば広義の感覚の一例である付帯的感覚対象の感覚の場合，「そのようなものとしては感覚対象からは何らの作用も受けない」（418a23-24）。では，いかにして付帯的感覚の活動が発現し得るのか。それはちょうど，欲求対象が「表象されることによって動かす」（433b12）ものとなり，欲求能力がそれによって動かされることによって欲求する，つまり欲求能力が発現するように，付帯的感覚対象も「表象されることによって」付帯的感覚対象にかかわる感覚能力を発現させる，と考え得るのではないか。もしそうであれば，欲求が「表象なしにはあり得ない」（433b28-29）ように，広義の感覚も，また「表象なしにはあり得ない」ことになるだろう。その意味で表象は広義の感覚の構成契機なのである。

さて，もし以上のような解釈が許されるなら，次にはそうした表象が，感覚が現在しない場合や標準的な感覚成立条件が整わない場合にも成立するという事態の説明が試みられねばならない。アリストテレスによれば，たとえば怒りというような魂の状態の場合，たとえその怒りの対象がぼんやりぼやけていても，さらにはその具体的な対象が現前しない場合でも，怒っている時の身体の状態が存する限りまたその怒りも存するとされる（403a18-24）。このことは表象の場合にも適用できるように思われる。すなわち，感覚対象が立ち去っても何らかの身体的な構

え，身体的な運動すなわち表象が残存している（425b24-25）ならば，たとえ感覚が現在しなくとも（たとえば目を閉じても）その広義の感覚内容は身体的に保持される．さらに対象が遠くにある場合などは，ぼんやりした狭義の感覚に勝って表象がいわば対象現出をなすとも考えられる．もっとも典型的な例としては夢，記憶，幻視などが挙げられよう．たとえば夢の場合，何らかの身体的運動つまり表象があれば，現に感覚活動をしていない睡眠中でも（いや，むしろ睡眠中だからこそ）夢を見る（cf. De Ins. 460b28-32）．これらはいずれも，該当する現実態2がまだ発現していないエネルゲイアの文脈にキーネーシスの文脈における運動すなわち表象内容が混入してしまったものと解釈できる．正常に感覚活動がなされている場合は，表象はその感覚の現実活動へと実現されており，その限りで表象を表象として特定することはできないのだが，感覚能力が現実態2へと発現していない場合は，表象がエネルゲイアの文脈へといわば越境し顕現してくると考えられる．従来の表象解釈がこうした事例を表象の典型としてきたのも，こうした事例の方が表象をそれ自体として取り出し易かったからであろう．いずれにせよ，ある意味で受動的な身体の構えである表象が，感覚からの刺激に先立って既に先行的に対象現出的に形成されているかのごとくいわば志向的に働くことによって，動物は環境世界に対峙しているのだということがこれらの事例からはっきりと窺えるであろう．このことは先にも述べたように，感覚によって受容された所与の現前を何かそれ以上のもの，つまり「欲求されるもの」として現出させることによって，動物に欲求，さらには場所的運動・行動を準備するという構成的・能動的な働きを表象へと帰すこと（cf. De Motu An. 702a17-19）の内に如実に示されている．

　以上の考察より，動物に固有な生を本質的に規定する認知・行動の両面にわたる広義の感覚能力の活動を可能にするものこそ，生き生きとした表象機能そのものだということが示されたかと思う．そしてこのように解釈される限り，表象は，感覚がまずあってそれが衰え弱められたもの，つまり decaying sense でもなければ，静態的に感覚像の似像＝心像として解釈されるものでもないと言えよう．

　本章での考察は，主に動物の感覚的表象に限定されていたが，今まで述べてきたような表象理解は，今後，思案的表象，さらには思考能力
ブーレウティケー

と表象との関係にも新たな光を投げかけるものと思われる。しかし，その線での立ち入った考察は今はこれを後の課題とせざるを得ない。

# 第6章

## ロゴスとヌースをめぐる一試論
——アリストテレス『魂について』に即して——

　『政治学』第1巻第2章において「動物のうちで人間だけが言語（λόγος）をもつ」（1253a9-10）[1]と述べられた時，そこで動物の音声と人間の言語とが対比されている以上，アリストテレスがさしあたり音声言語，いわゆる外的言語（verbum exterius）を念頭に置いていたことは明らかである。それはさらに『命題論』冒頭においては，魂（ψυχή）のうちにあって諸事物と類似した受動的状態のシンボル（16a3-8）として規定されている。つまり，まず第一に事物からの作用を受けた（刻印された）魂がその当の事物と類似した状態にあることによって，その受動的状態は原型たる事物のいわば模写像とみなされ，次いでその内的な模写像の外的な表出記号として音声言語が位置づけられているのである。ここにアリストテレスの言語観の一類型を見出すことはたやすい。しかし，事物のあり方と魂のあり方の類似とは一体いかにして可能なのであろうか。果たしてそれは，蜜蝋と印形のモデルに見られるような作用－被作用あるいは原型－模写像という関係からのみ規定可能なもの

---

1) テクスト指示は Bekker 版により，書名は以下のように略記する。
　　Gen. An.：『動物の発生について』 *De Generatione Animalium*
　　De Ins.：『夢について』 *De Insomniis*
　　De Int.：『命題論』 *De Interpretatione*
　　Part. An.：『動物の部分について』 *De Patribus Animalium*
　　Hist. An.：『動物誌』 *Historia Animalium*
　　Pol.：『政治学』 *Politica*
ただし，『魂について』からの引用はすべて頁・行数のみを記す。なお，紙数の制限上，また試論提示という本章の性格上，本章の議論は一次文献をめぐるものに限られ，多くの二次文献と本章の議論との比較参照，解釈上の異同についてはすべて割愛せざるを得なかった。

なのであろうか。本章はこうした問いに対して、まず先に挙げた『政治学』の箇所に隠されたもう一つの言語観を明らかにした上で、そうした言語のあり方を可能とするものとしての人間の知性の働き、とりわけ能動知性（νοῦς ποιητικός）を視覚における光の役割と類比して考察することによって答えていきたい。

## I　二つの言語観

### 1　声・話声・言語

　そもそもアリストテレスにとって広義に（つまり人間に固有な言語という意味ではなくある種の動物にも共有される）言語とは、何よりも声に出して発せられた外的な言語である。物理的接触によって生じる単なる「音（ψόφος）」とは異なり、「声（φωνή）」とはその音を発するものが魂をもち、何らかの表象（φαντασία）を伴う、つまり「しるしによって意味を表す音」である（420b27-33）。この場合、しるし（σημεῖον）とは苦痛と快さのしるし（Pol. 1253a10-11）であり、このしるし・合図としての声によってある種の動物、すなわち臭覚・聴覚・視覚といった外的な感覚と発声器官を備えた動物は自然本性によって苦痛と快さの感覚を互いに示し合うことができるのである。ここでは、まず各々の動物に備わる感覚器官に固有な外的な感覚対象から各々の感覚能力が動かされ、つまり作用を受け（416b33-35, cf. 415b24）、次いでそのようにして動かされた感覚器官内あるいは身体における運動としての感覚内容によって感覚的表象が動かされ（De Ins. 460b28-32, 461a17-19, cf. 428b10-429a2）、さらにはそこから常に快と苦を伴う広義の感覚（413b23-24）が発現し、その自然本性的記号化としての「声」が再び外界へと投げ返される、という一連の因果的な運動連関が見出される。このプロセスはあくまで動物が動物として生きていくために自然本性によって与えられているものである。

しかし，ある種の鳥類は自然本性による「声」ではなく，後天的に形成される「話声（διάλεκτος）」をもつ（Hist. An. 536a21）とアリストテレスは報告している。この「話声」とは，大半の動物たちの「声」が不明瞭なものであるのに対して，舌によって明瞭に分節化された声であり，しかも親鳥が雛にさえずり方を教えるというように何らかの教育によって得られるものである。少なくとも外的な言葉に関する限り，こうした互いに伝え合いコミュニケートする可能性や学習・教育の可能性（Part. An. 660a35-b2）が，人間だけに固有のものとされていたわけではないのである。しかしいずれにせよ，こうした「話声」や「声」は，あくまで動物の単なる生存のために予め自然界に組み込まれている各動物種に固有の手段に過ぎない。それに対し，人間にのみ固有な言語・ロゴスは「善く生きる」ためのものである。この意味するところを正確に把握することは非常に困難な課題であるが，少なくとも言語を構成する名辞（ὄνομα）が自然によらず規約によって意味を表す語（De Int. 16a19-21）と規定される限りで，ロゴスのポリス性，社会的規約性が前提されていることは確かである。同時に，名辞の任意の部分が分離されるならばもはや意味を示し得ないという意味で，名辞及び言語は他の要素から独立したそれ自体の構造（広い意味での文法構造）をもつとされる。要するに，「善く生きる」ための，自然にではなく規約による，独自の文法構造をもった有意味な声，それが人間の言語だと言われるのである。

　以上のようにして，外的な言葉に関する限りアリストテレスは「声」「話声」「言語」の諸段階をあくまで自然学的に生命活動の一契機として考察する傾向にある。その結果，感覚対象を起動因とする一連の因果連鎖から生じる動物の「声」に見られる因果的モデルが，時に人間の言語にまで適用されかねないのである。しかもある人々にとっては，蜜蝋と印形の比喩がその傾向に拍車をかけたものと思われる。哲学史的に近いところでは，ストアにおける「魂に与えられた事物の印象（τύπωσις）[2]」としての感覚的表象という解釈がその典型である。こうして，外的な感覚対象からの作用を受容することによって魂の内に写し

---

2) *Stoicorum Veterum Fragmenta* 1.58, 2.974; *Diogenes Laertius* 7.46.

取られた(「質料なしに形相を受け取った」)対象の類似像である印象を，社会的な規約によっていわば事後的に記号化したものが名辞であり，言語である，という『命題論』冒頭に見られるような言語観(これを「言語観Ⅰ」と呼ぶ)へと至るのである。しかし，これがアリストテレスの唯一の言語観なのだろうか。もしそうなら，アリストテレスは人間の言語・ロゴスのもつ生き生きとした働きを解明し得ずに終わったことであろう。しかし，実は彼は「人間だけが言語をもつ」という事態を人間が人間として生きることの根源から説き明かそうとしていたのである。その事情を『政治学』冒頭箇所に見てみよう。

## 2　もう一つの言語観

「人と人との結び付き (κοινωνία)[3]」の諸形態がその端緒からの自然本性的な発生過程の考察という自然学的方法によって記述されていく『政治学』第1巻第2章では，そうした過程の終極目的としてポリスが挙げられた上で，「人間は自然本性的にポリス的動物である」というあの有名な規定が登場する。そしてその理由が次のように述べられる。

> なぜなら，我々の言っているように，自然はなにも無駄には作らないからで，動物の内で人間だけが言語(ロゴス)をもつのである。ところで，「声」は苦と快のしるしである。したがって，それは他の動物にも備わっている。(なぜなら，それら他の動物の自然本性もそこまでは，つまり苦と快の感覚をもち，それらをしるしによって互いに知らせ合うところまでは達しているからである。)しかし，言語は役立つものと役立たないもの，したがって正しいものと不正なものとを明らかにするために存する。なぜなら，他の動物に較べてそのこと，つまり善・悪，正・不正，その他そうしたことの感覚をもつことが，人間に固有なことだからである。(1253a9-18)

---

[3]　この訳語も含め『政治学』冒頭の解釈に関しては，上智大学において数年間開講された加藤信朗先生による『政治学』ゼミから大いに啓発を受けた。

## 第6章　ロゴスとヌースをめぐる一試論　　183

　「声」と言語の対比は前節でも見たところであるが，新たな論点は，言語がまず第一に役立つものと役立たぬものを明らかにするという点である。ここで「役立つ－役立たぬ」という分節化は，何かのためになるかならぬか，つまり目的－手段の分節化を意味する。典型的な例は道具に見出される。なぜなら，本来，自然は道具・器官（ὄργανον）を多目的に作ることはなく，むしろ一つの道具を一つの働きを目的として（ἐν πρὸς ἕν）作ったからである（Pol. 1252b1-5）。たとえば，斧は何かを切断するために役立つ。逆に言えば，切断するために役立たないものは，斧ではない。つまり，斧の目的である「切断すること」とは，まさに斧の本質なのである。一般的にいえば，「BのためにAが役に立つ」と自然によって分節化される時，Aの本質（Aであること）とはBなのである。これに対し，快や苦の場合は直接的に何かが快／苦と感じられるだけであって，その何かの本質が問われ得るような分節構造がそこにはまったくない。こうした差異は，我々の行動にも影響を及ぼす。たとえば，我々が道具を使用するのは，その道具の目的・本質つまりあるべき姿を実現するためである。しかし，快や苦の場合，何かが快であれば追求し苦であれば回避するだけであって，その何かの本質，あるべき姿の実現などとはおよそ無縁である。要するに動物の「声」は，単なる反射的行動を引き起こす合図に過ぎないのである。

　ところで，本来一つの事物が一つの働きを目的として作られているような自然世界にあっては，本質的に一意的に規定された目的－手段関係が連鎖構造を成して一つの全体的な目的連関的秩序が構成されるであろう。AはBのために，BはCのために，CはDのために，……存在する世界において，BはAの，CはBの，DはCの，……本質となる。この時，Aはそれ自体で最初から一つの存在者であったのではなく，本質Bによって一つの存在者となったのである。また，我々は本質Bによって Aを一つの存在者として把握し得たのである。そして，そうした二つの事態を媒介したのが，一つのこと（Bであること）を意味したAの名辞「A」であり，つまりは言語である。要するに，言語が役立つことと役立たないことを明らかにするということは，一つことを意味する言語によって我々人間が事物を「一つの何かとして」把握するということである。たとえば，わたしが何かを切断するために斧を使用してい

る時，わたしはそれを「斧として」把握しており，それを斧と知っているのである。その時のわたしの行為は，言語によって明らかにされた斧の本質目的を実現するいわば善を志向する行為であり，その時のわたしの知は，言語によって媒介された斧の本質存在の知である。このように行為と知の実現を媒介する働きを言語に帰する主張こそ，アリストテレスの隠されたもう一つの言語観（これを「言語観Ⅱ」と呼ぶ）だと言い得るのではないだろうか。

## 3　世界の形相的把握機能そのものとしての魂の内なる言語

　ここでもう一歩踏み込んでこの言語観Ⅱをより明確に規定してみよう。まず，この言語観Ⅱにおいて言語とは，言語観Ⅰにおいて言語が外的な音声言表のことであったのに対して，何よりも魂の内なる言語である。それは一見すると，言語観Ⅰにおいて音声言表が表示していた魂の状態のことのように思われよう。しかし，その状態は対象の作用によって魂の内に刻印付けられた模写像としての受動的状態などではなく，むしろ逆にそれなしには世界把握が不可能な存在者の現出機能に関わるものなのである。たとえば，幼い頃，漠然として把握し切れなかった事態（たとえば，モヤモヤとした何らかの情動）が，それを名指す言葉（たとえば「寂しい」）を得ることによって自覚的にそれとして把握されるようになったという経験は誰にもあるだろう。予め「寂しさ」という概念があり，それを音声や文字によって事後的に表示する記号として言語があるのではない。むしろ，対象の現前化，世界の分節的構造化の機能こそが言語の第一義的な働きなのであり，それなしには音声言語は成立し得ないのである。したがって，本来的な言語機能の解明は，言語観Ⅰに先立ってまず言語観Ⅱにおいてこそなされるべきであろう。

　しかし，そうした魂の内なる言語をそれ自体として取り出すことは不可能である。なぜなら，そのようにして取り出された言語はもはや既に記号化された表示機能としての言語にほかならないからである。たとえ音声や文字によって外的に表出されたのか，あるいは内的に保持されたのかという差異を持ち出したとしても，表示機能を第一義とする限

り，魂の内なる言語を記述することはできない。その意味では，魂の内なる言語とは魂の内において概念や形相を表示する記号ではなく，むしろ世界の形相的把握の働きそのものこそが魂の内なる言語だからである。それはちょうど手が道具を作るという意味で「道具の道具」と言われるように，知性が形相を作る，つまり可能的な形相を現実的な形相にする（ποιεῖν）という意味で「形相の形相」と言われる（432a1-3）ことからも読み取れよう。魂の内なる言語とは，「形相の表示記号」なのではなく，あくまでこうした「形相の形相」という意味での形相現出的（ποιητικός）知性の働きそのものなのである。しかも，『命題論』冒頭の規定を敷衍して言うなら，表示機能を旨とする外的言語がすべての人にとって同一ではないのに対して，魂の内なる言語はすべての人にとって同一である。換言すれば，規約によってのみ存立する（裏を返せば恣意的な）表示関係から成る外的言語が特殊的，表層的，制度的性格をもつのに対し，魂の内なる言語は人間という種に固有の生命活動の一契機として普遍的，深層的，自然本性的性格をもつのである。人間が人間として生きるために，世界内の事物をそれぞれ一つの何かとして現出させつつ把握する認知能力が人間に自然本性的に備わっていると解釈することが許されるならば，魂の内なる言語をそうした認知能力全体の遂行として解明することこそ本章の課題である。言語観Ⅰが意味論的アプローチを取るのに対して言語観Ⅱが語用論（pragmatics）的アプローチを取る所以である。

では，以下にこの課題に対する一つの試論を提示することにしよう。

## Ⅱ　言語能力としての知性

### 1　思考能力としての知性

魂の内なる言語の解明を人間の認知能力全体の遂行として解明することが我々の課題であった。しかし，少なくとも階層的に能力規定が行わ

れる『魂について』にあって，明確に言語能力として挙示される能力はない。したがって，我々がなすべきはまず人間の認知能力の中でも言語活動への関与がもっとも大きいと思われる能力を画定し，次いでその認知活動が魂の内なる言語の機能をどの程度果たすものなのかを考察することであろう。第一の点は，形式的には極めて容易に推定できる。なぜなら，言語活動が人間にのみ固有な活動である以上，人間に固有な思考能力である知性が言語活動を司るとみなすことは至極当然だからである。しかし，そのようなロゴス＝ヌースという図式によって，言語能力という特殊能力が人間にのみ備わり，しかも知性に下属する他の諸能力からも孤立した共約不可能な能力であると安易に決め付けることは，言語が人間という一動物種の生の現場で果たしている豊かな働きをむしろ隠蔽する危険がある。敢えて「人間の認知能力全体の遂行として」と限定づけた意味もそこにある。したがって，本章では，知性による言語活動を考察した後に，それが他の認知能力とりわけ感覚能力の働きにどのような影響を及ぼし，結果的に人間としての世界把握がどのような相で現成するかを論じていくことになるだろう。

　ところで，アリストテレスは『魂について』において，思考能力や感覚能力などの個々の能力を一体どのようにして一つの能力として規定していたのであろうか。その規定方式には以下の三通りがあるように思われる。

① 名目的な規定：Dを能力，Eをその活動，Sをその活動の主体（たとえば動物や人間，あるいはそれらの魂）とした時，「Dとはそれによって S が E するもの」という形で定式化する方式。実例として，たとえば「動物がそれによって感覚する能力をもつと我々が言うところの原理」（429a10-11）として思考能力が規定されている。

② 対象からの規定：第2巻第4章冒頭において，能力（可能態）よりも働き（現実態）が，また働きよりもその働きに対置されるもの（対象）がより先に考察されるべきだと一般的に主張され，その具体例として第6章において感覚能力が，第3巻第4章において思考能力がその各々の対象から規定されている。

③ 間接的規定：上記の①②が結局「感覚するのが感覚能力」「感覚対象に対応するのが感覚能力」といった仕方で形式的かつ循環的な規定とならざるを得ないが故に，能力を直接的にではなく，その能力を所有するものから間接的に規定する方式。この方式のもっとも典型的な例は，植物に備わる能力としての栄養能力に関する記述（413a25-b1）に見られる。すなわち，栄養能力とは植物が植物として生きるために必要にして十分な能力である。一般化すれば，「DとはSがSとして生きるためにもつもの」という形で定式化が可能である。

さて，以上の三種の規定の内，①②においては各能力がただその概念規定によって（λόγῳ）互いから分離（区別）されるだけなのだが，③の場合，植物に備わる栄養能力だけは概念規定によってばかりでなく，場所によっても他の諸能力から分離可能である（415a2）。では，その他の動物や人間の場合はどうなのかというと，それらに備わる諸能力は図のような構造をもっている。ただしここでは構造を明瞭に示し，説明を簡便にするために動物の各種能力は $D_2$ として感覚能力に代表させた。また，破線による境界線上にある $D_4・E_4・S_4$ は，能動知性の離存性を重視したいわば超越的な解釈であるが，能動知性の固有の主体はさしあたり神と想定しておく。ただし予め断っておけば，ここでの筆者の立場はこのような超越的な解釈に与するものではなく，あくまで破線による境界線の下だけで自然学的に考察するのが狙いである。

$D_4$（能動知性） ── $E_4$（観相活動） ── $S_4$（神？）
$D_3$（知性） ── $E_3$（思考活動） ── $S_3$（人間）
$D_2$（感覚能力） ── $E_2$（感覚活動） ── $S_2$（動物）
$D_1$（栄養能力） ── $E_1$（栄養活動） ── $S_1$（植物）

ではこの図を用いて具体的に各能力の離存性の問題を考えてみたい。まず，$D_1 - D_2$ 間の関係特性を析出し，次いでそれを一般化すると以下のようになる。

（イ） $D_1$（栄養能力）なしに $D_2$（感覚能力）は存在しない

(415a11-2)。換言すれば，$D_2$（感覚能力）の $D_1$（栄養能力）からの場所的分離は不可能である（413a31-32）。これは「下位の能力なしに上位の能力は存在しない」という形に一般化できる（415a3-4）。したがって，$D_3$ は $D_1$（栄養能力）や $D_2$（感覚能力）なしには存在し得ず，場所的に離存不可能である（cf. 403a8-10）。

(ロ) （イ）とは逆に $D_2$（感覚能力）なしに $D_1$（栄養能力）は存在し得る，ただしそれは $S_1$ における限りでそうである。換言すれば，$D_1$（栄養能力）の $D_2$（感覚能力）からの場所的分離は $S_1$（植物）における限り可能である（415a2）。同様に，触覚能力しか持たぬ動物においては，触覚能力は（それより上位の）他の能力なしに存在する（415a4-6）。したがって，$S_3$（人間）において $D_3$（知性）は超越的に解釈された $D_4$（能動知性）なしに存在し得るはずである。

(ハ) $S_2$（動物）においては $D_2$（感覚能力）なしに $E_1$（栄養活動）することができない。このことはアリストテレスによって明示的に語られてはいないが，434b1-8 にこの特性を読み取ることができる。すなわち，どんな動物もそれが植物としての生を送るのでない限り，感覚なしに栄養を摂取することはできない（cf. 434b16-18）。したがって同様にして，$S_3$（人間）において $D_3$（知性）なしに $E_2$（感覚活動）することはできない，となるはずである。このことは，（イ）と比較するなら，アリストテレスの諸能力のヒエラルキーに関する今までの解釈においてあまり注目されてこなかったように思われる。しかし，この特性は一般化すれば（イ）とは反対に「上位の能力なしに下位の能力の働きはない」ということであり，裏を返せば下位の能力はその働きにおいて必ず上位の能力からの変容を受けるということであって，極めて重要な特性である。上述の能力規定方式③において，植物の場合しかその固有の能力を特定し，かつその場所的離存性を保証し得ないとした理由もこの特性による。なぜなら，$S_2$（動物）の場合，それを $S_2$（動物）たらしめている能力は $D_2$（感覚能力）ではなく，むしろ $D_2$（感覚能力）による変容を被った $D_1$（栄養能

力）とD₂（感覚能力）の融合したものだからである。このことはS₃（人間）においても同様であって，人間を人間たらしめているのは単に知性なのではなく，むしろ知性による変容を被り知性化したその人間の全能力なのである。先に言語能力を知性に限局し，他の能力と共約不可能とする立場を退けたのも，さらには言語能力の解明に「人間の認知能力全体の遂行として」という限定を付したのも，結局はすべてこの特性によってである。

では，以上の考察を思考能力たる知性の規定に適用してみよう。まず，知性とはそれによって認識し理解する能力（①）であり，思考対象に対置される能力（②）である。また知性は，栄養能力や感覚能力などの下位の能力なしには存在し得ず（イ），その逆に，より上位の能力の存在を必要としない（ロ）。ただし，人間が人間として生きるために持つ能力（③）は単に知性ではなく，知性による変容を受けた人間の全認知能力である（ハ）。

以上によって，思考能力である知性をあくまで形式的な側面からではあるが，一応規定し終えたものとしよう。次に我々は思考能力の働き自体へと考察を進めることにする。しかしそのためには，アリストテレスの指示に従って，まず思考対象の考察から始めねばならない。

まず思考の働きとは，大きな文脈から言えば，動物を動物たらしめる魂の二大徴表である判別能力（τὸ κριτικόν）と場所的運動能力（427a17-21, 432a15-18）の内の一つ，判別能力の働きの一種である。「判別能力は思考（διαάνοια）と感覚の働きである」（432a16）が故に，思考能力である知性は時に「判別的知性（νοῦν κριτικόν）」（434b3）と呼ばれもする。では知性は一体何を判別するのだろうか。それは事物Xの本質「Xであること」であり，Xの形相である（429b10-22）。感覚が判別するものは事物Xであるが，知性が判別するものは，Xが感覚的事物であろうと抽象的事物であろうとXの本質なのである。つまり，思考され得るもの，思考対象とは事物の本質である。ここで先ほどなされた，『政治学』第1巻第2章から読み取ったもう一つの言語観についての考察を思い出していただきたい。そこでは，「YのためにXが役に立つ」という自然による分節構造に光を当て，目的YをXの本質

（Xであること）とすることによって，Xを「一つの何かとして」把握する働きが魂の内なる言語の機能とみなされていた。したがって，目的連関的分節構造をもった自然世界内の諸事物を魂の内なる言語の働きによって形相的に把握するという仕方での本質理解は，少なくとも事物の本質を対象とするという点において知性の本質判別活動と軌を一にすると言い得るだろう。前者は人間が人間として（善く）生きるためにもつ認知能力全体の活動を意味するが，後者はそれによって本質を判別し認識し理解するところの魂の部分すなわち部分的能力としての知性の活動を意味する。この両者の差異が何を意味するかは後で論ずるとして，今は知性による思考活動の理解をさらに深めていくことにしよう。

## 2　思考と感覚の類比

　思考能力・知性を考察する際，思考対象から考察を始めるという方法の他にアリストテレスが頻繁に用いる戦略は，感覚能力との類比である。そもそも両者の類比が可能であるのは，「知性の思考対象に対する関係が，感覚能力の感覚対象に対する関係と同様でなければならない」（429a16-18）からである。すなわち，知性も感覚能力も共に対象からの作用に対してある意味では非受動的（ἀπαθές）でありながら，その対象の形相だけは何らかの仕方で受容することができる（429a15-16, cf. 424a17-19）。その仕方とは，可能態における〈既に現実態においてある対象〉のようなものである（418a3-4, 429a15-16）それら両能力が，それを把握する現実活動においてその対象と形相的に一致する（425b26-27, 426a15-17, 430a19-20），というものである。これら二つの能力のこうした類似によって，時には両者の働きがあたかも一つの判別能力の働きであるかのように扱われる（432a15）ことにもなり，また思考能力の分析に感覚モデルが用いられるようにもなったわけである。
　しかし，知性は身体的器官を持たない（429a24-27）という点で感覚能力と決定的に異なる。この差異が，知性と感覚能力の類比に訴えていく戦略に一体どこで撤退命令を下すのか。この問題は突き詰めると知性の離存問題にぶつかる。この点については後に触れるとして，我々はこ

こで少なくとも次の点を押さえておかねばならないだろう。それはつまり，知性と感覚能力を考察する視点の問題である。能力の規定方式が一通りではないということは既に述べたが，それは大きく分けると，能力をそれ自体として規定する名目的・形式的な方式と，下位の能力が上位の能力による変容を受け相互が融合し合うという全体的な視野を保持した方式とであった。ところで，知性と感覚能力の類比という限り，その両者はまずそれ自体として互いから独立した能力として捉えられ，その上で両者が類比されるのでなければならない。しかし，それらを人間が人間として生きるための能力と規定する限り，一方で知性は自らの対象である思考対象の源泉として感覚能力の働きを前提せざるを得ず，他方で感覚能力の働きは知性からの変容を受けざるを得ないのだから，両者は相互に融合した一つの認知能力として働くという洞察がどうしても必要となるだろう。したがって，知性の本性解明のために知性と感覚能力の類比に訴えるという方法は，知性が身体的器官を持たないという議論によって断念されるのではなく，むしろその議論を跳び板にして知性と感覚をそれ自体として分離して考察する視点から，それら両者を人間に固有の生命活動を担うために人間に備わる能力として考察する視点へと深められていくべきであろう。こうした解釈の方向は，生物が自らに固有なある特定のタイプの生命活動を営むために，魂の諸能力の内的統一性を要請する第2巻第1章の魂の定義に呼応するものである。したがって，第3巻第5章のいわゆる能動知性の離存要請にその典型を見出すことのできる，知性の卓越した特異性を何とか説明したいというアリストテレスのもう一つの動機と明らかに抵触する。そもそも魂の統一性と知性の固有性という二つの動機を巡る緊張関係は，『魂について』にばかりでなくアリストテレスの神学，倫理学にまでも及ぶものであるが，その全領域にわたる踏査はわたしのいまだ到底なし得ぬところであり，また安易な解決を求めるべきものでもない。とはいえ，魂の内なる言語を人間の認知能力全体の遂行として探求しようとする本章の立場からするなら，採るべき途はやはり知性の特異性を魂の全体的活動の中で説明づけていく途でしかないだろう。

　では，知性が身体的器官を持たないという議論を具体的に追ってみよう。まず，「感覚能力と思考能力が各々非受動的であるのは同様の仕

方によってではない」(429a29-30) という言明が手掛かりになる。実は『魂について』における感覚に関する記述には一見すると次のような対立ないしは矛盾があるように思われる。すなわち，

  a 感覚は一種の性質変化である。(415b24, 416b34)
  b 感覚は決して性質変化ではない。(431a5)

 ここで性質変化（ἀλλοίωσις）とは，反対性質の一方による他方の滅亡（417b2-3）であり，未完了・不完全な活動である運動〔キーネーシス〕(417a16-17) のことである。したがって，外在する感覚対象からの物理的作用を受けることによって生じる一種の性質変化として感覚を記述するaは，感覚作用を専ら物理的生理学的側面から因果的運動として説明記述する物言語の文脈（これを「キーネーシスの文脈」と呼ぶ）にあると言える。これに対し，自然本性的に既に第一現実態の状態にある（417b16-18）感覚能力が感覚対象の触発によって第二現実態へと自己発現し，現実活動〔エネルゲイア〕をなすと語られる場面がある。これは日常的に「見る」「聞く」「感覚する」などと心的活動を語る文脈（これを「エネルゲイアの文脈」と呼ぶ）であり，感覚能力が対象から何らの物理的作用を受けることも持続的な運動過程にあることもなく現実化する，要するに非受動的であるとみなすbはこの文脈にある。これら二つの文脈は，同一の感覚作用についての異なった観点からの記述を可能とするものである。したがって，aとbもこの二つの文脈の使い分けに過ぎず，何ら矛盾を含むものではない[4]。

 しかし，知性はこのような二つの文脈の使い分けによって非受動的だと言われるわけではない。なぜなら，知性にはそもそも性質変化を受ける身体的器官がなく，したがってキーネーシスの文脈も成立し得ないからである。感覚能力が身体的器官の物質的生理的条件によってその働きに限界をもつのは，とりもなおさずキーネーシスの文脈からの影響である。それに対し，知性はそうした身体的制限をもたない。つまり，「感覚能力は身体なしにはないが，知性は離存している（χωριστός）」

---

 4) こうしたキーネーシスの文脈とエネルゲイアの文脈の感覚‒表象論への適用に関する詳細については第5章を参照せよ。

（429b5）のである。ただし，ここで「離存する」とはどういう意味か，もっとよく見てみる必要がある。そのためにまず，行論上必要な範囲で第2巻第1章中の離存性に関する議論を，解釈を加え表現を補った形で要約しておこう。

① 魂全体としては，身体全体から離存し得ないことは明らかである（cf. 413a3-5)。
② しかし，魂の部分の場合，
（ⅰ）魂の部分（たとえば感覚能力）が対応する身体の部分（たとえば感覚器官）の現実態である場合，その魂の部分は身体の部分から離存不可能である（cf. 413a5-6)。つまり，視力なしにはもはや目ではない（412b20-21）ように，魂の部分（能力）なしにはもはや身体の部分（器官）ではない。
（ⅱ）魂の部分（すなわち知性）が対応する身体の部分（器官）をもたない場合，それは身体の部分の現実態ではないのだから，身体の部分からは離存可能である（413a6-7)。
③ つまり，離存の離存可能性は，ここではあくまで②（ⅱ）のように限定された意味で言われており，①の意味で離存可能だと言われているわけではない。

もし，以上のような解釈が許容されるならば，少なくとも先に引用された第3巻第4章での知性の離存可能性は身体的器官からのそれであって，要するに知性は身体的器官をもたないということの強調に過ぎないのである。しかし，身体の部分（器官）をもたないということが，直ちに身体全体を必要としないということを意味するわけではない。なぜなら，知性がそれ自体で単独に考察される場合（②（ⅱ））と違って，知性の実際の働きは知性による変容を被った魂全体の働きとしてしか捉えられず，しかもそうした魂全体は身体全体から離存不可能（①）だからである。こうした区別は次のようにも表現されている。すなわち，事物の本質は他とは異なった（429b13, 20)，しかも離存した（429b16）能力によって判別される（②（ⅱ）のケース）か，あるいは異なった状態にある（429b13, 16-17, 21）能力，つまり知性による変容を受けた魂全

体としての能力によって判別される（①のケース）かのいずれかである。既に提示しておいた知性に固有な本質把握（②（ⅱ）に対応）と魂の内なる言語による本質把握（①に対応）の差異は，まさにこの区別によるのである。

　いずれにせよ，知性は確かに身体的器官をもたず，非質料的，非受動的，非混合的（ἀμιγής）であるが，それは知性が自らに固有の身体的部分（器官）をもたぬが故にその身体的部分（器官）から離存可能だという意味であって，身体全体あるいは人間としての魂の能力全体から離存可能だという意味ではない。人間が生きていくための能力として知性を見た時，知性が身体的器官をもたないということは，かえって逆に知性が身体そしてキーネーシスの文脈を必要としていることを示唆する。「思考することもまた，もし表象であるか，あるいは表象なしにはないものであるとすれば，これもまた身体なしにはあり得ないであろう」(403a8-10)という言明，同じ（感覚）能力が「異なった状態にある」(429b13, 16-17, 21)ことによって本質把握をなし得るという指摘，いずれもがこうした示唆の実例なのである。平行線の上を辿っていた知性と感覚能力の類比は，知性が身体的器官をもたないという事実によって，途絶えるどころかむしろ交わり，融合したのである。

## 3　能動知性と光

　しかし，感覚と知性とのこうした蜜月も第3巻第5章で再び打ち破られるかに見える。それが後世に一大論争を巻き起こした能動知性を巡る議論である。それは今まで（つまり第3巻第4章まで）一つの能力とみなされてきた思考能力・知性の内に，能動因的な形相と，その働きを受ける受動的な質料との差異を持ち込むこと(430a10-14[a])から始まる。ここで注意すべきは，その差異はあくまで「魂の内に」あるという点である。この制約がある限り，たとえいわゆる能動知性といえども本章の今までの解釈の線を覆す必要はない。また，この能動知性が「離存的で非受動的で非混合的」(431a17-18)であると規定されても，それが人間の魂の内で働く人間の能力である限り，前節で我々が行った解釈がその

まま妥当するはずである。しかし，それが「本質的に現実的」(430a18) であり，「ある時は思考し，ある時は思考しないということがない」(a22) 上に，「それのみが不死にして永遠的」(a23) だとまで言われると，知性の純粋活動それ自体へと迫ろうとしているアリストテレスの意気込みを感ぜずにはおれない。まして，『形而上学』第12巻第6-8章や『ニコマコス倫理学』第10巻第6-8章に見られる神的魂の観想活動に関わる議論が加われば，その感はなおさら深まる。しかし，知性の固有性それ自体を語ろうとするアリストテレスの方向と，そのように語られた事柄を超越的神学的に後から解釈することとは，必ずしも一致するわけではない。能動知性問題とは，アリストテレスに固有の問題というよりはむしろ，アナクサゴラスやプラトンに代表されるアリストテレスへの知性観における影響史とアリストテレス以後の注解者たちによる解釈史の双方に跨がる哲学史的な問題である。本章はそうした問題を扱う場ではない。むしろ我々は，前節で確認した知性と感覚との類比戦略にしたがって，思考活動に対する能動知性の役割と視覚活動における光の役割の類比にまずもって焦点を合わせたいと思う。そうすることが能動知性の特異性解明にも繋がると思うからである。

テキストを見てみよう。

> すべてのものになることによって一方のような〔質料的・可能的な〕知性があり，他方ですべてのものにならしめることによってもう一方のような〔形相的・作用的な〕知性がある。後者はある種の状態，たとえば光のようなものとしてある。というのは，何らかの仕方で光も，可能的に色であるものを現実的に色であるものにするからである。(430a14-17)

この箇所を見てもわかるように，能動知性の役割が実際にどのようなものであるか，その答えの核心は視覚活動における光との類比によって語られる以上に明らかにされはしない。したがって，我々はまず視覚活動における光の役割を画定せねばならない。キーネーシスの文脈に即して視覚活動を概観することから始めよう。

まず，視覚に関係する視覚対象 (ὁρατόν) すなわち固有な視覚対象

としての色があり（418a11-16, a26-28），この色が現実的に存する透明体（空気や水など）を自らの自然本性によって動かす（つまり性質変化を引き起こす）（418a31-b2）。この時，変化させられた透明体の内には発色物体の状態（色）が瀰漫的に存在している（b16-17）。これが光である。つまり，それ自体としては見られることができず，むしろ自らとは異なる物体（発色物体）に属する色によって見られることができるようになる透明体（b4-6）が光なのである。次いでこうした光を帯びた透明体（たとえば視覚器官まで連続する空気）によって視覚器官が動かされる（419a13-15）。このように視覚対象に起因する運動（性質変化）が視覚器官に因果的に伝播可能なのは，光がその媒介として働くからなのである。だからこそまた，色は光なしには見られない（418b2, cf. 419a9）のである。

　以上のプロセスをエネルゲイアの文脈で見てみよう。さしあたり感覚（能力）と感覚対象の双方向から述べざるを得ないが，その際，予め感覚能力（感覚器官ではなく）と（自体的な）感覚対象が現実態において存在し，それら両者がどう繋がるか，我々の心的能力が世界内の事物に達することができるのかどうか，といった観点からそうした論述がなされているわけではないことを強調しておきたい。あくまで最初にあるのは，可能態における「見ること（ὄψις）」すなわち視覚能力と可能態（第二可能態＝第一現実態）における色（発色可能態）である。そして，そうした能力・第二可能態の自己実現として，一方で現実態における「見ること」すなわち視活動（ὅρασις）が，他方で現実態における色すなわち「発色」（アリストテレスはこれには名がないと言っている（426a12-14）ので仮にこう名付けた）が，あくまで同一の事態として現成する（cf. 425b26-426a1）。そして，こうした現実化つまり「可能的な色を現実的な色にする」（430a16-17）のが光なのである。要するに，発色とその色を「見ること」とは，「そこに〔見られている〕色がある」という現実の事態の二側面なのであり，その二側面の双方に可能態を想定し，それら双方の可能態の自己現実化を可能とするものとして光は位置づけられているのである。したがって，エネルゲイアの文脈から述べるなら，光なしには「そこに現に見られている色がある」という事態（第二現実態）はないし（cf. 419a9），キーネーシスの文脈から述べるな

第6章　ロゴスとヌースをめぐる一試論　　　197

ら，光なしには「見られることのできるもの」（第一現実態）もない（cf. 418b2）。

　さて，以上の分析をいわゆる能動知性に類比的に適用するとどうなるのか。まず能動知性をそれ自体として見た場合，それは身体的器官を持たないのだから，当然キーネーシスの文脈にはない。したがって，エネルゲイアの文脈における光と類比するなら，能動知性は（第二）可能態における思考対象（νοητόν）を（第二）現実態における思考対象にし，思考能力（第二可能態）を現実に思考させる（第二現実態），つまり思考活動（νόησις）を可能にするものとして位置づけられる。思考対象とは，既に述べたように事物の本質のことだったのだから，その意味でいわゆる能動知性とは本質顕現的・形相現出的（ποιητικός）知性とも言い得よう。また，現実態における思考対象と現実態における思考能力とは，「現に本質が思考されている」という現実の同一事態の二側面なのであり，それら二側面の双方に可能態を想定し，それら双方の可能態の自己現実化を可能にするものとして能動知性は位置づけられているのである。だからこそ，能動知性なしに思考することはできない（430a25）のである。

　以上より明らかなように，視覚活動を構成する契機は，視覚対象，視覚能力，光であり，思考活動を構成する契機は，思考対象，思考能力，能動知性である。しかし，それら諸契機は，エネルゲイアの文脈においては決してそれ自体で存するものではなく，あくまで「そこに見られている色がある」「現に本質が思考されている」というそれぞれの現実の同一事態があって，それを説明するために事後的に措定され差異づけられたものである。だからこそ，感覚性質が現出する時，それを顕現させた光は背後に退き，本質形相が現出する時，それを顕現させた能動知性は背後に退くのである。もちろん，能力と対象の差異も活動の現成において消失する。さらにもっとも注目すべき点は，視覚において一つの視覚活動を説明する契機である光が視覚者にとって外的なものと措定されている点である。これはキーネーシスの文脈において媒介として働く光の位置づけが投影されたものである。同様に，思考において一つの思考活動を説明する契機である能動知性は，思考者にとって外的（超越的？）なものの如く（第3巻第5章では）措定されている。しかし（ここで類比

は崩れるのだが），知性に身体的器官はなくキーネーシスの文脈で語られることはないのだから，しかも能動知性と受動知性は一つの魂の内にあるとされる以上，その外的性格は何に由来すると考えればよいのだろうか。

　わたしはここにこそ，魂の内なる言語のまさに言語たる所以を見たい。そもそも対象の本質形相の顕現，思考者の側から見れば事物の本質的形相把握とは，一つの意味がそこに現成していることによって初めて可能となる。なぜなら，感覚的経験があくまでも私秘的なものであるのに対して，意味の成立とはまさに公共的な出来事であり，認識者にとって本質把握という活動の核心もそこにあるからである。可能的には実際に何も書かれていない文字板のようである知性（429b31-430a2）も，ひとたびそこに公共的な意味が現成するなら，たちまち本質顕現の場となる。ただし，ここで公共的意味の現成とは，人間が人間として生きていくために人間という種によって自然本性的に営まれる世界の分節的構造化の現成を意味する。このような意味での「公共的な意味の現成」こそ能動知性の働きだとは言えないだろうか。しかも，このようにして本質形相を顕現させながらもその当の意味自身はと言えば，ただ背後に退くしかないのである。意味が意味として現実態において顕現し得るのは，意味が形相としてその質料となるべき音声（Gen. An. 786b21-22）と結合して音声言語となった時だけである。その意味での音声言語はあくまで意味を前提し，それを表示する記号である。それに対して，意味の現成はまさに魂の内なる言語の働きそのもの，もしくはその源泉である。それゆえ，アリストテレスにあって能動知性の探求は，言語の意味の現成へと遡源せざるを得ないのである。

## 4　感覚能力の知性による変容としての付帯的感覚 ——小括

　前節では，知性の働きの固有性すなわち能動知性をそれ自体として考察したのだが，既に述べたように人間の能力として考察する観点からは，知性によって変容を受けた魂全体の能力が問われるのであって，知性の固有性もそのような魂の働きの全体性の中に位置づけられねばなら

ない。すなわち，公共的意味の現成という能動知性の働きによって成立する本質形相の顕現＝本質形相の知性による把握は，人間の認知能力全体の働きの中では一体どのように位置づけられるのであろうか。この問いは，魂の内なる言語を人間の認知能力全体の遂行として解明するという本章の課題と完全に重なる。この問いに答えるには，知性の本質把握が下位能力にどのような変容を与えるかを逐一追跡する必要があるだろう。おそらく，栄養摂取能力や生殖能力にまでこの変容は及んでいるはずだからである。しかし，こうした下位能力に対する知性の位置づけのもっとも顕著な例は，付帯的感覚対象（τὰ κατὰ συμβεβηκὸς αἰσθητά）の感覚である。付帯的感覚については本書第4章において詳しく述べたのでここでは立ち入らないが，要するに自体的感覚のように対象から直接に作用を受けることなく，しかも固有感覚対象のような雑多な感覚性質のカオスに一つの意味的統一を与え，「一つの何か（実体形相）として」そのものを把握させる感覚の働きのことである。これはあくまで感覚の働きでありながら，同時に意味の現成を前提としている。すなわち，知性の下位能力である感覚が，知性によって変容を受けたのである。こうして，人間という種は自身が生きていくために必要な世界の分節的構造化を自ら施しながら，世界の形相的把握をその魂の認知能力全体によって行うのである。ここに至ってようやく意味の現成として究明された魂の内なる言語の具体的発現の場が見出されたと言えよう。

　しかし，改めて問われねばならない。人間が「善く生きる」ためにこうした言語があると語られるのは，一体どういう意味でなのだろうか，と[5]。だが，今は少なくともこのような問いを問い得る場に到達できたことをもって，本章が掲げたあまりにも大きな課題に対する一つのささやかな，しかし少なからぬ可能性を秘めた成果とみなし，稿を閉じることにしよう。

---

　5）　この問いに答える一つの試みとして，「善く生きること」と能動知性とを友愛（フィリアー）という観点から考察した本書第10章を参照のこと。ただし，能動知性の解釈に関しては，本章とはかなり異なったものとなっている。

# 第7章
## 生のアスペクトと善く生きること
――アリストテレス『魂について』を起点として――

　生きものが現に〈生きている〉という事態を，我々は同語反復的な自明さをもって把握している。しかし，それが現に〈生きている〉というそのこと自体の理解にまで至っているかといえば，必ずしもそうではない。たとえば古代ギリシア哲学の文脈で「生きものが〈生きている〉ことの原理はプシューケー（魂）である」と定式化されることによって，一体何が解決されているのだろうか。それはかえって，非生命体すなわち物質（質料）を魂（形相）が生命体へと「活かす」ことはいかにして可能か，という新たな（しかも多くの誤解を招く）問いを生み出しただけではないのか。あるいは，もっと有り体に言えば，私にとって私が〈生きている〉ことの判明さは，本来，私が生きものであることの認知にも私が何らかの生命原理に与っていることの認知にも由来するものではなく，むしろそれらに先だったいわば私の〈生の事実〉であるのではないか。とすれば，事後的説明原理のあれこれに拘泥するよりも，まず，〈生きている〉ことそれ自体の判明さをこそ探求の端緒とすべきではないだろうか。本章の課題は，そうした観点から改めてアリストテレスのプシューケー論を見直すことにある。

### 1　生のアスペクトとしての〈生きている〉こと

　今仮に，「プシューケー」を「まさにそれによって生命体が生きてい

るところの能力・可能態」という意味で「生能」と訳すならば[1]，「生能をもつもの（生命体）は生能をもたぬもの（非生命体）と〈生きている〉ということによって異なる」(413a21-22)。この同語反復とも言えるような洞察がアリストテレス生命論の出発点である。さらに，〈生きている〉ことの多様な語られ方として，思考，感覚，場所的運動，栄養摂取などの諸活動が挙げられる (413a23-25)[2]。自然的物体がこうした諸活動の各々の能力の「どれか一つでも」(413a22-23) 生能として有すると認められる限り，その自然的物体は，ちょうど栄養摂取能力をもつ植物がその能力の現実態として栄養摂取活動を行うように，その生能の現実態（これを「現生態」と呼ぶ）としてまさに現に〈生きている〉と語られる。生能をもたぬものは決して〈生きている〉とは言われない。

しかし，能力は生成においては活動に先立つ (cf.412a26-27) が，その本質規定 (λόγος) においては，逆に活動からの規定に依拠するものである (cf.415a18-20) 以上（たとえば視覚能力が視覚活動つまり「見ること」から「見ることを可能とするもの」と規定されざるを得ないように），生能の何であるかはその現生態である〈生きている〉ことの把握を前提せざるを得ない。確かに日常の語法では，見ることも生きていることも自明な概念とみなされている。しかし，それは必ずしも十全な理解を意味してはいるとは限らない。たとえば，視覚の場合，予め見るもの（感覚能力）と見られるもの（視覚対象）が現にそれ自体で相対峙して存在し，それら両者がどう繋がるか，我々の心的能力が世界内の事物に届くこと

---

[1]　『魂について』（同書からの引用は以後すべて Bekker 版の頁・行数のみを記す）第2巻第1章においては，知識の所有：知識の活用＝睡眠：覚醒＝視覚能力：視覚活動＝プシューケー：生命 (ζωή) という類比関係が明確に示されており，第二現実態（活動）である「生命」に対して第一現実態 (412a27,b5) であるプシューケーをその対比における限りで第二可能態として「生能」と呼ぶことに無理はない。しかも「魂」「霊魂」「心」といった従来の訳語に比して「生能」という訳語では，「生命」や「生きもの (ἔμψυχον)」との意味連関が訳語の上でも保持できる。なお，生命体が「それによって生きている」(414a12) ところの「生能」は，「可能的に生命をもつ自然的物体」(412a20-21,27-28; cf.412b25-26) である身体に対する限りでは確かに現実態である。しかし，それが生命の欠如態と対比された限りでの能力所有という意味での第一現実態である以上，「生能」という訳語は十分許容され得ると思う。以上に関してはさらに土橋 [1992]，113-114 頁を参照。

[2]　生能の諸機能ないしは諸部分は，必ずしもこの四つとは限らず，他の箇所ではさらに生殖 (416a19,b25,432b10,24)，表象 (432a31，ただし土橋 [1992]，115 頁参照)，欲求 (414a32,433b3) 能力などが挙げられているが，本章ではこの四つに代表させる。

第 7 章　生のアスペクトと善く生きること

ができるかどうか，といった語り方がごく日常的になされる（「あなたは黒板の文字が見えますか？」）。しかし厳密に言えば，現に見ている時，見ることのできるものも見られ得るものも，その現実態としては同一の事態でありながら，両者の各々「何であるか」という本質記述だけが異なる（425b26-27），つまり同一の現実態＝「見ている」ことの異なった記述としてのいわば事後的説明項に過ぎない以上，この語法はどこか転倒しているようにも見える。そして一見そうした日常語法に依拠しているかのように見える[3]アリストテレスにおいてこそ，実はこの転倒は鋭く意識されていたのではないだろうか。

　今，彼のテクストに即して視覚を例にとるなら，確かに一方でアリストテレスは，視覚に関係する視覚対象（ὁρατόν）すなわち固有な視覚対象としての色（418a11-16, a26-28）に起因する運動（性質変化）が光を媒介として視覚器官に因果的に伝播する（418a31-b2, 419a13-15）いわば物理的プロセスとして視活動を記述していながら，他方で現実態－可能態という独自の思考装置を用いてそれとは別様の説明をも展開していた。前者が一貫して三人称的記述であるのに対して，後者は一人称的観点から，というよりむしろ視覚する者に現出する光景から語り出されているように思われる。つまり視覚者にとって「見ること」の現成とは何か。それはまず何よりも「視覚者に何かが見えている」，あるいはアリストテレス的に言い換えれば「そこに（見られている）色がある」ということであるだろう。もしそうなら，そこから「そこに（見られている）色がある」という現実の事態について，感覚主体と感覚対象の双方に可能態（第二可能態＝第一現実態）を想定し，その一方を可能態における「見ること」すなわち視覚能力とし，他方を可能態における色（発色可能体）とみなすことができる。するとそうした能力・第二可能態の自己実現（ἐπίδοσις, 417b6-7）として，一方で現実態における「見ること」すなわち視活動が，他方で現実態における色すなわち「発色」（アリストテレスはこれには名がないと言っている（426a12-14）ので仮にこう名

---

[3]　確かに活動よりもその活動の対象がまず第一に規定されねばならない (415a20-22) と述べられ，また現に第 2 巻第 6 章の感覚対象の区分から考察が始められもするのだが，ただしこれはあくまで「もし対象がより先に考察されるべきならば」という仮定の上でのことで，実はその理由は必ずしも明確に挙げられているとは言えない。

付ける）が，あくまで同一の事態として現成することになる（cf.425b26-426a1）。さらに光がこうした双方向からの現実化を促すもの，つまり「可能的な色を現実的な色にする」（430a16-17）ものとして理論的に（つまり前述の物理的プロセスにおける光とは異なる位相において）要請される。

　以上のように，感覚作用を専ら物理的生理学的側面から三人称的〈物〉言語によって因果的運動として説明記述するのではなく，むしろ感覚活動の可能－現実態論的分析に基づいて説明する限り，視覚活動を構成する契機である視覚対象，視覚能力，光は予め別個に現存するのではなく，あくまで「そこに見られている色がある」という現実の同一事態がまずあってそれを説明するために事後的に措定され，差異づけられたものと言える。だからこそ「そこに色がある」という視覚光景が現出しているとき，それを顕現させたはずの光は背後に退き，視覚能力と視覚対象の差異もその活動の現成において消失しているかのようにみえるのである。

　こうしたことは，その他の固有感覚にのみならず，共通感覚や付帯的感覚にも言い得ることであるし[4]，さらには他の現生態，つまり栄養摂取や場所的運動や思考などにも敷衍できると思われる。つまり，色や音や味や臭いや感触，形や動きなどがそこにあるという事態，さらにはそれらを統合する「何かとして」そこにその何かが現成しているという事態，それに加えて養分がそこにあるという事態も，自らが運動・成長することによる世界の現出仕方の変化という事態も，さらには思考活動によって言語媒介的な仕方で世界が現成しているという事態も，そのすべて（あるいはいずれか）がそれぞれの当該生命体にとってのそれぞれ特定の世界の現成仕方（それを「生のアスペクト」[5]と呼ぶ）を構成しているのではないか。そして，そうした生のアスペクトとしての現生態から事後的に措定された生能として諸能力が語られているのではないか。

　たとえば栄養能力の場合，予め栄養能力と養分とが相対峙してあり，

---

　4）　感覚論全般に関しては土橋［1991］を参照。
　5）　「アスペクト」とは，ここではさしあたり「存在／認識（あるいは志向性），もの／生能（あるいは心），客観／主観，特殊／普遍の界面に現成する相貌」を意味している。ただし，本章での「アスペクト」の用法が従来のアスペクト論の術語的用法から自由である点については注7を参照のこと。

第 7 章　生のアスペクトと善く生きること　　205

それがどう繋がるかというのではなく，むしろ当該生物たとえばある植物に現成するアスペクトとして「そこに養分がある」という事態が，つまり現生態がまず事実としてあり，そこからそれが摂取するものと摂取されるものの各々の可能態へと事後的に分節化されたと考えられる。もちろんそれは，生成の観点から再構成されることによって容易に転倒し，隠蔽されざるを得ない生の一実相ではある。しかし，アリストテレスが「生命体は〈生きている〉ことによって非生命体と異なる」という地点を探求の出発点として定めたということは，「そこに養分がある」というアスペクトとして世界が開けてくる，まさにその現生態をこそ探求の出発点とするという宣言ではないのか。また，そう解釈することによってのみ，生物の振る舞いを外部から客観的に記述するという行動主義的方途でも，生物自身の観点を擬人法的に想定し，そのいわば私秘的光景を内部から報告するという疑似主観主義的方途でもない，まさに第三の方途としての「生のアスペクト」論への途が拓かれ得るだろう。

　しかし以上のような考察に対して，物体・身体への視座の欠落，とりわけ『魂について』第 2 巻第 1 章での形相・質料論的アプローチが本章において意図的に排除されたことに対する批判が即座に生じるだろう。確かに第 2 巻第 1 章でなされる生能の定義，すなわち「生能は可能的に生命をもつ自然的物体の形相としての実体である」（412a19-21），「生能は可能的に生命をもつ自然的物体の第一の現実態である」（412a27-28），「（生能は）器官をもった自然的物体の第一の現実態である」（412b5-6）といった定義は，自然的物体が〈生きている〉ものであるための必要十分条件を生能とみなすものであり，その限りで物体に定位したものである。物体が〈生きている〉ための機能として生能を捉える限り，ある意味では物体の然るべき機能的振る舞いをこそ〈生きている〉こととみなすことも可能である。

　しかし，石像の目と生身の目が同語意義なのは「見ている」という機能の有無によると言われる時（412b20-22），「見ている」とはどういうことを意味しているのだろうか。もしそれが，先に見たような意味で三人称的な記述でなされるなら，様々なレベルの視覚障害をもつ様々な生身の目のどこまでを「見ている」とみなし得るのだろうか。綿密な検査の結果，たとえ十全な視覚機能を果たすと診断された目をもつ人であっ

ても，もしその人が何も見えていないような振る舞いをしたならば，それはその人がその目で「見ていない」ということである。石像の目は石でできているから「見ていない」のではなく，その石像が「見ていない」から「見ていない」のである。同様に目は然るべき組成の身体部分であるから「見ている」のではなく，その目をもった人が「見ている」から「見ている」のである。そしてその人が「見ている」と第三者的に判断し得る根拠は，せいぜい「見えているように振る舞っている」という程度でしかない。

　しかし，アリストテレスはそのような「見えているように思われる」といった曖昧さでは決して語っていない[6]。アリストテレスの出発点はまったく違うように思われる。「見ている」ことの現成は，たとえば「そこに色がある」という事態の現成そのものであり，そこにおいては視覚主体と対象の差異もなければ，前者における視覚能力と視覚器官の差異もない。したがってそこにおいては，現に見ている目をその事態から抽出し，それを視覚能力と視覚器官の合成体，つまり形相質料合成体として語ることもミスリーディングである。そうした一切の事後的説明項を排し，ただひたすら「見ている」ことそれ自体を主題化しなければならない。このことは他の諸能力に関しても同様である。「そこに色がある」「そこに音がある」「そこに冷たさがある」……「そこに形がある」「そこに動きがある」「そこにせせらぎがある」……まさにそうした仕方で現成した世界がそこにはある。のどの渇きを覚える者にはそれはさらに「どうしても飲みたいものがそこにある」という仕方で快いものとして現成するであろうし，泳げぬ者にはそれは「立ち入ってはならぬものがそこにある」という仕方で不快なものとして現成するであろう。しかしアリストテレスにあっては，そうした世界の現成仕方が一人称的なパースペクティブにおいて語られることはない。そのように現成した世界に「私」は不在である。むしろそうした世界の現成仕方，いわば世

---

　6)「見えているように思われる」「生きているように思われる」すなわち「pをqと思う」という錯覚をも含み込む型の信念ではなく，まさに「見えている」「生きている」という信念がどこで獲得されるか，それが問題の核心である。ピクッと動くのが観察されたから生きている（と思われる），というような水準で〈生きている〉そのことをアリストテレスは決して語ってはいない，と私は思う。

界の光景がある特定の種の生き物に固有なパターンの光景として，その種に固有な生のアスペクトとしてそこにある，と語られるべきであろう (cf.414b25-28)。タンポポにはタンポポの，蟻には蟻の，岩魚には岩魚の，鳥には鳥の，人間には人間の固有の生のアスペクトが世界として現成している。そうした様々な生のアスペクト一切が生能の現生態であり，つまりは〈生きている〉そのことなのである。したがって，〈生きている〉ことが多様な仕方で語られるとは，生のアスペクトが多様であるということに他ならない。

## 2　ただ生きられるしかない〈生の事実〉

　世界をあくまで物質から構成しようとする者にとって，世界に起こる諸現象は物質間の必然的因果連関によって説明される。古代ギリシアの文脈においては，それが火・水・土・空気の四元素およびそれらに固有の特性からなされる。たとえば降雨現象は，温められた空気が上昇すればそこで冷却されて水になり落下せざるを得ない（『自然学』198b19-20）という仕方で一種の必然的因果プロセスとして説明される。しかし，ある生きものにとってそうした因果プロセスは，たとえば自身に必要な養分としての水をもたらすものとして位置づけられるだろう。つまり「そこに養分がある」というアスペクトとして世界が現成することによって，何らかの物理的因果連関が生のアスペクトへと変換したわけである。しかしその変換自体は，物理的変化によってではなく，生能が現生態となってそこで〈生きている〉という仕方によってしか起こり得ない。

　では我々は，物理的変化を語り得るようにそうした生のアスペクトをも語ることができるのだろうか。もし敢えて語ろうとすると，「可能態が現実態になっている」→「能力が現に活動している」→「見るもの（視覚能力）が見られるもの（視覚対象）を見ている」→「見る能力を備えた器官（すなわち物体）が見られ得る（第二可能態＝第一現実態）物体を見ている」というように限りなく分節化していき，結局は物体に定位しつつその機能を三人称的に規定する言明へと至らざるを得ない。この

ことは何を意味しているのだろうか。生のアスペクトはただ生きられるしかない生の事実であり、それを第三者的な観点からそれ自体としては語り得ないということなのだろうか。確かにそうかもしれない。アリストテレスがするように、我々の口と植物の根を類比する（412b3-4）語り方は、両者が栄養摂取という共通の機能をもった器官であるという以上に、実は類比するしか方法がないという意味で、植物に固有な生のアスペクトをそれ自体として語ることが第三者である我々人間には不可能であるということの示唆なのかもしれない。しかし、敢えてその類比的語り口を拡大使用するならこうなるだろう。

　動物にとってその生のアスペクトの固有性は、何よりも世界が感覚されてあるという仕方で現成するところにある。たとえばある特定の肉食獣に「ある特定の色と形と動きがそこにある」という仕方で世界が現成する時、そこでは、単なる質料的因果連関に過ぎない事象がその肉食獣（しかも空腹のそれ）に固有の獲物である草食獣として現成する[7]という志向的形相連関への変換が生じている。そうした変換の事実こそが、そこにその肉食獣が〈生きている〉というまさにそのことである。それを植物に類比するなら、単なる質料的因果連関に過ぎない事象が、その植物の養分をもたらす降雨として現成するという志向的形相連関への変換こそ、そこに植物が〈生きている〉というまさにそのことである。言い換えるならば、ある観点からは質料的因果的連関しかないところに、まったく別様の（事後的説明項を敢えて用いるなら）栄養摂取するものと摂取されるものという形相連関を「そこに水がある」という仕方で現成させること、それがすなわち〈生きている〉ことなのである。

---

7）ここでの「草食獣として」の現成は、人間以外の動物にとっては非認知的であり、何らの信念をも伴わない。人間にとってのアスペクト知覚に知的／言語的契機が不可欠であるのに対して、他の動物にとっての「～として」というアスペクトの現成は、その当該動物がそこで身を低く構え、追跡し、跳びかかり、食らいつくというような一連の行動を「地」とすることによって現成する「図柄」として、その動物の〈生きている〉ことそれ自体によって非認知的に「示されている」（「語られる」のではなく）。このように「アスペクト」概念を拡張して用いるならば、感覚能力を持たない植物にさえ、その生能の現成によって固有のアスペクトがその生の構造契機として照射されていると言いうるのではないか。ただし、あくまで当該生物だけにその固有のアスペクトが現成しているのであって、そのこととその生物の生そのものが示しているところのものとして我々によって観察されるということとを混同してはならない。もちろん我々にとってその区別は厳密には不可能であり、だからこそ類比的にしか語り得ないのではあるが。

## 第7章　生のアスペクトと善く生きること

　ただし，この言い方には注意が必要である。ある生のアスペクトへの変換が生起するという事実は，決してある生能が事象に自らに固有の（つまり自らに有益な）特定の秩序を付与するということではない。確かに事後的に生成の順で語るならば，生能に起動因の位置を与えることはできる。しかし，ある特定の生のアスペクトが現成していなければ，当該の生能は現に存在することもできないのであり，その存在しないはずの生能が当該のアスペクトを現成させることもあり得ない。では一体何がある生のアスペクトへの変換を引き起こすのか。おそらくはただ〈生きている〉そのことによって，としか答え得ないだろう。しかし，このことは各個体の生が有限であることと矛盾しないのだろうか。

　まず押さえておくべきは，生能が現に存在するのは，まさに〈生きている〉現生態においてのみであって，それ以外にはない，という点である。活動と能力を覚醒と睡眠とに類比する形で現実態の二義（第二現実態と第一現実態＝第二可能態）が語られる時（412a22-26），生能が後者とみなされるのはあくまで類比的にである。実際，知的能力を所有していながら活用していないことはあり得ても，生能を所有しているのに活用・現生態化していないことは〈生きている〉限りあり得ない。つまり生能とは，生きている／生きていないという二通りの事態を可能とする能力なのではなく，その生能の現成を阻まれることなく然るべく現成することすなわち〈生きている〉ことが自体的な目的として，しかも常に既に現成しているべき目的として予め自然本性化（必然化）されている存在仕方なのである。かくして生能をもつもの（生きもの）である限り，生きていること・存在することは端的に善い（cf.『動物発生論』731b30）。然るに，永続的に生命を持ち得ない有限的な生命体が生き続けることは不可能である。では，それにもかかわらず生能が〈生きている〉という現生態にあるという生の事実は何を意味しているのか。おそらくは生殖能力としての生能が発現し，種的永続性が実現されているということがそこには含意されていると思われる。しかし，それは種的永続という外在的目的のための手段としての生殖活動ということでも，また子孫を残したいという（神的永遠性に与ることへの）欲求[8]の実現とい

---

8）　確かに種的永続性への「欲求」をアリストテレスが挙げる箇所（415a18-b2）はあるが，あたかも植物にも欲求があるかの如き記述からもわかるようにそれはあくまでも比喩の

うことでもなく，あくまで生能の現生態として〈生きている〉ということの存在論的位置づけに由来するものと思われる。

　いかなるものであれ生のアスペクトは，それを自らの現生態とする生能の各個体の生が有限的であることに関わらずある意味で永続的に存在する。もちろんその現生態がその種の各個体の生能のそれである以上，もしその種が絶滅したならばその生のアスペクトも消失する[9]（より厳密には，その種の絶滅とはすなわち当該の生のアスペクトへの変換がもはや生起し得ないことである）。しかしそれはあくまで種に固有な生のアスペクトである以上，本質定義上その現成は個の不連続性に影響されない。その限りで生能はいかなるものであれ自らの永続をその現生態において既に実現していると言える。路傍のどんな小さな草花にも自らの生能に即した仕方で永遠の相の下にその固有の世界は現成しているのである。

　いずれにせよ生のアスペクトとは，以上のような仕方で現成している世界であり，自然である。それはそれ自体で善いものであり，それぞれの生命体が各々それを善なるものとして選び取った訳でも，善なるものとして実現した訳でもない。そうした意味で生のアスペクトとは，ほとんどの生物にとってただ生きられるしかない〈生の事実〉であり，〈生のかたち〉なのである。ところが，そのようにただ〈生きている〉だけでは自らの自然本性の実現には至らぬ生きものがいる。言うまでもなくそれが人間である。

## 3　人間の〈生のかたち〉としての「善く生きること」

　人間のみが言語を有し，思考活動をなす。その限りで人間の生能の示差的特徴をなす能力は言語による思惟活動の能力である。もちろんいかなる生物であっても，全体としての生能は部分的能力の単なる総和ではなく，各能力間のフィードバック的融和による変容を被った全体とみな

---

域を出ない。
　9）　種の永続性が生能に関わる論理的制約に過ぎないとすれば，何らかの環境変化がその制約を突破して種の絶滅を招来する可能性は否定し得ない。逆に新しい種の出現の可能性に関しては神崎［1998］，32頁を参照。

される[10]。それは当然人間にあっても同様であり、栄養摂取能力や生殖能力でさえ人間固有の生能としては、もはや言語能力抜きには語り得ぬものになっていると思われる。

　したがってそのような人間の生能への世界の現成は、当然言語を介したものである。「そこにある特定の色・かたち・動き……がある」という世界の現成が、即、跳びかかる・身をすくませるといった行動に直結している、つまりその都度の行動、総じてその生物個体の〈生のかたち〉がその生のアスペクトと完全に一致している他の動物と異なり、人間はそうした世界の現成を「犬として」「断崖として」といった言語媒介的な形でしか現成し得ない生物なのである。ある養分・水分・日光などを含み込んだある特定の仕方での世界の現成＝生のアスペクトが、即ある特定の種の植物の生の事実であるということは、その世界現成にその種の各個体はもはや生能としては含まれておらず、何らの自己再帰性の余地もそこにはない、ということを意味している。それに対して、人間の場合、言語媒介的に世界が現成するとはいかなることであろうか。

　　「動物の内で人間だけが言語（ロゴス）をもつ。……言語は役立つ
　　ものと役立たないもの、したがって正しいものと不正なものを明
　　らかにするために存する。なぜなら、他の動物に較べてそのこと、
　　つまり善・悪、正・不正、その他そうしたことの感覚をもつことが
　　人間に固有なことだからである。」（『政治学』1253a9-18）

　ここで「役立つ－役立たぬ」という分節化は、何かのためになるかならぬか、つまり目的－手段の分節化を意味する。したがって言語媒介的な仕方での世界の現成は、同時に目的連関的秩序の現成に他ならない。しかも、快・苦が追求・回避行動と直結し自己再帰性を必要としない動物的生と異なり、人間の場合、そうした合目的秩序連関の現成を自らの生能の現成として担うことが「私のために」役立つものの連関の現成でもある以上、自己再帰性がその世界現成に含み込まれざるを得ない。そもそもいかなる生のアスペクトからも一人称的視向すなわち自己性は排

---

　10）　この点に関しては土橋［1993］、8-10 頁を参照。

除されていたのに対して，人間に固有な生のアスペクトにのみ自己再帰性が現成するということは，人間にとって自己自身こそが実現すべき生能の課題であると同時に，それが何らかの思惟活動すなわち知性の現生態であることの証ともなるだろう。また，この限りで，人間にとって〈生きている〉こととは，生きられるしかない〈生の事実〉であるのではなく，むしろいかなる仕方で世界が現成すべきか，その現成仕方自体すなわちいかなる生が現に生きられるかというそのこと自体が各人の知に委ねられた生である。その意味で，人の〈生のかたち〉はその人がいかに生きているかにかかっている。人間のみが「単に生きるのみではなく，善く生きる」(『動物部分論』656a6-8) と言われるのもまさにこの意味でなのである。

しかし，その「善く生きる」ことそれ自体が完全な共同体であるポリスと結ばれる時（『政治学』1252b27-30），人間の自然本性の完成すなわち形相はもはや自然学的生能論（霊魂論）においてのみならず，むしろ政治・倫理学においてこそ見出されねばなるまい。そこでは，「幸福」「能動知性」「観想と実践」といったアリストテレス解釈のいくつかの難所が我々を待ち受けていることだろう。だが，言うまでもなく人は知性によってのみ生きるものではない。自らの生能が全体として実現される限り，人はただ生きられるしかない〈生の事実〉をも自らに委ねられた生として生きねばならない。このことがいかなる意味をもつのか，その解明こそが不透明感を増す未来に向けて現在我々に課せられた急務であるという面も忘れてはなるまい[11]。

---

11) 紙数の制約により，参照した欧文・邦文二次文献に関する記述の大半を削除せざるを得なかった。その欠を補完し，さらに旧稿の検討をも含んだ包括的な論考をいつか公にしたい。

# 附論 3

## アパテイアの多義性と「慰めの手紙」
―東方教父におけるストア派の両義的影響―

　ストア派のものとして一般的に受け容れられている倫理思想が，どのような形で東方キリスト教思想に継承され流布していったのか，その点をヘレニズム哲学受容に際しての東方教父たちの両義的態度を明らかにしつつ考察すること，それが私に課せられたさしあたりのテーマである。ストア派の倫理思想といえば，徳論はもちろんのこと，社会倫理的な観点からは，ストア的「善悪無記」（ἀδιάφορα）の問題とキリスト教的な「施し」（ἐλεημοσύνη, εὐποιία, φιλοπτωχία）の励行との関係[1]，ストア的な世界市民の説[2]，さらには近年，アリストテレス倫理学とカント道徳哲学との伝統的対立図式の再検討を促すストア的幸福主義における道徳性の問題[3]など，検討すべき課題は多い。中でも「アパテイア」概念をめぐる問題は，もはや語り尽くされ陳腐化した感すらある一方で，その実，特に東方教父にあっては，ややもすると漠然とした一般論にとどまりがちである。そこで今回は，古代末期における「慰めの手紙」（παραμυθητικαὶ ἐπιστολαί）という，一般にはあまり知られていない書簡群を具体的な素材として，アパテイアをめぐる問題について少しく考察を加えてみたいと思う[4]。

　たとえば，カッパドキア教父の先陣を切るカイサレイアのバシレイ

---

1) Cf. Countryman [1980].
2) 信頼すべき基本文献として，Schofield [1999].
3) 記念碑的論文集として，Engstrom and Whiting (eds.) [1996] .
4) 「慰めの手紙」という文学ジャンルの研究は，Favez [1937] にしても，Beyenka [1950] にしても，当初は西方ラテン教父に特化したものであったが，Gregg [1975] の登場によって東方教父圏においてもようやくその意義が認知されるようになった研究領域である。

オスは，360を超える膨大な書簡を残したが，その中に極めて印象深い「慰めの手紙」が19通含まれている[5]。たとえば，寡婦となったブリソンの妻に宛てたバシレイオスの書簡302は，「慰めの手紙」と呼ばれる書簡群の典型と言える。それは以下のように始まる。

> もっとも善き人ブリソンを襲った災いの報せを受けて，私たちが一体どれほど深く嘆き悲しんだことか，改めて申すまでもありません。あの方と昵懇にしていた者のなかで，あの方が突然人の世から奪われたことを聞いてもなお，あの方がもはやこの世におられぬことを私たち皆に共通の生命の痛手（κοινὴ ζημία τοῦ βίου）と思わぬ，そんな石のように冷たい心をもった者など，一人もおらぬはずですから。しかし，私たちの悲しみなど較べものにならないほどのあなたの悲痛を思えば，今度はあなたのことを心配せずにはおれません。……このたびの御不幸で最も深く心を傷つけられているのは他ならぬあなたなのですから。(Basil, *Ep.* 302)[6]

ここでのバシレイオスの意図は，一読して明らかなように，悲しみという情念を取り除こうとすることにではなく，むしろ共に悲しみ，情念を共有する（συμπαθεῖν）ことによって遺族の深い悲しみを和らげることにある。しかし，その一方で彼は，情念からのまったき解放・無情念（アパテイア）を修道的生の目的として修道士たちに強く説き勧める書簡も数多く書いている。一見すると彼の情念に対する態度は矛盾しているようにさえ見える。本附論では，情念に対するバシレイオスの態度のこのような二つの異なった位相に関して，修道院における禁欲主義的な生の目的，つまりはギリシア教父における人間性の完成という観点から理解を試みる一方で，悲嘆にくれる者と共に悲しむことによって慰め

---

5) その内訳は，配偶者あるいは親族を亡くした遺族に宛てたものが9通（*Ep.* 5, 6, 101, 184, 206, 269, 300, 301, 102），教区の司教を，死によって，あるいはアレイオス派との抗争によって失った当該教区の信者たちに宛てたものが4通（*Ep.* 28, 29, 62〔以上が前者〕, 227），さらにアレイオス派の勢力下に置かれ迫害を受けている者たちに宛てたものが6通（*Ep.* 139, 140, 238, 247, 256, 257）となる。

6) 本附論では，バシレイオスの書簡を参照・引用する際は，ロウブ版テキスト（R. J. Defferrari (tr.), *Basil, Letters*, vol. 3, Cambridge, Mass., 1953）を使用した。

附論 3　アパテイアの多義性と「慰めの手紙」　　215

を与えようとする「慰めの手紙」に見出される非ストア的態度（むしろペリパトス派的な「適度な情念（パトス）」（μετριοπάθεια）の重視）との関係について，やや立ち入った具体的考察を試みたい。彼のアパテイアに関する多義的な理解を，東方キリスト教圏におけるストア派倫理思想受容の一つの典型として示すことができれば幸いである。

　具体的には，まず，1においてバシレイオスにおけるパトスの三区分とそのストア派起源が考察される[7]。次いで2で，そのパトスの意味区分に対応するバシレイオスにおけるアパテイアの多様な意味が吟味・分類され，最後に3で，それまでの分析の結果を用いつつ，バシレイオスとプルタルコスの両者それぞれの「慰めの手紙」におけるアパテイアとメトリオパテイアの関係解明が目指される[8]。

## 1　バシレイオスにおけるパトスの三区分とそのストア派起源

　バシレイオスの書簡261には，パトスに関して以下のような記述が見出される。

> 人間の諸情態（πάθη）が神性そのものと交わると語ることは，その思考において決して一貫性を保持し得ないし，次のことを知らぬ仕業である。すなわち，単なる肉体の受動的状態（σαρκὸς πάθη）と魂に与る肉体の情動（σαρκὸς ἐμψύχου πάθη），そして肉体を用いる魂の情念（ψυχῆς σώματι κεχρημένης πάθη）とがそれぞれ異なるということを。また，これらの内，あるものは自然なものであり，生物に必要なものであるが，他のものは悪しき意志によって（ἐκ προαιρέσεως μοχθηρῆς），あるいは躾の悪さ，徳への訓練不足によって生じたものである。(Basil, *Ep*. 261, 3)

　バシレイオスはここで，パトスを①「肉体の受動的状態（パトス）」，②「魂に

---
[7]　この点に関しては，A. Dirking [1954] が今もなお基礎文献として有益である。
[8]　メトリオパテイアとアパテイアの両概念に関わるヘレニズム期の論争を見通し良く纏めたものとして，J. M. Dillon [1983]。

与る肉体の情動(パトス)」、③「肉体を用いる魂の情念(パトス)」、の三つに区分している。こうした区分の仕方を彼がどこから知ったのか、その源泉については、アレクサンドレイアのクレメンス、あるいはプルタルコスという可能性が挙げられるが、後者は中期ストア派のポセイドニオスの説を要約したもので興味深い。以下がその引用である。

　　確かにポセイドニオスは、少なくとも彼の諸情態の分類において、以下のように述べている。すなわち情態のあるものは、（ⅰ）「端的に魂に属する情念」（τὰ ψυχικὰ ἁπλῶς）であり、あるものは（ⅱ）「端的に肉体に属する受動的状態(パトス)」（τὰ σωματικὰ ἁπλῶς）、また別のあるものは（ⅲ）「肉体に属するが、影響が魂にまで及ぶ情動(パトス)」（τὰ περὶ ψυχὴν σωματικά）であり、他のものは（ⅳ）「魂に属するが、影響が肉体にまで及ぶ情動(パトス)」（τὰ περὶ σῶμα ψυχικά）である。」(Plutarchus, *De libidine et aegritudine*, 6)[9]

　ここでポセイドニオスのパトス区分として挙げられているのは、（ⅰ）「端的に魂に属する情念(パトス)」、たとえば欲望、恐れ、怒りなど、（ⅱ）「端的に肉体に属する受動的状態(パトス)」、たとえば熱、冷、収縮、拡張など、（ⅲ）「肉体に属するが、影響が魂にまで及ぶ情動(パトス)」、たとえば気だるさ、（黒胆汁に起因する）憂鬱、苦痛など、（ⅳ）「魂に属するが、影響が肉体にまで及ぶ情動(パトス)」、たとえば身震い、顔面蒼白、（恐れや悲しみによる）表情の変化など、以上である。これらは、魂のパトス、肉体のパトス、それらの混合、と纏め直せば、（ⅱ）が①に、（ⅰ）が③に、（ⅲ）（ⅳ）が②に、それぞれ対応することは明白である。バシレイオスは、これらパトスの或るものは自然なもの、必要なものであるが、他のもの（悪しき情念）は、（ポセイドニオスが理性からの逸脱と解するのに対し）「悪しき意志」によるものとみなす。また、バシレイオスがクレメンスと大きく異なるのは、キリストが彼の内なる人間性によって「自然なパトス」（①と②）を受容するとはっきり主張する点にある。この場合、彼の両性説的キリスト理解により、キリストにおける神性にふさわしくない「悪し

---

9) この断片のテキスト及びコメンタリーとして、Kidd [1988], pp. 560-562; Kidd [1989], p. 140 参照。

き ($\grave{\alpha}\pi\grave{o}$ κακίας) 情念」すなわち罪については，キリストに一切関与しないとされる。この点を加味し，倫理的に重要なパトス概念を分類し直せば，苦痛や病弊などの「情動」，怒り，恐れ，悲しみなどの「情念」，さらに罪として性格づけられる「悪しき情念」，以上がバシレイオスに固有の倫理的パトス理解とみなしてよいであろう。

## 2 バシレイオスにおけるアパテイア概念

以上のパトス区分から，アパテイア概念も，さしあたり，①「身体的情動の除去」，②「情念の根絶」，③「罪の除去」というように分けられる。

このうち①に関しては，『聖霊論』第 18 節において，「不可捉な神は，自らの受苦(パトス)によって私たちに苦しみからの救いをもたらすために，〈身体的情動の一切ない仕方で（$\grave{\alpha}\pi\alpha\theta\tilde{\omega}\varsigma$）〉肉体を介して死と一つに組み合うことができた」と述べられている。この意味でのアパテイアは，神の「不死性」「不動性」と同義とみなし得るだろう。その限りで，この意味でのアパテイアは決してパトスと相入れることはない。したがって，キリストにおける人性は，この意味でのアパテイアを受容することはできない。

②「情念の根絶」という意味でのアパテイアも又，当然，神に相応しいものであるが，この意味でのいわば絶対的なアパテイアは人間にとって理念に過ぎない。それは，一方では修道生活の理想となる。友人ナジアンゾスのグレゴリオスに隠遁生活を勧める書簡 2 において，「世間からの隠遁は，世間から身体的に外に出ることを意味するのではなく，身体との共感（συμπάθεια）から魂を切り離すことを意味し」，隠遁先である「荒野は，私たちの情念を鎮め，情念を魂から完全に切り離すための閑暇を理性に与えてくれる」と述べられているように，悪しき情念の除去は修徳修業の目的である。この限りでは，ストア派の影響が色濃い。しかし他方で，感謝についての説教においてバシレイオスは，「無感覚（ἀσυμπαθές）を人間離れしているとして避ける一方，過度の悲嘆落涙を卑しいことと戒め」た上で，ラザロスの墓で涙を

流すイエスを,私たちに「必要な情念」の規準・限界を示す模範として示す（Basil, *Hom. De gratiarum actione* 5）。この限りでのアパテイアは,「適度な情念」へと諸情念を理性が支配し導くことを意味し,「抑制」（ἐγκράτεια）に限りなく近づく。『修道士大規定』によれば,真に抑制している人は,低俗な諸情念に打ち克ち,それゆえ,抑制は罪の破棄,情念の除去であり,霊的な生の始まりとみなされている。こうしたいわば中庸としての「適度な情念」や「抑制」の考えは,ストア派ではなくペリパトス派の影響によるところが大であろう。

最後に③「罪の除去・無辜性」という意味でのアパテイアの用法は,バシレイオスのテキスト中には見出せない。このことは,たとえばクレメンスにおいてアパテイアは神性と同様に完全性を意味し得るが,バシレイオスにおいては,人間本性に可能な限り神に似ることの手段としてアパテイアが捉えられていることを示している。こうしたアパテイア理解は,ストア的というより聖書的である。

## 3 アパテイア,エウパテイア,メトリオパテイア

冒頭で,寡婦となったブリソンの妻宛てのバシレイオスの慰めの手紙の書き出し部分を引用したが,プルタルコスによる同じ趣旨の書簡（おそらくバシレイオスの手紙の原型ともいえるもの）,つまり長患いの末に亡くなった息子の父親であるアポロニウスという人物に宛てて書かれた慰めの手紙と比較することによって,いくつかの興味深い論点が浮かび上がってくる。プルタルコスの書簡は,以下のように始まる[10]。

> 親愛なるアポロニオス,我々みながこよなく愛したあなたのご令息が突然に夭逝された報せを聞き及び,いぜんから私はあなたの辛い心中を察し,私も悼みを共にしていました。……あのとき,亡くなったすぐ後にあなたに会いに行って降りかかった運命を,人

---

10) テキストはロウブ版（Plutarch's Moralia, vol. Ⅱ, by F. C. Babbitt, Cambridge, Mass., 1928）,和訳は『プルタルコス：モラリア2』瀬口昌久訳,京都大学学術出版会,2001年,60-62頁を用いた。

間に与えられたものとして耐えるようあなたを励ますことは時宜をえませんでした。あなたは身体も魂も予期しない不幸によって弱り果てていましたし，また私もあなたのお気持ちにただ同情（συμπαθεῖν）せざるをえなかったからです。（プルタルコス『モラリア』「アポロニオスへの慰めの手紙」1，101F-102A）

　書簡の形式という点から見れば，プルタルコスの手紙もバシレイオスの手紙も，「慰めの手紙」に備わる当時の慣習的形式にほぼ忠実にしたがっている。たとえば，まず宛先人を襲った不幸の報せを聞いたという事実を確認し，故人の善き人柄ゆえにその報せが差出人にとってどれほど大きな精神的衝撃を与えたかを述べた後，残された遺族の悲しみに心底からの同情を示す，という書き出しの組み立てがそうだ。しかし，もっと重要だと思われるのは，その続きである。

　……息子が死んだときの心の苦しみと激しい痛みが，悲しみを引き起こす原因となるのは自然なことであり，それは我々の意のままにはならないものです。というのは私としても粗野で無情な冷淡さ（ἄγριος καὶ σκληρὰ ἀπάθεια）を賞賛する人たちには与しません。それは可能でも有益でもありません。なぜなら，そのような冷淡さは，愛したり愛されたりする優しさ（εὔνοια）を奪い去ってしまうのですが，それこそ何にもまして保持しなければならないものなのです。しかし，悲嘆（πένθη）が限度を超えてさらに増大するならば，自然に反するものとなり，それは我々の劣悪な考えによって生じたものであると私は主張します。それもまた，有害で劣悪であり，誠実な人間にはけっしてふさわしくないものとして捨て去らねばなりません。けれども，節度を心得た苦悩（μετριοπάθεια）は拒絶すべきではないのです。（同上書「アポロニオスへの慰めの手紙」3，102C-D）

　プルタルコスはここで，ストアのアパテイアに関する教説を，明らかに誤った見解として非難している。プラトニストであるプルタルコスが，ストア派を批判するのは問題ないとしても，では，なぜ「悲しみ」

という情念が焦点になったのだろうか？

　その問いに答えるために，ここで簡単にストア派の情念論をざっと見直しておこう。初期ストア派において，パトスはすべて賢者の魂からは除去されるべき非理性的な運動，「過剰な衝動」（ὁρμὴ πλεονάζουσα）と考えられていた（SVF I, 205ff.）。しかし，ゼノンやクリュシッポスを含む大半のストア派論者たちは，アリストンのような異端的な人物を除き，賢者に完全な無受動，無感動を課そうとしたわけではない。もし賢者がごく普通の人間的衝動にさえ完全に無感覚であるとしたならば，一体，賢者はどうやって適度な情念をそれとして自覚・識別できるというのだろうか。いずれにせよ，プラトンやアリストテレスのような魂の二分ないし三分説を奉じる考えに対して，ストア派は普通（ポセイドニオスのような例外を除き），いかなる非理性的な要素ももたないロゴスに支配された一なる魂，魂の主導的部分（ἡγεμονικόν）に一元化された魂という魂観を主張する。では，そのようにロゴス一元的なストアの賢者の魂は，プラトニストのように非理性的部分をもつことなしに，一体いかにして，それ自体非理性的である情念をもつことができるのだろうか。このような厄介な問題に直面したストア派の論者たちの対応は決して一様ではない。情念を判断とみなすにせよ（クリュシッポス），判断に随伴するものとみなすにせよ（ゼノン），そのいずれにしても，表象に対する理性の指導的部分の同意という合理的要素を情念の構成に必須のものとみなす立場が主流であるが，ポセイドニオスのように情念を非理性的な欲求的力に帰そうとする立場もなかったわけではない。

　そのような情念に関するストア的説明の派生形の一つにエウパテイア説がある。エウパテイア（εὐπάθεια）とはセネカによれば，次のようなものである。すなわち，

> 賢者の魂においては，（情念の）傷が癒えた時でさえ，その傷跡が残る。賢者はそれゆえ，情念それ自体からは解放されているにもかかわらず，情念からの或る暗示や予兆を感じ取ることができるであろう。（*De Ira* I, 16, 7）

　つまり，エウパテイアとは，合理的判断（κρίσεις）に密接に関わる

いわば情念の痕跡であって，それ自身は情念ではないということになる[11]。なぜなら，情念はあくまで非理性的なもので，賢者にふさわしいものではないが故に，賢者の判断に資するような情念（的な何か）があるとしても，それ自体はパトスではあり得ないからである。したがって何らかの形で本来の非ロゴス的本性がロゴス化したパトス，不完全な形であれ合理化された情念とみなされ得るものがエウパテイアだと言ってよいだろう。

いずれにせよ，ストア派の四大パトスのうち，少なくとも「悲痛」を除く三つには以下のようにエウパテイアが対応するとみなされている。すなわち，快楽には「喜び」（χαρά）というエウパテイアが，欲望には「願望」（βούλησις）が，恐れには「用心深さ」（εὐλάβεια）がそれぞれ対応するとされる（SVF III 431, 437, 438）。しかし，少なくとも後期ストアに至るまでは，「悲痛」に対応する理性的な要素つまりエウパテイアは語り出されることがなかった。言い換えれば，「悲痛」というパトスを「よいパトス」という形で合理的に魂の機能に一元化することは極めて困難だったという事情をそのことは表しているものと思われる。それゆえ，プルタルコスとバシレイオス，両者の慰めの手紙は，それに合理的な等価物すなわちエウパテイアを置くことが許容されない悲痛・悲嘆というパトスに，期せずして焦点を合わせることとなったのではないか，そう推測できる。

一方のプルタルコスは，反ストアの旗を掲げる中期プラトン主義者として，アパテイア概念をペリパトス派から借用した「適度なパトス」概念と対比することによって，ストア派のアパテイア説を批判・攻撃したものと思われる。ストア派を論難する側から見れば，情念の排除（アパテイア）と適度な情念（メトリオパテイア）の両立は，たとえエウパテイアの概念をもってしても，ありそうにもないことだったし，とりわけ悲痛・悲嘆という情念に関してはエウパテイアの画定すらおぼつかなかったのである。そこをまさにプルタルコスは攻撃したわけである。

---

11) セネカには，エウパテイアとは別に，後に「プロパテイア」と呼ばれるようになる情念の前段階にかかわる記述がある（*De Ira* II, 1-4）。それによれば，プロパテイアとは，情念を準備する（つまりそれ自体は情念ではない）先行段階として，表象によって反射的に引き起こされた本能的な情動を意味する。

対してバシレイオスの場合は，事情が異なる。R・ソラブジが指摘するように，我々は確かに「カッパドキア教父たちの内に，二つの非常に異なる文脈を見出す。一つは慰めの手紙や書き物にかかわる文脈。もう一つは理想にかかわる文脈である[12]」。前者はメトリオパテイアにかかわり，後者はアパテイアにかかわる。では，バシレイオスにおいてこの二つは，プルタルコスにおけるように両立不可能なのだろうか。必ずしもそうとは思われない。そもそもバシレイオスには，ストア派のアパテイア説を批判する必要などありはしなかった。彼の目的は，慰藉のための書き物と修道生活という両方の文脈でキリストに限りなく近づくこと，あくまでもただその一事のみであった。修道生活において，あらゆる情念からの魂の完全な救済であるアパテイアは，修道士たちが，自らの魂を理想的な神的範型に従って浄化することを動機づけるものである。言い換えれば，修道生活の目的は，アパテイアによって彼らの魂の内にある神の似像を回復することに他ならない。その限りで，そのようなアパテイアはエウパテイア概念を介さずとも（前節2-②で見たように）メトリオパテイアあるいはエンクラテイアに近いものとなるだろう。他方，慰めの手紙の文脈においては，他者を慰めようとする私たちの態度の範型は，キリストであり彼の涙といえる。人の痛み，悲しみが癒されることができるのは，ちょうどキリストがラザロスの墓前でしたように，他者が痛みや悲しみを適度な仕方で自分と共に感じてくれること，まさにその点にあるだろう。それゆえ，バシレイオスにおける二つの非常に異なった文脈，すなわちアパテイアとメトリオパテイアは，キリストにおける神性と人性のように，両者矛盾するものではなく，むしろ両立可能であるとひとまずは結論づけることができるのではないだろうか。

---

12) Sorabji [2000], p. 391.

# 第3部

# 善き生の地平としてのフィリアー

――アリストテレス政治・倫理学の諸相――

## 第 8 章

## アリストテレスのフィリアー論序説
――友愛の類比的構造――

　「善く生きる」という課題を人間の徳の形成の問題としてとらえたアリストテレス倫理学において，諸徳のいわば完成態[1]ともいうべき「フィリアー（愛・親愛・友愛）」がもつ意義は大きい。事実彼の『ニコマコス倫理学』では「フィリアー」は全10巻中2巻（第8・9巻）を割いて語られており，『エウデモス倫理学』においてもフィリアー論はほぼ同じ比率を占めている[2]。しかしややもすれば古典に骨董的・文献学的価値しか見出そうとせず，近代的「友愛」観から彼のフィリアー論を短絡的に断罪する傾向がこの主題の研究を妨げてきたこともまた否めない[3]。したがって本章では，現代とアリストテレスの時代との文化的背景の相違という特殊な制約の下にありながらもなお事柄自体への問いを共有できるよう配慮しつつ，当時のギリシアのフィリアーの諸相をアリストテ

---

[1]　加藤〔1973 a〕，431頁，注(2)の解釈に従う。ただし友愛自体が徳なのか，あるいは徳に伴うものなのかはテキスト EN Ⅷ 1, 1155a3-4 においては明言されていない（なお，テキスト指示は Bekker 版により，書名は EN 等と略記）。確かに EN Ⅱ 7, 1108a26-30 では，御機嫌とりやゴマスリと気難し屋との中間としての友愛が徳目リストに挙げられてはいるが，EN Ⅳ 6, 1126b19-23 において，それはパトス的愛情をもたぬ点で友愛と区別され，友愛の名を剥奪されている。cf. Grant〔1973〕, p.251; Burnet〔1973〕, p. 346; Dirlmeier〔1956〕, S. 509-510.

[2]　ベッカー版の行数で見ると，フィリアー論に当てられているのは EE が950行，EN が1209行であるが，それの EE 全巻に対する比率は EN の場合とほぼ同様に約五分の一である。

[3]　Cooper〔1977〕, p. 619.「古代ギリシア的伝統の貯水槽」（Dirlmeier〔1956〕, S. 245）としてのアリストテレスの文献学的価値を否定するのではもちろんない。なお，古代ギリシアの「フィリアー」を勘案せずに近代的友愛観から直接アリストテレスを批判する傾向は，たとえば Telfer〔1970/1〕に見られる。

レスがいかに哲学的に分析・精錬していったかを追跡していきたい。その際特に，善い人々同士の徳に基づく善ゆえの友愛が他の諸種の友愛に優越するのは何故か，また如何にしてか，という問いの解明が本章の中心的課題となるであろう。

## 1 フィリアーの諸形態

ギリシア語の「フィリアー」（φιλία）は，friendship, Freundschaft, amicitia, 友愛などと訳されるのが慣例となっているが，それらの訳語では覆い切れない意味の広がりをもっている。たとえば普通我々は親子の間に友愛があるとは言わない。「友達のような親子」という表現は，友人関係とは区別された通常の親子関係の特徴が希薄な時に使われるのであって，むしろごく一般的な親子間には友愛ではなく親子愛こそがあるべきだということを示唆している。ところがギリシア語では親子愛も（むしろ親子愛こそが）フィリアーである[4]。それどころか人間同士の関係のみならずポリスとポリスの同盟関係もフィリアーと呼ばれる[5]。このようなギリシア原語フィリアーと現代語訳とのギャップは誰もが認めるところである[6]。しかし妙案もないので本章ではフィリアーは広義に「友愛」と訳し，文脈によって「フィリアー」を併用する。そしてそのような広義の友愛の関係にある人すなわち「ホ・フィロス」（ὁ φίλος）を「友人」「友」，形容詞「フィロス」（φίλος）は「親愛な」と訳す。ただしφίλοςや語幹φιλ-が「自分自身の（もの）」という再帰的所有関係を強調する意味を原初にもっていたということを忘れてはならない[7]。た

---

    4) EN Ⅷ 7, 1158b11-23; Ⅷ 12 etc. なお EN Ⅷ 1, 1155a16-19 によれば鳥や動物に見られる親子の本能的情愛もフィリアーとみなされ得る。
    5) テキストの字義通りには,「人々はポリス（複数）をフィロス（複数）と呼ぶ。」（EN Ⅷ 4, 1157a25-26.）
    6) たとえば Cooper [1977], p. 620. 加藤［1973a］，430-431 頁，注（1）。岩田［1985］，329-330 頁，注(1)。高田［1973］，206-207 頁，注（1）。日本語訳では広義に「愛」と訳す線で統一されてきたようだが（茂手木元蔵訳 EE は「親愛」），欧米語では friendship ないしそれに対応する語が訳語として定着している。しかし，Vlastos [1981], p. 4 は love こそが旧弊を断つ適訳であると主張し，philein の訳語の点で Cooper [1977], p. 621, n. 5 と対立する。
    7) 久保［1984］，6-7 頁。

第8章　アリストテレスのフィリアー論序説　　　　227

とえばエウリピデスの『フェニキアの女たち』[8]で既に敵となってしまった兄をも φίλος と呼び得るのは，彼が単に親愛なる人であるからというのではなく，むしろ彼が自分の血をわけた身内だからである。このようにフィリアーという語自体が自己自身への再帰性をその意味の中に潜ませているということは，友愛関係という事柄自体が既に再帰的な要因をもっているということを示唆している。アリストテレスが『ニコマコス倫理学』第9巻で自己愛の問題を扱わねばならなかった理由もここにあると思われる。

　さて，古代ギリシア人たちにとってごく一般的なフィリアーとしては，次の四種が挙げられる。まず第一は，父母の愛や兄弟愛など血縁関係にある人々のフィリアー，同族間のフィリアー（ἡ συγγενικὴ φιλία）[9]で，これは我々の本性に根差したもっとも自然なフィリアーと言える。と同時に，これは部族社会から都市国家への展開過程で彼らがもっとも重く見た人間同士の絆でもある[10]。しかし，彼らは単に閉鎖的であったわけではなく，同時に旅人や異人をも歓待するギリシア人特有の第二のフィリアー（ἡ ξενικὴ φιλία, ἡ ξενία）[11]ももっていた。これは，「遠来の客は乞食にしろ，すべてゼウスがお遣わしのもの」[12]というホメロス以来の宗教的背景や，自分たちも元は移住者であったという歴史的背景から生まれたものであろう。これら二つに次いで，第三にいわゆる親友仲間同士の友愛（ἡ ἑταιρικὴ φιλία）[13]がある。現在，我々が友愛と普通に呼ぶのがこのフィリアーである。最後は恋する人々のフィリアー（ἡ ἐρωτικὴ φιλία）[14]で，これは必ずしも異性間に限られはしない。

　以上，大きく四つのフィリアーを挙げたが，さらに商人同士の商売上

---

8）　Euripides, *Phoenissae* 1446.（大竹敏雄［1982］, p. 306 参照。）
9）　EN Ⅷ, 12. この血縁的な友愛の詳細な考察としては，岩田［1985］, 306-310 頁を参照のこと。
10）　久保［1984］, 8 頁。
11）　EN Ⅷ, 3, 1156a30-31; Ⅷ, 12, 1161b15-16; Ⅸ, 10, 1170b20-22.
12）　ホメロス『オデュッセイアー』（下）呉茂一訳, 岩波書店, 昭和50年, 38頁。同書（上）, 188頁も同様の意味。
13）　EN Ⅷ, 5, 1157b23; Ⅷ, 11, 1161a25; Ⅷ, 12, 1161b12, 35, etc.
14）　EN Ⅷ, 3, 1156b1-3; Ⅷ, 4, 1157a13; Ⅸ, 1, 1164a3.

の関係や,借金の貸し手と借り手[15],主人と奴隷,支配者と被支配者の関係[16],ポリス内の国政レベルでの国民相互の関係[17],そして先に述べたポリス同士の関係まで,およそ人と人とが交わる限り一切の関係にフィリアーは生じる。このようにフィリアーは様々な意味で語られるが,このフィリアーの多義性をアリストテレスは一体どのように分類していったのであろうか。次に彼の分類のおおまかな輪郭を描いてみよう。

　アリストテレスはまず,双方が等しい関係にある友愛と,一方が他方に優越する関係にある友愛とに大別する[18]。一般には「類は友を呼ぶ」と言われるように,似たもの同士に友愛が生ずる場合もあるし,逆に相反する立場のもの同士の方がうまくいくと言われる場合もある[19]。そしてこのそれぞれの場合に,友愛の対象あるいは友愛の動機の種類に応じて友愛の種類が分けられる。すなわち,徳＝人柄の善さのゆえの友愛,快楽のゆえの友愛,有用さ・利益のゆえの友愛,以上の三種である[20]。たとえば,互いに尊敬し合っている親友同士ならば,等しい関係にある善のゆえの友であるし,商人同士なら利益のゆえの友と言える。それらはいずれも互いに同じものを願望し,同じものを互いから得る。しかし,等しい関係にあって異種のものを交換する友愛もある。たとえば,ギリシア風に美少年に恋する男の場合がそうである。なぜなら,男は美少年から快を,少年は男から利益を得るから[21]。ただしこの場合,得られた快と利益は等しい価値をもっているとみなす。いわゆる等価交換[22]が成立するわけで,だからこそ等しい関係と言われるのである。これらに対して,父と子の関係に代表されるのが,一方が他方に優越する場合

---

15) EN Ⅷ, 6, 1158a21; Ⅷ, 13, 1162b21-34.
16) 支配制度（政体）の諸形態と友愛の諸形態とを比較考察する EN Ⅷ, 10, 11 を参照せよ。特に奴隷に関しては,EN Ⅷ, 11, 1161a34-b8.
17) ἡ πολιτική (scl., φιλία) (EE Ⅶ, 10, 1242b22-23) については EN Ⅷ, 9 を参照せよ。アリストテレスにとってポリスは,構成要素として自律した個々の市民から成るのでも,有機的関係において多様な機能をもった部分としての諸階級から成るのでもなく,諸々の小共同体に相応した種々の市民的友愛から成る（Hoffmann [1972], p. 175）。この種の友愛については,Cooper [1977], pp. 645-648 で詳しい議論がなされる。
18) EN Ⅷ, 13, 1162a35-b4.
19) EN Ⅷ, 1, 1155a22-b8.
20) EN Ⅷ, 2, 1155b17-19, 27; Ⅷ, 3, 1156a7-8.
21) EN Ⅷ, 6, 1158b2-3; Ⅸ, 1, 1164a6-8.
22) EN Ⅸ, 1, 1163b33-1164a2.

の友愛である[23]。この場合，互いがもつ友愛は異種のもので，また価値的にも等しくない。たとえば，父の子に対する友愛は父の施す恩恵の優越によって成立すると言われる。なぜなら，父は子の存在の与え主であり，その点で最大の恩恵を施しているからである。また，子の父に対する友愛は，その恩恵の価値に可能な限り相応しい尊敬を返すこととされる。つまり，両者には価値に比例した友愛が要求されるので，それが生じた時に初めて互いの間に等しさが生まれるのである[24]。結局，以上の等関係同種，等関係異種，優劣関係異種のいずれの関係においても，友愛は等しさを目指す。ギリシアの諺で「親しさは等しさ」と言われる所以である[25]。

　アリストテレスはさらに，人々の交わり（κοινωνία）においてこそ正しさや友愛が言及され，同じものを共有する度合いに応じてそれだけの度合いの正しさや友愛があるという観点からも友愛を論じ，人々の交わりの種類，共同関係の種類に応じた友愛の分類を試みている[26]。一言で人々の交わりと言っても，大はポリス共同体から，小は夫婦あるいはそれに類する対関係[27]，気楽な茶飲み友達まで実に多様である。しかしここで大切なことは，人と人が何らかの善・快・利益を求めて交わり，何らか同一のものを共有する関係に入る時，その関係には必ず何らかの友愛が生じるということである。言い換えれば，およそ倫理の関与するあらゆる場面に友愛があるのであって，「人が善く生きる」とか「幸福に生きる」ということを考える時に友愛を語らずにおくことはできないのである。だからこそ友愛は，人生にとって必要不可欠であり，それ自体美しいものと言われる[28]。では，友愛とは一体何であろうか。

---

23) EN Ⅷ, 7.
24) EN Ⅷ, 7, 1158b27-28; Ⅷ, 8, 1159a35-b3; Ⅷ, 13, 1162a34-b4; Ⅷ, 14, 1163b11.
25) EN Ⅷ, 5, 1157b36; Ⅸ, 8, 1168b8 (ἰσότης φιλότης).
26) EN Ⅷ, 9, 1159b26-30; Ⅷ, 12, 1161b11.
27) 人間は本性的にはポリス的であるより対的（συνδυαστικόν）である（EN Ⅷ, 12, 1162a17-18）。夫婦愛については ibid., 1162a16-33.
28) EN Ⅷ, 1, 1155a4, 28-29. 友愛は，(1) 善き生の営まれ得る場を与え，(2) 自然に適うものであり，しかも(3) 善き生の必要条件である国家の紐帯として，正義よりも強力である，という三つの理由で善き生に必要である。しかし，友愛はそのような単なる手段に留まらず，同時にそれ自体でカロンであり徳であり目的である（cf. Burnet [1973], pp. 346, 348）.

## 2 「友愛」の規定

アリストテレスによれば,友愛とは,

　(a) 友である相手に,他ならぬ相手自身のために善いことを願い,
　(b) しかもそのような好意が相互の内にあり,
　(c) 互いに相手の好意に気付いている時の,

両者の心のあり方(ἕξις)〔ヘクシス〕,あるいはそのようにしてなされる活動(ἐνέργεια)〔エネルゲイア〕のことである[29]。この時,相手のために望む善いことは,先に挙げた三種の友愛の動機,すなわち善,快,利益のいずれかである。そしてこの愛他性,相互応答性,相互自覚性の三条件を満たした好意すなわち相手によくしたいという気持ちを互いに持ち合えるなら,彼らは友と呼ばれる。ここで心のあり方(ヘクシス)とは,何らかの一定の経験を通して能動的に獲得した心の持続的状態のことであるが,これは「好きだ,嫌いだ」という感情(πάθος)〔パトス〕とは異なる。後者の意味で「好きだ」という感情なら,それはフィリアーではなく「フィレーシス(愛情)」(φίλησις)[30]と呼ばれる。これら好意と友愛と愛情の違いをアリストテレスに従ってもう少し詳しく整理すると次のようになる。まず,相手によくしたいと思い,相手の善を願う気持ちが「好意」[31]と呼ばれる。これはその場限りのものも含まれ,たとえば相撲である特定の関取を思わず応援してしまったというような場合も,アリストテレスは好意に数え入れている。しかし,だからと言って,土俵に上がって一緒に戦おうとは普通思わないし,ましてやその関取と一緒に暮らそうなどとは思いもよらない。また,関取の方にしても私が応援していたことを

---

29) EN Ⅷ, 2;『弁論術』Ⅱ, 4, 1380b36-1381a2. ここでは単なる友愛の所有ではなく,友愛の実践・活動の優位を説くアリストテレスの姿が強調されるべきである。人生の栄華もそれを発現する機会すなわち友人への善行がなければ無益である (EN Ⅷ, 1, 1155a7-8)。cf. Grant [1973], p. 250; Cooper [1977], p. 620.
30) EN Ⅷ, 5, 1157b28-29.
31) 好意 (εὔνοια) についてはEN Ⅸ, 5で論じられる。

気付かぬ場合がほとんどである。つまり，好意とは，相手からの認知・応答を必ずしも必要としない一方通行であり，そこには相手に善を願いこそすれ，愛する人と一緒にいたいという張り詰めた思いも，相手から得られた喜びもない[32]。これに対し，相手からの快を受けることによって生じる感情が，パトスとしての愛情である。快の受容に基づく限り，無生物に対しても愛情が生じる（万年筆を愛用する，ビールを愛飲する等々）。しかし，友愛は人間に対してだけ生じる。なぜなら，友愛には相手のために何をなすべきかという思案と選択があるが，パトスとしての愛情にはそのような自発性が欠けているからである[33]。しかも無生物には，「愛し返す」という働きがない[34]。要するに，友愛とは相互認知・相互応答性と愛情とを伴った愛他的な好意及びその好意の具体的発動のことと考えられる。

　では，この友愛の規定は先ほど挙げた多種多様な愛すべてに共通な定義と言えるだろうか。確かにこの規定は根本的である。しかし二つの大きな難点を抱えている。まず第一に，友愛の本質は愛されることではなく愛することにあると述べる箇所[35]で，アリストテレスは余儀なく子供を養子に出さねばならなかった母親が子に知られることなく陰ながら子を思い続ける例を挙げているが，この母親の献身的な無死の愛は先に述べた相互認知・相互応答性の条件に反する。第二に，快のゆえの友愛と利益のゆえの友愛は結局自分のために快や利益を願う利己的な面があるので，愛他性という条件に反する[36]。この二つの難点を解消しない限り先ほどの規定は普遍的定義とはなり得ない。そこでいくつかこの方向で友愛の普遍的定義を得ようとする試みも示されたが[37]，いずれも十分首

---

32) EN Ⅸ, 5, 1166b30-1167a3.
33) EN Ⅷ, 5, 1157b29-32. cf. EE Ⅶ, 2, 1236b5-11.
34) EN Ⅷ, 2, 1155b27-31.
35) EN Ⅷ, 8, 1159a27-33.
36) EN Ⅷ, 3, 1156a10-24; Ⅷ, 13, 1162b16-17; Ⅸ, 5, 1167a15-18, etc.
37) たとえば Cooper [1977] は，完全な有徳者以外は利己的にしか人を愛せないという通説を退け，第一義的友愛と派生的友愛のギャップの相対化によって，いかなる友愛も愛他的要因なしにはあり得ず，その限りで愛他的定義は普遍的であると主張する。しかし，注(36)で引用された箇所に限っても，彼の相対化の試みが成功したとは思われない。狭義の友愛を現代的観点から規定する Telfer [1970/1] にも同様の，しかもより批判的な主張がある。特に pp. 227-228. ただし注(3)を見よ。

肯し得るところにまでは至っていない。しかしそれは当然の帰結であろう。なぜなら，そもそも「友愛」という語が一つの意味，一つの定義に則して語られない限りこのような試みは不可能であるのに，「友愛」は前述のように多義的だからである。たとえば，「私はおまえを愛する」と言う場合でも，相手が息子か客人か同僚か恋人かによっては意味が大きく変わるし，同じ親子関係でも人間同士として徳の交わりにまで至るか，単なる財産目当てかでは雲泥の差がある。では，これら様々な友愛はたまたま同じ名「友愛」で語られるだけのまったく異義的なものなのだろうか。たとえば，「あい（愛）」と「あい（藍）」のように。もちろん答えは否である。となると，一体「友愛」はどのようにして多義的に語られ得るのであろうか。

## 3　友愛の類比的構造

### (1)　同名同義と同名異義との間

この「友愛」の同名異義性に関する問題は，『エウデモス倫理学』において次のように纏められている。

> したがって，当然，三種類の友愛〔徳・快・利益ゆえの友愛〕があることになるが，それらがみな「友愛」と呼ばれるのは，
> [1] すべてがある一つの事柄に即しているためでも，
> [2] また一つの類の三つの種としてでも，
> [3] まったくの同名異義としてでもない。
> 　　なぜなら，それら三種の友愛はみな，
> [4] ある一つの，しかも第一義的な友愛（πρώτη φιλία）に関係づけて「友愛」と呼ばれるからである。[38]

ただし，ここで「第一義的な友愛」と呼ばれるのが，善ゆえの友愛で

---
38) EE Ⅶ, 2. 1236a16-19（〔　〕内の説明及び番号は筆者のもの）。なお，「第一義的な友愛」という観念は，プラトン『リュシス』の影響に拠るものであるが，その点についてはVlastos [1981] を参照せよ。

第 8 章　アリストテレスのフィリアー論序説　　233

あることは言うまでもない[39]。

　まず，[2] 友愛における類種関係の排除について考察してみよう。類種関係は次のような場合に成立する。たとえば，動物を A，すべての動物に共通に付随する特性を B，種々の動物を C，D，E とすると，C が A であるがゆえに B をもち，他の場合も同様である時に限り，A は C，D，E の類である[40]。さて，今仮に友愛を A，前述の愛他性，相互応答性，相互自覚性を B，三種の友愛を C，D，E とした場合，このような関係は成立するだろうか。否。なぜなら，既に述べたように快や利益のために相手をモノのように利用する利己的友愛をも友愛とみなす限り，快や利益のゆえの友愛は愛他性を欠き，すべての友愛に共通であるという B の条件に反するからである。おそらく別の共通特性 B を想定しても結果は同じであろう[41]。したがって，友愛における類種関係は成立せず，三種の友愛がそのような意味で友愛と呼ばれる可能性は排除された。では，[1] 一つの事柄に即して（一義的に）語られるもの（τὰ καθ' ἕν λεγόμενα）＝同名同義的なもの（συνώνυμα）の場合はどうだろうか。同名同義とは，たとえば人間と牛の場合，その名（「動物」）も定義（動物であること＝動物の本質）も同じであるということを意味するが[42]，そうである限り，同名同義的に語られるものはやはりそれらに共通な類の存在を必要とする。したがって，類種関係が否定されている以上，三種の友愛が同名同義的に語られる可能性も排除される。では，これらは [3] まったくの同名異義的なもの（τὰ ὁμωνύμως λεγόμενα），すなわちたまたま偶然に同じ名「友愛」で呼ばれるだけなのだろうか[43]。たとえば，動物の喉の下にある骨（鍵骨＝鎖骨）と鍵とが共に「クレイス」と呼ばれるように[44]。しかし，このような場合の同

---

39)　EE Ⅶ, 2, 1236b1-2.
40)　『分析論後書』第 2 巻第 14 章。
41)　たとえば，mutual attraction (Ross [1971], 230). Cf. Joachim [1951], p. 246. これに対する批判は Cooper [1977], p.620 を参照せよ。また，友愛の条件の詳細な分析は Telfer [1970/1] を見よ。
42)　『カテゴリー論』第 1 章。ここでは同名同義や同名異義が（現代語のように）言葉だけに関わることではなく，むしろ言葉（名）が指し示す事柄自体において問題になっていることに注意すべきである。
43)　EN Ⅰ, 6, 1096b26-27.
44)　EN Ⅴ, 1, 1129a26-31.

名異義性は形態の相違が著しいために容易に見抜かれる。その点, 種々の友愛は相互に近似しており, それらが同名異義的であるかどうかの判定も容易ではない[45]。現にアリストテレスの同時代人は(そして我々も) 様々な友愛のかたちに気づきながらも,「友愛」という言葉をあたかも一義的であるかのようにあらゆる状況で用いる。しかし, アリストテレスの鋭利な分析がそれらの多義性を析出した以上, 種々の友愛の同名異義性は動かし難い。「友愛」は多くの意味で語られるのである ($\pi o\lambda\lambda\alpha\chi\tilde{\omega}\varsigma \lambda\acute{\epsilon}\gamma\epsilon\sigma\theta\alpha\iota$)[46]。しかし, 前述のような強い同名異義性ではなく, 緩いそれである。つまり, 三種の友愛は同名同義的でもなければ, まったくの同名異義でもなく, しかも何らか同名異義的なものとして, いわば [1] 同名同義と [3] 強い同名異義との間に第三の語法を要請するのである。それが [4] の帰一的用法 ($\pi\rho\grave{o}\varsigma \ \tilde{\epsilon}\nu \ \lambda\epsilon\gamma\acute{o}\mu\epsilon\nu\alpha$) = 焦点的意味 (focal meaning)[47]である。

これに対し,『ニコマコス倫理学』ではこの「友愛」の帰一的用法を明記する箇所はない。しかし, 三種の友愛の同名異義性を緩和する方策は,『エウデモス倫理学』の解釈の線で取られるのがアスパシウス以来の解釈者たちの常道であった[48]。しかも, オーエンによって「焦点的意味」と名付けられたこの概念分析の方法は, アリストテレスにとって彼のイデア論批判及び存在論に不可欠なものである。以下にその意味するところと, それがアリストテレス哲学の発展史研究に占める位置をオーエン説に従って概説しよう。

第一義的・中心的意味に依拠することによってのみ派生的意味が生じ, また理解される時, それら派生語は焦点的意味をもつという。その際, 派生的なものの定義中には必ず第一義的なものの定義が含まれるが, 第一義的なものの定義は他を必要としない。たとえば, 医術的な人

---

45)『詭弁論駁論』33, 182b22.
46) 友愛には多くの形態がある (EN Ⅷ, 4, 1157a30) と言われるのもこの意味によってである。cf. Aspasius [1889], p. 164, 2.
47) オーエンの命名。Owen [1960], p. 169.
48) Aspasius [1889], p. 164, 3-11 は '$\dot{\alpha}\phi'\ \tilde{\epsilon}\nu o\varsigma$', EE の前掲箇所は $\pi\rho\grave{o}\varsigma\ \tilde{\epsilon}\nu$ というように若干の表現の相違があるが, 内容的にはまったく同一の解釈である。Owen [1960], p. 164, 特に n. 4 は EN と EE の差異を図式的表現の程度の差とみなし, EN に焦点的意味を読み取る。Vgl. Dirmeier [1956], S. 513; Burnet [1973], pp. 365-366; Vlastos [1981], pp. 4-5, etc.

の定義を XY とすると，医術的な器具の定義には「XY である人によって使われる Z」というように必然的に XY が含まれるが，逆に XY に Z が含まれる必要はない[49]。このような分析的定義における第一義的意味の焦点的優越性はまったく論理的なものである。ところで，この焦点的意味が『エウデモス倫理学』に登場するのは前述の友愛の場合のみである。この分析方法が「一」や「存在」や「善」という一般概念にまで拡大適用されることはない。したがって，善のイデア批判に相応しいのは弁証術だとされる。ところが『ニコマコス倫理学』ではこの焦点的意味が「善」のような一般概念にまで適用され，さらにこのような分析により相応しい愛知の部門として『形而上学』Γ 巻が暗に指示される[50]。つまり焦点的分析の使われ方に注目することにより，実体の特殊学構想を標榜する『エウデモス倫理学』から存在の普遍学構想を示唆する『ニコマコス倫理学』への発展の線上に『形而上学』Γ 巻を置こうというのがオーエンの戦略なのである[51]。

(2) 帰一的・焦点的構造か類比的・類似的構造か

さて，仮に『ニコマコス倫理学』に友愛の焦点的構造を見るとしても，それが『形而上学』Γ 巻に典型的に示される論理的な焦点的構造とは異なったものであることはオーエンの示唆により明らかである[52]。たとえば，絵に描かれた目と本物の目とは，「見る」という目にとっては第一義的な目的遂行的機能的意味を共有せず，単なる感覚的類似性にのみ依拠する故に焦点的関係をもち得ない。それはむしろ原型－似像関係である。同様に三種の友愛の関係も，それらが第一義的意味への論理的依拠ではなく単なる類似性によって成立しているならば，少なくとも『形而上学』Γ 巻の意味で焦点的だとは言い得ない。そこでこの解釈をさらに推し進め，伝統的解釈に異議申し立てをなしたのがフォーテンボーである[53]。確かに，『エウデモス倫理学』において焦点的意味は提示

---

49) Owen [1960], p. 169.
50) EN Ⅰ, 6, 1096b30-31.
51) Owen [1960], pp. 165-170.
52) Owen [1960], pp. 187-189.
53) Fortenbaugh [1975] において主題的に論じられる。

されているが，それを実際に「友愛」に適用することはできておらず，また，『ニコマコス倫理学』において「友愛」の同名異義性を緩和しているのは通説のように帰一的・焦点的意味によってではなく，類比と類似性による方法である，というのが彼の主張である。そこで以下に，彼の解釈の線に沿った考察を展開してみよう。

　まず『エウデモス倫理学』では，焦点的意味のいわば目印とでも言うべき「医術的」という語の例が示されているが，その「友愛」への適用はない。これは単なる省略ではなく，著者（アリストテレス本人であれ，彼の模倣者であれ[54]）が焦点的意味の「友愛」への適用不可能性に直面したからだと推定される。こう考えると，『ニコマコス倫理学』での「友愛」の分析に焦点的意味が明言的には登場しない理由も明らかとなる。すなわち，後期のアリストテレスによって，焦点的意味は「存在」概念には有効であっても，「友愛」概念には不適であると判断されたからである。それは何よりも二つの倫理学書のテキスト上の相違に基づく推定であり，従来の解釈の方がむしろ『ニコマコス倫理学』に焦点的意味を誤って読み込んだものと思われる[55]。では，『ニコマコス倫理学』において「友愛」の同名異義性を緩和する方法とはいかなるものか。フォーテンボーの論点は次の5点である。

(a) 固有の目的遂行のための機能という面から定義を試みるならば，前述の三種の友愛は，善・快・利益という各々固有の目的からその本質を規定できる。すると三種の友愛は各々固有の目的によって規定された相互に独立した系を構成し得るので，快・利益ゆえの友愛の定義が善ゆえの友愛の定義に依拠する必要はない。つまり，善ゆえの友愛の焦点的意味における限りでの論理的優越性はここでは主張できないことになり，焦点的分析に替わる分析方法が要請される[56]。

(b) 快ゆえの友人にとっては快もまた善とみなされるので，次の

---

54) Fortenbaugh [1975], p. 57. 本章ではFortenbaughに倣い，『エウデモス倫理学』の著者・著作年代問題は差し当たり保留しておく。
55) Fortenbaugh [1975].
56) Fortenbaugh [1975], pp. 52-53.

ようにa:b＝c:dという比例的類比が成立する。すなわち，（善）：（善ゆえの友人）＝（快）：（快ゆえの友人）。したがって，善ゆえの友愛と快ゆえの友愛も類比的であり，その類比性による限りであたかも一つの自然本性をもつように語られ得る。同様のことは利益ゆえの友愛についても言え，このようにして三種の友愛は相互に類似する。これが類比による類似性である[57]。

(c) 善ゆえの友愛もまた快であるので，善ゆえの友愛と快ゆえの友愛とは快という共通特性をもつと言える。したがって，両者はその点で直接に（比例類比的にではなく）類似している。善ゆえの友愛と利益ゆえの友愛との関係も同様である。この意味で善ゆえの友愛は他の二つの友愛相互の類似の媒介項となる[58]。

(d) 愛他性，相互応答性，相互自覚性は論理的に三種の友愛の必要条件であるので，それらの共通特性とみなし得る。したがって友愛は (c) (d) 二様の仕方で直接に類似する[59]。

(e) 目的である善・快・利益の間にも，帰一的・焦点的関係ではなく類的ないしは類比的関係が示唆される[60]。

以上5点によって三種の友愛における帰一的・焦点的関係は完全に否定されるわけだが，この結論および (a) (b) (c) は私には正しいと思われる。ただし，(b) と (c) の区別には補説が必要であろう。まず，(b) では快ゆえの友人にとっての快は相対的善であって，善ゆえの友人にとっての絶対的善とは同一ではない。しかるに (c) において，絶対的善を自身にとっての善となし得る善き人にとっては，快もまた絶対的快と相対的快との一致したものであるから，相対的快という限りでは快ゆえの友愛と共通する。つまり，端的に善であるか否かという観点から見るならば「善である」と「善と思われる」との間には差異が残るが，当人にとって快であるか否かという観点からなら，善を目指す人の快も快楽を目指す人の快も彼ら当人にとっては同じように快なのである。し

---

57) Fortenbaugh [1975], pp. 53-54.
58) Fortenbaugh [1975], p. 54.
59) Fortenbaugh [1975], p. 55.
60) Fortenbaugh [1966] によって主題的に論じられる。

かし，(b) と (c) はこのように区別されるにもかかわらず，善ゆえの友愛を何らか媒介せねばならぬという点で，あらゆる友愛に共通する特性を提示する (d) とは異なる。しかもこの (d) の論点については，私は繰り返し述べてきた理由によって反対である。また，もし仮に (a) - (d) がすべて真だとするならば，焦点的意味を主張するために残された可能性は (e) の論点を再び覆し諸々の善の間に帰一的・焦点的関係を認めるしかないことになるが，ここで問題になっているのは善ゆえの友愛の焦点的意味における優越性の可否であり，(a) が有効である限り諸種の自体的善の間の焦点的意味の有無は差し当たり問題にせずに済むので，紙幅の都合上，ここでコミットすることは避けたいと思う。いずれにせよ，「友愛」の同名異義性を緩和する方法が少なくとも『ニコマコス倫理学』における限り帰一的・焦点的分析ではなく，比例的類比による類似および直接的類似による分析法であるという論点は明らかになった。

　しかし，私が (d) に反対する意味は決して小さいものではない。そもそも諸々の友愛に全面的に共通な特性を措定することは無益であるばかりか事実誤認である。なぜなら，アリストテレスは周知の方法に従ってドクサ的日常語法の記述・分析から議論を出発させるが，そのようなドクサ的日常語法や伝承的語法に対して論理的分析が必ずしも全面的に妥当するとは限らないからである。むしろそのような語法は，部分的に類比や類似によって関連し合い，交差し重なり合った複雑な類似性の網の目を形成しているが，そのいわゆる「家族的類似性[61]」全体に共通なものは存在していないであろう。しかし，彼が日常語法の収集と哲学的分析とを疑似論理によって仲介し，元来哲学に不適な事柄までも哲学的に論じようとしているという非難は不当である。なぜなら，確かに彼は友愛の諸形態を広く記述しているが，それらを何から何まで十全に説明し尽くそうとはしていないからである。あたかも幾何学におけるが如き精確さを求めるべきではなく，事実を正しく示しさえすれば事足りる場合もあるのだとアリストテレスが予め戒めていたこと[62]を今まさに思い起こすべきであろう。『ニコマコス倫理学』の意図するところは，概念

---

61) ウィトゲンシュタイン [1976], p. 70.
62) EN I, 7, 1098a26-b3; cf. II, 2, 1103b26-30.

分析の完備ではなく，むしろ人をしていかに善く生かしめるかなのである。そう考えるなら，人をもっとも善く導く友愛をもってそれ自体で第一義的な完全な友愛と呼ぶのは当然である。したがって，善ゆえの友愛が第一義的であるのは，焦点的意味における論理的第一義性によってではなく，むしろアリストテレスの倫理学的意図における第一義性によってであると思われる。

## 4 結　論

　本章の課題は，アリストテレスにおける「友愛」の概念構成の解明にあったが，それは結局，善ゆえの友愛がもつ第一義性が一体いかなるものであるかということの論及をまずもって要求するものであった。そこで古来より現代にまで至る諸解釈を概観し検討するならば，その第一義性は，(1) 発生的な意味での第一義性でも，(2) 存在随伴の非可逆性の意味での第一義性でも，(3) 焦点的意味における論理的第一義性でもないということは明らかである。なぜなら，(1) 発生的意味でならむしろ同族間の本性的友愛の方が第一義的であるし[63]，(2) 快や利益ゆえの友愛の存在も[64]，(3) それらの定義も[65]，善ゆえの友愛の存在や定義に依拠してはいないからである。では，いかなる意味で考えるべきか。勇気のような個別的中庸徳の議論と対応させてみるとわかりやすいだろう。誤解されることの多い中庸徳論の真の論点は，あるべきものを，あるべき目的のために，あるべき仕方で，あるべき時に現になす有徳の人をもって，その徳の基準となす点にある[66]。しかるに，友愛もまたそのような徳の究極にあるものとして，愛すべき人を，あるべき目的，仕方，時において現に愛する人をもってその基準となすことと考えて不都合はない。したがって，徳において優れた善き人々の間に生ずる善のゆえの友愛こそが，友愛の終極であり，基準であり，原型である。アリストテ

---

[63]　本章第1節参照。
[64]　善ゆえの友愛なしにも他の派生的友愛は存在し得る。cf. EE Ⅶ, 2, 1236b11-18.
[65]　本章第3節 (2) の(a)参照。
[66]　EN Ⅲ, 7, 1115b17-20.

レスはこの意味で，善ゆえの友愛を第一義的だと語るのである。これは論理的な第一義性に対して，いわば倫理学的意図における第一義性と呼び得るものであり，同時に存在論的第一義性と呼応する。なぜなら，愛されるべきは，愛される人自身であって，その人に付帯するものではないと言われる時，存在者自身（実体）の諸付帯性に対する第一義性によって愛の存在論的概念構成がなされているからである。しかし，存在には実体を焦点とする帰一的構造が成立する故に，実体研究によって存在する限りの存在を普遍的に扱い得るのに対し，友愛は焦点的構造をもたず，第一義的友愛から他の友愛が派生するのは，類比によってか，類似あるいは転義[67]によってだけである故に，友愛を普遍的に論じ得ない。したがって，派生的友愛の記述量が増えるのもやむを得ぬところなのである。しかし，これは彼の方法論の失敗ではない。むしろ，友愛が実践されるべき現実の場面の混沌から決して目を逸らそうとはせず，その中に一貫して善への途を説き続けた彼の真骨頂をこそそこに見るべきであろう。

『エウデモス倫理学』における先に挙げた一節が，古来より『ニコマコス倫理学』に帰一的構造を誤読させる躓きの石であったとするなら，少なくとも我々は新しい別の一歩を踏み出しているはずである。そしてその歩みをより確実なものとするためにも，我々は第一義的な友愛すなわち善のゆえの友愛に的を絞って論究すべきである。しかし，紙幅も尽きた今，その課題は次章に期して本章を終えることにしたい。

---

67) 類比，類似については本章第3節 (2) を参照せよ。転義（κατὰ μεταφοράν）については，たとえば EN Ⅲ, 6, 1115a15. cf. Burnet [1973], p. 366.

# 第 9 章

## アリストテレスのフィリアー論
──自己愛と友愛──

　『ニコマコス倫理学』第 8・9 巻において[1]，友愛（φιλία）[2]論を展開するアリストテレスは，その冒頭で友愛が人生にとって必要不可欠なものであるばかりでなく，それ自体美しいものである（1155a28-29, cf. a3-5）と讃える一方で，友愛概念自体が必ずしも一義的に理解されていない事実を指摘し，第 8 巻第 2 章以降でその概念規定を行う。本章では，その中でも特に強調される，自分のためにではなく相手のために善を願い，為すといういわば「利他的（altruistic）」な友愛規定について，まず従来の諸解釈を一瞥した上で（1），アリストテレスの自己愛論を考察し（2），然る後に利己愛ならざる自己愛が利他的友愛の可能根拠たり得ることを示したい（3）。その際，本章では altruism / egoism さらには「自己」という近代的概念を，ある種の限界と時代錯誤の危険を自覚しつつも，論点の明確化のために敢えて使用する。なぜなら，そのような近代的概念がもはや十全には機能し得ない地点こそが，実はアリストテレス友愛論の核心として注目されるべきだからである。そして，そのような地点こそが「自分のために」と「相手のために」とが両立可能な，もっとも高次の自己同士の共同性の場であるという，まさにそのことの解明を本章は目指すものである。

---

　1）　テクスト指示は Bekker 版により，書名は EN 等と略記。ただし EN からの引用は原則としてすべて頁・行数のみを記す。
　2）　フィリアー概念の詳細については，本書第 8 章を参照のこと。

## 1 フィリアー概念の多様性と利他的友愛規定

アリストテレスによれば,友愛には善いもの(ἀγαθόν)・快いもの(ἡδύ)・有用なもの(χρήσιμον)という3種類の対象があり(1155b18-19),「それらの内の一つを動機にすることによって,互いに相手に対して好意をいだき,相手のために善いことを願い,かつ,そのことが互いに相手に気付かれている」(1156a3-5)時の両者の心のあり方(ἕξις),あるいはそのようにしてなされる活動(ἐνέργεια)が友愛と呼ばれる。この友愛規定では,結局,相手に善を願うという意味での好意(εὔνοια)に関わる相互性(reciprocity)と利他性(altruism)の二つの側面が強調されている。では,これら両側面の関係はどうなっているのか。少なくとも,純粋な利他性の可能性は相互性の側面からは説明され得ないのではないだろうか。このような観点から,本章では利他的友愛規定に考察の的が絞られる[3]。

ところで,「自分のためではなく相手のために」善を願い,為すという利他的な側面を巡って従来の解釈はいくつかの問題を提起してきた。それらは,

(1) この利他的な友愛規定が前述の三種の動機に対応する三種の友愛すべてに妥当するのか否か,
(2) 利他的友愛がアリストテレスにおいて実際に可能であったのか否か,
(3) 『ニコマコス倫理学』第9巻第4章で主張される自己愛からの友愛派生論とこの利他的友愛とはどのように関係していくのか,

という3点にまとめることができる。まず,(1)の「利他的友愛規定の妥当する範囲」については,以下の三つの解釈上の立場がある。

---

3) もちろん,「友愛」規定において相互性のもつ意義を過小評価する意図など毛頭ない。アリストテレスの友愛論が,ポリスという相互補助的共同体から生まれたという事実を忘れてはならない。

第9章　アリストテレスのフィリアー論　　　243

(a) 善・快・利益のいずれを動機とする友愛にも利他的規定は妥当する。これを仮に利他愛還元説と呼ぶことにする[4]。
(b) 善・快・利益のいずれを動機とする友愛にも利他的規定は妥当しない。これを仮に利己愛還元説と呼ぶことにする[5]。
(c) 善を動機とする友愛にのみ利他的規定は妥当する。ここで善とは，人柄（エートス）の善さすなわち徳（アレテー）のことなので，これを仮にアレテー＝利他愛説と呼ぶことにする[6]。

　この内，(i) 利他愛還元説とアレテー＝利他愛説は，(2) における「利他的友愛の可能性」を当然認めるが，そのことによって (3) の難問，すなわち「自分のため」と「相手のため」がいかにして両立するか，あるいは前者から後者が果たして帰結するのかという難問に直面せざるを得ない。他方 (ii) 利己愛還元説は，(2) における「利他的友愛の可能性」を認めず，その上さらに (3) における自己愛の論点と結びつけられることによって，アリストテレス倫理学における他者関係がすべて利己的（egoistic）な動機より生じるものとの断定を下すことになる。しかし，そのような断定はテクストに頻出する利他的な友愛規定とその例示の真正な理解をむしろ損なうばかりか，アリストテレスの自己愛論が本来そこでこそ語られるべき場を見失わせてしまう。そこで本章では，(i), (ii) いずれの隘路にも踏み迷わぬための道先案内としてアレテー＝利他愛説を採ることにする。なぜなら，アレテー＝利他愛説をまず明らかにしていくことによって，利他愛還元説と利己愛還元説の立場もより鮮明に打ち出されるはずだからであり，さらにそうすることによって利己愛還元説の論駁（(ii) の場合）や自己愛論との調停（(i) の場合）にも道が開けてくると思われるからである。では，アレテー＝利他愛説の考察に入ることにしよう。
　確かに三種の友愛の内，快楽や利益を動機とする友愛を利他的とみな

---

4) Cf. Cooper [1980], pp.301-317; Fortenbaugh [1975], p.55.
5) Cf. Adkins [1963], pp.30-45; D. J. Allan [1952], p.138.
6) もっとも一般的な解釈と言えるが，この立場の簡潔な定式化はむしろ異なる立場の Adkins [1963], p.39 における Stewart [1892] に対する批判の中に見られる。岩田 [1985]，第8章参照。

すことには困難がある[7]。なぜなら，それは第9巻第8章（1168b15-23）において真の意味での自己愛から区別されている非難されるべき自己愛（いわゆる利己愛）から派生し，第8巻第3章（1156a10-24）で，相手が「まさにその人自身である」（a17-18）という点においてではなく「自分にとって善いこと（役に立つこと）」（a14-15）や「自分にとって快いこと」（a15）をもたらしてくれるという点において愛されるような関係であると明言されているからである。この場合，自分にとって有用ないし快いのは，あくまで相手に付随する属性であって，当の相手自身ではない，つまり友である相手の本質を構成するものではない。したがって，自分が必要とする属性を相手が失えばもう彼は友ではなくなるし，その属性をもつ者であれば，誰であろうと取り替え可能となる。これが利益や快楽を動機とする友愛が「付随的に（κατὰ συμβεβηκός）友愛である」（a16-17）ものと呼ばれる所以である。

　この付随的友愛については，無生物に対する愛情（φίλησις フィレーシス）との比較によってより一層その特徴が明らかとなるだろう。まずアリストテレスによれば，「無生物に対する愛情が友愛と呼ばれることはない」（1155b27-28）。なぜなら，そこでは先に挙げた相互性と利他性という2条件が成立しないからである（b28-29）。とりわけ，無生物たとえば「ワインに善いことを願うというのは滑稽であり」（b29-30），友にこそ（無生物と対比される限りで友一般に）その友のためにそうせねばならない（b31）。これは一見，利他愛還元説に有利な証言である。しかし，アリストテレスが言うように，もし仮にワインに善いことを願う，つまり大切にすることがあるとしたなら，それはワインを良い状態に保ちその美味（＝快）を所有せんがためである（b30-31）。とすれば，この〈XがYに善を願う（ようにみえる）＝Xが自らの快・利益の源泉であるYを所有する〉という構図は，人間の場合にまで拡張することができる，とアリストテレスは考えていたのではないか。少なくとも，生命ある道具としてか，人間としてかという観点の相違が奴隷という同一の対象への友愛の有無を決定すると彼が言う時（1161b4-6），無生物と人間とのギャップはかなり相対化されている。確かに「モノ」に対して友愛はな

---

[7]　多くの読者同様，利他愛還元説を支持したいが決定的な証拠がないというKahn [1981], p.21, n.1 (cf. p.29, n.3) は示唆的である。

い。しかし，「モノ」化する関係にはまだ（我々の語感ではここで「友愛」というのはそぐわないが）「友愛」はあるのではないか。いずれにせよ相手をその人自身としてではなく自分が必要とする属性としてしかみなさないなら（つまり付随的に愛するなら），その時は既にもう相手を「モノ」化・手段化しているのであり，その限りで利己的である。さて，こうした付随的友愛に対して，人柄の善さすなわち徳を動機とする有徳な善い人々の間の友愛（1156b7-8, 1162b7, cf.1164a12, 1165b8-9）は，相手に付随するものによってではなく，相手がその人自身であることによって（1156b10-11）営まれる関係であり，「完全な（テレイア）」（b7）友愛と呼ばれる。この友愛は，「すすんで相手に恩恵を与えようと励む」（1162b7）点で，利他的である。

このようにして，付随的友愛と完全な友愛とを峻別し，前者に利己性を，後者に利他性をふり当てるのが，実は前述のアレテー＝利他愛説の立場である。したがって，アリストテレスに利他的友愛を認めない利己愛還元説にとっては，この完全な友愛の陰に潜む利己性を暴くことにその解釈の正否がかかってくる。反対に，利他愛還元説は，付随的属性と人間の本質としての徳という対比は重視するが，「完全な有徳者以外は利己的にしか人を愛せない」という考えは否定し[8]，「相手のために」という利他的規定をすべての種類の友愛の共通要因とみなそうとする。では，一体これらのいずれの説がアリストテレスの真意を説き明かしてくれるのだろうか。

この点をさらに明確にするために，ここで便宜上，アドキンスの提唱するフィロン－アスペクトとフィレイン－アスペクトの区別を用いることにしよう[9]。彼によれば，ホメロス時代に根差す古代ギリシアの社会条件下での友愛関係は，行為者の自己保存という目的のための手段と

---

[8] Cf. Cooper [1980], p.305. 確かに，完全な友愛と付随的友愛を単純に利他と利己に色分けできるかという問題は残ろう。しかし，自己の二様の他者愛の派生はEN友愛論の揺るがぬ縦糸であり，具体的な友愛の多様性は，たとえばおそらく選択によらぬ故に三種の友愛からは除外されたのであろう血縁的友愛が，繰り返し愛の典型として例示されているように，あくまで横糸として編み込まれているのである。したがって，Cooperのようにいわば常識の側から縦糸そのものを相対化・多様化させる試みは，かえってEN友愛論の構造を見失わせるものと思われる。

[9] Adkins [1963], pp. 35-36.

してのみその者に関係づけられている人とも の，といういわば愛される対象の側から規定されるフィロン - アスペクトと，他方，遠来からの客人に対するクセニケー・フィリアーのように，さしあたって当面の利益を考慮せずに相手に善を施す能動的行為から規定されるフィレイン - アスペクトに区分される。このように仮定するなら，アリストテレスの友愛概念においては利己的なフィロン - アスペクトではなく，むしろ利他的なフィレイン - アスペクトこそが強調されねばならない，というのが利他愛還元説の主張と言えよう。しかし，アドキンスも指摘するように[10]，そのようなフィレイン - アスペクトはその利他的行為に対する相手からの見返りがごく自然に期待されるような相互性が存する範囲で成立する。つまり，相互補助的な社会システムによって保証されたそのような利他的行為は，いわばみかけの上での「弱い利他性」なのであり，そのような相互性とは結局当事者双方の相補的なフィロン - アスペクトにおいて成立するものである以上，すべての友愛は利己的である，これが利己愛還元説の主張である。要するに，利他愛還元説・利己愛還元説両者の主張は，プラトンの『リュシス』篇で提示された「悪でも善でもないものが悪の存在の故に善の友である」（218c1-2）という考え，すなわち欠如的自己に対する外的善の必要性に基づく友愛観を共有する，いわば一枚のコインの裏表なのである。この友愛観において支配的なのは利己愛だが，「弱い利他性」が生ずることを妨げるものは何もないので，そのどちらを強調するかだけが利他愛還元説と利己愛還元説の分岐点となるわけである。しかし，アリストテレスはそのような必要性に基づく友愛観そのものを真の自己愛に対比される劣悪な自己愛つまり利己愛と関係付けることによって退け，「弱い利他性」ではないいわば「強い利他的友愛」の可能性を新たに開こうとしているように思われる[11]。さもなければ，愛し返されることを求めず（1159a30），友のために生命さえ捧げる（1169a18-20）ような例をもって，彼がことさらに勝れて友愛と呼ぶ真意を計りかねるであろう。このようにして，アリストテレスの

---

10) Adkins [1963], pp. 34-35.
11) 第5巻で展開されたいわば徳なき人への外的規制としての特殊的正義に対して，第9巻では各人の徳の修得から公共の規範実現へという方向が明示される（1169a6-11）が，このような理想的な共同体が「強い利他的友愛」を前提としていることは確かであろう。

自己愛論は一般に誤解されているように彼の倫理学の悪しき一面とみなされる自己中心性を証するものではなく，むしろ真に利他的な動機による友愛を可能にするものと考えられねばならない。しかし，いずれにせよこうした解釈が動かし難いものであることを見るためには，アリストテレスの自己愛論が検討されるべきであろう。

## 2 自己愛論

アリストテレスによれば，他者への友愛は自己への関係から由来する（1166a1-2）と言われる。つまり，彼の友愛論の核心は外なる対他的行為にではなく内なる自己への関係，つまり魂（プシューケー）のあり方に係る。然るに自己にも二通りあり，それに応じて二通りの自己愛が生じる。一方は悪しき人における外的善（τὰ ἐκτὸς ἀγαθά）を欲する欲望としての自己に対する関係で，これはいわゆる利己愛として当然非難されるべき自己愛（φίλαυτον）である（1168b15-23）。他方は善き人における真の自己，すなわちもっとも支配的な部分である知性（ヌース）に関係する決して非難されることのない，つまり利己的要素を排した自己愛である（1168b23-1169a6）。これらを善き人の友愛と並べて図式化すると次のようになる。

〔何かの故に，かつ誰かのために，善または善と思われるものを誰かに欲し，また為す〕
(イ) 徳（アレテー）の故に，かつ友のために，善または善と思われるものを友に欲し，また為す。いわゆる善き人の友愛。
(ロ) 利益，快楽の故に，かつ自己 α [12] のために，善または善と思われるものを自己 α に欲し，また為す。非難されるべきいわゆる利己愛。
(ハ) 徳の故に，かつ自己 β のために，善または善と思われるものを自己 β に欲し，また為す。非難されることのないいわゆる

---

12) アリストテレスが ἑαυτόν etc. という再帰代名詞一語を用いている場面で，各人の自己自身を何と同定するかによって異なるいくつかの位相の差異を区別するために，敢えて α, β, γ と呼ぶ。もちろん，それらは実体化されたものとしての自己の区別ではない。

真の自己愛。

(イ)は人柄の良さすなわち徳(アレテー)を動機とする友愛であるので、相手の属性ではなく人柄そのものを愛する完全な友愛であり、アリストテレスの利他的友愛に関するいわば公式表明として、(ロ)の利己愛とは両立不可能な関係に立つ。ただし(イ)も結局は(ロ)の偽装に過ぎないのではないかという利己愛還元説が示した疑念に対しては、(ロ)と(ハ)の区別を明らかにすることによって答えることができる。まず(ロ)における自己αとは、先に述べた「善を悪の故に」つまり自己の欠如状態の故に欲するという欲求理論と対照するなら、欠如状態にある自己であり、しかも物財・名誉等の外的善や肉体的快楽への欲望として常に他人よりも多く所有するというプレオネクシアの原理(1168b15-21)によって成立する他律的自己である。第9巻第4章で、友愛を規定する5つの特徴を劣悪な人自身への友愛に当てはめる際、「誰かのために善を望む」という第1番目の規定におけるその「誰か」が自己αであるということが、「自分のために」という句の不在として示される箇所(1166b8-9)は、そのことが真の自己の不在をも示すものとして、注目されるべきであろう。要するに自己αとはより高次の自己の不成立を意味し、そのような欠如的自己の故に引き起こされたあらゆる欲求に基づく友愛は、利己的たらざるを得ないのである。

これに対し(ハ)における自己βとは、魂の思惟的部分すなわち知性(ヌース)であり、より高次の自己と言える。(ハ)は単に(イ)と両立可能というだけでなく(ハ)から(イ)が派生するとも言えるので(cf.1166a1-2)、強い意味での利他的友愛の成立の可能性は、ひとえにこの自己βの解釈にかかっていると言える。だから、利他的友愛の心理的な事実のみを前提として、「自分に善を欲するのと同様・同程度に友にも善を欲する」という曖昧な仕方で比喩的な了解に留まるのは[13]、本章の採るべき道ではない。というのは、結局このような説明は、本章が展

---

13) Cf. Michael [1892], pp. 477-478; Annas [1977], p. 543. 特に後者は、利他的欲求を心理的事実としては認めるが、概念的な priority は利己的欲求にあると明言する。こうした通説に対し、利他性の根拠づけに果敢に取り組んだのが、Kahn [1981], pp. 34-40である。以下3節は、この Kahn 解釈の方向に沿って展開される。

開してきたような利己愛と画然と区別された真の自己愛の領域を確立することなく，無意識のうちにも利己的欲求を説明原理としてしまう，つまり（ロ）から（イ）を説明してしまう誤りを犯しているからである。言い換えれば，先程説明した自己α＝欠如的自己のレベルに留まる限り，いかなる友愛も「弱い利他性」の域を出ることはできず，「自分のため」と「相手のため」とが両立不可能となる事態を必ずしもすべて避け得るというわけにはいかないのである。いずれにせよ欠如的自己に基づく利己的欲求を説明原理とする誤りを避けるためには，「真の自己」論とアリストテレス自身によってはその内実がほとんど語られることのない「もうひとつの自己（ἄλλος αὐτός）」論とを連動させて考察することが不可避である。次節は，このような観点からなされ得る考察の一つの試みである。

## 3　利他的友愛の可能根拠

アリストテレスが真の自己とみなすものは，第9巻第4章では「魂の思惟的部分（τὸ διανοητικόν）」(1166a16-17)，「賢慮をうるために用いる部分（τοῦτο ᾧ φρονεῖ）」(a18-19)，「知性活動をする部分（τὸ νοοῦν）」(a22)，第8章では「自分のうちで最も支配的な部分（τὸ κυριώτατον）」(1168b30) と様々に表現されるが，要するに「それこそがまさに各人自身であると考えられている（部分）」(1166a17) つまり知性(ヌース)(1168b35) である。知性(ヌース)は，人間の魂がロゴスをもつ部分ともたない部分とに二分されるなら (1102a27-28)，前者及びその働きを総称し得るほどの広い意味を持つが (1096b29, 1110a11, 1112a33, 1139a18, cf.1170a19)，それはさらに神的な観想的知性 (X, 7) と人間的な実践的知性 (IX,4,8; X,8) とに区分することができる。ただし，第6巻ではより限定された意味でのヌースが論じられ，観想・実践の両領域での働きも特殊化される (1143a36-b3) が，ここではそのいわば狭義のヌースには立ち入らず，さしあたり各人がそれと同定される限りでの広義のヌースに位相差があることを確認できれば充分とする。そして，今仮に第10巻第7章 (1178A2-3) で論じられる神的な観想的知性を第9巻で

論じられる自己βと区別して自己γと呼ぶことにするなら，自己βと自己γが一体いかなる関係にあるのか，またどちらが真の自己なのか，という問いは「人間にとって幸福(エウダイモニアー)が成立する場はどこか」という問題を射程に入れながら問われねばならない。ここでその詳細に立ち入る余裕はないが，さしあたり自己γとは，それ自体としてはいわゆる能動知性（νοῦς ποιητικός）として人間の他の能力から離存可能であり（1178a22），自足する（1177a27-28）が故に観想活動を永続的になす（a21-22），したがって死すべき人間には不可能な（1177b26-28），その限りで神的（b28,30）で不死なる（b33）知性(ヌース)である，と規定できる。対する自己βは，情(パトス)や身体性と結びつき（1178a14-16），それらとの合成体（τὸ σύνθετον）（a20）である人間を支配し指導するという点で人間的（ἀνθρωπικός）（a10,14,21）実践的知性である。

ところで，自己γをその超越性の故に，『魂について』における魂のエンテレケイア説すなわち魂が身体の現実態であるという理論と一致する自己βとはまったく相容れない別のプシューケー観の産物とみなそうとする解釈には，ハーディー等[14]に従って同意できない。アリストテレスのプシューケー論＝人間論は，『ニコマコス倫理学』にあっても，あくまで自己βと自己γとの緊張関係において考察されるべきものであろう。さしあたり神の自己ではなくあくまで人間の真の自己として，自己βすなわち人間の諸能力の現実態である実践的知性を立てることができるが，それは同時に自己γが観想活動をするための必要条件でもある。つまり，自己γのなす観想活動は，自己βと同定される良い人，賢慮ある人にとってだけの終極的目的であり，幸福(エウダイモニアー)なのである。

しかし，アリストテレスにあっては自己βも自己γも内省によって直接に認識されるわけではなく，外在的な感覚的対象に代表される自己以外のものの認識に付随して副次的に知覚されるのみである（cf. Met. 1074b35-36）。しかも，その副次的自己意識とはさしあたり魂の部分や魂全体のではなく，あくまで心身合成体(シュンテトン)としての人間の自己意識・自己知覚である（cf. De An. 408b13-15）。ここに彼の認識論的枠組みから生じた特徴がある。すなわちアリストテレスによれば，認識とは，認識

---

14) Hardie [1980], ch. V; 岩田 [1985]，第10章参照。

活動以前には現実的には何ものでもないのに可能的には一切のものであり得る（De An. 429a21, b30-31, 430a14-15, 431b21）受動知性（νοῦς παθητικός）が，認識対象の形相(エイドス)を質料(ヒュレー)抜きでもつ（De An. 431b29-432a3），つまり認識対象と形相的に同一化する活動のことである。然るに，そのような認識活動自体を再帰的に直接内省することはアリストテレスにおいては不可能である。なぜなら，アリストテレスの認識のモデルはあくまでも外在する感覚的対象の認識であって（De An. 432a4-10)，そのような認識に先立ついわゆる近代的な明晰判明な自己意識は彼には無縁だからである。

さて次に，このような思惟活動を引き起こす原因，つまりわれわれの受動知性に作用を及ぼすいわゆる能動知性が考えられねばならないが，とりわけその離存性を巡っては古来より議論が集中している。しかし，少なくとも思惟活動の最中には，思惟者の魂において活動している，つまり内在する（1177a13-21, b28,34）ので，その前後の離存性についてはさしあたり括弧に入れておくことができよう。言い換えれば，この能動知性すなわち自己γは，それ自体としては離存し自足するが故に観想的・神的であるが，それが我々に作用を及ぼす間は我々の魂の現実態として内在し得るはずである。なぜなら，作用を及ぼすものの現実態は，作用を受けるものの内で起こるからである（De An. 426a4-5)。ところで，この能動知性は受動知性に作用を及ぼすが，逆に作用を受けることはない（De An. 430a18,24）ので，個人個人の個別性を越えた普遍性をもつ。なぜなら，人の個別性とは，受動知性に由来し（cf. De An. 430a21, 24-25)「不死で永遠な」（a23）能動知性には一切関わらないからである。したがって，この能動知性すなわち自己γのレベルでは自他の区別，利己，利他の区別は意味をなさなくなり，このことが強い意味での純粋な利他性の可能根拠となるだろう。

しかし，自己γは人間よりもむしろ神に固有である。しかも，我々はあらゆる善を手にいれることができるとしても，現にそれであるところの自分以外のものになることは欲しない（1166a19-22)。したがって，自己γへの愛は我々人間にあっては自己βへの愛とならざるを得ない。この普遍的な自己γから現にある自己βへの個体化の意味するところは，兄弟愛と類比することによって明らかとなる。すなわち，同じ親

から生まれた兄弟同士が，互いを同じものとして認め合える（1161b30-33）ように，共通普遍的な自己γが私とあなたに個体化した自己β同士は互いを同じものとして認め合えるはずである。このいわば質料的差異性に先立つ形相的同一性の相互承認が，「もう一つの別の自己」(アロス・アウトス)（1166a31-32, cf. 1161b28-29）という表現の意味するところではないだろうか。とにかく真の自己愛の対象である真の自己とは，我々の魂の内で活動する限りでの普遍的自己γすなわち個体化された自己βであるが故に，そのような自己β同士の間の差異に先立って一種の同一性が見出せる。ここに至ってようやく，我々は純粋な利他性の可能根拠を見出し得たのである。

　しかし，アリストテレスにおいては先に見たように自己βを直接認識することは不可能である。そこで，自分の自己βを知るためには，ある意味で自分のと同じ自己βをもつ友をよく知る必要が出てくる。自己βが自足する自己γの私における働きである以上，この意味での友の必要性は，自己αが自らの欠如の故に他者を必要とする場合とはまったく異なる。そしてこのことが，第9巻第9章での自足する幸福な人にとっての友の必要性に関するもってまわった証明の意味するところなのである。

　以上より，友をよく知ることによって自己βに立ち返る，という意味での自己愛が強い利他性を可能とする地平を切り開き，しかも自足する者でさえもそのような友を必要とするということが示された。冒頭で述べたように，近代的自己概念にまつわる他者関係の陥穽は本来この地平にはあり得ないのである。しかし，本章において解明が試みられたのはあくまで利他的友愛の可能性であって，利他的行為の直接の動機ではない。ここに行為の美しさ(カロン)の問題がある。友のために何をなすべきか，その思案と選択の末，善き人は友のためには自らの命をすら捧げる，そうアリストテレスは明言している（1169a18-20）。善く生きるということの究極の姿を我々はこのような利他的友愛の中に見出すことができる。では，なぜそれが善いのか，美しいのか，しかも幸福な生なのか。しかし，今は少なくとも本章がこれらの根本的な問いを問い得る地点への一つの助走となり得たことをもってよしとせねばならないだろう。

# 第 10 章

# 正義とフィリアーの関係について
―― アリストテレス『ニコマコス倫理学』を中心に ――

　「人は互いに友人であれば，何ら正義を必要としないが，正しい人であっても，さらに友愛（φιλία）[1]を必要とするのである。したがって，最大の正義とは友愛に似た何ものかであると思われている。」[2]『ニコマコス倫理学』第 8 巻において，これから友愛についての考察を始めようとするアリストテレスは，友愛に関する一般的通念を紹介する箇所でこのように述べている。しかし，同書第 5 巻において既に十分に正義論を展開してきた彼が，ここで言及している「正義」「正しい人」「最大の正義」とは何であろうか。さらに正義をも凌駕する友愛とは一体何なのか。その意味するところは必ずしも明らかではない。したがって，本章では，『ニコマコス倫理学』において十分に展開し尽くされているとは言い難い正義とフィリアー（友愛）の関係の解明が企図される。具体的には，アリストテレスにおける正義論の概観，次いで冒頭の引用箇所の解釈という順で展開される。

---

　1) 前章と同様に，本章においてもフィリアーの訳語としては「友愛」を用い，文脈によって「フィリアー」と併用する。フィリアー概念の詳細については，本書第 8・9 章を参照。
　2) 『ニコマコス倫理学』（以下 EN と略表記）1155a26-28. なお，使用したテクストは，*Aristotelis Ethica Nicomachea*, ed. I. Bywater, Oxford, 1894, repr. 1954. 訳文は加藤（訳）［1973a］に拠った。カッコ入れなど訳文との相違は筆者に責任がある。

## 1 アリストテレスにおける正義論の概観

　正義とは何であるか。古代ギリシア以来，これは西洋の哲学の歴史においてはもっとも根本的な問いの一つであったし，現在もまたそうである。なかでも 20 世紀後半の正義論の隆盛は，19 世紀以降の実証主義及び価値相対主義の優勢によって強いられた沈滞化の後，実践哲学の復権の動きに伴い，とりわけ 1971 年の J・ロールズ『正義論』[3]以降の活発な議論によってもたらされたものである。しかし，ロールズ以降めざましく展開され，同時に錯綜化を免れ得なかった現代の正義思想[4]を追跡することは，本章の意図するところではない。むしろ本章では，西洋の正義論の歴史をその端緒において方向づけたアリストテレスを中心に概観してみたい。もちろん彼に先立つ，文字通り正義の人であったソクラテスとその偉大な弟子プラトンの存在を忘れるわけにはいかない[5]。しかし，ここでは最低限，以下の点だけを押さえておきたい。すなわち，① 既に当時から正義は多くの意味で語られており，とりわけ実定法や

---

3) Rawls [1971].

4) 正義論の歴史を振り返るなら，古代ギリシア以来近代まで一貫して問われ続けてきたものは，あるべき法およびその法によって実現されるべき価値理念，つまり自然法や法的正義であった。しかし，稲垣良典氏（稲垣［1972］3 頁）の指摘によれば，近代以降の「法と道徳の分離，および個人主義の公理化」の二つによって法的正義は忘却され，あるべき法ではなく現にある実定法の下での秩序維持にのみかかわる適法性（legality）が正義の尺度となった。経験的実証科学をモデルとする法実証主義的な分析法理学を提唱する J・オースティン，A・ロス，H・ケルゼンらは，種々の正義概念から恣意性を排除すべく，自立的な実定法システムの内的構造分析のみに自らを制限する禁欲的な立場を採った。このような法学のいわば脱哲学化の動向は，価値相対主義の渦の中，規範的正義論の沈滞化を招いた。そのような停滞の突破口がロールズによって開かれたわけだが，それ以後，「現代正義論は，個人の権利・人権を究極的価値とする権利論的正義論と，個人の幸福・選好の総和（平均値）の最大化とか社会の一般的福利などの集合的目標を究極的価値とする目的論的な功利主義的正義論との対立を基本構図としている。」田中［1987］31 頁。

5) 彼らの哲学的見地が対話篇という形態によってしか窺い知ることができないというところに解釈上の種々の困難がある。たとえば，ソクラテス自身の見解をそれ自体として確定することには方法的困難があり，同様のことがプラトンその人の見解についても当てはまるのである。いずれにせよプラトン対話篇における正義論の詳細な考察は各対話篇への周到な考察を必要とする故，ここでは課題として他日に期すのみとする。なお，プラトン解釈の問題点については，加藤［1988］序章において精密詳細な論述がなされている。

慣習法における正義が相対的で為政者の恣意によるものであるというソフィストたちの糾弾が広く流布していたということ[6]，そして②ソクラテス（プラトン）自身はそのような多義的・相対的・恣意的な正義という一般通念との対決を迫られていたということ。さらに，③正義の多義性を一義性に何らかの形で還元し，価値相対性と恣意性を超越しようという彼の試みは，共同体における法による正義から個人の魂の正義へという重点の移行と連動していたということ[7]。以上の三点である。

アリストテレスにおいても，正義概念の多義性・価値相対性・恣意性は十分に認識されていた。しかし彼は，そのような正義概念の多義性を見ようとせずに性急に一義性へと解消してしまうことを戒め，むしろ正しいことと不正なこととの多義性の襞のひとつひとつに分け入ったのである。そのことがかえって彼の正義論の相貌を複雑にしたとも言えるが，後世の正義思想に多大な貢献をなしたのもこの「開かれた経験主義」[8]の故である。これは，正義概念に限らず他の概念探求においてもアリストテレスがよく見せた方法的態度である。すなわち，それは我々にとってより先なるものからそれ自体にとってより先なるものへという方向性をもった探求を通して，具体的には，一般に人々にそう思われていることども，常識，通念・通説などを広く吟味し，そこに見出されたアポリアを解決せんとして常識の真偽を確定していく作業を通して，その事柄の何であるかを究明していこうとする態度である[9]。

さて，一口に正義と言っても，厳密には次の区別が必要である。つまり，「正しいこと（行為・事柄）」（τὸ δίκαιον），「正しい人」（ὁ δίκαιος），「正しい性向」（ἡ δικαιοσύνη），以上の区別である。ここで，「正しい人」とは「正しい性向」を身につけた人のことであり，その性向（ἕξις）からは，専門知識（ἐπιστήμη）や能力（δύναμις）と異なり，「正しいこと」のみが生じる[10]故，「正しい人」は「正しい行為」を

---

6) このようなソフィストたちの動向については，ハイニマン[1983]，特に同書第3章第1,2節を参照。
7) ③の特徴は，『国家』において典型的である。
8) 稲垣[1972]まえがき3頁。
9) アリストテレスにおける思われやエンドクサのもつ方法的意義については，Owen[1975], pp. 113-126を参照せよ。
10) 専門知識（エピステーメー）や能力（デュナミス）は，一種の技術知として相反す

願い,為すという性質を備えているのである[11]。この場合,行為や事柄の正しさの基準となる正義（τὸ δίκαιον）と,人の正しさの基準となる正義の性向（δικαιοσύνη）とは,明確に区別されている[12]。これらを今仮に,「規則としての正義（事の正しさ）」と「徳としての正義（人の正しさ）」と呼んでおこう。いずれにせよ,人柄と行為,人と事,その各々の正しさを混同することが避けられねばならないと同時に,さらにアリストテレス倫理学において勝れた意味で「正しい」,「善い」と呼ばれるのが,あくまでも徳としての正義,人の正しさであるということが銘記されねばならないだろう。そして同様のことは不正についても妥当する。

以上のことを前提とした上で,次にアリストテレスの論述を,(1) 一般的正義論,(2) 特殊的正義論の順に追ってみることにしよう。

### (1) 一般的正義論

まず「不正な人」（ὁ ἄδικος）とは,(a) 法に反する人（ὁ παράνομος）,および (b) 貪欲な人（ὁ πλεονέκτης）すなわち不平等な人（ὁ ἄνισος）であると思われ,「正しい人」とは,(a) 法に適う人（ὁ νόμιμος）,および (b) 平等な人（ὁ ἴσος）であると思われている。したがって,「正しさ」とは,(a) 法に適うこと（τὸ νόμιμον）と (b) 平等なこと（τὸ ἴσον）となり,「不正」とは,(a) 法に反すること（τὸ

---

るものを産出し得る（たとえば,医術知は健康と病気を作り得る）が,性向（ヘクシス）はある特定のものしか産出し得ない。したがって,正しい人であるかどうかは,何らかの知識や能力の有無ではなく,正しい性向を身につけているかどうか,つまり人柄（エートス）によって決まるのである。

11) EN V, 1, 1129a6-9. Cf. EN V, 9, 1137a17-26.

12) 厳密に言うならば,行為の正しさと事柄の正しさは異なる（EN V, 7, 1135a8-9）。事柄の正しさが δίκαιον と呼ばれるのに対し,実際の行為の正しさが δικαιοπράγημα,不正な行為を匡正する行為が δικαίωμα と呼ばれる。ただし,外見的には同じ振る舞いであっても,① 不本意に（無知,不随意,強制などによって）なされた場合は,ただ付随的に正しいだけのいわば事の正しさ。② 本意からの行為であるが,選択（προαίρεσις）を伴わないものは,正しい行為。しかし,その行為者が正しい人であるとは限らない。③ 本意からの行為であり,しかも選択の結果なされる時にのみ,人の正しさのレベルに達する。したがって,もっとも勝れた意味での正しい行為とは,正しい人のなした正しい行為のことである。Cf. EN V, 8.

## 第10章　正義とフィリアーの関係について

παράνομον）と (b) 不平等なこと（τὸ ἄνισον）となる[13]。

ところで (a) 群に属するのは，法に適うか反するかという遵法性を基準としたものであるが，ここで法（νόμος）とは，一方で徳による行為を命令し，他方で邪悪による行為を禁止するものである[14]。したがって，「法に適う」とは，様々な徳のすべてに妥当し，徳と同じ範囲に当てはまる基準と言える。その際，徳とは人間が人間として活動するための卓越性のことであるが，それらの徳を他人との関わり，つまりポリス共同体において働かす限り，遵法性としての正義の性向は徳の全体[15]と重なり，しかも終極的な徳（ἀρετὴ τελεία）[16]でもあることになる。では，遵法性としての正義の性向はなぜ終極的な徳，つまり徳の完成となるのか。その問いに答えるためには，「他人との関わり」（πρὸς ἕτερον）における「終極的な徳の使用・活用・発揮（χρῆσις）[17]」という事態の解明がまずなされねばならないであろう。そもそも徳とは，感覚機能などと異なり，生まれつき身に備わっているものではない。たとえば，我々は感覚機能をまず所有し，しかる後に活用するのであるが，徳の場合はその所有が活用に先立ってあるのではなく，あくまで徳を活用することによってのみ身に備わる。つまり，我々は本性上，徳を受容するように生まれついてはいるが，その天与の素質は習慣づけ，すなわち有徳な行為を自ら選択し繰り返し実際に行うことによってしか完成されないのである。立法家はこのように習慣づけることによって，市民を善い市民にする[18]。確かに，「善い市民」と「善い人」とは厳密には同一ではない[19]のだから，個別の徳ではない，人間としての限りでの徳全体の完成が，現行の国制や法に適うという限りでの市民としてのポリス的徳によって得られるという保証はない。しかし，人間にとって終極の善であり，人間の行為の目的である「自足（αὐτάρκεια）[20]」が，孤立した生において

---

13)　EN V, 1, 1129a31-b1.
14)　EN V, 1, 1129b19-25.
15)　EN V, 2, 1130b7, 19, 22-23, etc.
16)　EN V, 1, 1129b25-27.
17)　EN V, 1, 1129b30-1130a1.
18)　EN II, 1, 1103a23-b6.
19)　この問題に関しては，『政治学』第3巻第4章参照。
20)　EN I, 7, 1097b6-11.

ではなく，ポリス共同体内での恊働的生における自足としてしかあり得ない以上，本性的にポリス的動物である人間[21]の対他的本性が遵法的行為の内で開花結実する事態を，「他人との関わり」における「終極的な徳の使用・活用・発揮」すなわち広義の正義として了解し得るのである。別言すれば，いわば徳への習慣づけである法によって我々の徳は完成されるのであるから，遵法性としての正義の性向こそが人間である限りでの徳の完成＝終極的な徳となり，しかも遵法的行為自体がそのような徳の活用となるわけである。ただし，ここで言われている法が自然法なのか実定法なのかということは大きな問題となる。この点のやや詳しい検討は後で試みられるが，ここでは少なくとも，実定法秩序の維持という限りでの「適法性（legality）[22]」とははっきり区別された意味で，より高次の「遵法性」が論じられているということだけを指摘しておきたい。

さて，以上の考察より，遵法性としての正義の性向が人間の人間である限りでの徳であり，しかも徳の部分ではなく徳の全体と同じものであるということが明らかになった。このことは，道徳を法から自律した個人の内面性の問題とみなして法と道徳とを分離する傾向にある近・現代の立場とは著しい対照をなすアリストテレスの立場，すなわち法と道徳とを不可分離的なものとして統一的に捉えようとする立場を示している。しかし，徳の全体と遵法性としての正義の性向とは，同じものではあるがその本質・定義（τὸ εἶναι）の点では異なると言われる[23]。その意味するところは様々な解釈に分かれるが，強調されるべきは，その人自身にとっては徳であるが，他人に対するものとすれば正義の性向である，という点にあると思われる。つまり，正義の性向すなわち人の正しさとは，他人との関わりにおいて，和辻哲郎の言葉を借りるなら「人と人との間柄」[24]において活動しつつある対人徳なのである[25]。その目指す

---

21) 『政治学』第1巻第2章，1253a2-3.

22) 注(4)参照。

23) EN V, 1, 1130a12-13. この区別を単に概念定式化の上での相違とみる立場もあるが，この区別を本質的な相違とみなし，日常言語と哲学の言葉の地平のズレを指摘するBambrough [1965] の研究は参考になる。

24) 和辻 [1965], 11-12頁。

25) 宇都宮 [1980], 36-40頁は，倫理の基準である人間性を，普遍的人間本性ではな

ところは，他人のための善であり，最終的にはポリス共同体の善である。このような正義の性向を我々は，遵法性の観点からは「法的正義 (justitia legalis)」と，また徳の総体を覆うという意味では「一般的正義」と呼び得るであろう。

(2) 特殊的正義論

さて，以上が先に挙げられた(a)群に関するもの，すなわち一般的正義論であったが，次に我々は(b)群すなわち特殊的正義論に目を転じることにしよう[26]。(b)群に属するのは，平等か不平等（＝貪欲）かという平等性を基準としたもので，徳の部分としての正義の性向を特定する識別徴標となるものである。この正義の性向は，対人徳であるという点では一般的正義と同類であるが，遵法性という全体に対しては部分の位置にある平等性を種差とするために，部分としての正義あるいは特殊的正義と呼ばれ，さらに配分的正義，規制的正義，応報的正義に細分される。これらは各々，名誉，財，安全などのような外的な善[27]の分配，規制，交換に関するものであるが，その概略を以下の順に見ていきたい。

(a) 配分的正義（τὸ διανεμητικὸν δίκαιον）

配分的正義とは，「ポリスを共同にする人々の間に分割され得るかぎりのものの分配（διανομή）における正義[28]」であり，その分配は幾何比例（ἀναλογία γεωμετρική）と呼ばれる比例に従ってなされる[29]。

---

く，個人と個人すなわち自己と他者との「間」の領域に求める立場からアリストテレスを批判したが，ここで示されたように正義の性向を他者とのかかわりに限定するアリストテレスの立場は，むしろ倫理問題を自他の間の領域へともたらした先駆けとも考えられるのではあるまいか。

26) 特殊的正義論に関しては，以下の諸書を参考にした。岩田 [1985]；Ross [1971]; Heath [1949].
27) EN V, 1, 1129b1-4; 2, 1130b2, 31-32, etc.
28) EN V, 2, 1130b31-32.
29) EN V, 3, 1131b13. この比例は四項からなる。今仮に，国庫金の分配を例に取り，分配を受ける人をAとB，Aが受領する財貨をC，Bが受領する財貨をDとしよう。この時，次の関係が成り立つなら，その分配は正しくなされたことになる。すなわち，

$A : B = C : D$　　　(1)
$A : C = B : D$　　　(2)
$A + C : B + D = A : B$　　　(3)

つまり，分配されるべき公共財産の割合が分配を受ける人の価値の割合と等しい場合，そのような割合の等しさすなわち比例によって，それ自体では不等な人々の間にも平等が保証され，正義ももたらされるのである。

では，そもそも人の価値（άξία）とは一体どのようにして量られるのであろうか。アリストテレスも述べているように人の価値を量る尺度は，たとえば社会体制の相違によっても変わってしまうような相対的なものである[30]。しかも，ここでは人間の人間としての価値が問われているわけでは決してない。たとえば，我々の社会においては，各人の納める税金は基本的には各人の収入に応じて定められるが，この場合，あくまで各人の収入が各人の価値とみなされているのである。同様に，年功序列の企業では経験年数が，能力主義の営業所では販売能力が，当人の価値として評価の対象となるであろう。このような例からも明らかなように，公共的な財産，役職等の分配の基準となるべき人の価値とは，財貨の取得能力や生産能力，さらには生まれの良さなど，人間の何らか一面的な付帯性をもって評価され，差別づけられたものである。言い換えるならば，何らかの偶然によって各個人に与えられたに過ぎない才能，出自などの点での不平等を是認し，その差別格差に比例するように財を分配することが，分配における平等だというのである。アリストテレスの特殊的正義論の基底に一貫して流れるこのような平等思想は，より多く取り得る者はより多く，より少なくしか取り得ない者はより少なく，という完膚なきまでの能力主義に根差すものであり，ロールズが社会的正義の第二原理の中の格差原理において示した平等思想，すなわち社会経済的弱者の福祉向上，差別格差是正のために逆差別方式を導入するという主張[31]，とは真っ向から対立するものである。確かにアリストテレスの中に，効用（συμφέρον）の最大化のためには社会経済的弱者に対

---

　これらの比例式によって，まず（1）では，分配されるべき財貨の割合が分配を受ける人の価値の割合と等しいということが，次に（2）では，分配を受ける一方の人がその分配量に対してもつ割合が，他方の人がその分配量に対してもつ割合と等しいということが，最後に（3）では，分配後に各々の分配物を含めた両者の割合が分配前の両者の割合と等しいということが示されている。このような比例がここで幾何比例と呼ばれているものである。
　30）　EN V, 3, 1131a26-29.
　31）　Rawls [1971], ch. 11.

する不平等をも是認してしまうといった功利主義的側面を見ることもできる[32]。しかし，彼の平等思想をこのような観点だけから論ずるのは片手落ちであろう。なぜなら，彼には，すべての人が人間の自然本性に根差したレベルで平等な権利と価値をもつ[33]，というもう一つの論述地平があるからである。配分的正義を始めとする特殊的正義論では，規則としての正義（事の正しさ）が主題となり，徳としての正義（人の正しさ）は主題となっていない，という点を見落としてはならない。そもそもアリストテレスにとって倫理学の目的は，人間の行為によって実現される善であり，徳の修徳であった。したがって，正義に関しても，事柄の正しさや行為の正しさのレベルはまだ人間としての正しさへと至る考察の途上にあるものにしか過ぎない。人間としての平等の実現は，単なる付帯的価値の有無を超越した，人間の自然本性に根差したより高次の地平で初めて得られるのである。この点については，後節の衡平の徳とフィリアーに関する論述で詳しく検討されるが，いずれにしても，アリストテレスを既存の社会的差別体系を是認し強化する現状肯定主義者とみなし，彼の正義論を既存の社会秩序の維持という勝れて保守的な機能面からのみ評価する立場[34]は，彼の特殊的正義論のみを過大視する明白な誤解なのである。

### (b) 規制的正義 （τὸ διορθωτικὸν δίκαιον）

規制的正義とは，「人と人の係わり合いにおいてその関係をただしく規制するもの[35]」であり，算術比例と呼ばれる比例にしたがった平等である。算術比例による平等と言われるのは，要するに原状回復という法

---

32) Rawls [1971], pp. 22-27.
33) 『政治学』第3巻第16章, 1287a12-13. ここで等しい価値と言われるのが，能力主義的観点からのものでないのは明らかである。なぜなら，あらゆる人が能力主義や社会的格差を超越して真に平等となり得る地平をアリストテレスは確かに見据えていたからである。「奴隷が奴隷であるかぎりにおいては，奴隷に対する友愛は存在しないのであるが，彼が人間であるかぎりにおいては，彼に対する友愛がある。おもうに，法と契約を共にしうるすべての人に対しては，すべての人間のもつべき或る正しさがあると考えられるのである。」EN Ⅷ, 11, 1161b5-7.
34) その一例としては，ケルゼン [1975], pp. 40-41.
35) EN V, 2, 1131a1.

的措置を原則的に定式化したものである[36]。その際，当事者たちは，たとえ彼らが善人と悪人，上官と部下というように性質や社会的立場の異なる者であったとしても，まず両者は原則的に平等な者とみなされる。その上で，一方が他方に加えた損害を巡る様々な係争が裁判官の介入によって調停ないし解決される。ただし，このような様々な係争の当事者同士の関係は，それが相互の本意から生じたのか，あるいは不本意に生じたのか，また不本意からといっても，本人に気付かれずにか，強制によってか，というようにさらに細分されることになる[37]。しかし，ここではそのような細部には立ち入らず，以下のような問題点を指摘するに留めたい。

　まず，当事者平等の前提は，あくまで原則的なものである。確かに「法律はただ加えられた損害の違いにだけ目を向け[38]」ることを前提しているとアリストテレスは述べているが，同時に当事者間の差異に言及する場合もある[39]。したがって，たとえば上官が部下を打った場合も，逆に部下が上官を打った場合も変わりはないとみなすのか，あるいは当事者間の社会的上下関係をも考慮に入れるべきなのか，という問題がここにはある。この問題点はさらに，損害を，加害者においても被害者においても単純に同一なものとみなしてよいかどうかという問題ともつながる。要するにこれらの問題は，加えられた損害を量化し，その加害量と等しい処罰量ないしは賠償量を秤量しようといういわば量化の観点と，損害の単なる量化に留まらず，損害の当事者双方にとっての質的差異や当事者自身の質的差異をも考慮しようという観点との錯綜によって生じたものである。テクストの当該箇所には前者の強調のみで後者は明言されていないが，当事者の質的差異を考慮した具体例ならテクスト中

---

36) 今仮に当事者AとBがおり，一方が他方に加えた損害をCとするならば，

　　$A = B$　　　　　　　　(1)
　　$A + C = B - C$　　　　(2)
　　$A + C - C = B - C + C$　(3)

(1)は回復されるべき原状を表し，(2)はAが損害を加え，Bが損害を受けた，つまりAが加害者でありBが被害者であることを意味し，最後に(3)は，Aに刑罰を加え，Bに賠償がなされることによって，(1)の原状が回復されたことを表している。

37) 注(12)およびEN V, ch. 8を参照せよ。
38) EN V, 4, 1132a4-5.
39) EN V, 5, 1132b28-30; 8, 1135a28-30; Ⅷ, 9, 1160a4-7.

に見出すことができる[40]。結局，アリストテレス自身にもこの二つの観点の間での揺らぎがあったと推測される。しかし，より事態に即しているのはどちらかと言えば，それは後者であろう。なぜなら，原状回復という法的措置は当事者の質的差異を考慮に入れることなしには有効に機能しないからである[41]。したがって，もしこのような解釈を押し進めるなら，規制的正義とは単に損なわれた平等の回復という矯正の意味のみならず，人と人の然るべき係わり合いを規制するという意味をも担い得るであろう[42]。このような考えがアリストテレス解釈としてどこまで有効かという問題は別として，「法的規準に自主的に準拠して，行動を自己規律し相互の利害調整や紛争解決を行うための枠組みと指針を提供する」「権利附与規範」としての法システムの本領[43]を規制的正義の中に見ることは，事柄そのものの理解を大きく助けてくれるであろう。

(c) 応報的正義（τὸ ἀντιπεπονθός）

応報的正義とは，受容に基づいてなされる商取引等の交換における正しさのことである[44]。ただし，ここで応報と言うのは，「目には目を」式

---

40) 前注参照。

41) たとえば，正当防衛と過剰防衛の境界，つまり被害者になるか加害者になるかの分かれ目は，相手に加えた損害量だけでは判定し得ない。cf. Burnet [1973], pp. 218-219. ただし，「このバーネットの解釈はアリストテレスが語っていないことをそのテクストの中に読み込んでいるのだが，しかし，おそらくは，アリストテレスが潜在的に意識していた問題点に触れているとはいえるであろう。」（岩田［1985］，263頁）

42) Grant [1973], p. 112 は，διορθωτικὸν δίκαιον がその不適切な名によって，不本意に損なわれた平等の回復の原理のみに限定されている，と指摘した。さらに一歩進めて，Burnet [1973], p. 213 は διορθοῦν が ἐπανορθοῦν（「匡正する」 correct）よりも広い意味，すなわち人と人の交渉の後ばかりでなくそれ以前においてもその交渉を「規制する」 adjust という意味をもつ，と主張した。加藤［1973a］，401-402頁注(2)はこのBurnet説を評価し，「匡(矯)正的正義」という従来の訳語ではなく「規制的正義」という訳語を採ることによって，人と人との結びつき，ひいてはポリス共同体を構成するための必要条件と位置づけている。本章もこのような解釈に沿ったものである。しかし，たとえば Ross [1971], p. 212, n. 1 のように，Burnet説に真っ向から反対する意見も多い。

43) 田中［1987］，34頁。

44) 「交換による人と人との結びつき（κοινωνίαι ἀλλακτικαί）」（EN V, 5, 1132b31-32）を可能とするのは，需要・必要（χρεία：EN V, 5, 1133a26-27）である。ただし，ここで交換とは，様々な生産物の市場における交換のことであり，多くの場合，貨幣が介在する。したがって，応報的正義においては，商取引での価格決定が主題となっている，というハーディの主張はうなずける。(Hardie [1980], pp. 195-196.)

の平等による応報ではなく，比例による応報のことである[45]。また，ここでは配分的正義と異なり，個人の財産の交換が問題となっている。ではまず，具体的に応報的正義を定式化してみよう。今仮に，大工をA，靴作りをB，家一軒をC，靴一足をDとすると，交換に先立ってまず品物CとDの間に比例的な平等が設定される。たとえば，家一軒と靴x足が等しいなら，C = x Dとなる。次に，AにxDを，BにCを与えるなら，この交換は正しくなされたことになる。また，比例的応報を術語的に厳密に解するなら，A : B = D : Cという反比例関係を表すことになるが，このままでは意味不明である[46]。したがって，前述のように品物間に比例的な平等を設定し，その後に単純応報的な交換を行うという二段階式に解するのがもっとも適切であろう[47]。

以上が特殊的正義に関する概要であるが，これら三種の正義相互がどのような関係にあるか，という点には多くの議論がある。しかし，それら各々が本節で解釈されたようなもの，一言で言うなら，行政・司法・経済の各領域における規則適用の正義（事の正しさ）である限り，以下のような特徴を指摘することによってある統一的な理解が得られるのではないかと思う。さしあたり，（イ）既存の社会秩序ないしは社会的不平等を是認し，維持する保守的性格，（ロ）自分の取り分より多く取ろうとする「貪欲さ」への傾向性をもった，いわば正義の徳なき人々を外的に規則に適応させようとする規制的ないしは制裁的性格，（ハ）私有の物財の交換を，需要と供給の均衡に基づく市場原理に委ねる自由経済的性格，（ニ）複雑な事態を外的規準に即して量化し，それをいわば数学的に処理することによって狭義の正義概念の明確化を可能とした経験科学的[48]（脱哲学化）性格，以上が特殊的正義をめぐるアリストテレスの論述から見出される諸特徴として挙げられる。このような特徴を近代以降の正義論の特徴と比較するなら，実定法秩序の維持を目的とし適法性概念へと収束する法実証主義的な近代正義思想が，もう既にアリストテ

---

45) EN V, 5, 1132b32-33. 平等による応報の例としては，ピュタゴラス派の主張が挙げられている（EN V, 5, 1132b21-23）。
46) Heath [1949], p. 274.
47) このことは以下より明らかである。EN V, 5, 1133a10-12.
48) ケルゼンは辛辣に，「疑似科学的（quasi-wissenschaftlich）」と呼ぶ（ケルゼン，H. [1975], p. 39）。

レスによって方向づけられていたということは明らかとなるであろう。確かに『ニコマコス倫理学』においてアリストテレスが第5巻の正義論を一般的正義から説き起こしながら，すぐに特殊的正義論へと移行し専らそれのみを論じたという表層的な事実[49]が，近代以降の正義論に制度的正義の明確化をもたらしたと言うことはできるかもしれない。しかし，ではアリストテレス自身の真意はどうであったのか。人間の人間としての徳の終極に立つ一般的正義すなわち徳としての正義は，彼においてさえも見失われてしまったのであろうか。本章が正義とフィリアーの関係を問うことによって問いただそうとしているのは，実はまさにこの徳としての正義の行方なのである。

## 2 衡平と友愛

### (1) 『ニコマコス倫理学』（1155a26-28）解釈

さて，我々はここで再び冒頭に掲げられた『ニコマコス倫理学』の一文へと戻ることにしよう。

> (1) 人は互いに友人であれば，何ら正義を必要としないが，(2) 正しい人であっても，さらに友愛を必要とするのである。(3) したがって，最大の正義とは友愛に似た何ものかであると思われている。（番号は筆者のもの）

この引用文は，フィリアー論の冒頭で友愛が人生にとって必要不可欠なものだということを例証するための一連の事例の最後に置かれている。したがって，(2)の意味するところは，名誉，財産，安全などの外的な善がすべて保証されたとしても，友人がいなければそれらは無に等しいというその箇所全体の脈絡と並行するものと理解される。ただし，ここで使われている「さらに必要とする（προσδέονται）」という動詞は，友愛を正しい人の本質構成要素として必要とするというのではなく，友

---

[49] EN V, 2, 1130a14, b18-20.

愛が付加的な要素として必要だということを意味する。では，友愛を付加的に必要とするとは一体何を意味するのか。この問いに答えるためには，友愛と正義の共通点をしっかり見ておく必要がある。アリストテレスは繰り返しこう述べている。「友愛と正しさは同じ事柄にかかわり，同じ人々のうちにある[50]」と。すなわち，友愛と正しさは共に他人とのかかわりのうちにあり，他人の善を目的とするものなのである[51]。しかも友愛の度合いが高まると共に正しさの度合いも高まる[52]。たとえば，ただ単に他人のためにではなく，愛する人のためになすほうが正しさの度合いはより高くなるのである。結局，正しさがより完全なものとなるためには，そこに友愛の介在を必要とするのである。これが (2) の意味するところである。

では逆に，友愛の度合いを高めるために正しさを必要とするかというと，実はそうではない。このことに言及しているのが(1)である。ただし，互いに友人でありさえすれば正しい人でなくてもよいということがそこで意味されているのではない。そうではなく，友人同士の親愛関係にはもう既に何らかの意味での正義が実現されているということがその真意である。すなわち，当事者相互の友好関係がどのようなものであれ，各々の関係に不平等や不法つまり不正があれば，もはやそこに親愛関係が生じる余地はないのであるから，友愛あるところには必ず何らかの意味での正義ありと一般的に言うことができるであろう。これが (1) の意味するところである。

以上の解釈が正しいとするなら，(1) と (2) から引き出される結論は，人と人とのかかわり合いにおける正義に対するフィリアーの優位，ということになる。これはもちろん，フィリアーによる正義の無用化を意味するものではなく，フィリアーによる正義の完成を意味している。

---

50) EN Ⅷ, 9, 1159b25-26. cf. EN Ⅷ, 11, 1161a10-11; 12, 1161b11-12. 正義と友愛の相違点については，EN Ⅷ, 7, 1158b29-33. この箇所の解釈は，Burnet [1973], p. 376 のように正義を配分的正義に限定した文脈に則したものが一般的であるが，トマス・アクィナス（*In Libros Ethicorum*, Ⅷ, 1, 7, 1631-1633）のように，「均等性は正義においては終極であるが，友愛においては始原である」と明確に位置づけるものもあり，筆者はまだ成案を見出し得ないでいる。

51) EN V, 1, 1130a3-5; 6, 1134b5-6; Ⅷ, 2, 1156a3-5; 9, 1159b26-27.

52) EN Ⅷ, 9, 1160a7-8.

第 10 章　正義とフィリアーの関係について　　　267

したがって，もっとも勝れた意味での正義とは，フィリアー的なものであり，そのような正義の性向はフィリアーである。これが（3）の意味するところなのである。しかも，この箇所の直前で，立法家が正義の性向よりもフィリアーを重用視すると言われている[53]点が重要である。なぜなら，正義とりわけ特殊的正義が法適用の問題へと傾いていくのに対して，フィリアーはそれらの適用の規範となるべき法の定立というより原理的な場面に関わるからである。

(2)　最大の正義

では，フィリアー的であるとみなされたもっとも勝れた意味での正義つまり最大の正義とは，一体何であろうか。注釈者たちによる諸解釈を批判的に整理した後，それらに代わるべき解釈試案を提示したい。

現在までのところ，研究者たちの解釈は概ね次の三種に分類される。

(a)　最大の正義＝ポリス的正義（τὸ πολιτικὸν δίκαιον）[54]
(b)　最大の正義＝衡平（τὸ ἐπιεικές）[55]
(c)　「最大の正義」と言っても上記のような特別の種類を指すわけではない[56]。

これらの内，まず(a)の意味するところはこうである。すなわち，ポリスにおける正義とは，自足することを目的として共同生活を営み，比例によってであれ，数によってであれ（分配・交換的正義によってか，規制的正義によって）ともかくも平等を保証された自由人の間に成り立つ市民としての正しさであるが，それは平等に基づく限りで，奴隷に対する主人の正しさや子に対する父の正しさのような支配−被支配の不平等な関係における正義がそれとの類似によって正義と呼ばれるような，第一

---

53)　EN Ⅷ, 1, 1155a23-24.
54)　Aspasius [1889], p. 160: 7-18.
55)　Grant [1973], p. 252; 岩田 [1985], p. 324.
56)　Burnet [1973], p. 348. なお，Gauthier et Jolif [1970], p. 665 において，この箇所の解釈の整理として以上の(a)(b)(c)が紹介されているが，著者自身の積極的な主張は提示されていない。

義的な正義である[57]。確かに子に対する父のフィリアーや奴隷に対する主人のフィリアーもアリストテレスによって取り上げられてはいるが，それらはいずれも平等な関係において成立する勝れた意味でのフィリアーではない。したがって，平等という点での第一義性をもったポリス的正義こそが，勝れた意味でフィリアー的なものである，というのが(a)の主張である。確かにこの主張そのものに誤りはない。しかし，ポリス的正義とは，分配・規制・交換という特殊的正義のすべてを覆う概念であり，しかも法が介在する限りでの市民的正義である以上，遵法性に基づく一般的正義をも含む非常に広い意味である。したがって，ポリス的正義がフィリアー的だという主張は，単に正義がフィリアー的だという主張とほぼ同義になり，敢えて「最大の（μάλιστα）」と限定した意味が不問に付されることとなろう。我々が知りたいのは，ポリス的正義の中でもっとも勝れた意味で正義と言い得るものは何かということなのである。

そこで(b)では，より限定された意味で「衡平」[58]が最大の正義だとみなされる。「衡平」とは，正しさと類を同じくするが，「法による（κατὰ νόμον）正しさではなく，法的な正しさを補正するものである[59]」という点で，正しさの度合いの低いものに比してより勝れた意味での正義である。この限りで，解釈(b)には十分な根拠が見出されるように思われる。しかし，ここでも衡平が「最大の」正義であるかどうか

---

57) EN V, ch. 6.
58) 厳密には，「衡平（なこと）」（τὸ ἐπιεικές），「衡平な性格」（ἡ ἐπιείκεια），「衡平な人」（ὁ ἐπιεικής）と言い分けられる。しかし，ἐπιεικές という語の意味の広がりは，多くの場合，善い人（ὁ ἀγαθός）のそれと重なる（詳しくは，加藤 [1973a], pp. 407-408, 注(1)参照)。したがって，ここで「衡平」とは，『ニコマコス倫理学』第5巻第10章で説明されている狭義の ἐπιεικές，すなわちある種の正しさとみなす必要があるだろう。Grant は equity という訳語を添えることによってその点を明確にしている。それに対し，岩田 [1985], 332-333頁, 注44は逆に，その意味の広がりを損なわぬように，「エピエイケイア」「エピエイケース」と音読みし，「衡（公）平」「衡（公）正」といった従来の訳語の不備を指摘する。確かに ἐπιεικές という語の射程を見失ってはならないし，本章もまた ἐπιεικές という概念の豊かさを解釈の突破口にしようという試みではある。しかし，少なくとも『ニコマコス倫理学』第5巻第10章において，貪欲さの放棄という点で平等を尺度とする特殊的正義に同語の語義が限定されているのは事実である。本章の解釈が衡平を最大の正義とみなし得ない理由は，まさにこの一点にある。
59) EN V, 10, 1137b11-13.

という点に疑問が残る。かくして，次に試みられるべきは，その問題点の解明である。

　まず，ここで「法による正しさ」とは，一般的正義論での尺度であった「法に適う（νόμιμον）」という意味での遵法性ではなく，「規約的・人為的な（νομικόν）」という意味で，実定法の遵守のみに制限された適法性のことである。そもそもポリスにおける正しさには，（イ）自然の本性における正しさと，（ロ）法による＝規約的・人為的な（νομικόν）正しさとがあるが，ソフィストたちは（イ）における自然を不変不動な物理的法則性と同一視し，その限りで不変不動なものとみなすのに対して，（ロ）が時と場所によって変化する相対的なものであることを強く非難した[60]。法といえども結局は支配者の恣意の産物であり，その法に基づく限り正義は可変性・相対性・恣意性を免れ得ない。それゆえに，真に正義の名に値するのは，不変不動な自然に根差したものに限定され，その挙げ句に，強者の利益こそ正義なりというあの悪名高きテーゼが導き出されたわけである。このような法秩序を根底から覆すような動向に対し，アリストテレスは事態がそのように単純なものではないことを指摘し，次のような概念図式の組み替えを行う。まず，可変的であるから規約的・人為的，不変的であるから自然的，という図式は正しくない。なぜなら，人間のもとにあっては，自然の本性に拠りながらも可変的なものがあるからである。たとえば，右利きという自然本性をもちながらも，万人がサウスポーへと人為的に変化させられることは可能であろう。しかも，この例からわかるように，自然本性的なものと人為的なものとの差異は，我々には「明白である[61]」。ここにおいて我々は，（ハ）物理的法則性によるという意味ではない，人間の自然本性に根差した正しさと，（ニ）法や規約による人為的な正しさ，という新たな区分にたどり着いた。（ハ）は，あらゆる場所において本来同一であるが，容易に（ニ）によって駆逐されてしまい，常に隠されている。しかし，本性的にポリス的動物である人間の共同的な生を根底から

---

60) EN V, 7, 1134b18-27.
61) EN V, 7, 1134b29-35. 自然本性的なものが常に規約的・人為的な法秩序の陰に隠されていながらなお我々人間にとっては明らかであるという，まさにその我々への「近さ」こそ，フィリアーのもつ特徴であると言えるであろう。

支えるのは，実は（ハ）なのである。ただし，ここで性急に（ハ）を自然法，（ニ）を実定法と決め込み，アリストテレスが自然法論者であったか法実証主義者であったかと論ずることは，いかにも拙速であり避けねばならない。なぜなら，アリストテレスは確かに一方では人間による支配ではなく法による支配を支持する[62]が，他方では，自然法に関する積極的な論述がテクスト中には見出せないからである。しかし，もし（ハ）を実現する政体があるとすれば，それはあらゆる場所で通用する唯一の，しかも人間の本性に根差した最善の政体であるだろう[63]，とアリストテレスは明言している。つまり，現行の実定法秩序の下に完全に拘束されるのではなく，むしろ現行の実定法秩序のほうがそこから根拠づけられ批判されねばならないより根源的な次元を彼は構想していたに違いない。そして，そのような根源的な次元における共同的な生において初めて人間本性の完全な実現が得られることになるだろう。こうして我々は，（ハ）を人間の人間としての徳の終極である正義すなわち一般的正義，（ニ）を適法性の意味に限定された特殊的正義とみなすことによって再び最初になされた正義の区分に戻ったことになる。ただし，ここでもっとも重要なのは，両者が共に法に基づきながらも，前者が法定立の場面に立つが如き原理的観点からの遵法性による正しさであるのに対し，後者はあくまでも立法された後での法適用場面におけるもの，すなわち適法性による正しさであるという点である。

　以上のことから次の点が明らかになる。すなわち，衡平が法による正義ではないという意味は，それが人為的な取り決めによる正しさを成文化した一般的・可変的・恣意的な法による正しさ，すなわち特殊的正義と同じではないということであって，人間本性に根差し法定立の規範として遵法の可能根拠ともなり得る法的な正しさ，すなわち一般的正義と

---

　　62）　EN V, 6, 1134a35-b1. ただし，法（νόμον）かロゴス・理性（λόγον）かという二様の読みに関する写本上の問題がある。ここでは人為的・恣意的な法を超越した法の支配という観点を強調するために，さしあたって νόμον と読むことにする。Barker [1952], p. lv は，その法が法典化されたものではなく，歴史的に生成してきた書かれざる慣習法と書かれた慣習法である，と説明する。確かにアリストテレスには「不文の法」という発想がある（EN Ⅷ, 13,1162b21-22）。しかし，それがどこまで正義の規準として妥当するかを吟味することなしに，自然法と即断することは慎まねばならない。
　　63）　EN V, 7, 1135a4-5.

第10章　正義とフィリアーの関係について　　271

異なるという意味ではない。しかも，衡平が個別的な法適用の場面で，法的規定のもつ一般性という限界を補正すると述べられる際も[64]，問題の領域は特殊的正義に限定されている。なぜなら，衡平な人とは，たとえ現行法が自分の適正な取り分を保証してくれても，それよりもなるべく少なく取る人，つまり平等と貪欲といういわば物欲に関する部分的な徳（特殊的正義の性向）を備えた人のことだからである[65]。確かに，衡平は法を補正するその本性，平たく言えば法の心を活かすその本性によって，悪い意味で法を厳格に守るいわゆる律法主義者のなす正義よりもはるかに優れており，その意味ではフィリアー的と言い得る。しかし，そのような正しさが特殊的正義へと限定される限り[66]，衡平は最大の正義とは言い得ないであろう。なぜなら，部分とは全体あっての部分であり，その意味で全体の優位は疑い得ないのだが，特殊的正義とはまさにこのような部分としての徳であり，徳全体に関わる一般的正義なしにはあり得ないからである。かくして我々は，衡平が最大の正義とは成り得ないという結論に至ったのである。

　最後に解釈（c）が残っているが，正義と友愛の度合いが即応しているというだけの指摘ならば，なぜ比較級ではなく最上級「最大の」が論じられるのか，という疑問を払拭できないであろう。単に特定の正義の種類を挙げることに対する消極的否定だけでは，解釈として弱いように思われる。したがって，我々は解釈（c）にも承服しかねる。

---

(64)　EN V, 10, 1137b26-27.
(65)　EN V, 10, 1137b33-1138a3.
(66)　この条件が本章の論旨にとっては非常に重要である。しかし，前注(58)で述べたような ἐπιεικές の意味画定はかなり微妙である。① EN V, 9, 1136b20-21 と ② EN V, 10, 1138a1-2 というまったく同主旨（ἐπιεικής はより少なく取る人である）の文を比較することによってこのことを見てみよう。従来の Ross 訳や加藤訳では，① が the virtuous man, 高尚な人，② が the equitable man, 公平な人，と訳し分けられていた（ただし，Irwin [1885] では，訳語が decent 一語に統一されている）。ところで，法によって保証された自らの取り分よりも少なく取る人 = ἐλαττωτικός は，その適正な自己の取り分よりも多く取る人 = πλεονέκτης の反対概念である限り，πλεονεξία あるいは平等を尺度とする特殊的正義の枠内にあるはずである。しかるに，第9章の前掲箇所では，さらに「他の善，たとえば，名声や，そのもの自体としての行為の美しさをいっそう多く取る」という限定を加えることによって，貪欲さの調整という特殊的正義のレベルから行為の美しさのレベルへと論述地平が引き上げられたと解することが可能である。したがって，本章が最大の正義とみなさないのは，あくまでも狭義の衡平（ἐπιεικές）であって，広義の ἐπιεικές のことではない。

結局我々は，先に挙げられた三種類のいずれをも退けたことになる。では，我々が提示し得る第四の解釈とはどのようなものであろうか。それは実は今までの論述において既にほぼ示されてきたものである。すなわち，

　（d）最大の正義とは，人間の人間としての限りでの徳すべての終極たる一般的正義のことである。[67]

なぜなら，一般的正義は，その全体性においては衡平に，人間の自然本性に根差す点では実定法に，法適用ではなく法定立に関わる点では特殊的正義に優るからである。さらに，特殊的正義における衡平との対応から次のことが言える。すなわち，現行の法秩序によって保証された公正さに留まることなく，むしろ自らに保証された公正さを犠牲にしてでも相手のために善をなすという現行の法を超越した点で，それはまさにフィリアー的である。立法家が正義よりもフィリアーを重視する所以もまさにここにある。以上を要するに，もっとも勝れた意味での正義とは，人間の徳全般の規範である限り法的正義であるが，それは人為的取り決めによる恣意性・可変性・相対性を超越し，人間の自然本性に根差した次元でのみ問われ得る，あらゆる実定法定立の可能根拠とも言うべきものであり，その意味でまさにフィリアー的なのである。

## 3　結　論

ここまでの論述によって以下のような結論が得られるであろう。
『ニコマコス倫理学』第5巻冒頭の一般的正義論において，人間の徳全体を法的規範に則した対人社会的活動として捉える視点が一旦は提示

---

[67] この解釈，すなわち遵法的正義が最大の正義であり，フィリアー的であるとみなす解釈は，稲垣[1972], 129頁において既に示唆されている。しかし，そこではアリストテレスが到達し得なかった結論として提示されているに留まる。対して筆者は，その結論がアリストテレスのフィリアー論において（伏在的にではあるけれど）既に示されているのではないかと思っている。

されながら，特殊的正義論への没頭によって忘れられたかのようにみえた，人間の人間としての限りでの徳としての正義は，第8巻のフィリアー論において再び見出され得る。すなわち，人間の徳の習得を脅かす様々な欲望の内，特に物欲（πλεονεξία）による逸脱状態の社会的調整としてのみ機能する特殊的正義は，徳の全体性を回復することによってよりフィリアー的となり，正しさの程度を高めるのである。その際，エピエイケイアが果たす役割は大きい。なぜなら，実定法があくまで物欲の社会的調整機関であり，各自の取り分を決め，それ以上を取ろうとする欲望を不正として規制する一般的規範であるのに対して，エピエイケイアは相手のために自らの取り分を法が定めるより少なく取ることによって，法の及ばない個別的事例にも法の精神を活かす徳だからである。しかし，このような狭義のエピエイケイアすなわち衡平もまた物欲の対立概念という限りで，部分としての徳に留まる。したがって，広義のエピエイケイアとして徳の全体性を再び回復するためには，もっとも勝れた意味でのフィリアーつまり徳の故のフィリアーが必要である。なぜなら，有徳な人（広義の ἐπιεικής）は有徳な行為を利己的な利害・快楽等の動機からではなく，ただ行為の美しさを手に入れるためだけに為すからである。言い換えるなら，物欲の調整としての平等を尺度とする適法性の次元から，法定立の源泉とも言うべき行為の美しさを尺度とするフィリアーの次元へと上昇することが，もっとも勝れた意味での正義，つまり一般的正義・人間としての限りでの徳としての正義の完成なのである。さらに，有徳な者どうしのフィリアーは，より高次の自己愛，つまりヌースへの愛によって支えられ，遂には不動の動者への愛に収斂する。ここに至って，アリストテレスの倫理学は自らの第一哲学をその存立基盤としてもち得るのである。ともあれ，本章の射程を遥かに超えた，こうしたより広範な文脈において本章の考察をさらに深化発展させる試みについては，未だ十分な成案には至っていない。

# 第 11 章

# 共同体におけるテオーリアーとフィリアー

　ある卓越した解釈[1]が解明したように,『ニコマコス倫理学』の冒頭箇所には異なる二つの論述の地平が伏在しているように思われる。それは, 認識／実践の別なく「何か善いもの」（ἀγαθόν τι）を目的として目指す特殊な行為がもつ本質構造の形相論的分析と, そうした特殊な行為を行為者としての人間のうちにおいて可能にする充足根拠としての「最高善」（τὸ ἄριστον）への目的論的分析, という二つの異なる位相である。この位相差は, 同書のその後の論の展開を根底から駆動しつつ規定しているが, とりわけ最高善たる「幸福」（εὐδαιμονία）をめぐっては, 人間がある特定の善を願望し, 選択し, 実現するという行為論的地平に,『魂について』の能力論, 中でも能動知性のもつ超越的志向が組み込まれることによって, もはやそこに整合性を見出すことが困難なほどの分裂の様相をもたらしている。しかし, この点に関する諸家の主張を踏査することが本章の目的なのではない。むしろ我々はアリストテレスの後を追って『政治学』冒頭へと目を転じてみたい。そこでは, 行為論的なアプローチが最終的に示さざるを得ない限界を突破すべく, 新たな方法論の提示がなされている。いわば「ポリスの自然学」とでも呼ぶべき新たな視角から, 人間にとっての終極的な善, すなわち「善く生きること」が問い直されているのである。本章では, まず, こうした新たな視角においてもなお, 前述の二つの位相が影を落としていることを

---

　1）加藤［1976］, 13-21 頁。また, 本章における『政治学』冒頭箇所の解釈に関しても, 1992 年度の上智大学における同教授の講義から多くを学んだ。なおその講義内容の一端は, 加藤［1993］, 7-35 頁に見ることができる。

考察した上で（1），「最高善」に対応する「完全共同体」の構成原理を解明し（2），それが政治的・法的言説によって言及されることによって法や国制へといわば「政治共同体」化すること（3），さらにこのような位相差によってこそ「善い人」と「善い市民」の関係が明瞭になること（4）を見定めたい。

## 1 共同体の二つの位相

『政治学』冒頭箇所は以下のように始まる。

> ポリス（国家共同体）はすべて或る種の共同体〔人と人との結びつき〕（κοινωνία）であり，また，共同体はすべて何か善いもののために成り立っていることは我々の見ているところであるから（なぜなら，人は誰も善いと思われるもののためにこそあらゆることを為すから），すべての共同体が何か善いものを目指し，わけても，すべての共同体の中でもっとも主宰的なものであり，かつ，他のすべての共同体を包括する共同体が，すべての善いものの中でもっとも主宰的な善を目指しているのは明瞭である。このような共同体がポリスと呼ばれるもの，すなわち，ポリス共同体である。（1252a1-7）[2]

まず，ここで明白な事実として提示されている「共同体が何か善いもののために成り立つ」という事態は，言い換えれば「人と人とは何か善いもののために結びつく」という事実の提示である。人と人との結びつき＝共同体は，それがいかなるものであれ，それが目指す善いものによって形成され限定される。日々の糧のため，子孫を残すため，楽しみを分かつため，金儲けのため，人は人と交わりを結ぶ。そうした共同体は様々な特殊な善を目指し多様で重層的な構造をもつであろう。ここまでは確かに我々が日々経験し得る特殊な事実の一般的記述である。

しかし，そうした一切の人と人との結びつき＝共同体の中でもっとも

---

[2] テクスト指示は Bekker 版により，書名は EN 等と略記する。ただし『政治学』からの引用は頁・行数のみを記す。翻訳は前注の加藤講義に多くを負った私訳である。

第 11 章　共同体におけるテオーリアーとフィリアー　　　277

主宰的なものがポリス共同体であり，それはまた一切の善いものの中で
もっとも主宰的な善のために成り立つと言われる時，そこには経験的記
述の位相とは異なる位相が立ち現れてきているように思われる。

　(1)　まずその位相は，一旦共同体を不可分な最小部分にまで分析し，
それらを自然の成長に即して再び完成体に至るまで綜合していくとい
う方法（1252a17-26）によって得られる。ここでは，何か善いもので
ある（と思われる）がゆえにそれを欲し，為すという行為論の視角と異
なり，善を志向する主体が個人ではなく自然そのものとみなされてい
る（「自然は何一つ徒には作らない」1253a9, cf. 1252b1-3）。この一見奇妙
な視角は，個人の選択が絶えずはらむ恣意性を排除することによって，
自然本性の完成態へと向かう成長過程をいわば必然的過程として「洞察
する」（θεωρεῖν ; cf.1252a26）ことを可能にしている（cf. 1252a26-30,
1256b20-22）。ただしここで言う成長過程とは，たとえば自然種として
見た人間の場合，新生児，幼児，少年，……成人，という過程としてよ
りも，むしろ栄養能力，感覚能力，運動能力……といった共時的階層構
造を通時的に表現したようなものと思われる。なぜなら，上位の共同体
は，たとえば家が夫婦と主人 - 奴隷を，村が家を，ポリスが村を，とい
うようにして常に下位の共同体を共時的に内包しているからである。こ
うした記述方式は，通時的記述が可視的な経験的事実の観察に基づくの
に対して，不可視な本質的階層構造を理性的に洞察することによっての
み成立する。いずれにせよ，こうした諸部分からの自然（必然）的成長
過程の完成態として洞察される唯一の[3]全一体こそポリス共同体（以下
では便宜上「完全共同体」[4]と呼ぶ）である。

――――――――――
　3）　なぜ唯一であるかと言うと，たとえば自然種として全一体を構成する「人間」を日
本人，アメリカ人などと付帯的に区分するように，ポリスを付帯的にアテナイ，スパルタな
どと区分することができるが，そのような付帯的な意味での複数性はこの完全共同体に関し
ては一切存しないからである。なぜなら，「人間」の形相が日本人，アメリカ人などと分割さ
れないのと同様に，「共同体」の形相である完全共同体もそのような分割を許さない全一体
だからである。ただし，ここで「複数性を認めない」というのはあくまでこの意味であって，
全成員が一様な思考・価値観をもっていて内部での多元性を認めない，という意味では決し
てない。
　4）　本章で用いられる「完全共同体」は，トマス・アクィナスの communitas perfecta を
意識したものではない。その呼び名はあくまで κοινωνία τέλειος（1252b28）に由来するも

（2）完全共同体は，もっとも主宰的（κυριωτάτη）であると言われる。この「主宰的」（κύριος）を文字どおり「下位のものを統合・支配する権威・権力をもった」の意味でとり，完全共同体が下位の諸共同体を実際に統合・支配し秩序づけているとする解釈[5]には以下の理由で首肯できない。

（ⅰ）たとえば，戦争なり大規模な土木事業なりの遂行があるポリスに課せられたとせよ。支配者は必要な食糧・物資の調達を各々の村に命じ，そのために必要な労働を各々の家の主人を通じて奴隷に命じ，さらにはその事業の長期に渡るのを見越して，新たな戦力・労力としての次世代の出産・育児を奨励するだろう。このように秩序だって全ポリス一丸となって事に当たる時，このポリスは文字どおり「主宰的」と言えるだろう。しかし，戦争なり土木事業なりは特殊目的である。特殊目的に奉仕するのはやはり特殊な共同体である。「何か善いもの」を目指して成り立つポリス共同体は，それが特殊な共同体である以上，決して「最高善」を目指して成り立つ完全共同体ではない。したがって，完全共同体が「主宰的」であるとは，少なくともこのような意味で下位の共同体を支配し秩序づける，ということではない。

（ⅱ）1252b28-30 は極めて圧縮された形でではあるが，前述の二つの位相の特性を明瞭に定式化している。すなわち，終極的な〔完成に達した〕（τέλειος）「ポリス共同体は，もはや既に自足（αὐτάρκεια）のためのほとんどあらゆる限界を内包し，一方でそれは生きるために生成し（γινομένη），他方で善く生きるために存在する（οὖσα）」。ここでポリスと一語で指示されている共同体は，二つの位相の下で語られている。一方は，先ほど例に挙げられたような戦争や土木事業などを遂行しているポリスの場合である。国家的事業を他国に依存することなく遂行するには，物資も労働力も新世代も必要となる。それは裏を返せば必要分だけ不足しているということでもある。そこで家や村がそれらを補充すべく努める。ポリスが自足的に活動し続けていくためには，このようにポ

---

のである。トマスの完全共同体については *De regimine principium ad Regem Cypri*, I c.1 を参照せよ。

5）たとえば，Mulgan [1977], p.16; Irwin [1990], p.74; Saunders [1995], p. 55.

リスに下属する諸共同体が各々に課せられた必要分＝不足を補充し続けていかねばならない。補充されたものはやがて消費され消滅する。こうして，ポリスが「生きるために生成する」とは，まさにこの不足 - 充足の循環を永続的に反復することを指す。ポリスを語るこの位相をさしあたり「生成の位相」と呼んでおこう。この位相にあって，ポリスが下位のあらゆる共同体を支配し秩序づけることには何ら問題はない。

　他方これに対して，完全共同体はポリス共同体がその自然本性を可能態から現実態へと完成させたもの（cf.1252b32-33）である。またポリス共同体の完成態は，ポリス的動物である人間（1253a2-3）の自然本性の完成態でもある。こうして，「ポリスが善く生きるために存在する」とは，人と人とが善く生きるために結びつくことが，人と人の結びつき＝共同体の完成であり，そこにおいて初めて完全共同体という全一体（ὅλον）がその自然本性を実現するということである。勝れた意味での形相が語られるこの位相を，さしあたり「存在の位相」と呼んでおこう。この位相にあっては，完全共同体は下位の共同体の支配や秩序づけに一切関与しない。

　とは言え，生成の位相において下位のすべての共同体の営為をポリス共同体へと統合することを可能にしているのは，そのような生成過程を起動する自然の衝動（1253a29）の内に，生成の終極（τέλος）としての完成態が実現されるべき可能性として，すなわち目的として内在化されることであるのは確かである。しかし，そうした「生成の完成」（1252b32-33）を語る位相は，生成の位相ではなく，あくまで存在の位相である。ただひたすら生きるために，必要とされる不足分を充足し続けることと，善く生きることを実現することは，まったく次元を異にする。したがって，これら二つの位相が交差して完全共同体が下位の諸共同体を支配することは，存在の位相で語られるべき完全共同体がいわば生成の位相へと越境することであり，許容されない。したがってこの意味でも，「主宰的」は下位の共同体を支配し秩序づけるという意味ではない。完全共同体が「もっとも主宰的」であるとは，あくまで他の生成する共同体すべての終極目的として存在するというただその一事を意味するのみである。

(3)　完全共同体は他のすべての共同体を包括する，と言われる点についても同様である。ここで「包括する」（περιέχειν）と言われるのは，支配し秩序づけることによって下位の共同体を自らに従属させている，という意味ではなく，完全共同体が下位のすべての共同体の生成を，その生成の終極として内的に動機づけている，という意味である。したがって，内容的な対応から『ニコマコス倫理学』第1巻第2章（1094a26-b10）での「包括する」（b6）の意味をここに持ち込む解釈[6]には反対である。それによれば，最高善を対象とする政治術は他の学知を従属させ，それらを用いる——それと同様に，ポリス共同体も他の下位の共同体を従属させ，用いることができる——それが他の共同体を「包括する」という意味である，というものである。しかし，共に最高善を目的とするという理由で，政治術と完全共同体を対応させることには注意が必要である。なぜなら，政治術の本来の働きは，後に詳述するように，存在の位相にある完全共同体に言及し，それを政治的・法的に言説化することによって生成の位相にいわば可視化すること，すなわち立法することにあるからである。言い換えれば，生成の位相においては語られ得ない生成の完成を敢えて生成の位相において語り得るためには，政治術によってその完成態である完全共同体が立法化され国制化されねばならないのである。このように両位相を媒介する位置にある政治術によって，一旦立法化，国制化されたポリス共同体はもはや完全共同体ではあり得ない。同様に，特殊目的ではあり得ない最高善を自らの特殊目的へと変容させること自体に自らの固有性を見出す政治術は，それ自身が既に特殊目的に従事する特殊学であり，それが他の学知を従属させ，使用する仕方はもはや生成の位相でしか語り得ないはずである。とすれば，政治術の下位者に対する仕方をそのまま完全共同体に適用しようとする解釈は適切ではない。

　(4)　完全共同体はもっとも主宰的な善を目指すと言われている。ここでの「もっとも主宰的な善」とは，「善く生きること」であり，『ニコマコス倫理学』での「最高善」すなわち「幸福」に相応する。最高善

---

[6]　たとえば，Newman [1887], p. 98; Saunders [1995], pp.55-56.

は，前述してきたように「何か善いもの」と同一系列上にあるものではなく，存在の位相においてしかあり得ず，また語り得ない。

さて，こうした完全共同体に対して，もう一方の生成の位相にあるポリスは，特殊な目的を目指す限りで特殊な共同体であり，当然ながら複数性を許容する。したがって，各ポリスの国制の優劣を考察することも，さらにはその部分として実際にポリスを構成している個々の市民を考察することもこの位相においては可能である。こうした生成の位相にある限りのポリス共同体を便宜上，「政治共同体」と呼ぶことにする。確かにアリストテレス自身は「ポリス（共同体）」という一語しか用いていないが，意味の上では，存在の位相において語られる完全共同体と生成の位相において語られる政治共同体の二相の使い分けがなされていることは，ここまでの論述によってほぼ明らかではないかと思う。ただし，完全共同体を語る箇所は非常に少なく，『政治学』第1巻冒頭の1252a4-7及びb27-1253a1がその典型例であるが，そこで特殊的な生成の位相に対する理念的な存在の位相の提示がなされたことが，やがて後に「善い人」と「善い市民」の異同が問われ得るための伏線となるのである。

## 2　完全共同体と完全な友愛

さてここで，『政治学』冒頭箇所に見出される共同体に関する規定を念のためもう一度以下のように定式化しておきたい。すなわち，

　　人は，善xのために人と結びつき，共同体yを成す。

この時，xには子孫，日々の生活の必要，……，善く生きること，が代入され，yには夫婦，主人－奴隷関係あるいはそれらを合わせた家，……，完全共同体，が代入される。日常生活を営む上でのある特定の必要のために，ある特定の労働が必要であり，しかもその労働が首尾よく遂行されるためには何らかの展望をもって指揮し得る者とその指揮にしたがって労働する者とが協働することが必要であるなら，彼らは生活の

ために当然結びつき共同体を成すであろう。生きるために必要なものが特定されたなら、それを充足するもの（つまり何か善いもの）を得るために結び合った人々の共同体もまた特定されるのである。しかし、「善く生きるために人は人と結びつく」と言われる時、そもそもその「善く生きること」自体がまだ明確に特定されてはいない。だからこそ『ニコマコス倫理学』においては、まず「善く生きること」＝「幸福」が何かが問われていたのだが、それに対して『政治学』においてはむしろ逆に、善く生きることを明らかにするために、善く生きるために人はどのようにして人と結びつくのか、すなわち完全共同体とは一体何か、が問われている。この問いの特徴としてさしあたり以下の二点が挙げられる。

① 人間の善き生とは何か、という問いは、最終的には公的な領域での活動とは排他的な関係にある私的で孤立的な観想の生へと収束していく（『ニコマコス倫理学』第10巻第7章）。それに対して、善く生きるために人はどのようにして人と結びつくのか、という問いは、善き生とは共同の生であるという大前提の上に立って問われている。何度も繰り返すように、人は善いもののために共同する、というのが『政治学』冒頭で呈示された基礎事実だからである。この点はきわめて重要である。確かに、『政治学』第7巻第2, 3章における観想的生の実践的生に対する最終的な優位の主張から、私的（対自的）な観想活動と公的（対他的）な実践活動とを二者択一的にとり、終極的には公的な活動から離れた私的にして孤高の観想活動を善き生と結ぼうとする解釈[7]は、テクス

---

7) この点に関する『政治学』に限定されない一般的な論調を知るには、藤沢［1980］, 204-230頁；岩田［1985］第10章、さらにその両者を批判検討する桑子［1993］第10章、以上三者の解釈を読み比べてみるのがよい。観想と実践に関して三者三様の主張がなされているものの、その基底に共通するのは、(a)観想の生は最高善＝幸福の生である、(b)（必ずしも明言されているわけではないが）観想活動は自足的・孤立的活動である、という前提である。しかし、この二つに『政治学』冒頭の(c)善き生＝幸福のために人と人は結びつき、共同体を成す、という前提を加えると、(a)-(b)と(a)-(c)は明らかに矛盾する。したがって私は、少なくとも『政治学』には先の三者の解釈は妥当しないと思う。その点、『政治学』を考察の対象とした神崎［1985］, 164-174頁の場合、「ポリス的生をも一種の観想的なものとするために……。」（171頁）という形で(c)の前提を何とか組み込もうとしているように見える。し

ト上の支持もあり，動かし難いように思われる。しかし，この解釈は同書冒頭に呈示された基礎事実に明らかに反するゆえに容認できない（この点に関するテクスト上の難点の解消は本節後半で主張される解釈によってなされるであろう）。しかし他方，共同の生だからといって，それを共同体における公的な政治活動と短絡してもいけない。前節で論じたように，ここで問われているのは生成の位相における政治共同体ではなく，あくまで存在の位相における完全共同体だからである。

② 生成の位相における共同体は，それが目標とする特殊な目的によって形相的な限定を受けるが，完全共同体にあっては，善く生きるため，という本質規定のほか他の一切の内容的規定をもたない。だから，完全共同体とは善く生きるために成り立つ共同体である，という規定は限りなく同語反復に近い。しかしそうであるならば，完全共同体とは何か，という問いが同語反復に陥らぬようにするためには，むしろ何が完全共同体か，という形で一旦問い直してみる必要があるだろう。つまり，完全共同体とは何か，という問いは，完全共同体のいわば雛形をまずもって求める問いとなるのである。

では，以上の二点を踏まえた上で，完全共同体の雛形とでも言うべきものを探求していこう。その探求の場は『ニコマコス倫理学』第8・9

---

かし，おそらく(b)をも保持しようとするために(c)に関する実質的主張は見出されない。桑子解釈においては，「願望される生」と「選択される生」とが明確に区別されることによって，難なく二者択一的に捉えられた観想と実践が，神崎解釈においては「最善のポリスで国内亡命を余儀なくされている」という，いわば二重拘束的な形で表現せざるを得ないのも，おそらくこの点に関わると思われる。Swanson [1992], p.3 は私的活動の存在理由を，公的に共有された道徳観から人をひとまず孤立させ目をそらさせることのうちに見出すが，これも一種の神崎流「国内亡命」の勧めである。しかし，本章においては，逆に観想活動の方を一種の共同（相互）活動と解釈する可能性を（無理筋とは重々承知の上で）探ってみたいと思う。その意味で，本章は文字通りの試論に過ぎない。なお，T.Irwin [1990] は，政治的活動を人間の善＝幸福の本質構成部分とみなす点で本章のアプローチに近いが，本章の主張する二つの位相の違いに無頓着なため，最高善たる幸福の本質構成部分には政治的共同体における活動のいずれが妥当するか，という誤った方向へ問いを進めている。最高善たる幸福の本質構成部分であり得るのは，あくまで完全共同体における活動でなければならない，と私は思う。

巻の友愛（フィリアー）論[8]に見出される。なぜなら、「種々の共同体に応ずるものとして、種々の友愛がある」（EN1160a29-30）、言い換えれば種々の共同体を内的に動機づけるものが、種々の友愛だからである。男と女の共同体には男と女の友愛が、親子の共同体には親子の友愛が、というように共同体のあるところには必ず友愛がある。したがって、生成の位相にある種々の共同体に対応する種々の友愛をすべて消去していけば、完全共同体に対応すべき友愛が見出されるはずである。

　まず、双方が等しい関係（たとえば友人同士や商人同士の関係）にある友愛と、一方が他方に優越する関係（たとえば父と子の関係）にある友愛とが大別される（EN1162a35-b4）が、このそれぞれに友愛の対象に応じた種別がある。それはすなわち、善いもの・快いもの・有用なものという三種類の対象である（EN1155b18-19）。つまり友愛とは「それらの内の一つを動機にすることによって、互いに相手に対して好意をいだき、相手のために善いことを願い、かつ、そのことが互いに気付かれている」（EN1156a3-5）時の両者の心のあり方、あるいはそのようにしてなされる活動のことである。これらの内、快のゆえの友愛と利益のゆえの友愛は、その動機が特殊な目的として限定され得るので、それらの友愛も、またそれに相応する共同体も生成の位相において特定される。これに対して、善のゆえの友愛、すなわち人柄の善さ＝徳を動機とする有徳な善い人々の間の友愛（EN1156b7-8, 1162b7, cf. 1164a12, 1165b8-9）は、相手がもたらす快や利益によってではなく相手がその人自身であることによって（1156b10-11）、すなわち将棋仲間としてでも取引相手としてでもなく、端的に人間として「善くある」ことによって営まれる関係であるゆえに、「完全な」（1156b7）友愛と呼ばれる。この善い人々同士の互いの人柄の善さのゆえの完全な友愛こそが、存在の位相における完全共同体に相応するものである。すなわち、人と人とが互いに人間として善くあることによって、完全な友愛関係すなわち完全共同体を結ぶ時、人は善く生きるのである。以上より、完全共同体の雛形として完全な友愛が析出された。

　さて次に、この完全な友愛がどのようにして完全共同体の構成原理と

---

　8）　本書第8-10章を参照のこと。

第11章　共同体におけるテオーリアーとフィリアー　　285

なり得るかを考察せねばならない。言い換えれば，人と人とが完全な友愛によって結びつくとは，その結びつきが一体どのようになることなのであろうか。少なくともこうした結びつきは，生成の位相におけるような何らかの互いの必要のための，つまり欠如のゆえの結びつきではない。とすれば，完全な友愛を結ぶ者同士は互いに自足し，幸福な者である。そうした者同士がなお友として互いと結びつくとは一体いかなる意味によってであろうか。その点の議論を展開する『ニコマコス倫理学』第9巻第9章は，そのもってまわった論証によって解釈者を悩ませているが，その核心となるべき論点は以下にあると思われる。それは 1169b30-1170a4 で展開される論証の中で，条件の一つとして，（ⅰ）「我々自身よりは隣人を洞察する方が，また，我々自身の行為よりも隣人の行為を洞察する方が我々のいっそうよくなしうることであるとすれば」が挙げられ，次いで，幸いな人も優れた友を必要とするという帰結を理由づける箇所で，（ⅱ）幸いな人は「高尚なものであり，かつ自分自身のものである行為を洞察したいと思うが，友である善い人の行為はそのような種類のものである」と述べられる，その（ⅰ）と（ⅱ）の対比の内にある。ここでは，善い人と善い人との結びつきが，互いの人としての善さのゆえに発現する，そのまさに完全共同体の発現の様相が的確に記述されている。まず（ⅰ）と（ⅱ）で用いられる「洞察する」（θεωρεῖν）という語は，『政治学』冒頭箇所におけるのと同様に，各共同体の成り立ちを自然（必然）的成長過程に即して「洞察する」という意味で用いる。ここでは完全な友愛＝完全共同体の成り立ちが（ⅰ）から（ⅱ）への自然（必然）的成長過程に即して「洞察」される。したがって（ⅰ）では，隣人や隣人の行為を単なる経験的事実として観察するのではない。生成の位相において自己と他者として対峙していた両者が，まさに共に善く生きるために，存在の位相における完全共同体へといかにその生成を完成させるか。いわばその生成の位相から存在の位相へと移りゆく瞬間を洞察するのである。今仮に「幸いな人」を「私」としておけば，（ⅰ）においては，隣人である善き人はあくまで友＝他者として私に向かい，友＝他者として行為している。ところが（ⅱ）においては，その友である善き人の行為を，私は「私自身の行為と同様のも

の」として洞察するのである[9]。私自身の行為と同様の行為をもたらす者である限り、友も私自身と同様であるとみなし得る。ここで自己と同様の者を「広義の自己」と呼ぶなら、(i)から(ii)への変容の核心は、〈友＝他者〉が〈友＝広義の自己〉へと拡張したことにある。他者が他者として私の必要を充たすのではなく、他者が広義の自己と成ること、まさにそのことこそが完全な友愛であり、完全共同体の成立なのである。したがって、完全な友愛における友を「もう一つの別の自己 (ἄλλος αὐτός)」(1166a31-32) と表現するとき、その言葉は、他者から広義の自己への拡張過程をきわめて簡潔に表現したものと言えよう。また、「自分自身に対するのと同じように友に対し」(1166a30-31)、「(善い人である) 友の存在を友と共に覚知する」(1170b10-11) と言われるのもすべてこの他者から広義の自己への拡張過程を意味しているものと思われる。

もし以上のような解釈が許されるならば、『政治学』第7巻第3章の「行為的な生は、ある人々が考えているように、他の人々に関係するには及ばない。……むしろ自分だけで完結している思惟、自分自身のためになされる観想 (θεωρία) や思惟活動の方がはるかに優って行為的なのである」(1325b16-21) においても、観想活動を他者に関係するのではなく自己にのみ関わる活動とみなす通常の解釈に対して、それとは別様の解釈を提示することができる。すなわち、ここで「他の人々に関係する」ことを生成の位相における他者関係、「自分自身のために」を広義の自己のためにと解し、「観想」を前述の「洞察」という意味でとるならば、「行為的な生は、必ずしも生成の位相において他者と関係する

---

[9] この「YをXとして観る＝洞察する (θεωρεῖν)」という用法は、1340a25-28 にも見出される。そこでは、Xの像Yを観て悦ぶ者にとっては、Xを観ることも必ず快である、と述べられている。しかし、像YをあくまでYと見ている者にこの事例は妥当するのだろうか。もちろんこの箇所では、類似物による習慣づけという文脈でこの事例が語られているのだが、その習慣づけということで意図されているのは、Yを単にYとして見ることから、YをXとして観ることへの、ほとんどそれとして意識されない視点の変容ではないだろうか。もしそうならば、ここでも「像Yを実物Xとして観る＝洞察する」(a27) という構造が内蔵されているはずである。つまり、この意味での「洞察する」には、「YをXとして」という二重性を見通すということが含意されているように思われる。さらにこうしたことが、徳を養うための音楽教育、いわば広義の愛智活動としての音楽という文脈で語られている点が示唆的である。

には及ばない，むしろ他者を広義の自己へと拡張すべく洞察することの方がはるかに行為的である」と解すことができる。この結果，観想活動・哲学者の生と実践活動・政治家の生の一見二者択一的に見える関係は，観想活動を孤立的・私的なものとみなす解釈を退け，共同の生こそが観想（洞察）活動を可能にする，と解す限り，必ずしも相互排他的な関係にあるとは言えなくなる。ただし，①人間としての善を目指す者（哲学者）同士の，存在の位相における（すなわち完全共同体における）相互観想（洞察）活動（その核心は相互に他者を広義の自己へと拡張し合う活動）と，②政治に携わる者同士の，生成の位相における（すなわち政治共同体における）あくまで他者である限りの相手に関わる実践活動の識別が肝要である。①を私的な領域での孤立した観想の生，②を公的な領域での行為的な生，と色分けする常識的見方を，アリストテレスは，①の方が②よりもはるかに行為的だと主張することによって，一挙に疑わしいものとしてしまう。しかも①は，それが人間の自然本性の完成態である限り，決して孤立した観想活動ではなく，むしろ人と人とが善く生きるためだけに共同してなす完全な友愛（活動）なのである。

## 3　友愛と正義

しかし，依然として問題は残っている。「人と人とが善く生きるために完全共同体を成す」とは，「人と人とが相互に他者を広義の自己へと拡張し合うこと」である，というところまでは明らかになった。しかし，「他者を広義の自己に拡張する」とは一体どういうことなのだろうか。依然としてその内実は不明である。そもそも「善い人同士の友愛」と言われる時，その当の「善い人」あるいは「人としての善さ」とは何か，ということ自体がなお問われるべき問いなのであり，そのような問いを互いに洞察しながら問い合える関係こそが完全な友愛であるとさえ言い得るのである。しかも，「善い人の生」がすべての人にとって「善い生」であるわけではない。つまり，絶えず問われ続けるべき主題として他からの限定を拒み続ける「人間の／にとっての善」を，互いに問い合い，その限りで互いに善を実践し合う完全共同体の生の本質は，いわ

ば秘教的な，外からは窺い知ることのできない不可視な活動である。これに対して，自らの帰属する政治共同体をでき得る限り完成の域に近づけたいと願う者は，その完成態である完全共同体のあり方を自らの政治共同体に反映させたい，しかも秘教的・不可視的な仕方でではなく規範的・可視的な仕方で反映させたいと思うであろう。実はそこにこそ政治術（πολιτική）の存在理由がある。すなわち，政治術とは，完全共同体における善い人の生を，立法化，国制化することによってすべての人にとっての善き生の規範とする学知である（cf. EN1094b4-7：「政治術はその他の専門知識を利用し，さらに，人々が何をなし，何から遠ざかるべきかを立法するものであるから，……この術の目指す目的こそ「人間の善」であろう」）。

同様に，法（νόμος）とは，存在の位相における完全共同体を生成の位相において実現するために政治術によって語られた言説の総体である。言い換えれば，人間とその共同体の自然本性の完成態的全一体を，生成の位相において人為的に政治共同体内に再構成するために，「一方で徳による行為を命令し，他方で邪悪による行為を禁止する」（EN1129b23-24）規範的言説が法なのである。言うまでもなく法の核心は正義である。正義（δικαιοσύνη）とは，そのもっとも一般的な意味において，「他者との関わり」（πρὸς ἕτερον）における「終極的な徳（ἀρετὴ τελεία）の発揮（χρῆσις）」（EN1129b31），すなわち生成の位相にあっては「他者との関わり」においてしか生きられないポリス的動物である人間の対他的自然本性が遵法的（νόμιμον）行為の内で開花結実する事態を意味する。こうして，存在の位相において善い人々のみがもち得た「他者から広義の自己へと拡張する完全な友愛」は，生成の位相において「他者との関わりにおける正義」という形で政治共同体の成員すべてにもたらされるのである。

こうした友愛と正義の関係について，アリストテレスは実に的確にこう述べている。

「人は互いに友であれば，何ら正義を必要としないが，正しい人であっても，さらに友愛を必要とするのである。したがって，最大の正義とは友愛に似た何ものかであると思われている。」

（EN1155a26-28）

　もし友人同士の関係に何らかの不平等や不正があるなら，もはやそこに友愛関係が生じる余地はない以上，逆に友愛関係があるなら，そこには何らかの意味での正義が実現されていると言えよう。しかし，正義が実現されただけでは友愛関係は現出しない。むしろ友愛は正義を完成するものなのである。人と人との結びつきにおける正義に対する友愛の優位は，他者を他者としてしかみなし得ない生成の位相に対し，そうした生成の完成態として他者を広義の自己とみなし得る存在の位相が開かれていることによる。たとえ最大の正義であっても，それが友愛に優ることはない。生成の位相にある限り，その完成態である存在の位相に優ることは決してあり得ないからである。もちろん，最大の正義を何と解すかは意見の分かれるところであるが，いずれの解釈においても，それが友愛を凌駕することはない[10]。ただし，「衡平さ」（τὸ ἐπιεικές）を最大の正義と解する場合，『ニコマコス倫理学』第5巻第10章（1138a1-2）において，貪欲さ（πλεονεξία）の放棄という点で平等を尺度とする特殊的正義に語義が限定された限りでの「衡平さ」ではなく，同書第9章において，さらに「他の善，たとえば，名声や，そのもの自体としての行為の美しさ（καλόν）をいっそう多く取る」（EN1136b21-22）という記述を加えることによって，貪欲さの調整という特殊的正義のレベルから行為の美しさのレベルへと論述地平が引き上げられた限りでの「高尚さ」（τὸ ἐπιεικές）の方を最大の正義と解するならば，その時，それは限りなく友愛に近づくと思われる。完全な友愛において，他者が広義の自己へと拡張される際に，その「もう一つの別の自己」である友の行為が「高尚な」行為（EN1170a3）とみなされ得ると言われていたことをここでは想起すべきである。

---

10) この点については，本書第10章2-Bにおいて詳しく検討したので，そちらを参照願いたい。

## 4 人としての善・市民としての善

　以上の一連の考察によって,『政治学』第3巻第4章における「善い市民であること」と「善い人であること」を巡る問題にも,何らかの展望が拓けたように思われる。まず,政治共同体において善い市民であるとは,他者と正しく関わるため,つまり正義を実現するために,法を遵守することである。言い換えれば,市民としての善さとは,「国制に応じ,かつ国制を資する」(1276b30-31)ものである。然るに,政治共同体もその国制も,生成の位相におけるものである以上,複数性を許容する。したがって,それに応じた市民の善さも一つではあり得ない(1276b31-32)。仮に最善の国制というものを想定したとしても,それすらもあくまで生成の位相における政治共同体に過ぎず,人間の自然本性の完成態としての完全共同体ではあり得ない。したがって,政治共同体において市民として正しく生きることは,それがいかに最大限に達成されたとしても,完全共同体において人として「善く生きる」ことではない。その二つはそもそも位相が異なるのである。市民としての善さは,生成の位相における限り常に他者との関わりにおける自らの役割(他者の何らかの必要を充たす働き)をよくなすこと(1276b38-39)以外にないが,それはあくまで対他的な正しさの規範に即した行為であって,他者をも広義の自己として,その自己のために互いが自らなし得る善いことをなす,という完全共同体において実現される「人の善さ」とは異なる。しかも,政治共同体は,完全共同体が生成の位相においていわば可視化されるべく立法化され国制化されることによって生じたものである限り,完全共同体なしにはあり得ず,したがって同様に,市民としての善さも人としての善さなしにはあり得ない。最善の国制をもった政治共同体の成員であることによって,人は善くあるのではないのである。しかし,かと言って,人としての善さは人と人との結びつき＝共同体なしにはあり得ない。結局,人がなし得る最善の活動である観想活動とは,孤立した理性の営みではなく,むしろ完全な友愛に結ばれた人同士が,互いを善い人として理性的に洞察し合うことではないだろうか。

## 第 11 章　共同体におけるテオーリアーとフィリアー

人と人とは善く生きるために結びつく。そうした完全共同体はもはや自足の極みに達しているであろう。それは，成員各自が互いを他者として必要とし合うのでなく，広義の自己として，端的に「人間として善くある」ものとして互いに認め合う，完全な友愛によって結ばれているからである。

　哲学と政治（学）の関係は古今を問わず論じられてきた。双方のどちらか一方が他方を自らの目的の手段とみなす，という解釈はいずれの場合にしろ本章の考察による限り容認されない。しかし，哲学には，人と人とが何か善いことのために結びつくという一つの事態に関わる二つの位相を，ある意味で自らの内に二つとも抱え込むということが要請されているのではないだろうか[11]。したがって，哲学の生が「むしろ異邦人的な，すなわちポリス共同体（＝政治共同体）を免れた生であるかどうか」(1324a16-17) という問いは，一言で答えることはできない，むしろ哲学に携わる者に課せられたその者自身の実践的課題であろう。なぜなら，たとえ最善の政治共同体であろうと，そこからの「国内亡命」[12]を敢えて挙行する観想者が人としての善の実現を目指す先は，やはりなおポリス共同体の完成態である完全共同体だからである。哲学者には幸福者の島での孤高な隠遁生活などは無縁なのである。善く生きるために，志を同じくする者と「言葉と思考を共に」(1170b11-12) し続け，互いに相手を自己のごとく善きものとして洞察し，愛し続ける生が，果たして政治共同体内のもっと多くの人々とも共有できるものなのかどうか。そうした問いまでをも何らかの仕方で抱え込むことによって，初めて哲学者の生は善く生きるために結ばれるべき共同体の生の雛形となり得るのではないだろうか[13]。

---

　11)　私は，アリストテレスが絶えず抱え込んでいたのは，「ポリスの生」と「観想的生」の対立（神崎［1985］，170 頁）というよりは，むしろ「政治共同体の生」と「完全共同体の生」の対立だと思う。そして，哲学に携わる者たちの社会における使命・責任といったようなことも，ここからしか語り得ないと思っている。
　12)　注（7）参照。
　13)　本章での考察が終始一貫して，「最高善とは何か」，「人間の善とは何か」という問いを回避し続けてきたことを訝しむ向きもあるかもしれない。敢えて言うなら，それは本章における共同体論の一貫した戦略である。本章ではあくまで，最高善が終極目的としてすべての共同体の生成を動機づけている，という一事のみを語り得るもっとも普遍的な場で，人に可能な共同の生の姿を探ろうとしてきたのだが，そこには，そのような最高善を特定の「何

か善いもの」として表象することへの陥穽が常に待ち受けている。しかし，そのような陥穽に陥った途端，完全共同体は挙国一致体制の全体主義国家へと転落し始めるであろう。完全共同体とは，村八分的排他主義に基づく画一的価値観・道徳観をもったムラ社会を国家規模へと理念化したものでは断じてない。かくなる次第で，共同体論者が往々にして陥るこの陥穽を回避すべく，前述の戦略が採られたわけである。しかし，矛盾しているようだが，それは同時に「最高善とは何か」を真に問い得る場を確保し続けるための苦肉の策でもあった。

　なお最後に，本章が，〈哲学者は今こそ自らが社会の中でもつ位置を明らかにし，政治が哲学にとってもはや無縁なものでなく，哲学が政治にとって無用なものでなくなるためにも，政治哲学の探求を始めるべきだ〉という加藤［1995］，14-15頁の檄に触発され，非力ながらそれに答えんとして書かれたものであることを，心よりの感謝を込めてここに記す。

# 第 12 章
# 13・14 世紀におけるアリストテレス『政治学』の受容

## 1　序

　13 世紀ヨーロッパ・キリスト教世界におけるアリストテレス『政治学』(*Politica*) の再発見が，その後の中世社会・政治思想史に多大な影響を与えたことは，R・W・カーライル／A・J・カーライル兄弟[1]を始めとする今世紀の枢要な政治思想史家がこぞって指摘しているところである。たとえば W・ウルマンによれば，アリストテレス『政治学』の導入は，概念上の革命と言えるほどの思想変革を中世ヨーロッパ世界に引き起こした「中世と近代とを分かつ分水嶺[2]」であった。言い換えれば，そうしたいわゆる「アリストテレス革命」こそが政治理論の真の自律を初めて西欧キリスト教圏にもたらしたのであり[3]，その一方では最終的に中世的政治思想の解体をも招いたのである[4]。その限りで，「アリストテレス『政治学』の影響史を書くことは，そのまま政治哲学全体の歴史を書くことである[5]」とさえみなされ得るのである。
　しかし，アリストテレス『政治学』の受容に関するきわめて単純化され通説と化したこの図式は，今世紀後半に入って以降，少なからぬ研

---
1) Carlyle [1903-1936], vol. 5 (1928), vol. 6 (1936).
2) Ullmann [1965], p. 159.
3) モラル［1975］, 91。
4) ダントレーブ [1979], p. 35。
5) Bien [1990], S. 326.

究者によって見直しを迫られ，ここ十数年のあいだに様々な批判を受けた[6]。もとよりそうした動向は『政治学』受容の史的インパクトそれ自体を否定するものではない。確かに中世社会・政治思想上の大変動が，アリストテレスの政治哲学という思考枠を借りて顕在化していったことは動かしがたい事実である。しかし，そうした歴史的変動の発露を促す様々な社会的要因や思想契機すべてを，もっぱら「アリストテレス」という唯一の権威に帰してしまいかねないところにこの図式の問題がある。

　本章の目的は，13・14世紀におけるアリストテレス『政治学』受容の実相を，このような伝統的図式の孕む問題点への批判を考慮に入れながら，いくらかなりとも明らかにしていこうとするところにある。そのために本章ではまず，『政治学』のギリシア語テクストからの翻訳の問題，およびそれにともなう基本的術語の概念史が予備的に考察され (1)，ついで自然主義的な国家起源論および最善の国制をめぐる政体論という二つの観点からアリストテレス『政治学』受容の実態が概観される (2)。ただし，本章が扱うことのできる範囲とその考察の深さはあくまでもごく限られたものであり，古代・中世・近代という基本的に連続した思想展開を包括的かつ詳細に記述することは到底筆者の力の及ぶところではない[7]。また，主要な思想家に関する詳細は，本章の論題の性格上，それぞれの思想家に関する専門研究の成果に委ねざるをえない。

---

　6) たとえば，Renna [1978], pp. 309-324; Nederman [1988], pp. 3-26; Flüeler [1992a], S. 127-138.

　7) オットー・ギールケによれば，中世の政治思想史とは，中世固有の思想と古代・近代的思想 (das antik-moderne Denken) とのあいだの抗争が，一方で中世の社会体制の理論的定式化を，他方で自然法の思想構築を促進していく歴史である。このような古代・中世・近代を貫く史的運動を把握するためには，当然その連続的な伸展を考察しうるだけの広い視野が必要不可欠であるが，この点については他日を期すほかはない。ギールケ [1985]，40-41頁参照。

## 2 ラテン世界への『政治学』の導入

### (1) 『政治学』の翻訳

13世紀盛期スコラ学の開花に先立つ12世紀中頃,それまでボエティウス(Boethius 480頃-524年頃)の訳による一部の論理学書を除けばアラブ世界にしか知られていなかったアリストテレスの著作群が組織的にラテン語へと翻訳され始めた。しかしその中で『政治学』の翻訳は最も遅く,ムールベケのグイレルムス(Guilelmus 1215/35-86年頃)によって1260年頃,テーバイあるいはニカイアにおいて直接ギリシア語原典からラテン語へと訳されたのが,中世ヨーロッパ世界においては最初の翻訳であった。このときの翻訳[8](translatio imperfecta「不完全訳」)は,『政治学』第1巻と第2巻の一部(1252a-1273a30)にとどまり,現在残っているのはわずか三写本のみである[9]。アルベルトゥス・マグヌス(Albertus Magnus 1193/1200-80年)の『カテゴリー論注解』*De praedicamentis*(1260/61年)において,中世ではおそらく初めてアリストテレスの『政治学』(第1巻第2章[1252b28])が参照されたのだが[10],そのときアルベルトゥスは既にこの「不完全訳」を知っていたものと思われる。ついでトマス・アクィナス(Thomas Aquinas 1225~74年)が1262/63年の『対異教徒大全』*Summa contra Gentiles*において二度『政治学』(第1巻第5章[1254b10-13][11]および[1254b14-32][12])を参照

---

8) *Politica (Libri I-II. 11). Translatio prior imperfect interprete Guillelmo de Moerbeka (?)*, ed. P. Michaud-Quantin, Bruges / Paris, 1961.

9) これらの写本は,もともと作者不詳として伝えられてきたのだが,編者であるP. Michaud-Quantinによってムールベケのグイレルムスの作と推測された。その推測の正しさは最近の研究によって裏付けられた(Flüeler [1992b], S. 15参照)。ただし,この「不完全訳」の作成年に関しては,P. Michaud-Quantinの主張する「1260年から1264年のあいだ」ではなく,Flüelerの「1260年頃」を採用する。

10) Albertus Magnus, *De Praedicamentis*, t. III, c. 11: quia civitas requirit multo plures habitatores quam vicus, sicut in Politicis dicit Aristoteles.

11) Thomas Aquinas, *Summa contra Gentiles*(以下*ScG*と略記), III, 22: Et Aristoteles dicit, in I Politicorum, quod homo habet naturale dominium super omnis animalia.

12) *ScG*, III, 81: Nam illi qui intellectu praeeminent, naturaliter dominantur; illi vero qui sunt intellectu deficientes, corpore vero robusti, a natura videntur institute ad serviendum; sicut

した。おそらく1259年から1264年のあいだに書かれたと思われる『対異教徒大全』には，『政治学』を参照していると思われる部分が全部で10箇所あるが，人名と書名を挙げて明確に参照しているのは前述の2箇所だけであり，しかもそれが『対異教徒大全』第3巻の一部に集中していたため，1262／63年という年代画定が可能となったのである[13]。ただし，ここまでのところでは逐語的引用はまだ現れていない。

　その後1265年に，グイレルムスは新たに『政治学』の全訳を試みた。この「完全訳」(translatio completa) のおかげで，中世キリスト教世界にもようやく『政治学』の全貌が明らかとなったのである。しかし，それほど重要な「完全訳」でありながら，ほとんどの二次文献による年代画定は依然として，いまから80年前になされたG・フォン・ヘルトリングの説，すなわち「完全訳」の作成は1260年頃であるという説[14]に無条件に依拠していた。たとえば『ケンブリッジ後期中世哲学史』(1982年) 所収のアリストテレス・ラティヌスの年代リストにおいても，「完全訳」の作成年は留保つきとはいえ1260年と記されていた[15]。しかし，その後F・ボシェ (F. Bossier) やC・フリューエラー (C. Flüeler) によって1260年説は不正確であるとして斥けられ，『政治学』「完全訳」の完成を1265年とみなす有力な解釈が提示された[16]。したがって彼らの解釈が正しいとすれば，中世ヨーロッパ世界によるアリストテレス『政治学』の再受容は，不完全な形としては1260年頃からだが，完全な形としては1265年から始まったということになる。こうしてこの「完全訳」はそれからルネサンスに至るまで『政治学』の定訳として用いられるようになったのだが，レオナルド・ブルーニ (Leonardo Bruni 1369頃-1444年) の新訳が1438年に登場するに及んで，ようやくその長く重い使命を終えることとなった[17]。『政治学』の最初の逐語的な引用が登場するのは，この『完全訳』が完成した直後の1267/68年，トマス・アクィ

---

Aristoteles dicit in sua Politica.
- 13) Flüeler [1992a], S. 128-129; Flüeler [1992b], S. 19-22.
- 14) Hertling [1914], S. 20-31.
- 15) Dod [1982], p. 78.
- 16) Flüeler [1992b], S. 16-29.
- 17) リーデル [1990], p. 22.

ナスの『神学大全』Summa theologiae においてである[18]。この後,「完全訳」にもとづく『政治学』からの引用は急速に増加し,それにともない『政治学』の中世ヨーロッパへの浸透も著しいものとなった。

　このようにして中世ヨーロッパ世界への『政治学』導入のいわば立役者とも言いうるグイレルムスであるが,彼の翻訳の特徴は,ボエティウスを始めとする他の中世アリストテレス翻訳者と同様,厳密な意味での逐語訳を目指すという点にあった。具体的には,ギリシア語原典の語順がラテン語においても可能な限りそのまま保持され[19],原語と正確に対応するラテン語がない場合には原語がそのまま(たとえば「自足」αὐτάρκεια は autarkeia に,「優れた人」ἐπιεικής は epieikes にという具合に)ラテン語化された。そこには,たとえどれほどわずかであろうと翻訳者の解釈を紛れ込ませることの一切ない翻訳こそが,アリストテレスの意味するところを最も忠実に再現する最善の翻訳なのだという信念が窺える。こうした徹底した逐語訳を可能にしているのは,第一には聖典翻訳にも見られるような権威ある書物の原典尊重の姿勢である。当時の読者である学者たちは,ラテン語の訳文を読みながら,あたかもアリストテレスのギリシア語原文を前にしているかのように細部にわたるまで注解を加えることができるような翻訳を求めていたのである。第二に,ギリシア語とラテン語の類似性が挙げられる。もちろんその類似性にも限界はあるのだが,当時,同じように逐語訳の方針でなされたアラビア語からのラテン語訳に比べてギリシア語からの翻訳の方が成功を収めたことからもわかるように,ギリシア語とラテン語の類似度は相対的に高いと言える。

　では逐語訳の理念が完全に実現されたかというと,それは当然ながら不可能であった。なぜなら,いくら類似しているとはいえ,たとえばギリシア語には存在する定冠詞がラテン語には存在しないという事例一つを取ってみてもわかるように,両言語の文法も語法も完全に一致する

---

[18] Thomas Aquinas, *Summa theologiae* (以下 *ST* と略記) I q. 81 a. 3: Ad secundum dicendum quod, sicut Philosophus dicit in I Politicorum, *est quidem in animali contemplari et despoticum principatum, et politicum: anima quidem enim corpori dominatur despotico principatu; intellectus autem appetitui, politico et regali.*

[19] わずかだがギリシア語とラテン語を対照した実例が,Dod [1982], pp. 65-66 に列挙されている。なお,当時の翻訳方法に関する本章の記述は,ibid., pp. 64-48 に負っている。

ということはありえないからである。しかも，自然言語である限り一語一義は望みえず，そこに翻訳者個人の意識すると否とにかかわらぬ訳語選定の好みの問題が生じてくるであろう。しかし翻訳の正確さという点では，第2巻の最終章には数多くの，また第6巻と第7巻には若干の誤りが見出されるものの，全体としてはきわめて正確な訳である[20]。ただ皮肉なことに，原典に忠実にかつ正確にというグイレルムスの翻訳方針がかならずしもわかりやすい翻訳をもたらしたとは言いがたく，その点でアルベルトゥス・マグヌスの『政治学注解』*Sententia super librum Politicorum* やトマス・アクィナスの『政治学注解』*In libros Politicorum Aristotelis expositio* は，自分自身の解釈を極力押えた逐語的注解であるにもかかわらず，テクストの理解度を高めるという意味では大きな貢献をなしたと言えるだろう。その後，トマスの跡を継いだアルヴェルニア（オーヴェルニュ）のペトルス（Petrus de Alvernia 1304年歿）は，自らの主張を比較的自由に反映した問題（quaestio）形式の注解を公刊し，問題形式を採るその後の『政治学』注解の範となった[21]。

(2) 基本術語の概念史的考察

いままで見てきたように，厳密な翻訳と精力的な注解とによってアリストテレスの『政治学』は中世ヨーロッパに蘇ったのだが，そのことは同時に遠く18世紀中頃に至るまで流通し続けていくヨーロッパ政治哲学上の基本術語の誕生をも意味していた[22]。そこで以下においては，13世紀における『政治学』受容の実相を探求するのに先立って，ひとまずそうした基本術語の出自とその語の概念史のあらましを押えておきたい。

そもそも政治哲学の対象領域を初めて明確に学問論的に画定したのはアリストテレスであった。彼の学問区分は，存在するものを何として見るか，その相違によって成立している。たとえば，存在するものをあくまで存在するものとして探求するのが第一哲学であり，数的存在を数と

---

20) Dumbabin [1982], p. 723.
21) Flüeler [1992a], S. 134.
22) この点に関する概念史研究としては，リーデル [1990] が非常に詳しい。とりわけ同書11-25頁の論述に本節は多くを負っている。

して主題化することによってその構造や規則を探求するのが数学であり，さらには自然によって存在するものをまさに自然的なものとしてその運動・転化の原理・原因を考察するのが自然学である[23]。同様にして，人間存在を単に自然によって存在するものとしてではなく（そのように探求するのは，アリストテレスにあっては自然学の一部門である人間に関する生物学，すなわち『魂について』 De anima である），あくまで「自然本性的にポリス共同体を構成する動物[24]」として主題化し，そうしたものである限りでの人間存在を探求するのが政治学である。『政治学』冒頭におけるアリストテレスの根本洞察もまさにこの点にかかっている。すなわち，人間はその自然本性にしたがって互いに交わり，男－女，家，村という様々なレベルでの「人と人との結びつき」（κοινωνία）すなわち共同体を構成しているのだが，そうした自然本性の完成態である完全な共同体こそポリス（国家共同体）でありポリス共同体なのである[25]。したがって，人間が自然本性的にポリス的動物である限り，そのようなものとしての人間存在の「かたち」を終極的に規定しているのはポリス共同体であり，その意味で『政治学』第1巻第1・2章の考察は勝れて形相論的であると言えよう。

　では，そのようなポリスはいかにして構成されるのか。また，最善のポリスとは何か。この問いに答えるためには，まずもってポリス共同体を構成するところの「市民」（πολίτης）とは何かが問われねばならない。しかし，市民か非市民かを実際に決定するのがその時々の権力構造であり政体である以上，最善のポリスを実現しうるのはいかなる政体であるかという問いも同時に問われねばならない。かくして『政治学』第3巻では，ポリス共同体の構成者である市民および政体が主題化されるのだが，そこでの考察は第1巻冒頭の形相論的な考察に対して，いわば実質的・質料論的な考察と言いうるだろう[26]。

23) たとえば以下を参照。*Metaphysica*, Γ 1003a21-22, b15-16; *Physica*, B194a9-12.
24) *Politica*, A 1253a2-3: ὁ ἄνθρωπος φύσει πολιτικὸν ζῷον. なお，この表現のラテン語訳にまつわる問題については，本章2（1）を参照せよ。
25) *Politica*, A, chs. 1-2. なお，この箇所の読み筋を明確に提示すると同時に，より広い視野からの示唆に富む論稿としては，加藤［1993］を参照。
26) 『政治学』の受容に際し，冒頭の形相論的考察から生じる問題の一つが，自然主義的な政治制度・国家起源論であり，第3巻の質料的考察から生じる問題の一つが政体論であ

アリストテレスの『政治学』における以上のような形相論的・質料論的問題構制にあって，双方の核となっている術語こそ「ポリス共同体」であり「市民」である。まず「ポリス共同体」（πολιτικὴ κοινωνία）とは，πόλις と κοινωνία という当時の日常語をアリストテレスが合成し術語化したものである[27]。κοινωνία とは，人と人とが善を目指して結び付き，そこに生じた共同体のことである。また πόλις については，地域や歴史によって種々の相違が見られるが，その基本的な特徴を一言で述べるなら，それは善なる生，すなわち有徳で幸福な生活を目的として，私的土地所有者（基本的には農民だが，国政に直接参加し，有事には戦士として国防に尽くす成人男子）である市民によって構成される共同体のことである。ただし市民（πολίτης）という概念[28]には，もっぱら商工業に携わり，自由人ではあるが国政参加権のない在留外国人（μέτοικοι），さらに婦女子や奴隷は含まれておらず，また市民という身分も血縁にもとづく排他的なものである。したがって，ポリスに居住する自由市民，在留外国人，婦女子，奴隷のうちでポリス共同体を構成するのはそのうちの一部，すなわち自由市民だけに限定されていた。また，市民が参与するのが公的な領域（κοινόν）であるのに対して，家政的な領域や生活の必要のための生産・流通部門は私的な領域（ἴδιον）と見なされた。人が「善く生きる」ために公的な領域が存するのではあるが，私的な領域なしには人は端的に「生きる」ことができない[29]。要するに自由市民は，私人としてはこうした私的領域に君臨するいわば絶対権力者として家政からも生産労働からも解放されていたからこそ，公人としては「自由で平等な者たちの共同体[30]」を構成することができた

---

る。これら両者はそれぞれ本章2節（1）と（2）において論じられる。
　27) プラトンにも *Epistulae*, 316a, 318d においてこの両語が「政治的な事柄について互いが結び付く」というような意味で用いられることがあったけれども，それらは必ずしも術語的な意味をまだもってはいなかった。
　28) πολίτης はラテン語では civis であり，前者が πόλις に対応するように後者は civitas に対応している。その意味で，それらはいずれも極めて歴史的所与性の強い概念であるので，ここで近代的「市民」を連想してはならない。
　29) *Politica*, B 1265a26; cf. *ibid.*, A 1252b29-30. こうした解釈の典型として，Arendt [1958], p. 37. しかし，最近この伝統的な解釈にも Swanson [1992] によって異議が唱えられている。
　30) *Politica*, Γ 1279a21, H 1328a35.

第12章　13・14世紀におけるアリストテレス『政治学』の受容　　301

のである。しかしその後ヘレニズム期に入ると，このようなギリシア的なポリスは衰えていき，代わりにストア学派による世界市民の理念に導かれて公的領域は外国人を含むところまで拡げられ，人間は「ポリス的動物」ではなく「社会的動物[31]」（ζῷον κοινωνικόν）として規定された。さらにキリスト教の拡まりは，教会という共同体の一形態を媒介することによって公的領域をより一層拡げていった。こうして，「ポリティケー・コイノーニアー」という概念が持っていた歴史的所与性の側面は徐々に取り除かれていき，やがてその語はラテン語へと翻訳されることによって政治学用語としての普遍的地位を獲得するに至るのである。

　まずポリス（πόλις; civitas）の共同体（κοινωνία; communitas, societas）であるポリス共同体（πολιτικὴ κοινωνία）は，ムールベケのグイレルムスによって一貫して communitas civilis あるいは communicatio civilis と訳されている。アルベルトゥスはこれらのほかに，communicatio politica を用い，トマスはさらに societas politica, societas publica, societas civilis をも用いている。これらを見る限り，communitas と societas，civilis と politicus とが共に同義的に用いられていることがわかる。しかし17世紀には，societas civilis（civil society）が術語としての定着をみて，他の語は捨てられた。このようにして「市民社会」という概念は「ポリス共同体」から生じてきたのだが，さらに「ポリス共同体」は公的な（κοινόν）政治組織である「国家」（res publica：公的なもの）をも含意していた。つまりアリストテレスの時代にあっては，この「市民社会」と「国家」，社会（共同体）と支配（制度）は完全に同一概念だったのである。しかし近代国家の成立後は，国家は市民社会から自立し，その一方で市民社会は脱国家化，脱政治化していった。こうした社会と政治的支配の分離・両極化の動きは，19世紀以降の社会学系諸学の勃興を引き起こし，それまで社会（政治）に関する唯一の学問であった政治学の地位を社会学の一部門にまで引き降ろしたのであった。しかし，このように社会と支配が排他的関係に立っていたのでは，政治学本来の課題である政治的支配の正当性をめぐる議論

---

31）　たとえば，Epictetus, *Dissertationes*, III 13, 5. アウグスティヌスもまた人間を「社会的動物」（sociale animal）と呼んでいる（*De civitate Dei*, 12, 28）。

に政治学はなんらの寄与もなしえない。そこで20世紀に入ってからは，社会と支配との連関をなんらか哲学的に基礎づけていこうとする動きも生じている[32]。いずれにせよ，いままで見てきたような「市民社会」をめぐる概念史的変遷を語る際，その源泉としてアリストテレスの『政治学』の果たした役割の大きさは言うまでもないが，それを再発見し，さらにその都度の変容を加えながら受容していった13世紀以降の後期中世の貢献もまたきわめて大きなものだったのである。それが具体的にどのようなものであったかは，以下において見ていきたい。

## 3　中世の社会・政治思想への『政治学』受容の影響

### (1)　国家起源論における政治学的自然主義

社会・政治思想において，人が人を支配する権威が一体どこに起源をもつのか，強制力をともなう支配権力の制度化ははたしてどこにその正当性の根拠を見出しうるのか，という問いはいかなる時代にあっても常に問われ続けてきた根本問題であったが，とりわけ「教権」(sacerdotium) と「帝権」(imperium) ないし「王権」(regnum) という両剣論的な相補的二元構造[33]をもつ中世ヨーロッパ世界において，その問題に答えうる体系的な知への現実的要請はきわめて大きいものであった。しかし，政治的権威の起源と本性に関して13世紀に至るまで中世ヨーロッパを支配していたのは，政治学的というよりはむしろまったく神学的と言ってよいアウグスティヌス (Augustinus 354-430年) の教説であった[34]。それによれば，人間の人間による強制的支配は自然に由来するものではなく，罪 (peccatum) の結果もたらされた規約的制度であり，その最たるものは奴隷制 (servitus) である。確かに堕罪前の人間本来の無垢の

---

32)　たとえば，Riedel [1975]; Arendt [1958]; Habermas [1990] などが挙げられるだろう。
33)　詳しくはフィルハウス [1996] 参照。
34)　アウグスティヌスの政治思想については柴田 [1985] を，また特に本節のテーマに関しては Markus [1970] の Appendix B: De civitate Dei, XIX 14-15 and the origins of political authority, pp. 197-210 および Appendix C: Augustine and the Aristotelian revolution of the thirteenth century, pp. 211-230 を参照。

第 12 章　13・14 世紀におけるアリストテレス『政治学』の受容　　303

状態において，人間は自然本性的に社会的な動物[35]（animal sociale）で
あったのだが，堕罪後，無垢の状態を喪失した人類は，互いに敵対し合
い，自らの情念や欲望に突き動かされ悪徳に染まっていった。こうした
罪に起因する欲望を制御し，悪徳を矯正するために導入されたのが，強
制力をともなう規約的支配制度なのである。しかし，13 世紀も後半に
入りアリストテレスの『政治学』が再発見されると事態は一変した，と
従来の多くの政治思想家たちは語ってきた。たとえばカーライル兄弟に
よれば，トマス・アクィナスが国家というものを，単に人間の悪徳を矯
正するために考案された制度ではなく，むしろ人間の生活が真に完全な
ものであるために必要な形式であると認識したのは，アリストテレスの
影響があって初めて可能となったことである[36]。社会・政治思想にお
ける決定的な発展，いわば「哲学的革命[37]」は「人間がもし獣でも神でも
なければ国家なしには存在しえないだろう，というアリストテレスの教
説の発見によってもたらされたのである[38]」。こうしてアリストテレス
によってもたらされたいわば政治学的自然主義とでも言うべき国家起源
説が，13 世紀後半以降，アウグスティヌス的規約主義に取って代わっ
た，これが従来の通説である[39]。

　確かにトマスは，アリストテレスの政治思想を受容することによっ
て，アウグスティヌス説を覆すことになったのだが，しかしそこに至る
までの道はけっして平坦ではなかった。そもそも「人間は自然本性的に
政治的動物（animal civile/politicum）である[40]」という言葉をトマスが
初めて知ったのは，『政治学』のグイレルムス訳をまだ手にする以前，
彼の最初期の著作『命題集注解』Scriptum super libros Sententiarum を
書いていた 1250 年代半ば頃であり，当時既に翻訳で知られていた『ニ
コマコス倫理学』Ethica Nicomachea からであったと思われる。R・A・

---

35)　アウグスティヌスの内に見出される「人間は自然本性的に animal sociale である」
という伝統的見解については，Markus [1970], pp. 204-205 を参照。
36)　Carlyle [1903-1936], vol. 3, p. 5.
37)　Wilks [1963], p. 84.
38)　Luscombe [1982], p. 759.
39)　こうした通説の擁護者のリストが，Post [1964], pp. 496-498 に枚挙されている。こ
のリストはさらに Wilks [1963], p. 86 によって補定されうる。
40)　注（24）および（47）を参照。なお，グイレルムスのラテン語訳は animal civile で
あった。

マークスによれば，トマスは早くもこの著作において，政治的支配に関して当時一般的であったアウグスティヌス説の伝統的枠組みの中に，このアリストテレス的発想を汲み入れようと試みていた[41]。具体的にはアウグスティヌスの『神の国』De civitate Dei 第19巻第14・15章を解釈するという形で，トマスはそこでの支配の二区分，すなわち支配欲による（堕罪後の）支配（dominandi cupiditate）と他の人のためになるよう義務づけられた務めにもとづく（堕罪以前の）支配（officio consulendi）という区分を踏襲したのだが，アウグスティヌスがあくまで政治的支配とは明確に区別された家父長制的な支配としてのみ後者を堕罪以前の人間に認めた（つまり自然に起因する支配と認めた）のに対し，トマスは後者をさらに権威の使用の観点から分析することによってそのうちの一部の政治的支配を自然に，他を罪に起因するものへと振り分け，政治的権威が人間にとって罪に起因するものばかりでなく自然本性的なものでもありうることを示そうとした[42]。ここには確かにアウグスティヌス説とアリストテレス説の綜合を試みようとしながら，その実，アウグスティヌスによる家父長制的支配と政治的支配との峻別をまさに踏み越えようとしているトマスの姿が見出される。

　この点がさらに明らかになるのは，トマスがアリストテレスの『政治学』をグイレルムスの「完全訳」から十分に学び終えた『神学大全』においてである。そこでトマスは，服従の二通りの形態を区別している。「一つは奴隷的服従（subiectio servilis）であって，この場合，統治者は服従者を自己自身の利益のために利用する。こうした服従が罪のあとに（post peccatum）導入された。もう一つは家政的ないし市民社会的服従（subiectio oeconomica vel civilis）であって，この場合，統治者は服従者を服従者自身の利益ないし善のために支配する。こうした服従は罪以前に（ante peccatum）既に存在していた[43]」。さらに支配（dominium）についてもまったく同様の区分が述べられる。すなわち，一つは奴隷制に比される支配，もう一つは自由人（libri）の支配であり，後者にあっては堕罪以前の状態においてさえ人間の人間に対する支配がありうる

---

41)　Markus [1970], p. 219.
42)　Thomas Aquinas, *Scriptum super libros Sententiarum*, II d. 44 q. 1 a. 3.
43)　*ST*, I q. 92 a. 1.

と見なされる[44]。初期においてはまだアウグスティヌス説との綜合を図ろうとしていたトマスが，その後，奴隷制を典型とするアウグスティヌス的政治支配モデルを斥け，自然本性的な完全共同体[45]の中で共通善[46]（bonum commune）に向けて被支配者を導く政治的権威という自由市民支配のモデルを提示しえたということこそが，彼のアリストテレス受容，とりわけ『政治学』受容の成熟を如実に物語っていると言えよう。マルクスはトマスにおけるこうした政治思想の深まりを，アリストテレスにおける「ゾーオン・ポリティコン」のラテン語訳の中に跡づけようとしている[47]。すなわち，ストア学派やアウグスティヌスに基づく animal sociale という伝統的教義に，アリストテレスの政治学的自然主義（「人間は自然本性的に animal civile である」）を媒介しようとしたトマスは，animal sociale et politicum/civile という複合的な訳語をしばしば用いたが[48]，その後アリストテレスの『政治学』を深く理解するにつれて animal sociale とほぼ同義的に animal politicum/civile を単独で用いるようになった，というのである。このように見る限り，「完全共同体」という古代ギリシア的な国家定義がトマスを介して再導入されたという点で，アリストテレス『政治学』の受容はギールケが強調するように中世政治思想に決定的な影響を与えたと言い得るのである[49]。

　しかし，トマスにとってアリストテレスからの影響がかならずしも全面的なものであったわけではない。たとえば奴隷制に関して言うなら，トマスは奴隷制を罪に起因する人為的支配制度であると見なすアウグスティヌス説に対し，奴隷制を自然本性から基礎づけていくアリストテレス説を二者択一的に採用したのではなく，むしろ後期の著作において奴隷を「有用性」（utilitas）によって基礎づけていく新たな方向性を打ち出そうとしていた[50]。その点では，奴隷をあくまで自然本性的に合法

---

44) *ST*, I q. 96 a. 4.
45) 「完全共同体」（communitas perfecta）については *De regimine principum ad Regem Cypri*, I c. 1 参照。
46) 共通善については稲垣 [1961] 参照。
47) Markus [1970], p. 222, n. 3.
48) たとえば，*ST*, I-II q. 72 a. 4; *ScG*, III 85; *De regimine principum ad Regem Cypri*, I c. 1.
49) ギールケ [1985], 39, 126 頁。
50) *ST*, I-II q. 94 a. 5 ad 3: … et servitus non sunt inductae a natura, sed per hominum

的だと認めるアルヴェルニアのペトルスの方がはるかにアリストテレスに忠実である[51]。さらにトマスの自然法概念[52]を見るならば、そこにはアリストテレスの単なる受容を大きく踏み越えた独自の立場が見出される。そもそもアリストテレスの倫理学書にも『政治学』にも自然法への直接の言及はない[53]。確かに政治的な善悪の規範として、法とともに自然の本性による正しさがアリストテレスによって挙げられ、それがあらゆるところで同じ力をもち、人の意見によって左右されないと言われてはいるが、同時にそれは変化を受けうるものであると考えられている[54]のに対し、トマスはそうした自然の本性による正しさが、思弁的な事柄において「直知」（intellectus）によって把持される自明な第一原理のように、行為に関する事柄において「良知」（synderesis）によって把持される第一原理として自然に知られ、そこから法的な正しさがもたらされると解釈している[55]。つまり、アリストテレスにとって自然が実践理性にとってかならずしも第一原理たりえないのに対し、トマスは自然を善悪の普遍的判断原理として位置づけ[56]、ある意味で実体化していったのである[57]。

こうした例を見るだけでも、トマスのアリストテレス摂取が単に受動的なものでなく、むしろ独自な思想構築のための創造的受容であったことが窺えるであろう。同様にトマス説をアウグスティヌス説とアリストテレス説の単なる巧妙な折衷案として捉えただけでは、あまりに表層的にすぎるきらいがある。しかし、トマス以降、確かにこの両者の深い溝

---

rationem, ad utilitatem humanae vitae.

51) Cf. Flüeler [1992a], S. 135.

52) トマスによる自然法（lex naturalis）の定義としては、「理性的被造物（人間）における永遠法（lex aeterna）の分有」（*ST*, I-II q. 91 a. 2）が知られているが、倫理学的な定義としては、「実践理性が自然本性的に人間的善として捉えるところの、かのなすべきこと、もしくは避けるべきことのすべて」（*ST*, I-II q. 94 a. 2）が挙げられる。

53) ただし、*Rhetorica*, 1373b6 では「自然本性にもとづく共通法」という表現が用いられるが、文脈から考えるならこれをアリストテレスの自然法概念とみなすことはできない。

54) Aristoteles, *Ethica Nicomachea*, E, ch. 7.

55) *ST*, I q. 79 a. 12. cf. Jaffa [1952], pp. 171-174.

56) Jaffa [1952], p. 175.

57) 自然法における実体的・形而上学的側面を批判する立場から見れば、自然法とは実定法の体系の外部に、あらゆる法的規則に先立って存在する（ことを要請された）法秩序の実体化にほかならない。

第12章　13・14世紀におけるアリストテレス『政治学』の受容

はほとんど忘れ去られていった。マークスはそれをトマスによるアリストテレス主義の復活の結果と見なすが[58]，最近ではむしろアリストテレス『政治学』導入以前の12世紀に，結果的にそうした両者の綜合となりうる第三の立場が既に継承されてきており，トマス以降の政治思想の潮流はむしろこの延長線上にあるとする見解が有力である。以下ではそのような見解の主唱者であるC・J・ネーダーマンに従って，第三の立場，すなわちキケロ主義的な国家起源論を概観してみよう。

　ネーダーマンは，前述してきたような政治的権威の起源を自然本性に求めるいわゆる政治学的自然主義を，13世紀のアリストテレス『政治学』導入に帰してきたこれまでの通説を疑わしいとして斥ける[59]。その理由としては，まずアリストテレスの倫理思想や社会・政治思想が13世紀のいわゆる「アリストテレス革命」以前に，キケロ（Cicero 前106-前43年），セネカ（Seneca 前4/後1-65年），ラクタンティウス（Lactantius 240年頃-320/30年），マクロビウス（Macrobius 400年頃活躍）といった仲介者を経て間接的に既に12世紀に中世ヨーロッパ世界に浸透していたという，いわばもう一つのアリストテレス受容の事実が挙げられる[60]。もし，13世紀のアリストテレス受容が決定的なものだとしたなら，それに先立つ12世紀にソールズベリのジョン[61]（John; Johannes 1115/20〜80年）に代表されるような確固とした社会観，政治観が成立していた事実をどう説明したらよいのだろうか。神学の束縛を断ち，政治学に学問としての自律をもたらしたのが，13世紀のアリストテレス革命にあるとはもはや主張しえないのではないか。さらにまた，ソールズベリのジョンにも見出される人間社会の起源に関するもう一つの自然主義的見解がアリストテレスの導入以前に既に中世ヨーロッパに広く流布していたという事実が，従来の通説を斥ける二つ目の理由として挙げられるであろう。それがキケロ主義的見解である。キケロは西欧キリスト教圏がローマ帝国解体後に入手できた唯一の古代ローマの政治思想家

---

58) Markus [1970], p. 227.
59) Nederman [1988], p. 3.
60) この点に関しては，Nederman [1991], pp. 179-194 が是非とも参照されるべきである。
61) ソールズベリのジョンの政治思想については，リーベシュッツ［1994］参照。

であったが，その諸作品とりわけ『構想論』De inventione と『義務論』De officiis から社会形成および政治的統治に関するストア学派流の自然主義的説明を抽出し，それをキリスト教の原罪説と融合したものがここでのいわゆるキケロ主義の立場である。この見解によれば，人間はたとえ堕罪後であろうと自然本性的に共同体形成に向かう傾向をもつが[62]，罪の結果不正状態に陥った人間にとって，そうした自らの自然本性を認識し実現するためには，「理性と弁論によって[63]」（propter rationem atque orationem）説得される必要がある。つまり，自然本性的な共同体形成という点では確かに自然主義的なのだが，アリストテレス的目的論のようにそうした自然本性が無条件的に目的（すなわち共同体の完成態）へと実現化されていくというのではなく，理性的説得という非‐強制的[64]（sine vi）手段による共同体形成のための合意がまず必要だという点では，キケロ主義的な国家起源説はきわめて規約主義的なのである。こうしたいわばアリストテレス主義とアウグスティヌス主義の中道を行くような思想基盤が既に12世紀にはヨーロッパ世界に拡がりつつあった，というのがネーダーマンの主張である[65]。こうした立場から見る限り，アリストテレス『政治学』の再発見は中世における政治・哲学・法学・神学の各思想に既にほぼ普遍的に浸透していた自然主義を単にあとから確定したにすぎないと言えよう。これに対しアリストテレス再発見の影響をもっと高く評価し，14世紀以降にはアリストテレス的自然主義とストア的規約主義の結合が定着したと主張するB・ティアニー[66]のような論者にあっても，キケロを典型とするストア的規約主義の重要性に着目する点ではネーダーマンと軌を一にしていると思われる。いずれにせよこうしたキケロ再評価という線で彼らに従う限りは，アリストテレス『政治学』の再発見による影響はかなり相対化されてくるはずである。その点を14世紀中世ヨーロッパにおけるアリストテレス主義者の典型であると見なされていたパドヴァのマルシリウス（Marsilius; Marsiglio

---

62) Cicero, *De officiis*, I, 11-12.
63) Id., *De invention*, I, 2.
64) *Ibid.*, I, 3.
65) Nederman [1988], pp. 6, 10-11.
66) ティアニー［1986］，54 題。

第12章　13・14世紀におけるアリストテレス『政治学』の受容　　309

1275/80-1342/43年）の手になる『平和の擁護者[67]』*Defensor pacis* において確認してみたい。

　確かにマルシリウスの『平和の擁護者』には，アリストテレスの『政治学』からの引用が数多く見出される。しかし，彼をアリストテレスの単なる追随者と見なすことはできない。なぜなら，政治的支配制度の起源に関するマルシリウスの論述において，アリストテレス的な自然主義の立場からの逸脱がきわめて大きな意義をもつものと思われるからである。それはマルシリウスによる人間社会の構造把握がかならずしもアリストテレス起源のものではなく，むしろ12世紀のソールズベリのジョンやパリのヨハネス（Johannes 1306年歿）に連なるキケロ主義的見解にもとづくものであるということを示唆している。そもそもアリストテレスにとって人と人との交わりすなわち共同体は，男－女，家，村という自然本性的な発展過程を経て，完成態であるポリス（完全共同体）に至る，あたかも植物が種子から芽を出し，葉を繁らせ花を咲かせ，果実を実らせるがごとき自然な目的論的過程であった。ところがマルシリウスはこの自然な過程を分断し，夫婦や家に共同体の位置を付与することを拒否するのである。つまり，村こそが最初の共同体だと主張するわけである[68]。この主張をどう解釈するかという点は本章の範囲を超えるが，少なくとも家父長制的な専制支配と政治的な自由市民支配を私的領域と公的領域とに振り分けながらも，その両者をあくまで自然本性的な一つの発展過程として包括していくアリストテレス的な自然主義にたいして，むしろその両者を明確に区分し，家における私的な支配が共同体における公的・政治的支配といかにして共存し調和しうるかという問題に議論の焦点を移していこうとするところにマルシリウスの独創性があるように思われる。その際，自然に根ざした支配というものを私的領域における家父長制に限定する点ではアウグスティヌス主義の復活が見られるが，他方，公的領域での政治的支配を，強制力によるのではなく，家長の同意を得ることによって間接的に（家の構成員である）市民一人一人の同意をも得るという形の非強制的な手段によって基礎づけていく

---

[67]　マルシリウスとアリストテレスの関係については，鷲見［1970］参照。なお，本文の以下の記述は，Nederman [1990], pp. 699-717 に多くを負っている。

[68]　Marsilius de Padova, *Defensor pacis*（以下 *DP* と略記）I, 3, 4.

という点[69]では，むしろキケロ主義的な伝統が認められる。もはやトマスにおけるように，人間の堕罪というキリスト教教義と共同生活を営むという人間の自然本性的傾向性との明白な矛盾の解消が焦眉の問題となることはなかった。そもそもマルシリウスにとって人間は，「自然本性的に社会的・政治的動物である」という句がテクスト中に見出されない[70]ことからも窺えるように，アリストテレス的な意味で自然に共同生活を営むわけではない。彼によれば，人間が共同生活を営むのは，人間の肉体の脆弱さを集住によって補うというひたすら生物学的な理由によるものである[71]。キリスト教の教義によればこうした人間の弱さは堕罪によってもたらされたものであるが，アウグスティヌスの場合とは違ってマルシリウスにあっては，堕罪後も人間の共同生活を志向する自然本性は潜在的に人間の内にとどまるとされる。ただしアリストテレスの場合と異なり，あくまで潜在的な傾向性であるがゆえに，それを刺激し解発していく理性的な言論の働きが要請されることとなるが，そこにこそマルシリウスにおける非強制的な同意にもとづく政治的支配の可能根拠が見出されるのである[72]。これは言うまでもなくキケロ的な自然主義であって，アリストテレスのそれではない。結局，マルシリウスはアリストテレスの『政治学』をキケロ主義的に受容することによって，それを自らの新たな政治理論展開の場となしえたのである。このようにアリストテレスの『政治学』を自らの政治理論展開のためのあくまで素材として利用するという傾向は，以下に検討していく政体論という現実的場面においてはより顕著に見られるであろう。

(2) 最善の国政をめぐる政体論

アリストテレス『政治学』の受容に関する従来の通説を構成するもう一つの論点は，『政治学』再発見による社会・政治思想上の革命によって13世紀以降の中世ヨーロッパに人民主権思想が導入され，基礎づけ

---

[69] Nederman [1991], pp. 701-702.
[70] Nederman [1988], pp. 20, 22.
[71] *DP*, I, 4, 3.
[72] *DP*, II, 22, 15. cf. Nederman [1988], pp. 21-22.

第 12 章　13・14 世紀におけるアリストテレス『政治学』の受容　　311

られていった，というものである[73]。そうした立場を代表する一人，W・ウルマンによれば[74]，1260 年頃までの「上から下への」（descending）支配として理解されていた政治モデルは，『政治学』が受容されて以降，「下から上への」（ascending）支配というまったく異なった政治モデルへと移行していった。すなわち前者のいわば下降モデルは，政治的権力の唯一の源泉が超越的な（つまり自然外の）権威である神に見出され，地上の権力者があくまで神の代理人（vicegerent）と見なされた神政政治（theocracy）であったのに対し，後者の上昇モデルは，それとは逆に権力の源泉が人民（populous）の側に求められ，権力機関があくまで人民の代表（representation）と見なされた人民主権的な（populist）統治理論であった。したがってウルマンによる限り，アリストテレスを最初に最も深く受容したトマスにとっても「民主制的な統治と君主制的な統治の混合が実際上の目的には最善であると思われた[75]」のである。

　しかし，立憲民主制というような近代的な概念枠を事後的に当てはめたうえで，中世から近代への展開を駆動する原動力として要請されたアリストテレス主義なるものがどこまで歴史的な方法に即していると言いうるかはいささか疑わしい[76]。確かに 13 世紀にあっては，中世初期の封建世界とは著しく異なる君主および教皇の中央集権化，またそうした動きと連動していた団体理論や団体代表制理論という新しい傾向[77]が，アウグスティヌスを始めとする教父たちの伝統的な社会・政治理論に代わる新しい社会・政治思想を求めていたことは否めない。時代がアリストテレスを求めていたのである。しかし，13 世紀後半に最もよく『政治学』が読まれたフランスにおいて，アリストテレスの教説がいったい何のために求められたかといえば，実はそれは混合君主制でも民主制でも

73）　W・ウルマン（Ullmann [1975], p. 270）は，(1) 前節で考察した自然主義，(2) これから考察する人民主権の基礎づけのほかに，いわゆるアリストテレス革命の本質として，(3) 倫理（学）と政治（学）の鋭い分離（すなわち，善い市民は無条件に善い人である必要はないという主張）を挙げている。この最後の論点は，残念ながら本章では扱えなかったが，アリストテレス政治哲学の根幹に関わる問題であるだけに慎重な扱いが必要であり，ここでは今後の課題として掲げるだけにとどめておきたい。
74）　注（73）の文献のほかに，Ullmann [1961] や Ullmann [1965] などを参照のこと。
75）　Ullmann [1965], p. 178.
76）　こうした批判的論調の先鞭をつけたのは，Renna [1978] である。
77）　モラル [1975], 90 頁。

なく，あくまでも君主制を支持するためであった。ウルマンらの伝統的通説はこの事実をあまりに軽視しすぎていると言えよう。少なくともこの事実を当時の主な論者について見定めることができれば，それだけでアリストテレスの受容が人民代表制や民主制への転換をもたらしたという伝統的通説は訂正を余儀なくされるであろう。そこで以下では，トマス・アクィナス，アエギディウス・ロマヌス（Aegidius Romanus 1242/47-1316 年），アルヴェルニアのペトルスの三人のアリストテレス主義者と目された論者がいかにして自らの思想に基づいて君主制支持の立場を取りえたかを確認しておくことにする。

　まず，アリストテレスの『政治学』をいかに受容していくかという点で，フランスのアリストテレス主義者に最も大きな影響を与えたトマス・アクィナスの場合から見ていくことにしよう。実はここ 30, 40 年のトマス研究を見る限り一般に伝統的図式は斥けられ，トマスの君主制支持者としての面が強調されてきたように思われる[78]。確かに，君主および君主制的統治機能の位置づけを哲学的証明を介して行った点で，トマスはフランスの君主制論者に多大な貢献をなした。しかし彼自身の君主観はといえば，それはかならずしも明確ではない。とりわけ研究者を悩ましてきたのは，『王制論』 *De regimine principum ad Regem Cypri* における明白な君主制支持論と『神学大全』における混合政体（混合君主制）の称揚との矛盾をどう扱うかという問題であった[79]。これは言い換えるならば，最善の人と最善の法のどちらに統治されるのがよりよいか，というアリストテレスの問い[80]に対して彼がどう答えるかという問題でもある。これに対しては明言こそさけているものの，トマスにとってこの両者が相互に排他的関係にあったようには思われない。それは実定法（人定法）に対する君主の位置づけから窺える。すなわちトマスによれば，君主は実定法が指導力（道徳的規範）と見なされるときは，法に服し，実定法が強制力と見なされるときは，君主が法の上に立つ[81]。

---

78) Cf. Renna [1978], p. 310.
79) モラル［1975］，103-105 頁参照。なお，混合政体に関する総合的な研究としては，Blythe [1992] が最適である。
80) *Politica*, Γ 15, 1286a7-9.
81) Renna [1978], p. 312.

つまり，君主は道徳的には実定法に従わねばならないが，しかし誰も君主に実定法を強制することはできない。このように巧妙に両者が協働するとき，国は最善の人と最善の法の両者によって（相互に矛盾することなく）支配されうるだろう。『王制論』と『神学大全』とのあいだにある一見矛盾と見える相違は，実は前者が最善の人による統治という伝統を強調したのに対し，後者が法による統治により強い関心を示したことから生じた表層的なものでしかなかったのである。ただし彼の教説の根底にあったものは，最善の人による統治というあくまで抽象的な理念であり，その限りで現実の君主制は次善の統治形式にすぎなかった。要するに「トマスは，フランス君主制の擁護者なのではなく，君主制の抽象的観念を思弁した神学者だった[82]」のである。

さて次はトマスから多くを学んだアエギディウス・ロマヌスとアルヴェルニアのペトルスの場合だが，彼らは師に比べてはるかに明確な君主制支持を打ち出していたと言えよう[83]。まずアエギディウスの場合，最善の君主と最善の法のどちらに統治されるのがよりよいか，という問いに対し，彼ははっきりと最善の君主と答える。彼によれば，君主は実定法よりは上，自然法よりは下に位置して両者を仲介している。その際，実定法自体が道徳的規範性と強制力の二つの側面をもっているというトマスの洞察は無視され，むしろ実定法のもつ不完全さを君主が補完しうる限りで，君主はまさに「正しき理性」(recta ratio) として自然法を体現する者であるという点が強調される。したがって，どうすれば君主が自然法に服し，堕落を避けられるのかという問題はひとえに若き王の啓蒙教育に関わることになる。アエギディウスの『王制論』De regimine principum はその意味で明らかに「君主の鑑[84]」という文学伝統に連なるものなのである。一方，アルヴェルニアのペトルスの場合，逐語注解的なトマスに比べ比較的自由にアリストテレスの『政治学』を注解できたが，とりわけ君主制に関する箇所ではアリストテレスが君主

---

82) Renna [1978].
83) アエギディウス・ロマヌスとアルヴェルニアのペトルスに関する以下の記述は，Renna [1978], pp. 312-317 に拠る。
84) 「君主の鑑」に関しては，柴田 [1987-1993] 参照。

制の第5番目に挙げた絶対君主制[85]への共感をあからさまに反映していた。その際，よりよい統治は最善の人によるものか最善の法によるものか，という問題に関しては，国は本質的には（per se）最善の人によって統治される方がよいが，たまたま（per accidens）卓越した有徳者がいない場合や有徳者が情念に支配された場合は，法によって統治される方がよい，という一見すると君主制と法との間を調停するような仕方で定式化がなされている。しかし彼の教説の主眼が，卓越した有徳者である君主は，実定法ではなくあくまで自らの意思に従って臣民の共通善のために統治する，という点にある以上，ペトルスにとっての君主制とは混合君主制などではなく，絶対君主制に他ならないのである。

　以上を見る限り，13世紀の思想家にとって『政治学』はアリストテレス本人の意図とは関係なく，むしろ君主制を支持するという動機のためにある程度の歪曲をも甘受しながら利用されていたものと思われる。したがって，『政治学』の受容が近代的立憲民主制への転換点となったという伝統的図式は，もはや支持され得ないであろう。

## 4　結　び

　以上の考察により，13世紀のアリストテレス『政治学』受容に関わる従来の通説，すなわちアリストテレス受容によって，（Ⅰ）政治学的自然主義が中世キリスト教圏に初めてもたらされた，（Ⅱ）政治学の学としての自律がもたらされた，（Ⅲ）人民主権思想がもたらされた，という伝統的図式は，（ⅰ）13世紀のアリストテレス『政治学』の受容によってもたらされた自然主義とは異なるいわゆるキケロ的自然主義が既に12世紀ヨーロッパに普及しており，さらにアリストテレス自身の倫理思想や社会・政治思想も13世紀以前に間接的な経路を経て既に流布していた，（ⅱ）同様にアリストテレス的な学問論も13世紀以前に間接的な仕方で導入され，政治学の学としての自律も既にある程度根づいていた，（ⅲ）『政治学』がその本旨とは別に君主制擁護のために利用さ

---

85) *Politica*, Γ 14, 1285b29-33.

第12章　13・14世紀におけるアリストテレス『政治学』の受容　　315

れていた，以上の反証によってもはやその効力を失ったものと思われる。その結果，社会・政治思想における「アリストテレス革命」を13世紀に限局することなく，むしろもっと長い射程における，他の学的潮流や現実の社会状況と相関した，アリストテレス社会・政治哲学の中世ヨーロッパ世界での受容の実相に迫るという試みこそが今後の課題として立ち現れてくるであろう。その際，アリストテレスにおける私的・公的領域の区別がその後どのように変容していくのか，またそれにともない社会概念がどのような変遷をたどるのか，さらに完全共同体において具現されていた善のパースペクティヴの行方，政治学と倫理学との離合関係などが現代にまで届く問題関心として挙げられるであろう。本章はそうした新たに書き直されるべきアリストテレス『政治学』受容史のあくまでも序章にすぎないのである。

# 第13章
# 善き生の地平としての共同体＝政治的公共性

## 1 序

　地域社会の急速な都市化に伴う社会の流動化や価値観の多様化によって，ひとびとのあいだに規範意識の喪失や孤立化が進行しつつあると叫ばれて久しいが，そうした動向の中で，自らが帰属すべき濃密で具体的な関係性として共同体秩序への回帰を願う者も現れている。しかし，一方で利益誘導型民主主義や大衆民主主義に堕した政治を見限り，他方，個人の私的領域，個人の自由に至上の価値を置き，消費と欲望の充足にひた走る新自由主義的潮流に徹底的に抗するこの伝統回帰の保守的思潮は，その現代的装飾にもかかわらず，実は啓蒙主義に対するロマン主義という歴史的文脈上の一エピソードに過ぎないと見る向きもある[1]。さらに政治的文脈を越えてその根底に合理と反合理，個人主義と集合意識，個体生命と種族生命の対立を垣間見ることさえ不可能ではない[2]。そもそも共同体という概念自体が，家族や地域社会から文化共同体，人類共同体という大規模なものまで幅広い適用範囲をもつ上に，個人－社会－国家－文化という連なりのどこに位置づけられるかという点がきわ

---

　1) Cf. Pettit [1994], pp.176-204. ただし，Pettit はこうした二元論的構図の不毛性を克服する第三の途として republicanism を称揚している。
　2) 山崎正和，「論談時評」，朝日新聞，平成8年4月30日版。以前『柔らかい個人主義の誕生』（1984年）において大衆民主主義への希望の観測を述べた山崎であったが，今にして思えばその状況判断は楽観的に過ぎたきらいがある。周知の如く，その後時代はもっと複雑に，しかも加速度を増して迂回し続けた。

めて曖昧である。このように歴史的にも領域的にも広い裾野をもつ共同体論という沃野に踏み入るにあたって，まずはおおまかに次のような分類を試み，その中で現在我々が問題にすべき共同体の布置を見定めることが得策かと思われる。

　まず当該の集団組織が自然的・自働的であるか人為的・規約的であるかを一方の座標軸に，当該集団の性格が具体的・人格的・利他的であるか，抽象的・非人格的・利己的であるかを他方の座標軸に据えることによって，以下の4つの象限を抽出してみる。

（ⅰ）具体的かつ自然的人間関係：成員に共通する価値のヒエラルキーがあり，同一目的の自発的追求が可能な部族社会。
（ⅱ）抽象的かつ自然（自働）的人間関係：市場における交換原理に基づく自由秩序。
（ⅲ）抽象的かつ規約的人間関係：政治における強制原理に基づく支配関係。
（ⅳ）具体的かつ規約的人間関係：成員間の自由な相互扶助に基づくネットワーキング。

　これらを現代政治思想の諸潮流に関連づけるなら，（ⅲ）を重視するのがジョン・ロールズ，ロナルド・ドゥオーキンを始めとするいわゆる福祉型自由主義（welfare liberalism），（ⅱ）を重視するのがロバート・ノージックを代表とする自由至上主義（libertarianism）[3]，以上の自由主義陣営に見出される（ⅱ）（ⅲ）（特にⅲ）の抽象性を（ⅰ）の立場から批判するものの，自らを（ⅳ）の具体的実現に向けて位置づけはしな

---

　3）　一口に自由主義と言っても実に多岐にわたり，どのような区分原理に基づきいかなる名称を用いるかも論者によって多様である。本章では，集団主義・国家統制主義原理に基づき，社会正義・公共福祉実現のために政府の積極的な市場介入を主張する社会民主主義的立場を「福祉型自由主義」，それに対してあくまで政府の強制を排除し自由放任主義を貫こうとする個人主義的立場を「自由至上主義」とさしあたり呼んでおく。後者は，政治的強制を完全に排除するために国家そのものの消滅を目指す無政府主義（M・ロスバート，D・フリードマンなど）から，国家の役割を最小限夜警国家的なものにのみ認める最小国家論（R・ノージック）までの幅をもつが，たとえばハイエクをどこに配するかなどという点で議論はいまだ尽きない。以上に関しては，日本でのリバタリアニズム紹介がノージック一人に偏りがちな中で，デイヴィッド［1994］はよく整理された多くの知見を与えてくれる。

第13章　善き生の地平としての共同体＝政治的公共性　　319

いのがアラスデア・マッキンタイア，チャールズ・テイラー，マイケル・サンデルといった共同体主義 (communitarianism)[4]，そして（iv）を何らかの形で志向するものとしてハンナ・アーレント[5]，ユルゲン・ハーバーマス，さらにクェンティン・スキナー，J・G・A・ポーコックらのシヴィック・ヒューマニズム[6]，シェルドン・S・ウォーリンのラディカル・デモクラシー[7]など，と一応分類できよう。歴史的に見るなら，（i）のもっとも洗練された形としてアリストテレス，具体的関係と抽象的関係を家族の内外で使い分けるという主張の端緒として14世紀のパドヴァのマルシリウス，さらに（iii）は社会契約論者へ，（iv）はたとえばトクヴィルやアーレントを惹きつけたアメリカ植民地時代のニューイングランドの自発的共同社会に見出される市民的政治体の創設という具体例へと振り分けられる。また，こうした関係性を担う主体特性としては，（i）関係に埋没した主体，（ii）市場システムに身を委ねる主体，（iii）個として自律した主体（と同時にそのネガとして孤立した主体），（iv）関係によって自己変容しつつ関係を生きる主体が想定される。このように見る限り，我々には（1）かつて存在した共同体（i）の伝統を現代の行き過ぎた抽象化への警鐘として受け継いでいくコミュニタリアンの立場，あるいは（2）関係を生きる主体相互のネットワーキング（iv）をこれから創成していく立場が可能だが（本章が採るのは後者である），いずれもそのネガとして保守的復古主義や偏狭な民族主

4）　マイケル・ウォルツァーの位置づけは微妙であり，彼をコミュニタリアンとみなす論者も多いが，彼の多元主義的な共同社会論はむしろ我々の分類による (iv) に極めて近いと思われる。

5）　アーレントは時にコミュニタリアンとみなされることがあるが，それは誤りである。なぜなら，彼女が構想する政治的公共性はあくまで人為的なものであって，そこへの帰属が求められるような自然の伝統的共同体ではなく，市民が絶えず創出していく共同体だからである。しかも，宗教，民族，人種などに基づく一体感や慣習によるいかなる政治的共同体も，またそのようないかなる愛も，公共性の場からは一切排除されている。しかし同時に彼女は，代表制民主主義を批判し，市民の直接的な政治参加と討議を主張する点で，つまり市民に政治的なものを奪還しようとする意図において，明らかに自由主義批判者でもある。

6）　「シビック・ヒューマニズムとは，自足に向かっての個人の発展が可能なのは，ただ個人が市民として，すなわち自立的に意志決定を行う政治共同体，つまりポリスないし共和国の自覚的自立の参加者として行動する場合だけである，と主張する思考スタイルを指す。」Pocock [1973], p.85.

7）　Wolin [1960], 千葉 [1995]。

義，共同体による自由拘束の危険性を抱えている。

　本章では，以上を踏まえながら，かつて共同体が各成員にとって善く生きるための具体的な公共的地平たり得た点に着目し，そうした善の公共的地平が思想史においていかにして失われていったかを概観した上で，手続き上の正義概念の善概念に対する優位が広く承認された現代においてなおその回復が果たして可能か否かを，公的な生と私的な生の統合（integration）の可能性を探りつつ考察していきたい。

## 2　共同体主義による自由主義批判

　しかし，本題に入る前にまず明確にしておきたいことは，共同体主義はそれ自体では，自由主義のオルタナティブではあり得ない，つまりその意味では共同体論の可能性はない，という点である。ただし，ここで「自由主義」とはさしあたり，自律した個人の自由な自己決定を理念的な核とし，経済的には私的所有を前提し市場における商品交換によって利潤の最大化を目的とする資本主義，政治的には代表制民主主義，倫理的には他者危害原理，以上から成る理論と押さえておき，その内部で対立する（集団主義に基づく）福祉型自由主義，いわゆるリベラル左派と，（個人主義に基づく）自由至上主義（リバタリアニズム）の別については立ち入らない。また，同じく多様な姿を呈する「共同体主義」についても，さしあたり個人に先行する歴史や伝統を色濃くもち，善へのビジョンを共有し統一された共同体を重視することによって自由主義へのアンチテーゼとなす理論とひとまずはみなしておく。

　さて，（あくまでM・ウォルツァー[8]の下した診断に乗っかって言うならば）そもそもコミュニタリアン（共同体論者）が自由主義に向けた批判自身の内には，各々部分的には真でありながら相互に不整合な二つの批判があるように思われる。まず，社会が現に自由主義的であるという事実を自由主義的な政治理論が正確に表現している，と仮定した上で，自由主義的な現実社会を共同体論者が批判する場合を考えてみよう。共同

---

8)　Walzer [1990].

## 第13章　善き生の地平としての共同体＝政治的公共性

体論者が言うには，そうした社会は文化的な一貫性も，自己について物語る能力ももたず，孤立し，分断され，断片化した社会である。権利と効用の寄せ集めに過ぎないそうした社会では，公共的な合意が得られぬ故に，手続き的な正義を善の観念に優先させ，ひたすら相互の利害調整に奔走せざるを得ない。しかし，現実がもしこのように自由主義的であるならば，共同体論者のようにどこにもありもしない「失われた道徳共同体」を取り戻そうとする空しい望みよりは，むしろ自由主義の問い直しこそが緊急にかつ有効な手だてとなり得るのではないか。なぜなら，現在の我々の断片化された状態，すなわち自由主義者の言う「自然状態」「原初状態」(original position) から社会を作り直していくしかないと思われるからである。しかし，いくら自由主義社会といえども現実の社会である限り，それが原初状態いわば無から創造されたと強弁することができるだろうか。むしろ自由主義社会でさえ伝統や関係性との戦いから生まれてきたと考えるべきではないか。無知のヴェールをかぶった合理的経済人というのは，あくまで虚構の抽象的モデルに過ぎない。そこが共同体論者の第二の批判点となる。すなわち，自由主義理論は必ずしも現実の社会を正確に表現しておらず，みずからの作り出す自由主義社会にさえ深層には共同体的な構造があるという自らの共同体論的出自を忘却している，というものである。そもそも自発的連帯，多元主義，信仰・言論の自由，寛容，プライヴァシーなどの個人の権利を表す自由主義的な語彙によって我々の現在の状況は勝ち取られたのであって，こうした語彙なしに共同体を語ることはできない。自由主義は解体する方向ばかりでなく，むしろリベラルな共同体構成の方向をその根底に明確にもっているのである。しかし，そうなると先程の「自由主義は共同体を解体する」という第一の批判は力を失う。つまり，自由主義は常に自らの伝統さえ抹消し続けていく自己破壊的な一面をもった理論である故に，その解体の働きが強くなり過ぎた時には，共同体主義による批判を仰がざるをえないが，ひとたびその批判を真正面から受け入れたならば，自由主義は自らの共同体構成の面に目覚め，自己修正を可能にしていくのである。その限りでは，共同体主義が単独で自ら自由主義に取って変われるだけの力も，その必要も機会も実はないように思われる。

では，共同体論者の批判が実際に効力をもち得るのはどの点か。二つ

の点を挙げたい。一つは，自由主義による近代的な原子論的自我把握に対する批判。これに対しては，共同体を個人の構成要素にするという形でのC・テイラー[9]流の修正が可能である。つまり，社会から遊離し孤立した，共同体からの「負荷のない自我」(the unencumbered self)[10]を，状況に位置づけられた自我へと変換していくわけである。もう一つはそれと関連して，自由主義が共同体の生と個人の生との不適切な区分に立脚しているという批判。これは，両者の統合という形で修正がなされ得るだろうが，言い方を変えれば，私的領域と公的領域，私的な生と公的な生を媒介する公共性という着眼ともつながっていくかと思われる。そこで，私的／公的区分の歴史を簡単にざっと振り返り，問題の所在を確かめた上で，再び共同体の生と個人の生の統合としての公共性というところに戻ってくることにする。

## 3 私的領域と公的領域の相関史

まず，古代ギリシアのアリストテレスにさかのぼろう。彼によれば，人間はその自然本性にしたがって互いに交流し，男 - 女，主人 - 奴隷，家，村，というさまざまなレベルでの共同体を構成しているのだが，そうした自然本性の完成態である完全な共同体こそポリス（国家共同体）である[11]。そして，家長として家事家政から完全に解放された特権的市民たちは，互いに対しては完全に自由で民主的な関係を結ぶが，その一方で女性，子供，外国人，奴隷に対しては，専制君主のごとき絶対権力によって一方的な支配関係を結んだ。この二重構造の一方すなわち自由市民の活動する領域は「公的 (κοινόν)」と呼ばれ，他方，家政・生産・商業にかかわる領域は「私的 (ἴδιον)」と呼ばれる[12]。両者は共に共同体の諸相として連続性をもち，ポリス共同体を頂点とする自然発展的ヒエラルキーを形成している。ここに近代的な公私の対立を読み込むか否

---

9) Taylor [1989].
10) Sandel [1984].
11) アリストテレス『政治学』第1巻第1-2章.
12) 同上書 第2巻第6章 1265a26.

かは議論のあるところであるが，本章では両者の対立よりも補完関係を強調したい[13]。いずれにせよ，ギリシア人にとっては，公的領域こそ互いに対等で，支配することもされることもない自由な交わりを結べる空間であり，そうした公的領域で自由市民が行う活動こそ政治的活動であった。こうして市民たちはポリス的であったわけだが，同時にそれはロゴス的ということでもあった。すなわち，ここでロゴスとは市民同士が相互に相手の説得に努め，十分に理解した上で支配者を選び出し，議論の案件を解決していくための手段として働く言葉のことである。こうした政治的言説に導かれた説得と理解による相互支配は，決して市民たちの自由を束縛するものではなかった。このような政治への参加という市民の自発的活動によって現出するいわゆる「政治的公共性」は，その一方で，奴隷や女性への絶対的支配（つまり自由拘束）によって可能であったということを忘れてはならないが，ある理念化された形ではいまだに効力をもつと思われる。

　しかし，アリストテレス的政治的公共性の理念は，その理論背景ともなっていた歴史的所与であるポリスの崩壊をもって事実上消滅への途をたどった。まず時代がヘレニズム期に移行すると，伝統的ポリス的価値観の喪失に伴い，一方のアカデメイアでは懐疑論が真剣な討議の的となり，他方ストア学派やエピクロス学派においては，プラトンの唱えた善のイデアへの観想的超越の途も自らの唯物論のゆえに断念され，アリストテレスのたてた政治的公共性における現世的自己実現の途もポリス崩壊後の世界帝国化という政治背景の変容のゆえに放棄され，結局第三の途として心の平安（アタラクシア），不動心（アパテイア）という個人的な安心立命が目標として残された。ストア学派において，そうした個人の自由が保障される領域が「我々の手中にある（ἐφ᾽ἡμῖν）」ものとして概念化され，他の一切の外的強制，外的苦痛に対する一種のストア的諦念の拠り所とされたのは，そのようなヘレニズム期のあり方を象徴するものであると言えよう。

　帝政期ローマに入ると，ポリスの衰退に伴う政治的公共性の後退と，それに反比例する私的領域の進出の結果，ローマ諸都市は，ギリシア・ポリスが特権的な自由市民による消費生活を専らとし，生産活動や商業

---

13）たとえば，Swanson [1992] は，公私を領域的な区分ではなく活動の区分とすることによって，両者の対立ではなく循環の可能性を主張している。

活動の一切を私的領域（すなわち家政）に振り分けたのに対し，むしろ生産・商業活動の中心になっていった[14]。アリストテレス的な意味での公的領域はキリスト教が担ったが，増大する私的領域（家政の拡張形態としての社会経済）が「社会」として世俗世界を構成していくのに対して，キリスト教的な公的領域は「神の国」としての彼岸的なものへと棚上げされ，ロゴスによる自由な説得と理解からなる現実的な共同体的問題の解決の場としての政治的公共性は立ち消えざるをえなかった。

　そのことを思想面から見てみよう。まず，13世紀にアリストテレスの『政治学』のラテン語訳がヨーロッパに初めて登場するに及んで，政治的支配の正当性がキリスト教的な権威抜きで，人間の自然本性から論証されるようになった。政治学の自律である。これは，今までのアウグスティヌス的社会観とは対立する見方であり，ある意味ではキケロなどのストア的社会観に通ずるものであるが，アリストテレスの権威によって一挙に流布した。こうした流れを総合したのがトマス・アクィナスである。彼は，共通善と自然法の観念によってそれをなした。アリストテレスの唱えた，完全な善であるポリスにおける人間の自然本性の完成を，トマスはキリスト教的な共通善の思想へと彼岸化したと言ってもよいだろう[15]。しかしその後，キリスト教の政治思想からの後退によって，政治における共通善へのパースペクティブは完全に衰退してしまうのである。

　そのような動向に拍車をかけた一人が，14世紀のパドヴァのマルシリウスだろう。彼はアリストテレスの自然な目的論的完成主義を退け，「家」に共同体の位置を付与することを拒否し，「村」こそが最初の共同体であると主張した。この結果，家父長政的な専制支配と政治的な自由市民支配を明確に区分し，「家」における私的支配が共同体における公的，政治的支配といかにして共存調和し得るかという問題に議論の焦点は移っていった。その際，公的領域での政治的支配を単に強制力によるものとはせずに，家長の同意を得ることによって間接的に「家」の構成員一人一人の同意をも得るという形の非強制的な手段によって基礎づけていくという仕方で，いわゆるキケロ主義的な伝統が採り入れられ

---

14) 増田四郎［1994］Ⅳ章.
15) トマスの共通善思想については稲垣［1961］を参照.

第13章 善き生の地平としての共同体＝政治的公共性　　325

た[16]。しかしいずれにせよ，人間の自然本性の自由な実現・完成の場であった政治的公共性は，マルシリウスによって具体的な「家」内人間関係と明確に区別されることによって，むしろそれに対峙し管轄支配する抽象的な公権力へと変質していったことは否めない。

　さて近代に入ってホッブズやロックになると，私的領域と公的領域はもっと鋭い対立を見せ始める。自己保存という自然権によって個人を保護する私的領域がもたらされ，さらに労働によって得られた所有という形で私的領域が拡張されていくが，それに対して公的領域は公権力としてあくまで私的領域に侵入するものとして捉えられていく。しかも，宗教戦争における寛容の精神から，善そのものを問うことの回避が生じ，善を指向する価値地平としての公共性の必要性までもが否定されるに至った。もはや公権力は何らの緩衝領域も経ずに直接，私的領域を浸食し始めたのである。

　だがこうした公私の明確な対立を媒介するものとして，18世紀以降，文芸的公共性が政治的公共性の可能性を提供するようになる。この文芸的公共性とは，生産・消費活動が行われる私的領域からも，公権力が行使される公的領域からも区別され，それらの中間領域として，討議・審議し合う市民たちの共同意思に基づいてそこに自発的共同社会が実現され得る公論の勢力圏のことを指している[17]。しかし，このような公論形成の核となっていた政治新聞は，その後，近代的商業新聞へと変貌していき，さらに19世紀以降，（フーコーやドンズロによれば）単なる公的／私的対立ではない，むしろそうした公私の対立を統合していく統治技術の発達によって，公権力の私的領域への全面的介入の歴史が始まる。もはや市民たちは政治的公共性に留まり得ず，一斉に生活の「私事化」(privatization)や「脱政治化」(depoliticization)という現象へと突入していった。

　以上のように，かつて公的領域に理念として輝いていた政治的公共性は，私的領域の拡大に伴う社会の肥大化，さらには啓蒙主義，個人主義，資本主義などによって加速された私事化現象と脱政治化現象に蚕食

---

16) この点に関してはNederman [1990] に多くを学んだ。
17) Habermas [1990].

され，18世紀ロンドンのコーヒーハウス[18]や19世紀アメリカのニューイングランドに現れた自発的な共同社会に一時的に見出されたものの，もはやその命脈は絶えたといってよいだろう。その一方で，公的領域は制度化された公権力の管理下に置かれ，政治は一握りの政治屋の飯の種に成り下がった。このような文脈に立つとき，我々が採るべき途は，自由主義への単なるアンチテーゼに過ぎない共同体主義ではなく，むしろ肥大化した公私両領域の間に身を置き，一度は失われた公共性の再創出に向けてなされるべき様々な市民的活動の模索であろう。

## 4　失われた公共性の再創出

したがって以下では，共同体の生と個人の私的な生との統合，すなわち公的な生と私的な生を媒介する公共性について考えてみることにする。

近代の啓蒙を経た個人は，自分のために，自分の幸福を配慮しつつ行為を行う。それに対して利他主義者は，相手のために，相手の幸福を配慮しつつ行為を行うと主張する。両者とも言うまでもなく行為主体は行為者個人である。たとえば，同性愛は品位を欠くと思っている人が同性愛者を罰する法律制定の運動をしている場合，利他主義者である限り彼はそうすることが相手のためになると確信している。ここでは利他的行為の可能根拠として道徳的な同質性が前提されている。なぜなら，善き生へのビジョンが共有されていてこその親切なのであって，もし両者の善き生へのビジョンが異なるなら，たとえどれほど利他的な動機に拠ろうとも，結局その運動は異端排除に他ならぬであろう。行為主体を個人に特定する限り，こうした善き生へのビジョンの相違は十分あり得るわけであり，唯一のビジョンを強要することは個人の自由，私的な生への侵害である。このように善き生への構想が予め共有されているという道徳的同質性の前提は，帰属すべき共同体のその成員に対する存在先行性を主張する共同体主義には不可避な前提である。

---

18)　干川［1994］，152-153頁。

第13章　善き生の地平としての共同体＝政治的公共性　　327

　それに対して，個人の生と統合される家庭や職場，学校，友人関係など身近で流動的かつ多元的な共同体，親密圏の生では，その行為主体は個人ではなく，その共同体自身である。しかもその共同体は道徳的に同質である必要がない。それどころかこの共同体の内では複数性，異他性が完全に許容されている。たとえばよく使われる例としてはオーケストラの演奏活動が挙げられる[19]。オーケストラが交響曲を見事に演奏した時，その行為主体はオーケストラであり，一人一人の団員ではない。しかも，各団員が道徳的に同質であることは強要されていない。このような場合に，個人の生に共同体の生が統合されたと言うわけである。こうした共同体は個人に対する存在先行性をもっていない。個々のメンバーの協働行為によって初めてその存在をあらわにする。しかも，そうした協働行為を可能な限りより善いものにすべくメンバー相互が批判的な対話・討議を行うことさえ可能である。こうした共同体自身の善き生，つまり成員共通の善き生をめぐってなされる対話的，討議的交わりの場を勝れた意味で「公共性」と呼ぶことができるだろう。この公共性は，同時にまた極めて政治的なものである。なぜなら，私的な利害ではなく公的な事柄への参与を目指す市民活動こそ第一義に政治的と呼ばれるべきであり，政府など国家機関の活動に限局された狭義の政治は，逆に市民を脱政治化する方向にあるからである。
　以上から明らかなことは，我々が採るべき途は，実体化された存在先行性をもち，道徳的同質性を前提ないし強要する自然共同体への（すなわち共同体主義者の）途ではなく，その都度その成員によって人為的に創出される政治的公共性（我々が第1節で分類した（iv）すなわち，具体的かつ規約的人間関係：成員間の自由な相互扶助に基づくネットワーキング）への途である。後者と共同体主義を混同してはならない。自然共同体は世代を越えた確固とした存在をもつが，政治的公共性における協働活動は脆くはかなく，その成員の活動の停止と共に消滅する現象に過ぎない。しかし，だからこそ市民の絶えざる協働活動による公共性の創出が要請されるのである。ここに個人の生と共同体の生の統合は成立したかに見える。

---
　19）ドゥオーキン［1994］，pp.123-128. なお，本章での「統合」の考え方はドゥオーキンに負うところが極めて大きい。

だが，自由主義の側から出された公共性における共通善の取り扱いに関する懐疑が，我々により立ち入った考察を促す。そもそも共同体をM・オークショット[20]の言う「社交体」(societas) と解すならば，そこには統一体（universitas）の共通意志（ルソーの「一般的意志」）が目指す目的としての共通善はない。もしそのような共通意志が認められるなら，それは時に個人の自由意志と対立し，その抑圧へと走るだろう。こうした共通目的への自由主義的懐疑は，政治的公共性へも向けられる。たとえば，オーケストラがある交響曲の演奏を仕上げるまでに，各演奏家に一体どれほどの抑圧を強いたかを考えてみよ。その点，社交体的あり方を支持する側が挙げるのは，たとえばラテン語同好会の例である。その同好会は，互いにただラテン語会話を楽しむためだけに集い，他になんらの共通目的も規範も持たない。ここでは何かのためのコミュニケーションではなく，ただひたすら会話をその都度楽しむためのいわば社交の技法のみが求められる。個人の自由は目的によって拘束されることはないのである。

　我々はこのような社交体的立場を，その脱政治化の傾向ゆえに論難する[21]。確かに社交体の主張は，共同体主義には有効である。しかし，政治的公共性をも共同体主義と同一視するところに彼らの限界がある。政治的公共性においては，あくまで協働行為の成員相互にとって／においての善さの発現を可能とする地平として共通善がいわば潜在しているのである。したがって共通善の実現は，即各成員の善さの発現となる。対して，社交体にあるのは最終的には個人の選好の充足のみである。そこには私的領域相互の交通はあるが，それは非政治的で，そこに真の公共性は見出せない。オーケストラの例に戻って，アーレント的に述べるなら，各楽員がある曲の協働演奏に向かうのは，その楽団なり指揮者なり

---

　20）Oakeshott [1975]。この社交体モデルに即した自由主義的社会像を力強く打ち出しているのは，井上［1986］である。リチャード・セネットの公共性論もこの流れの一つの源泉と言いうるだろう。

　21）こうした社交体的立場を擁護するものとしては，井上達夫の他にたとえば，嶋津［1996］が挙げられる。対して，コミュニタリアンに与することなく，この社交体的立場を論難していく我々の立場を擁護するものとしては，千葉真［1995］の他にたとえば，斉藤［1993］が挙げられる。斉藤は，政治的公共性を目的論的自由主義に，社交体的立場を義務論的自由主義に定位した上で，後者の問題点を的確に突いている。

第 13 章　善き生の地平としての共同体＝政治的公共性　　329

の専制下に隷属するためではなく，むしろ有限な自らの私的生を演奏＝協働活動に統合することによって公共的な作品として永遠化せんがためである[22]。

## 5　統合的共同体の紐帯としての公共的フィリアー

　また，このような統合的共同体の紐帯（vinculum）となっているものを，今仮に「公共的フィリアー（友愛）」と呼ぶことにする[23]。アリストテレスによれば，利他的友愛は，徳のゆえに，友のために，友に善をなす，と定式化されるが[24]，その定式を公共的フィリアーに流用すれば，討議による修正可能な絶えず暫定的な目的のゆえに，共同体のために，共同体に善をなす，となるだろう。統合的共同体は，それ自身実現されるべきそれ自身の生をもっているが，その生が善いものであることが，成員各人の生の善さの要因の一つとなる。このようにして個人個人が自らの利害関心を共同体の利害関心と一致させることは可能であるばかりか，きわめて有用であると思われる。ただし，ここでも「絶えず暫定的である目的」としての公共的な善の存在論的身分が問題として残る。さしあたり我々としては，完全な相対主義も，善の超越的存在を説く実在論も退け，パトナムとヌスバウムが共同戦線を張る内在的実在論[25]の陣

---

　　22)　アーレントの公的領域には二つの次元が見出される。一つは現れの空間であり，一つは我々が共有する世界である。たとえば前者に関しては「私たちの現実感覚は全面的に現れに依存しており，それゆえまた現実感覚は，事柄が存在の隠れ家である暗闇から現れ出ることのできる公的領域の存在に依存している。私たちの私的で内的な生活を照らす微光でさえ結局は，公的領域のくらべものにならぬほどまばゆい光から生まれている。」(Arendt [1958], p.51), 後者に関しては「共通世界は，私たちが生まれたときに入り，死ぬときに立ち去るところのものである。それは過去と未来に向かって私たちの寿命を越えている。……しかし，そのような共通世界が世代の交代を越えて存続できるのも，それが公的に現れる限りに置いてである。」(ibid. p. 55) と述べられている。つまり，人間存在の有限性あるいは可死性は，共通世界の持続性と個人の行為が公的に記憶されること，つまり私的な生が公的に作品化されることによってたとえ部分的にであっても克服可能なのである。
　　23)　こうした公共的フィリアーをアーレントに即して極めて精緻に論じたものとして，千葉［1994］を参照されたい。
　　24)　土橋［1990］（本書第 9 章に再録）を参照されたい。
　　25)　Nussbaum [1992b].

営に与したいと思う．多元主義に与するからといって，価値相対的である必要はない．差異の哲学と公共の哲学，闘争の政治学と愛の政治学においては，ヘラクレイトス的一致が可能なのである．

## 6 《私̇た̇ち̇の善き生》の地平としての公共性

しかし，このようにして私的生が統合された共同体は，また公権力の私的領域への浸透を可能とするものでもある[26]．市民社会の自己統治能力を国家の統治行為の手段として活用するという方向で，つまりほんのわずかな公的統治が期待される大きな効果を私的統治を通じて実現し得るのが，現代の非常に巧妙な権力構造である．とは言え，こうした権力構造を暴き，しかるべき対抗勢力を形成し得るのも，やはり統合された共同体，対話的交わりの場としての公共性であると思われる．そうしたいわばミクロな共同体，公共性における成員各自の認知的な[27]私的判断の相互批判，相互修正によって，その共同体自体の善き生を実践しつつ，その生を再び相互反省しながら暫定的目的の質を高めていく，そしてそうしたミクロな共同体の生をいくつも一人の人が自らの個人の生と統合していくなら，しかもそれら複数の公共性の間にさらなる関係が築かれるなら，その都度の相互批判，相互修正の実践の反復の中に，《私》のではない《私̇た̇ち̇の善き生》の地平としての公共性が現出することを期待できるのではなかろうか．もし共同体論の可能性があるとしたならば，それはそこにおいて他にあるまい．

本稿は第43回上智大学哲学会（1995年10月）シンポジウム「現代における共同体論の可能性」（提題者：山脇直司，杉田孝夫，土橋茂樹，司会：大橋容一郎）において読まれた提題に加筆を施し，注を加えたものである．

---

26) この点に関しては，栗栖［1993］参照．
27) 個人の選好の総体にも，超越的な共通善という観念にも還元されない，公的な利益（たとえばヌスバウムが前掲書で挙げる複数の善のリストがこれにあたる）を，個別的な欲望とも，普遍的な理性認識とも違う仕方で認知する能力は，公共的な生の中でこそ体得され得るだろう．それはまた，市民的徳の成立にもかかわるであろう．

# 第14章

# 人間本性と善
―― M・ヌスバウムによるアリストテレス的本質主義の擁護 ――

## 1 序

　現代倫理学の状況を語る際，誰もが枕詞のように言い立てる現代社会の病理の数々，それらに対する伝統的な倫理学の非力さ，倫理学そのものへの深い懐疑とそこからの出口なき将来への閉塞感，それらすべてに伴って一人一人の心の内に進行しつつある生きる意味の喪失，そうしたいわば倫理そのものをなし崩しにしていく現状を目の当たりにして，果たして倫理学を殊更に「学として」問い直す意味があるのだろうか[1]。それは，早急に手当ての必要な瀕死の病人を前にしながら，なお高邁な医学談義を止めようとしない医師の如きふるまいではあるまいか。確かに倫理的「臨床現場」を蔑ろにする倫理学には，もはや既にその学としての存在理由はない。近年の応用倫理学における活発な取り組みそれ自体を面と向かって非難し得る倫理学者はおそらく一人もいまい。
　しかしその一方で，そうした現場即応的な実学的倫理学の活動地平そのものを切り拓いていくような哲学的営みとしての倫理学もまた，今，実は切実に求められているのではないだろうか。たとえば「我々人間はそもそも何者であり得るか」という問いを考えてみよう。確かにこの漠然とした哲学的問いは，現実に困苦に苛まれている人々にとっては，神経を逆撫でするだけの無用の問いのようにもみえる。しかし，自分が人

---

[1] こうした問題状況のごく一般的な概観としては，土橋［2001］を参照されたい。

間として何者であり得,何をなし得るかという問いをもし予め禁じられ奪われてしまっているとすればどうだろうか。そうした条件の下である者がたとえば財貨を貯めることに熱中しているとすれば,それは財貨によって自分が何をなし得るか,そのことによってどんな人になり得るか,といった問いを一切問うことなくひたすら蓄財に腐心していることを意味する。つまりその者の生は,彼の自由な生の目的設計によるのではなく,むしろ蓄財という生のかたちを自らにとっての既成の範型として無批判に受け入れることによって,好むと好まざるとにかかわらず既に財貨によって支配され疎外された生となっているのだ。このことは,早急な手当てを必要とする差し迫った問題群にとっても例外ではない。たとえそのように切迫した問題であれ,その解決を見出すための議論がそこにおいて適切になされるための哲学的・概念的枠組みといったものを欠いては,その解決のための行為が逆により深刻な事態への引き金ともなりかねないのである。

　その意味では,先進国が発展途上国に対していかなる援助をなすべきか,という国際社会全体にかかわる経済発展の問題は,まさにそのように差し迫った問題群の典型的事例と言い得るだろう。本章では,こうした問題領域において「様々な切迫した問題を適切に議論するための哲学的・概念的枠組み」[2]を作り上げることに邁進してきたアマルティア・センとマーサ・ヌスバウム,とりわけ後者の倫理思想を取り上げ,そこにおいて展開される諸議論を考察することによって,現代においてなお,学としての倫理学の可能性が見出され得ることを明らかにしていきたい。そのためにまず本章では,予め現代英米系倫理学における前世紀の流れを一瞥し,そこから導き出されたアリストテレス再評価の意味をアリストテレス自身から見直した上で,ヌスバウム自身の立てたいわゆる「アリストテレス的本質主義」(Aristotelian Essentialism)[3]へと足を踏み入れることとなるだろう。

---

　2) Nussbaum and Sen [1989], p. 299.
　3) この他にもヌスバウムは自らの立場を「アリストテレス的アプローチ」(An Aristotelian Approach) とか「アリストテレス的社会民主主義」(Aristotelian Social Democracy) などと自称している。ただし,アリストテレス哲学に基礎をもつ現代の思想的な立場全体を総称する場合は,「現代アリストテレス主義」(Contempoerary Aristotelianism) という呼称が一般に用いられる (cf. Wallach [1992])。

## 2 現代英米系倫理学における「徳」倫理の再生とその前史

 1992年にマーサ・ヌスバウムは,「徳の再生——アリストテレス的伝統における習慣, 情念, 反省」という題名のもとに, 当時の英米系道徳哲学界の動向をきわめて手際よくかつ精確に以下のように纏めている[4]。

> 英米系道徳哲学は, 普遍性をもった啓蒙の理念に基づいた倫理学から伝統と特殊性に基づいた倫理学へ, 原理原則に基づいた倫理学から徳に基づく倫理学へ, 体系的・理論的正当化の彫琢に邁進する倫理学から理論に懐疑的で地域的な知恵を尊重する倫理学へ, 孤立化した個人に基づいた倫理学から友愛と配慮に基づく倫理学へ, 歴史から遊離した倫理学から歴史の具体性に根ざした倫理学へと転回しつつある。

 彼女自身, こうした潮流の主導者の一人でありながら, 同時にこの新しい反理論的倫理学の方向性に大きな危惧を抱いていることも確かである。なぜなら, それがある特定の共同体内での徳の伝統的理解に根ざすものである限り, ある種の政治的保守主義への動き, さらには啓蒙派が掲げる民族, 国民性, 階級, 性, 人種の違いを横断する人間の平等への根本的要求をさえ放棄する動きへと繋がりかねないからである。この点に関しては後ほど詳細な考察を加えることになるが, しかしこうした動向が生じるにいたった前史とでもいうべきものをここで瞥見しておくことは, 今後の理解に少なからず資するものと思われる。
 そもそも20世紀前半を特徴づける倫理学的傾向は, むしろメタ・エシックスと呼び得るもので, 道徳語の概念分析への専心とそれに伴う実質的な倫理問題の閑却とから成るものであった。こうしたメタ・エシックスへの移行は, 1903年に公刊されたG・E・ムーア著『倫理学原

---

 [4] Nussbaum [1992a], p. 9.

理』によって引き起こされたが[5]，周知のようにそこでの主要テーゼは，「善」を定義しようとする一切の試みを，「自然主義的誤謬」（naturalistic fallacy）[6]すなわち善と何らかの自然性質・事実（たとえば快）とを等値しようとする誤謬として退けるものであった。ただし，ムーア自身の立場は，善の意味を自然性質と等値することを断固否定する点で反実在論でありながら，同時に善を何らかの性質（property）とみなす点で主観主義とは一線を画し，あくまで直覚主義を貫くものであった。皮肉なことに，こうしたムーア固有の主張はその後ほとんど顧みられることはなかったが，自然主義的誤謬を導出するための「未決の問い論法」（the open-question argument）の方はムーア以後に大きな影響を及ぼすことになった[7]。

　その論法とはこうである。たとえば，善とは私が現に経験する快であるとしよう。すると，善を快という実在する自然性質と等値する限り，「快は善いか？」という問いは結局「快は快いか？」というトリヴィアルな同語反復に陥る。然るに「快は善いか？」という問いがそうした同語反復を求めるのではない何らか実質的な問いである以上，善は快のような自然性質と等値することはできない，と結論づけられる。さらに，この論法は以下のような含意をも持ち得る。善はいかなる自然性質によっても定義されない，ということは，いかなる主語に「善い」を述語づけようが，その述語づけ自体を論理的に不整合であり不可能であると立証し得るものもまた存在し得ない，ということである。たとえどんなに奇異なものに対してであれ，それに「善い」を述語づけることは「論理的」には可能であるとすれば，もはや何かを「善い」と呼ぶことはまったく恣意的な事柄となるだろう。

　かくしてムーア以後の哲学者たちは，善はいかなる種類の自然性質（そればかりかムーアの提示する直覚対象としての性質を）も意味せず，むしろ人がその対象に対してとる態度を表現するもの，つまりきわめて主

---

　5）　Moore [1993], p. 57：「「善い」〔という語〕がどのように定義されるべきか，という問いがすべての倫理学のうちでもっとも基本的な問いである。」
　6）　Moore [1993], p. 62.
　7）　この点に関する以下の議論は，Simpson [2001], pp. 24-30 から多くを学んだ。さらに，Darwall [1992]，特に pp. 115-121 も参照のこと。

観主義的にその対象に対する承認や愛好の態度の表現だとみなすようになった。そうした態度の表現には，A・J・エイヤーやC・L・スティーブンソンに代表される情緒主義者（emotivists）の方式と，R・M・ヘアに代表される指令主義者（prescriptivists）の方式の二通りがあったが，前者は文字通り自らの恣意的な感情に訴えるものである。「このりんごはおいしい（よい）」と言う時の「よい」とは，情緒主義によれば，そのりんごに対する私の感情の表現に過ぎない。対して，指令主義の方は，より意図的で合理的な選択を表現するものであり，「このりんごはおいしい（よい）」とは，「このりんごをどうぞ！」という意図的な推奨を意味している。受動的な感情に基づく恣意的選好の表現に過ぎなかった場面に，何らかの熟慮的性格をもった選択に基づく合理的な指令を持ち込むことによって，合理性という観点がこの後，規範性との合致という面での重要な契機となっていくのである。

　しかしいずれにせよ，行為者にとって，いかなる行為を自らなせばよいのか，何が善く何が悪いのか，何が正しく何が不正なのか，という差し迫った倫理的な問い，実質的な倫理問題に対して，メタ・レベルでの道徳言語の分析に終始する如上の倫理学者たちの及び腰を鋭く衝いたのは，1958年に公刊されたG・E・M・アンスコムの「現代道徳哲学」という論文であった[8]。彼女はそこで，「善」ではなく「べき」（ought）という道徳的義務に焦点を合わせ，その概念のもつ不整合性がその成立根拠である「神起源の法」（divine law）の放棄・喪失に由来するものであると断ずることによって同時代の道徳哲学すべてに対する批判を展開していった。「べき」という義務概念がなお実効力をもつように見えるのは，「神起源の法」なき後，言語慣習に温存された「催眠的な効果」（mesmeric force）によるものであって，実際には事実記述から論理的に導出されることのない空虚な概念に過ぎない，というのがアンスコムの論点である。

　その上でアンスコムは，アリストテレスに範をとり，具体的な人間のよさ，すなわち徳に焦点を合わせ，行為そのものの構成契機である動機や意図の考察を，人間の性格や徳との関係から具体的文脈に即して考察

---

8）　Anscombe [1958].

する「心理学の哲学」こそまずもってなされるべき課題であると主張した。実はこのように徳へと転回することによっても，先程のムーアによる「未決の問い論法」を克服することは容易ではないのだが，少なくともこうした主張がやがてフィリッパ・フットらに大きな影響を与え，また独自にアンスコムと同様の説を展開していたアラスディア・マッキンタイアーの動きとも結びつきつつ，徳倫理学（virtue ethics）の再生という事態を到来させたのである[9]。それはまた，カント主義的な義務論とも結果主義的な功利主義とも異なるいわば第三の倫理説へと向かう起爆力という意味では，実質的倫理問題から隔離された地点での倫理学諸説の不一致という不毛な束縛を捨て，さしあたりの原理的前提（リベラル・デモクラシーという共有基盤からのスタート）と一般的な経験事実とを自由にフィードバックさせながら熟慮を重ねていくいわゆる「反照的均衡」（reflective equilibrium）によって，実質的な正義論を展開していったJ・ロールズにも大きな影響を与えたものと思われる。

　こうした前史を経，しかもそのいくつかを背景にもつことによって，本節冒頭に掲げたヌスバウム報告に記されたような倫理学界の動向が生じたわけであるが，その中でとりわけ注目に値するのは，アリストテレス哲学（倫理学・政治学）への再評価である。この点を次節においてやや詳細に論ずることにする。

## 3　アリストテレス倫理学＝政治学と「公共性」

　「実践哲学の復権」（Rehabilitierung der praktischen Philosophie）運動[10]において既に顕著であったアリストテレス倫理学＝政治学再評価の機運は，英米圏においてもかつてない高まりを見せたが，とりわけそれは堅実な文献学的研究との哲学史上きわめて稀な相乗効果によるものであった[11]。ここではそうした個々の研究に立ち入ることはせずに，むし

---

　9)　こうした徳倫理学のその後の展開と現代的意義に関する考察としては，神崎 [1994] が簡潔にして周到である。
　10)　この運動の多様な成果は，Riedel [1972-74] に集成されている。
　11)　Nussbaum [1992a], p. 10.

ろなぜアリストテレス哲学が現代において倫理学を論じようとする多様な，時に対立さえする立場の人々の共通の基盤となり得ているのか，その点を考察してみたい。予めそうした考察の帰趨を略述しておけば，以下の3点に要約できるだろう。すなわち，相互に議論や評価を交わしあうことを可能にする認知的かつ価値的な公共空間の措定，現に流通し共有されている信念群・信念系を批判的に受容する方法論の確立，その際の批判の起点となるゆるやかな自然主義，ないし本質主義，以上の3点である。以下順に，アリストテレスのテキストに即しつつ本章で必要な範囲での考察を試みる。

(1) 認知的・価値的な公共空間の成立

アリストテレスによる周知の人間規定，すなわち「動物のうちで人間だけが言語をもつ」(*Pol.* 1253a9-10)[12]および「人間は自然本性的にポリス的動物である」(*Pol.* 1253a1-3, 7-9)[13]，この二つの規定によって一体何が語り出されているのか，それをまずもって解明する必要がある。そもそもアリストテレスにおける言語観を公式に表明した箇所は，言うまでもなく『命題論』冒頭であり，そこでは，言語は魂のうちにあって諸事物と類似した受動的状態のシンボル (*Int.* 16a3-8) として規定されている。つまり，まず第一に事物からの作用を受けた（「質料抜きに形相を受け取った」）魂がその当の事物と類似した状態にあることによって，その受動的状態は原型たる事物のいわば模写像とみなされ，次いでその内的な模写像の社会的規約による事後的かつ外的な表出記号化として音声言語が位置づけられるのである。しかし，感覚対象を起動因とする一連の因果連鎖からもたらされる心的印象を事後的・恣意的に社会規約と結合する，という複合的規定のうちには既に人間の社会性・間主観性が前提されている以上，人間が自然本性的にポリス共同体を構成するという

---

12) アリストテレスのテクスト指示はBekker版に拠り，書名と頁・行数のみを記す。書名は，*Pol.*（= *Politica*），*EN*（= *Ethica Nicomachea*）等と Liddell and Scott, *Greek-English Lexicon* の方式に従って略記する。なお，アリストテレス原典からの翻訳に際しては，特に断りのない限り岩波版『アリストテレス全集』（旧版）に準拠したが，必要に応じてかなり変更が加えられている。訳者諸氏には，その点をお詫びし感謝申し上げる。

13) その他にも，この規定は以下のように多様な文脈で用いられる。cf. *Pol.* 1278b17-21, *HA* 487b33-488a14, *EN* 1097b8-11, 1162a17-19, 1169b17-19, *EE* 1242a22-27.

事態が言語とどう関わるのか，その点の究明こそが先決問題となるだろう。

　そもそも「人と人との結び付き」である共同体の諸形態が，その端初からの自然本性的な発生過程の考察という自然学的方法によって記述されている点に注意する必要がある。あくまで人間が人間として生きるという根源的な場面において，人間にとっての〈自然〉，〈共同体〉と共に〈言語〉もまた解き明かされていくのである。そうした考察は，「ポリス的動物としての人間」という規定に結晶化するが，その理由は以下のように述べられる。

　　なぜなら，我々の言っているように，自然はなにも無駄には作らないからで，動物の内で人間だけが言語（ロゴス）をもつものである。ところで「声」は苦と快のしるしである。したがって，それは他の動物にも備わっている。（なぜなら，それら他の動物の自然本性もそこまでは，つまり苦と快の感覚をもち，それらをしるしによって互いに知らせ合うところまでは達しているからである。）しかし，言語は役立つものと役立たないもの，したがって正しいものと不正なものとを明らかにするために存する。なぜなら，他の動物に較べてそのこと，つまり善・悪，正・不正，その他そうしたことの感覚をもつことが，人間に固有なことだからである。(Pol. 1253a9-18)

　ここで述べられていることの要点は，言語は，単なる受動的情態（パトス）の表出にとどまらず，むしろ「役立つ－役立たぬ」という人間との関わりにおける（私のためになるかならないかという）目的－手段の分節化をもたらすことによって，言い換えれば，単なる認知対象としての世界を私に役立つ〈何かとして〉現前させる人間自らの実践的関与によって，客体的世界さえをも価値的に秩序づけられたものとして分節化していく，という点にある。当然そこでは，言語によって分節化された価値を，その同じ言語によって「互いに知らせ合う」ことをも含意している（つまり何より「生きる」ために人は人と結びつくのである）以上，言語は相互主観的な媒体としても機能するだろう。こうした相互主観的な行為と知の実現を媒介する働きを言語に帰する言語観こそ実はアリスト

テレスのもう一つのより根源的な言語観と言い得るだろう[14]。

　しかし，先に挙げられた『命題論』冒頭の言語観にもそれが要請される然るべき背景があった。それは，私の魂の私秘的状態がいかにして相互主観的に了解可能なものとなり得るか，という認知面での公共性の成立に関わる問題である。それは言表の真偽という真理論的局面を拓くと同時に，人間の認知行為が単なる受動的情態以上の「真理指向的」「真理関与的性格」をもつものであることの解明を要請する[15]。アリストテレスは『魂について』においてその要請に対して以下のようなドクサ（信念的認知）論によって答えている。

　　ドクサは真にも偽にもなる。そしてドクサには信じることが伴う（なぜなら，何かを思いなしながら，そう思われる事柄を信じないということはありえないからである）。けれども，いかなる獣にも信じるということは成立しないが，表象のはたらきはその多くに備わっている。さらにすべてのドクサには信じることが伴うが，信じることに対しては説得されるということが伴い，説得には言語（ロゴス）が伴う。ところが獣のあるものには，表象のはたらきは備わっていても言語は備わっていないのである。(De An. 428a22-24)[16]

　つまり，人間の認知とは，単に感覚対象からの働きによる受動的情態においてのみ成立するものではなく，そこにそれを何かとして「信ずる」「思う」という敢えて言えば能動的な働きが伴うことによって初めて成立する。しかし，そうした信念には同時に説得という言語活動が伴うとされる以上，私秘的情態に対して信念（ドクサ）には常にその信念を他者に対して真なるものとして，つまり説得可能なものとして提示する働きが含意されていることになるだろう。

　以上より，アリストテレスが構想する言語空間としての世界とは，そ

---

14) こうしたアリストテレスに伏在する二つの言語観に関する考察としては，土橋 [1993]（本書第6章に再録）を参照のこと。
15) この点に関しては，中畑 [2001a], pp. 156-157 から教えられた。
16) 訳文は中畑 [2001a] のものを使用したが，それは基本的には同氏訳『魂について』（中畑 [2001b]）のものと同一である。

れが諸々の信念（ドクサ）から構成されるものである以上，相互主観的な真偽画定を可能とする認知公共性をもち，同時にそれが目的－手段連関的な世界分節化から構成されるものである以上，間主観的な価値評価を可能とする評価公共性をも備えたものである，そう解釈することが可能だろう。こうした公共空間を予め措定すること自体の是非はさらなる批判に委ねねばならないが，少なくともこのような公共空間を方法論的に措定することによって実質的な倫理問題を議論する場が拓かれるという利点は決して小さなものではない。アンスコム以降，メタ・エシカルな地平から実質的な倫理問題を扱うべく現実場面へと一歩足を踏み出そうとするとき，最小限の譲歩によってもっとも確実な基盤を提供し得たものこそ，このアリストテレス的公共空間だったのである。

### (2) 既存信念群の批判的受容

人々に共有された通念（エンドクサ）を批判的に受容する方法論はアリストテレスに特徴的なものである。社会政策的な立法場面に関して言うならば，諸国の（理想国として構想されたものも含めた）既存の法制度のうちで人々の評価の高いものを相互に比較検討し，そこからの批判的取捨選択を経て最善の制度の雛型とも言うべきものを作り上げるのである。一例として共同食事という一種の公共福祉制度を見てみよう[17]。

市民結束のための地域内および世代間の紐帯として，共同食事の果たす役割・重要性にまず着目したのはスパルタであった。その点は評価に値する。しかし当地では，共同食事を維持するために要求される財貨を供出できない者つまり貧しい者は共同食事に与ることのみならず，市民としての諸権利さえも剥奪された。アリストテレスはこのように財貨を基準とした市民の差別化をもたらすスパルタの制度を批判し，その点ですべての市民に共同食事に与るよう取り決めたクレテの制度を賞賛する。しかし，クレテにおいて共同食事を維持するための資金には，所領地農民のような非市民からの年貢などが当てられており，その点をアリストテレスは明確に指摘・批判した上で，最終的な彼自身の案を提示する。それは，全市民が共同食事に与るためにはその費用や材料の一切を

---

17) 共同食事に関する以下のアリストテレス『政治学』第7巻第10章をめぐる議論は，Nussbaum [1990], pp. 203-205 において簡潔に纏められている。

公共領地から拠出せねばならない，というものである。そのために，彼は国土を私有地と公有地に二分し，後者をさらに国家的祝祭（悲劇やその他の文芸が上演・朗読される機会という意味では教育活動の場でもあり得る国家的祝祭）と共同食事のための資金源・材料源として二分した。こうして，一方で国土の私有化を認めながら，他方で市民の私有財産である土地の一部を公共の利用に供するよう命じることによって，共同食事用の共有地が確保され，さらにそのことによって最貧層の市民をも含む全市民の生存維持のための食糧配備が結果的になされるような法・制度が導出されたわけである。

さて，以上のような批判的検討の場面が先の3-1で述べられた認知的・価値的公共空間において初めて可能となるということは言うまでもないだろう。つまり，人々が共有する信念群が公共空間に並べ置かれることによって，その比較検討が可能となるのである。それは現代における既存の諸制度を比較検討する際にも同様である。しかし，そもそもそうした批判的取捨選択の基準として機能する特殊な信念群がもう一方にないならば，批判的検討自体が可能にはならないだろう。すなわちそうした批判的検討は，先の公共食事の例で言えば，〈ポリスの政治・法制度はまず何より全市民の人間としての限りでの生命保持を保証しなければならない〉という一般信念に依拠し，そこでの「人間としての限り」という条件はさらに「人間とは何か」に関する予め共有さるべき信念群に潜言的な仕方で依拠しているのである。こうした信念群とは，人間の自然本性にかかわる本質的な信念群である。

### (3) ゆるやかな自然主義ないし本質主義

人間は自然本性によってポリス的動物である，というアリストテレスの規定の内には，人間が人間であるための本質契機が既に予め自然によってもたらされている，という限りでの自然主義ないし本質主義が容易に見出される。しかし，人間は果たして自然状態において，ちょうど種子が発芽し花を咲かせ実を結ぶように，自然にポリス共同体を形成するのだろうか。ポリス共同体が自然によって存在する（Pol. 1252b30）という彼の主張もそのように解されるならば，その一方でポリスの創始者について語り（Pol. 1253a29-31），具体的な立法家について触れた箇

所でそのような者を職人（デーミウルゴス）とみなすような彼の姿勢にはある種の混乱が，すなわち一方でポリス共同体は自然（本性）の産物であると主張しながら，他方では人為的産物であるとする点での混乱があるとみなされても仕方がないのではないか。まして，法およびそれに基づく共同体制度を単なる約束事とみなすリュコプロン（いわば古代ギリシアにおけるホッブズに相当する人物）に批判的言及をなし得たアリストテレスにあって，彼の自然主義は確かに整合性を欠くようにすら見える。

　以上のような疑念を検討するためには，やはり「自然本性によってポリス的動物である」という主張そのものをより詳細に吟味する必要がある[18]。そもそも，自然（本性）が人間をしてポリス共同体における生を可能たらしめるとは，まさにそうしたポリス的生のための内的可能性（innate potentialities）を人間が所有しているということに他ならない。しかしその内的可能性には，ポリス共同体における生を営むことが〈できる〉という能力の側面ばかりでなく，そうした生をまさに〈生きたい〉という自発的衝動の側面もまた含まれる。その両者が相互に補完的に働くことによって初めて人間は現実にポリス的動物たり得るのである。

　まず能力の問題であるが，それはアリストテレスの可能態−現実態論をまず踏まえる必要がある。人間には様々な可能性が，すなわち世界を知覚し，諸々の技術や学知によって世界に働きかけ，言語を介して他の人々と交わり，共同体を形成する可能性が開かれている。もちろんその可能性とは，無際限な論理的可能性のことではなく，ちょうどモンシロチョウが水泳する可能性をもたないように，人間にも自力で空を飛ぶ可能性は断たれている，そういう意味での可能性のことである。こうした一定の制約を伴った限りでの人間という種に固有な可能性のうちにポリス共同体を形成する可能性は含まれる。しかし，人間が技術的能力や言語能力を教育や習慣によって習得するように，ポリス共同体形成のための可能性も自動的に実現されるのではなく，何らかの習慣と教育によって然るべき能力として習得される。しかるにそうした教育や習慣づけ

---

18) この点に関しては，Miller [1995], pp. 30-36 から多くを学んだ。以下の考察も同書に依拠する部分が多い。

はポリスの法によって強制的にもたらされる（*EN* 1180a14-b28）以上，ポリス的生の能力は決して自然本性的な可能性のみによってもたらされるものではなく，後天的かつ人為的な教育と習慣づけによってそうした可能性を能力へと実現して初めて生じるものなのである。「政治術が人間を造るのでなく，むしろ自然から受け取ってそれを用いる」（*Pol.* 1258a21-23）とアリストテレスが述べるように，自然から受け取るのは人間という種に固有の可能性であり，それに法に基づく教育や習慣づけを施すことによってポリス的動物としての人間が作り上げられるのである。このように人間としての可能性が能力として十全に展開されたとき，そこに「徳」が生じるのである。

しかし，ヴァイオリン演奏の能力を習得しながら，以後ずっと実際に演奏する意欲をまったく持たない（したがって実際に演奏活動をなさない）とするなら，その者をもはやヴァイオリン演奏家とは呼べないのと同様に，ポリス共同体を構成する能力を習得しながら，以後ずっとそうしたポリス共同体的な生への意欲を一切持たない（したがって実際にそうした生を送らない）とするなら，その者をもはやポリス的動物とは呼べないだろう。つまり，人間にはポリス共同体の構成に向かう自然的衝動・意欲・欲求がそのための能力とは別に必要なのである。しかし，そもそも人はなぜ人と結び付き，共同体を作ろうとするのだろうか。

> （ⅰ）相互の援助を何も必要としない人々でさえも，やはり人とともに生きることを欲するのである。（ⅱ）しかしまた，各人が善美に生きることを分かちあう限り，共通に利益となるものが人々を集める。この善美に生きることこそとりわけ，すべての人にとって，公共の観点からも各自ひとりひとりの観点からも，最終目的である。（ⅲ）しかし，生きることそれ自体のためにも人々は集まってきて，ポリス共同体を保持する。……明らかに多くの人間は，生きることになんらかの歓びと自然的な甘美さが内在するかのように，多くの辛苦に耐えて，生きることに執着する。（*Pol.* 1278b17-30）[19]

---

19) この訳文は，牛田徳子訳（牛田 [2001]）に拠る。

人は単に生きることだけに対しても自然な衝動を持つ（ⅲ）が，そうした動物本能的なレベルにとどまらずに，さらに善く生きることへの欲求をも秘めている（ⅱ）。しかし，人間一人では善く生きることはできない。人間は一人では自足できない動物である。したがって人間は自らの目的達成のための必要性によって，ポリス共同体を構成する。しかし，たとえ仮にそうしたポリス共同体からの援助を何一つ必要としない自足した人であってさえ，やはり共同体を構成することを欲するだろう（「自分ひとりだけであって，すべての善いものを所有していたいと願うものは一人もいない」EN 1169b17-19）。そのレベルでのポリス共同体への欲求は，必要性の充足のためばかりでなく，むしろ人間の十全な自己実現のために喚起されるのである（ⅰ）。

以上のように，人間の自然本性とは，人間という種に固有な制約を伴った多様な可能性であるが，それは後天的・経験的な要素によって現実に実現可能な能力となり，さらに様々なレベルでの自然的衝動・欲求の駆動力によって初めて現実の人間の働きとして発動するのである。こうした人間に固有な，つまり人間本性的な可能性の実現に向けた多層的な展開をアリストテレスは実際，テキストの随所に鏤めていたのであり，そうした総体をもって彼の自然主義とみなすなら，前述されたような自然と人為の混乱という意味での不整合の指摘は，彼の自然主義を一面的に捉えた上での誤解として退け得るだろう。いずれにせよアリストテレスが浮き彫りにする人間本性に関する信念群とは，このように多層的な複合体であることを絶えず想起する必要がある。それは個人の自由な選択や文化の多元性を圧殺するような一義的自然主義でもなければ，人間のもつ様々なレベルでの衝動や欲求から遊離した形而上学的本質主義でもない，その意味でゆるやかな自然主義であり本質主義なのである。

以上より，考察された三点いずれもが，多元性，ローカリティ，伝統，個人の信念と自由といったものを何らかの程度で許容しつつ，同時になにがしかの普遍的規範を提示し得るものでもあることが，いくらかは明らかになったことと思われる。もちろん，こうしたアリストテレス倫理学＝政治学の特質を受容した現代思想家たちが皆一様の方向づけを

もつわけではなく[20]（もちろん極端な主観主義的相対主義の傾向に対抗する限りでの一致はあるだろうが），むしろ多様な立場に立ちつつ，なお相互に議論が可能な場としてそれが機能している点にこそ，現代におけるアリストテレス哲学再評価の核心が存するのだと言えよう．次節においては，こうしたアリストテレス倫理学＝政治学の特質を最も有効かつ精力的に現代的状況において展開していると思われる M・ヌスバウムに焦点を合わせることにする．

## 4　M・ヌスバウムと現代アリストテレス主義

　では，ここで場面を再び現代に戻そう．現在，世界が抱える様々な病理の根底には，先進国と発展途上国の間の埋めがたい経済的乖離，二極化という病巣が存在するという点で，大方の共通の了解が得られていることは確かである．しかし，発展途上国にとって一体どのような「発展」（development）が望ましいのか，という議論に一旦踏み込むとなると，既に地球規模での経済ネットワーク化が進行中である上に，先進国と発展途上国双方の政治的思惑が絡み，さらには宗教問題や民族問題という古くて新しいベクトルが持ち込まれることによって，問題は錯綜し混迷を深めるのみである．こうした状況を鑑み，まず必要なのは「発展，とりわけ経済的発展の過程で生じる切迫した問題群を議論するための哲学的・概念的枠組み」であるとして，WIDER (World Institute for Development Economics Research) を舞台に積極的な活動を展開しているのがアマルティア・センとマーサ・ヌスバウムの二人である[21]．とりわけ 1988 年以降，ヌスバウムは，先に見たようなアリストテレス倫理

---

20) Wallach [1992], p. 618 によれば，極めて多岐にわたる現代アリストテレス主義者ではあるが，それでもほぼ以下の 3 つのグループに分類され得るという（ただし，これはあくまで政治学的見地からの分類である）．すなわち，分析的アリストテレス主義（T・アーウィン，R・クラウト，S・ブローディ，より一般的には P・フット，D・ウィギンズなど），正統派（原理主義的？）アリストテレス主義（M・ヌスバウム，L・シュトラウス，S・ソークバーなど），伝統的アリストテレス主義（A・マッキンタイアー，H-G・ガダマーなど），以上の 3 つである．

21) センとヌスバウムの業績を総観したものとしては，Crocker [1992] 参照．また，二人の共同編集により成る Nussbaum and Sen [1993] も参照されたい．

学＝政治学の根幹をパラダイムとする諸論考によって，経済学出自のセンの教説をより深め体系化することに大きく寄与した。本節では，そうした論考からヌスバウムの主張を再構成し，その上で幾許（いくばく）かの評価検討を加えたい。

(1) 人間本性論の擁護

センとヌスバウムは，何よりまず「発展（発達・開発）」という概念そのものの明確化に大きく貢献した。従来，経済的発展の指標とされてきた経済成長率やGNPというようなものは，結局いずれも単なる手段に過ぎず，そうした手段がそれのために求められているまさに目的となるものこそ，人間の「幸福」(well-being) であり「生の質」(quality of life) の向上である，そう明確に規定したセンは，「発展（発達）」概念が人間にとってのより善い生の実現の度合いを測る基準・規範として働きつつ，それ自身「生の改善」を目指すものであることを主張した[22]。したがって「発展（発達）」概念は，それが理論的であれ実践的であれいずれにせよ，〈人間が何であり得るか〉，〈人間が何をなし得るか〉に応じて規定されるべきである。つまり，人間の機能 (functionings) 遂行の強化およびそうした機能遂行のための能力 (capabilities) の拡張こそ「発展」の意味するところなのである[23]。こうした人間の機能遂行および機能遂行のための能力を重要視する（センが capability perspective と呼ぶところの[24]）観点は，まさに先述のアリストテレスの自然主義・本質主義的人間観と大きく重なるものであることに着目したヌスバウムは，アリストテレス倫理学＝政治学に依拠するいわゆる「アリストテレス的アプローチ」によって，人間の諸機能の十全なる遂行をまずもって人間本性の側から解明するための論考をこれまでにも精力的に展開してきた。本節ではそこで明確に示される「人間本性論の擁護」がいかなる性格のものであるか，見ていきたい。

まずここで「本質主義」とは，ヌスバウムによれば「人間の生には何らか中心的な定義的諸特徴 (certain central defining features) が備わる，

---

22) Cf. Sen [1984], pp. 485-508; Sen [1988], pp. 9-26, etc.
23) Crocker [1992], p. 586.
24) Sen [1991], p. 14, quoted in: Crocker [1992], p. 586.

第 14 章　人間本性と善　　347

とみなす見解」[25]のことである。従来，こうした本質主義は，没歴史的な上に女性やマイノリティに対する感受性に著しく欠け，ややもすれば人種差別 (racism) や性差別 (sexism)，さらに一般的には家父長制的な保守反動的な思潮と結びつけられ，それらに対抗する極端な相対主義の側にこそかえって現代社会がかかえる病理への適切な処方箋が見出され得るかのような論調の輩出を許してきた。確かにその多くは正当な本質主義批判の中にあって，果たして，なお本質主義を擁護する道は残されているのか，またその意義はあるのか。その問いに答えるためにヌスバウムは本質主義を「形而上学的実在論に基づく本質主義」(Metaphysical-Realist Essentialism) と「内在的本質主義」(Internalist Essentialism) とに二分し，前者への批判を反本質主義者 (anti-essentialists) と共有しながらも，なお後者を積極的に肯定していく戦略をとる。

　まず，形而上学的実在論とは，「生物の認知能力がなす解釈的な働きとは独立に世界が存在するための特定の様式がある[26]」と前提した上で，ある特権的な能力（神およびそれに準ずる者）のみがそうした世界の独立存在様式（構造）と合致する真なる世界記述をなし得るとする立場である。こうした見解において人間本性とは，我々の生活や歴史において見出される自己理解や自己選択とはまったく無関係である以上，そもそもこの種の形而上学的人間本性の理解可能性自体が問い直されなければなるまい。たとえばハンナ・アレントが人間本性と人間の条件を厳しく区別し，前者の認識をひとり神のみに帰したのも，こうした形而上学的な本質主義を前提してのことであった[27]。では，ヌスバウムが提唱する「アリストテレス的本質主義」はこうした批判を免れ得るのだろうか。

　ここでヌスバウムは，アリストテレス理解の点で十分な信頼と同意を共有するバーナード・ウィリアムズによってなされた自然本性論批判に的を絞る[28]。まずアリストテレスの人間本性論に関する彼の論点を，ヌスバウムは以下の三点に纏める[29]。

---

25)　Nussbaum [1992b], p. 205.
26)　Nussbaum [1992b], p. 206.
27)　Arendt [1958], pp. 9-10.
28)　Williams [1985], pp. 43, 45-46; Williams [1986], pp. 198-199.
29)　Nussbaum [1995], p. 88.

1. 人間の自然本性に関する問題は，アリストテレスにとって，自然科学的な事実の問題であって，倫理的価値の問題ではない。それは，外的観点からなされた「自然の絶対的理解」であり，倫理的な概念や判断からはまったく離存・独立したものである。したがってアリストテレスの人間本性論は，彼の常套的方法と異なり，エンドクサ（日常的信念，公共的合意）に基づいたものではない。
2. 通常，論議の的となる倫理問題と異なり，自然本性の問題はアリストテレスにとってもはや議論の余地のないものである。
3. 人間の自然本性の発見は，規範的・倫理的問題の解決を得るためのいわばアルキメデス点を提供する。

ヌスバウムによるこうした論点整理が果たしてウィリアムズの意図を正確に反映したものであるかどうか，という点には確かに疑問が残る。ウィリアムズ自身も反論するように[30]，ヌスバウムには実際そこで意図されている以上に実証主義へと偏向したアリストテレス解釈を彼に帰す傾向が見出される。現代倫理学のほとんどすべての領域における中心的な問題提起者であるばかりでなく「古代ギリシア思想のある種の再生に関する指導的擁護者[31]」でもあるウィリアムズに対して強い共感を抱くヌスバウムにとって，だからこそアリストテレス解釈における彼との相違を明確に表明しておかねばならぬという思いがあったことは確かである[32]。そうした微妙な偏差を除去した上で両者の共通性と差異を跡づける作業が今後是非とも必要であろう。

しかし，ここではヌスバウムの論旨を追うことに専念する。もしウィリアムズの解釈が以上のようなものであるなら，アリストテレスの人間本性論は，それが外的観点からなされた形而上学的実在論的なものである限り，人間による認識不可能性と人間倫理への適用不適格性の二点で批判されるべきであろう。これに対しヌスバウムは，アリストテレスの人間本性論はあくまでも内的な観点からなされたもの，すなわち「内的

---

30) Nussbaum [1995], p. 195.
31) Nussbaum [1992a], p. 9.
32) Cf. Nussbaum [1992b], p. 243, n. 7.

本質主義（internalist essentialism）」（「歴史的に基礎づけられた経験的本質主義」）[33]であると主張する。その際，そうした人間本質をほぼ確定し得る説明方式が，本質的特性と付帯的性質の識別に依拠するものである以上，それは何らかの価値評価的（evaluative）な探求を要請する。では，それは一体どのようにして内的であり評価的であるのか。

　まず我々一人一人が，共同体内における多様な習慣づけによって「規則とか指針とかに還元されえない一般的な評価態度を，個々の断片的な事例の様々な局面から身に付け内面化すること」[34]のできる存在として理解される必要がある。そうした内面化は，人間自身の生の要素の評価，すなわち当該人物のどの機能の不在が，その人の生の不在を意味するほど重要で中心的なものであるのか，とりわけ「人間」という種の成員としての存続を不可能とするほどのものであるのか，という種としての人間の同一性に関わる評価的態度に顕著である。ヌスバウムは，その都度の快のみを求める快楽至上主義者の生が，現在の快の認知も，過去の快の記憶も，将来の快への算段も欠く限り，もはやそれを人間の生とはみなし得ない，とするプラトン『フィレボス』篇導入部にそうした評価的態度の哲学的実例を見出し[35]，さらに，友人が相手に最大の善を望むのは，あくまで相手が人間であり続けるという条件の下でのみだ，というアリストテレス友愛論にその典型を求める[36]。

　しかし，そうした評価的態度が形成されるためには，ある意味での伝統が，すなわち人間共同体の自己規定，自己解明の物語が必要である[37]。その物語とは，人々（特に若者）をその物語が教示する境界線（多くの変身譚においてその変身＝越境を可能とする，一方が獣と人間との，他方が神と人間との境界線）によって構成される〈人間としての〉生活様式に参入させ，そこに留まらせるために，あるいは既に留まっている者達には，その生活様式の反省的自己理解を促すために，連綿と語られ続けてきたものである。とりわけ古代ギリシアにおける悲劇上演の慣習

---

33) Nussbaum [1992b], p. 208.
34) Burnyeat [1980], p. 72（神崎繁訳, p. 92）.
35) Nussbaum [1995], pp. 98-102.
36) Nussbaum [1995], pp. 90-92.
37) 以下の伝統及び物語のもつ機能に関する考察は，Nussbaum [1995], pp. 95-98 に大きく負っている。

は，観劇に集まった民衆が共に想像し，考え，感じながら，さらにはまた舞台上の悲劇への情緒的反応を通して，その共同体のアイデンティティを若者に教え，自分自身でもそれを肯定しようと求める，共同体ぐるみの再帰的・反省的市民参与の典型例であった。こうした物語は，日常的な信念系の外にある外的観点から語られることは決してなく，むしろ何が望ましく何が望ましくないか，何が人間としての生を可能にし，何がそれを不可能にするか，といったいわば公共的合意（エンドクサ）のあくまで潜言的（implicit）な形成に関わる限りで，徹底して共同体内在的であり，評価的・倫理的であった。

　では，以上のような伝統の中にあって，果たしてアリストテレスの人間本性論はその正嫡とみなされ得るのであろうか。それとも（ヌスバウムが解する限りでの）ウィリアムズが批判するように，それはエンドクサから遊離した外的な観点からなされた没価値的な形而上学的本質に過ぎないのか。この点を吟味すべくアリストテレスの著作中，人間本性に関してもっとも有名な二つの箇所，（ⅰ）「人間は自然本性によってポリス的動物である」および，（ⅱ）人間の機能に関するニコマコス倫理学第1巻7章の議論にヌスバウムは検討を加える[38]。

　（ⅰ）　人間のもつ社会的，政治的本性にかかわるこの「ポリス的動物」規定は，人間の幸福（eudaimonia）に含意される自足（autarkeia）が果たして文字通り孤立した個人において可能なものであるのか，それともそれは既に常に共同体的な性格を帯びたものであるのか，という問いに対するアリストテレスの明確な立場表明である。言い換えれば，プラトン的自足概念への異議申し立てでもあるこの主張は，倫理学書における友愛（philia）の重視，および既に本章3-3節で見た政治学書におけるポリス共同体の自然発生説の内に見出される。

　友愛論においては，友愛の必要性が絶対的な地点からの論証という形ではなく，あくまで「人間生活において見出される価値に関わる評価的な信念」[39]の集積として（cf. *EN* 1155a6-12,16-23），しかもそれをさらに読者の評価的信念に委ねる（cf. *EN* 1169b8-10,16-19）という徹底して

---

　38）（ⅰ）に関しては Nussbaum [1995], pp. 102-110 が，（ⅱ）に関しては Nussbaum [1995], pp.110-120 が考察を展開している。
　39）　Nussbaum [1995], p. 103.

内在的かつ評価的な叙述の仕方が多用されるが，その点にまずヌスバウムは注目する。彼女によれば，我々が自らを人間として同定し得るのは，「周囲の誰彼すべてを人間として認知し，かつ人間に対する応答をなし得る能力」[40]をその本質として共有していると思われるからであり，さらにそうした人間の相互関係性を排した孤立した生が「奇妙に思われる」のも，我々の「自己同一性に関する深層信念に反する」[41]からである。

『政治学』冒頭においても，人間がポリス的である限り人間として劣悪でも人間を超えたものでもないという判断の根拠として挙げられるのは，学的論証ではなくむしろホメロスの引用（Pol. 1253a5）である。それは言うまでもなく古代ギリシアの伝統的信念群の源泉であり，その点にヌスバウムは注意を促す。人間のみが言語をもつという指摘も，ニューマンによれば，人間を獣を超えたものにする貴重な賜物としての言語，という当時の修辞学の常套表現に依拠するものであり[42]，それはさらに，言語使用を人間にとって本質的だとみなす「当時広く普及していた日常的信念を反映した」[43]ものであるとさえ言い得る。

（ⅱ） 次に，幸福の何であるかを理解するためには，人間の働きの何であるかを把握する必要がある，然るに人間の働き（の善さ）は人間にとって本質的な働き（の善さ，すなわち徳）であるのだから，いかなる働きが人間にとって本質的かが問われねばならない。ところがここには二通りの解釈がある。すなわち人間は生きるための働きの多くを他の生物と共有しているが，人間に固有の働きに基づく生は，その働きのみを意味するのか[44]，それとも人間固有の働きによって秩序づけられた他の働きをも包括した全体的生を意味するのか[45]。ヌスバウムは後者の解釈を採り，人間の生とは理性的な生，すなわち実践理性によって他の働き

---

40) Nussbaum [1995], p. 104.
41) Nussbaum [1995], p. 105.
42) Newman [1887]pp. 122-123.
43) Nussbaum [1995], p. 108.
44) ヌスバウムはこの立場を擁護する者として，J・クーパー，J・A・ステュワート，T・ネーゲルを挙げている。
45) この立場を擁護する者としては，T・アーウィン，K・ウィルクスが挙げられている。

が秩序づけられ統合された生であると解する。したがって人々は自らの幸福な生を選択する際に，その必要条件としての実践理性に目を向けねばならない。しかし，こうした実践理性を人間の本質とみなす観点はあくまでも内的なものであり，たとえ富や財に恵まれ，おいしいものを食べ（栄養摂取機能），旅行に出かけ（運動機能），優れた芸術作品を鑑賞（感覚機能）したとしても，それらが「理性によって統合された実践的生（πρακτικὴ [ζωὴ] τοῦ λόγον ἔχοντος）」（*EN* 1098a3-4.）でない限り人間の生ではない，という人々に共有された評価的信念に基づくものである。もちろんヌスバウムが補足するように，理性によって理性に従わない生活を選択した限りでの非理性的な人もまた，理性によって統合された生を営む限りで「人間」である。悪しき計画も間違った推論もうっかりミスも，理性の行使による産物であることに変わりはないが，自身の生のいかなる場面においても何らの思案も見通しもなく，それどころかそれを自身の生として自覚的に把握することすらないような生をアリストテレスは人間の生とはみなさないだろう（ただし，正確に言えば，「自由人」の生とはみなさない，ということであり，ここにいわゆる「自然による奴隷」の問題が未解決のまま残されていることは否めない[46]）。

さて，以上見てきたように，社会応答性と実践理性という二つの本質契機に収斂するアリストテレスの人間本性論は，共同体内の伝統や〈物語〉を介して人々に共有された評価的信念に基づく内在的本質主義であり，その限りで少なくとも形而上学的本質主義に向けられた批判をひとまず回避することはできたように思われる。しかし，ヌスバウムによれば，内在的本質主義はなお三つの有効な批判に晒されている[47]。すなわち，

1. 歴史的・文化的相違の軽視：強者の論理に従ってマイノリティの評価・理解を却下し，ある特定の本質的特性を賞揚し，他を貶める傾向が本質主義者に皆無であると言い得るか。
2. 自律の軽視：人々が自らの見解に従って自由に自身の生のプラ

---

46) 自由人（主人）と奴隷の間の友愛の可能性に関しては，さらに Nussbaum [1980]p. 434, n. 54 参照。

47) Nussbaum [1992b], pp. 208-209.

ンを選択する権利を，本質主義者は尊重していないのではないか。
3. 偏った適用：人間本性という概念の適用に当たって，弱者を排除する傾向が本質主義者にあるのではないか。

こうした手強い批判に応答し，アリストテレス的本質主義を擁護するために，ヌスバウムが前面に押し出してくるのが，「濃密だが漠然としている善」という彼女独自の概念に基づいた倫理学構想である。したがって，次項ではその教説を考察した上で，上記の批判への彼女の応答を見ることにする。

(2) 濃密だが漠然としている善の概念

前項で見たアリストテレスの人間本性論から導き出された「人間」概念をヌスバウムは「濃密だが漠然としている人間概念（thick vague conception of the human being）」と呼び[48]，それに基づける形で人間の諸機能・働き（ergon）及びその働きの「よさ」の包括的な理解を得ようとする。その際，そうした機能の「よさ」はやはり「濃密だが漠然としている善（thick vague conception of the good）」と呼ばれ[49]，できる限り普遍的・包括的に，しかも多様な特殊化をも許容する概念として用いられる。これに対し現代の自由主義論者たちは，アリストテレスの人間本性論に基づくこうした善の優位に関する理論を，形而上学的であるとして論難する。両者の隔たりは一見すると確かに大きいが，その実かなり漸近しつつあるようにも思われる。したがってまず最初に，その点をロールズのいわば〈希薄な〉（thin）善概念と比較することから始めていきたいと思う。

そもそもウィリアムズから借用した「濃密」という概念[50]をヌスバウ

---

48) Nussbaum [1990], p. 205.
49) Nussbaum [1990], pp. 205-206.
50) ウィリアムズの意味する「濃密な」倫理概念とは，あくまでもローカルな次元でその概念に相応するほぼ一様の認知的反応を惹起するような，たとえば「卑怯者」「残忍」「嘘つき」といった，事実と価値の混濁した概念のことを指し，真善美といったような希薄な概念と対置される。cf. Williams [1985], pp. 129, 140, 143-145.

ムは,「人間生活の全領域にわたる人間にとっての諸目的に関わる」[51]という意味に読み換えて用いている。言い換えれば,人間のよき生を構成する諸機能の全体性に関わる限りで,その概念は可能な限りの普遍性を担い,そのことによってまったく異なった伝統の構成員が「人間」として認知されるための基礎となることを目指す[52]。しかしその一方で,それが「善」概念と結びつくことによって,人間生活の全領域にわたる善の専制化が個人の選択の自由を奪うのではないか,という自由主義論者の懸念も十分な説得力を持つ。しかもたとえ自由主義論者といえども,たとえばロールズのように,公正な配分すなわち正義に関する諸原理の選択に先立って,最低限必要なものに限定された善,いわゆる「基本財(primary goods)」を措定せざるを得ない以上,彼が採り得る「善」概念が「人間が生きるための万能の手段の枚挙に制限された」[53]という意味での「希薄な」概念になるのは当然の成り行きである。つまり基本財(たとえば富,収入,所有物など)とは,それが「希薄な」善である限り,合理的な個人のいかなる目的選択にも対応し得る万能の手段であり,アリストテレス的に言えば「外的な善」のことである。しかし,「外的な善には道具と同じように限界がある。およそ役に立つものである限り,何かのために役立つのである」(*Pol.*1323b7-8)。資本主義経済体制に育った我々には当然に思われる more is better の発想は,アリストテレス主義にとってはむしろ〈より多い財はより悪い〉とみなされ,否定される。つまり,「何のためか」という目的に立脚して初めて適切な量や秩序が見出されるのであり,その限りで,基本財の所有量や配分分布に照らして暮らし向きの良し悪しを判断するロールズ流の配分方式は必ずしも適切なものとは言えない。たとえ暮らし向きが極めて悪い市民に多くの基本財を政府が与えたとしても,その当の市民一人一人が自らの機能を十分によく働かせることができるようにならないなら,その政府はなすべき課題をまだ半分も果たしていないのである[54]。

　しかし,他方,濃密な善がもつ固定化し偏向した実質的善概念の強要

---

51) Nussbaum [1990], p. 217.
52) Nussbaum [1990], pp. 216-17.
53) Nussbaum [1990], p. 217.
54) Nussbaum [1990], p. 211.

第 14 章　人間本性と善　　　355

という自由主義者からの批判はいまだ有効であり，それをどうクリアするかが次の課題となる。そこでヌスバウムが持ち出したのが「多くの具体的特殊化を許容する」という意味での「漠然とした（vague）」という概念である[55]。すなわち，「濃密だが漠然とした善」概念が目的とするのは，ある特定の仕方で機能する人々を生み出すことではなく，ある特定の仕方で機能することの〈できる〉人々を生み出すことであり，もし望むなら，そのように機能するために必要な訓練を受けることのできる人々を生み出すことである。その機能を選択するか否かはあくまで本人に委ねられる。つまりこの善概念がもっとも中心的に促進するのは，選択の能力（capability）すなわちこうした一切の機能遂行をその人自身の実践的熟慮に則して行うための能力であり，それこそアリストテレスの人間本性論の要ともなるべき本質的部分なのである[56]。

このように「濃密だが漠然としている善」理論は，自由主義論者が懸念したように，現実社会を遊離したものでもなければ，単一の形而上学的・宗教的伝統に固有の理論でもない。とりわけヌスバウムが強調するのは，永年共同体において語り継がれてきた物語や神話を紡ぎ出す想像力と〈語り〉の果たす役割である。各々の共同体において，自分自身と子供たちに対して〈人間として生きる〉ということのある重要なアスペクトを，想像力を駆使して自ら語り演じることによって明らかにしていこうとする自己解釈・自己解明のプロセスが物語として生起するのである。しかもこのように局所的に発生した物語でありながら，まったく異なった伝統の多様性を損なうことなく，人間の生の一般的な輪郭ないし構造を人間自らに物語らせるところにこそ，「濃密だが漠然としている善」概念の特質がある[57]。

次いでヌスバウムは，こうした善概念の社会政策的な場面への適用を想定し，具体的なリストを作成する。もちろんそうしたリストはその性格上，常に暫定的なものに留まらざるを得ないが，ここでもまず一旦輪

---

55) Nussbaum [1990], p. 217.
56) Nussbaum [1990], p. 214.
57) 不思議なことではあるが，地域に根差した物語には，その自閉性を内破するかのような外部指向の流離譚が数多く散見される。そうした流離譚において，人はその漂泊の旅路の果てにあってなお人に出会う。「ひとは，すべての人間がどれほどお互いに身内の親しいものであるかを，漂泊の旅路においても認めうるだろう。」（EN 1155a21-22.）

郭を描いてみるというアリストテレスの方法[58]に対する共感がうかがえる。まず「濃密だが漠然としている概念」の第1段階として〈人間を人間として構成する環境すなわち人間の生のかたち〉が以下のようにリストアップされる[59]。以下その項目のみ挙げてみる。

〈可死性〉
〈人間の身体〉
　1. 空腹と喉の渇き：食べ物と飲み物の必要性
　2. 住居の必要性
　3. 性的欲求
　4. 移動性
〈快と苦の受容能力〉
〈認知能力：知覚，想像，思考〉
〈幼児期初期の発達〉
〈実践理性〉
〈他の人間との協調〉
〈他の種や自然との関係〉
〈ユーモアと遊び〉
〈個別性〉
〈強い個別性〉

さらに次の段階としてヌスバウムは，以上のような〈人間の生の形〉に応じた基本的な人間の機能遂行能力を挙げる[60]。

---

[58]「おもうに，ひとは，まず粗描きした上で，後でそれを描き上げるべきである。粗描きのうまくできているところをさらに進め，念入りに仕上げるのは誰にでもできることであり，時間はこのような仕事における良い発見者であり，助け手であると考えられよう。様々な術における進歩もそこから生じてきた。なぜなら，欠けているものを補うのは誰にでもできることだからである。」（*EN* 1098a21-26.）

[59] Nussbaum [1990], pp. 219-224. 同一のリストは Nussbaum [1992b], pp. 216-220 にも見出される。

[60] Nussbaum [1990], p. 225; Nussbaum [1992b], p. 222. 比較対照の便を図るため，ロールズのより拡張された比較的新しい基本財のリスト（Rawls [1988], pp. 251-276）も挙げておく。
　1. 基本的な権利と自由
　2. 移動の自由と機会の多様性を背景とした職業選択の自由

第14章　人間本性と善　　　357

1. 可能な限り，人間としての生をまっとうすることを目的として生きていく能力。ただし，その者が夭折することなく，あるいはそうした生を生きるに値せぬほど生命力が衰退する前に。
2. 健康であり，十分に栄養を摂り，適切な住居をもち，性的満足を得る機会をもち，方々へ移動することのできる能力。
3. 不必要で無益な苦痛を避け，心地よい経験を得る能力。
4. 五感を働かせ，想像し，思考し，推理することのできる能力。
5. 物事や自分以外の人々に愛着をもち，我々を愛してくれ，気遣ってくれる人たちを愛し，そうした人たちの不在を悲しみ，さらに一般的な仕方で愛し，悲しみ，憧れと感謝の気持ちをもつことのできる能力。
6. よいことの概念を形成し，自分自身の生活プランに関して批判的反省を加えることのできる能力。
7. 他人のために，他人と向き合って生き，他人を認識し，他人への関心を示し，様々な形態の家族的，社会的相互行為に携わる能力。
8. 動物，植物，自然世界への関心とかかわりをもって生きることのできる能力。
9. 笑い，遊び，娯楽活動を楽しむことのできる能力。
10. 他の誰のものでもない自分自身の生を生きる能力。
10a. まさに自分自身の環境と文脈において自分自身の生を生きる能力。

　以上は人間生活において非常に根本的である機能遂行のリストである。この内のどれが欠けても，人間として生きていくには極めて深刻な欠落となる。したがって，人間の善き生を実現しようとする政府機関にとっては，このリストが必要最小限の理論を提供してくれることになる

---
　　3.　基本構造である政治的・経済的制度における職務や地位の権限や特権
　　4.　収入と富
　　5.　自尊心をもたらす社会的基盤
ロールズにおける変容，すなわち収入や富への一局的収斂の度合いが薄れ，多様な要素への配慮がなされつつあるという一種の洗練化の内に，ヌスバウムらの陣営への漸近の傾向を見取ることができるように思われる。

だろう。既に考察してきたように上記の二つのリストは，いかなる形而上学的・宗教的観念によっても拘束されない，その意味で十分国際的な同意を求め得るものであるが，同時にそれは決して全員一致を求めるものでもない。むしろ，同意を拒むというその行為自体が，このリストの重要な要素，たとえば実践理性や協調性の妥当性を承認している証となる。ヌスバウムも強調するように，このリストはあくまで（形而上学的ではなく）政治的な反省的検討のための基礎として十分な実用度をもった公共的合意の実現を目指すものである[61]。

いずれにせよ，以上のような「濃密だが漠然としている善」の理論とその具体的な輪郭の言表化によって，前節最後に挙げられた内的本質主義への三つの批判に対して，果たしてヌスバウムはなお自身のアリストテレス的本質主義を擁護し得るのであろうか[62]。

まず歴史的・文化的相違の軽視という批判に関しては，なによりもアリストテレス的本質主義における「漠然とした」という概念の導入によって擁護が可能となる。前掲リストの各要素にしても，それは単に漠然と一般的な形で構想されたというのではなく，あくまでも多様な地域社会において固有の歴史と文化を担いつつ多元的に特殊化されるべく構想されたものであり，その限りで「漠然としている」のである。もともとウィリアムズの「濃密な」概念は地域性に根差したものであったのだが，それをヌスバウムはウィリアムズ的な意味で一旦希薄化した上で，多元性と地域性の二方向で特殊化し直していったわけである。そのような普遍性と特殊性，国際性と地域性という相対立するベクトルの均衡が果たして可能か，という問題は残るものの，歴史的・文化的相違への配慮は十分になされていると言えよう。

次に生の選択に関する自律性の軽視という批判に関しては，ヌスバウムは以下の四点で応答している。まず第一に，前掲のリストはあくまで人間の機能遂行のための「能力」の列挙であって，現になされている機

---

61) この点でヌスバウムはロールズの「重なりあう合意」(overlapping consensus) (Rawls [1987]) との文字通り「重なり合い」を意識して，それとの比較を薦めている (Nussbaum [1992b], p. 223)。

62) 三つの批判に対するヌスバウムの以下の応答は，Nussbaum [1992b], pp. 224-226 に拠る。

## 第14章　人間本性と善

能のリストではない。つまり，実際にそれをなすかどうかの選択の余地は各個人に残されている。第二に，自律した選択の重視という点は，実践理性に割り当てられた主導的な役割として既にリストに組み込まれており，一切の機能遂行を当人の実践理性のなす熟慮に基づいて行う能力こそ選択の能力である以上，前掲リスト中，もっとも枢要な能力の一つと言い得る。第三に，この批判の主唱者である自由主義者の見解は当初思われていたほどアリストテレス主義の見解と乖離したものではなく，たとえば実践理性や協調性の重視がロールズにも見出されるように，むしろ互いに収斂しつつある。第四にアリストテレス主義は，選択がなされるのはあくまで物質的，社会的条件の下である以上，自律と同時にそうした条件にも配慮すべきである，と主張する点でむしろ自由主義の狭い自律概念に対しては批判的ですらある。

　最後に人間概念の偏った適用という批判に対して。確かに妥当な人間概念でありながら，それを女性やマイノリティに適用することを否定する危険性は残る。しかし，そのことはこの人間概念の力を弱めるのではなく，むしろその効力がどのように働くかを示している。なぜなら，いかなる種類であれ相手と人間としての交渉をもつことは（たとえ「おまえを人間とは認めない」と相手に宣告することによってさえ），その相手を潜言的に人間と認めていることなのであって，その限りで，偏見や無知によってにせよある特定の人々を人間とみなそうとしない者は，むしろ自分が人間であることを裏切り，自らの協調性への傾向を欺くことになってしまうからである。もちろん，そのような自己欺瞞は憎悪や優越感，イデオロギーや狂信によって容易に隠蔽され得るだろう。しかし，偏見を持つ者の内に潜むこうした自己撞着は，常に反省的自己吟味に対する脆さを抱えているのである。

　以上がヌスバウムの応答の骨子である。批判に答える一つ一つの議論の強度と深度にばらつきはあるものの，彼女があらゆる方位からの論難に答えながら展開したアリストテレス的本質主義の擁護というものがいかなるものであったか，少なくともその概略を描くことはできたように思われる。

## 5　批判と展望——結びに代えて

　本章後半は主に M・ヌスバウムの教説紹介に当てられたが，もちろんそれはどこかに隔離され純粋培養されたような単独の思想というわけではなく，いくつもの専門分野を横断し，多くの研究者との深く入り組んだ議論の結果成ったものである。したがって，私たちには実はまだ多くの課題が残されている。少なくとも，共同研究者でもある A・センとヌスバウムの関係を始めとして，B・ウィリアムズ，A・マッキンタイアーと彼女との異同，J・ロールズとの社会正義論上の影響関係，さらに H・パトナムの内在的実在論や J・マクダウエルらの道徳的実在論に対する彼女のコミットメントの程度と内実，そして何よりアリストテレスやプラトンを始めとする数多くの古典哲学・文学テキストに関する彼女の解釈それ自体の検討はもちろんのこと，同時代の多くの優れた古典研究者との議論の応酬も含め，古典研究というものが彼女の現代に向けて開かれた哲学的・倫理学的態度の形成にどのように関わったのかという点の詮索まで，考察すべき項目は山積している。また，もし現代アリストテレス主義なるものが想定され得るなら，それがどのような布置をもち，ヌスバウムがどこに位置するのか，さらには共同体主義や徳倫理学に対する彼女のスタンスの確認も必要になるだろう。しかし同時に，そうした詮索が哲学的洞察を欠く限り，現代思想上の単なるゴシップに堕することを忘れてはならない。

　だからというわけではないが，最後にささやかな批判と展望を一つずつ述べておきたい。それは，ヌスバウムの人間本性概念が可能性と限界づけという両面をもち，それ自体が規範概念であるという点に関するものである。人間に何ができるか，という人間の機能遂行の可能性と，それをしてはもはや人間ではない，という限界設定は，一人称的評価場面と二・三人称的評価場面，すなわち自己評価と他者評価の場面とにひとまず分けられるだろう。それはまた，それぞれの場面で規範的・理念的に働く場合と事実評価の基準として働く場合に分けられる。つまり，事前に「私は何をしてよく，何をしてはならないか」という規範として機

第 14 章　人間本性と善　　　　　　　　　　　　　　　361

能する場面と，それが事後的に評価の基準として「私にはそれをすることが可能なのに，できなかった。それをしてはならないのに，してしまった」という形で機能する場面とに分けられる。君（たち）や彼／彼女（たち）についても同様である。さて，これらすべての場面について，ヌスバウムは，それらが内的観点から導出されたと考えているのであろうか。自己評価の場合は確かにそう言えるだろう。それは，いわば善き人柄の自己形成過程にあって，目標と現実とのズレを絶えず自己評価し修正しながら進む，その意味では規範である「人間本性」自体が「私」固有の規範として可塑的かつ柔軟に，つまり「漠然と」働く内的評価の過程と言えよう。しかし，他者評価の場合，それを内的な評価と言い得るだろうか。

　おそらくここでヌスバウムは，一人称複数つまり「我々」の自己評価という場面を両者の媒介として措定しているのではないだろうか。古代ギリシアの悲劇鑑賞場面における一種の共同幻想と言い得るような評価的態度の形成過程について見事な解説を加えたヌスバウムにあって，一人称複数形の自己評価とはまさに共同体内のエンドクサ（公共的信念）形成のことに他ならない。したがって，これを異なる共同体に属する他者評価へとずらし込んでいくためには，異なる共同体には異なるエンドクサがある，という形で共同体に内在する評価視点を外在化せねばならないだろう。たとえば，ある国では女性に国政選挙の投票権がないとしよう。彼女たちには投票する能力があるのにそれが実現されていない，という評価はどこまで内的であろうか[63]。少なくとも民主主義的理念とその国の外的状況が外側から彼女たちの〈まだ実現されていない能力〉という評価を付与していることは確かである。では，彼女たちは自らの政治的選択能力の実現を目的として志向しながら，なお実現しない現実として当該国の選挙制度を内的視点から評価するための公共的信念をもっているのだろうか。おそらくここではヌスバウムがロールズを批判したのと同様の論法が当てはまるだろう。すなわち，外的な評価基準に

---

　63)　Nussbaum [1990], pp. 215-217 のバングラデシュの女性たちの事例も，ヌスバウムが同様の事態に一抹の憂慮を抱えながらも果敢に取り組んでいる好例である。しかし，そこになお本文で述べられているような疑念が残るのである。なお，Nussbaum [1992c]（川本訳 [1993]）も参照のこと。

したがって女性に選挙権を与えたものの、識字能力がない女性に投票用紙と鉛筆を与えても、彼女の政治的選択能力を機能させるという目的は必ずしも実現し得ない。外的な評価基準は往々にして手段を目的と取り違えてしまうからである。では、彼女たちには今、投票権よりもまず識字能力を高めるための教育が必要である、という評価は果たして内的だろうか。実はこれも他の共同体の評価基準が外的に適用されているに過ぎない。

　しかし、ここで大切なことは、ある共同体において自らの能力に関する公共的信念が自覚的に形成されるためには、まず最初に〈外から〉何らかの評価基準が付与される必要がある、という点にある。そうした外的な規範が徐々に内面化された歴史が伝統となり、数々の物語を生み出してきたのである。しかしその一方で、この外から持ち込まれた評価基準が、それ自体としては他の共同体に内在的な評価基準でありながら、一旦外在化されてからは、あくまで他者を評価するための普遍的、客観的基準とみなされ一人歩きする危険性があることもまた事実である。もとより、アリストテレス倫理学においては、人間の善さは第一義的には自己の人柄を善くするための自己評価の規範として語られていた。その点と較べるならば、ヌスバウムの善概念は、あまりにも他者評価あるいは社会評価の方向へと重点が移ってはいないだろうか。

　しかし、実はこうした問題を解決する方向もヌスバウムは自ら示してくれていた。それは、立場を異にするロールズの基本財のリストとヌスバウムの〈濃密だが漠然としている善〉のリストが漸近していく事実が示す方向、すなわち、〈反照的均衡を伴った緩やかなエンドクサの形成〉という方途である。それはまた、他者評価に潜む視点の外在化を再び内面化する有力な方策でもあるように思われる。今後、より多岐にわたる研究が望まれるのもまさにその故である。

# 附論 4

# アリストテレス離れの度合
―― 古典的徳倫理学の受容と変遷 ――

　20世紀半ばに登場したG・E・M・アンスコム[1]による近代倫理学批判は，人柄・性格のあり方とその善さ，すなわち徳に定位したアリストテレス倫理学を支点とすることによって，その後の倫理学の展開に新たな方向性を生み出す梃子の働きをなし得た。当時はまだ特定の名で呼ばれることすらなかったその批判的視点が，やがて「徳倫理学」と呼ばれ，義務論や功利主義などの近代的規範倫理学の諸潮流の一つとして我々の前に現れて以来，たかだか半世紀足らずの間にすっかり定着した感さえある。頑迷固陋な徳目主義の旧弊とは一線を画し，英語圏におけるアリストテレス文献解釈の深まりと軌を一にした彼の倫理学の再評価の機運は，徳倫理学の陣営に近代的道徳概念に対する批判的考察の確固とした足場を提供すると同時に，対抗する既存の立場との哲学的対話の途を開くことによって，徳倫理学的な発想の諸領域への広がりをもたらした。こうした動向の中，徳倫理学自体のありようも様々な面での変容を余議なくされた。

　本論では，ここ十数年の間に上梓された夥しい徳倫理学関連の文献のうち，主だったものをアリストテレスからの隔たりという尺度で一度整理し直してみたい。アリストテレス倫理学に立脚しつつも，その考えの何にどこまで依拠し，あるいは背馳するかによって，現代的徳倫理学の

---

[1] Anscombe [1958]. この論文以降の徳倫理学の展開が，必ずしも彼女の意図を正確に継承していない点を強く批判する立場としてはタイトルからして暗示的な Coope [2006] を参照。アンスコムの当該論文での論点は，Teichmann [2008], pp. 103-112 において簡潔に纏められている。

諸々の立場がどのような発展的分化を遂げていったかを問い返す試みとなれば幸いである。

## 1　徳と幸福の関係

　ここで「徳」とは「人柄・人の性格の善さ」のことであり，「幸福（eudaimonia）」とは，「よく為すこと」「よく生きること」，つまりは人間にとって最善の終局目的のことである。アリストテレスは，幸福・「よく生きること」と徳の活動・「徳に従って生きること」とを合理的な正当化なしに同一視する。これは言うまでもなく，有徳な生を幸福の必要十分条件とみなしたソクラテスの主張を継承したものであるが，この二つの生の間に必然的な連関を見出すことは，決して容易ではない。L・ザグゼブスキー[2]が指摘するように，有徳な生が幸福な生であると主張することは，既に以下の二つの問い，すなわち道徳を基礎づけるものは何かという形而上学的問い，および「何故，道徳的であらねばならないか」という動機形成上の問いに差し向けられている。この二つの問いを，幸福の自然主義的な説明，すなわち人間をあくまで動植物の線上に位置する生物とみなし，その幸福を植物の繁茂をモデルとして，自然本性的な機能の十全な発揮（その限りでの有徳な生）ととらえることによって解決しようとしたのが，P・フット[3]やR・ハーストハウス[4]である。生物学的な意味で，つまり自然の過程に位置づけられた限りでの幸福規定によって道徳的なものを形而上学的に基礎づけ，同時に，有徳であることを幸福であるための「最善の策」とみなすことによって，有徳な活動に向かう動機をも付与できるというのが彼女らの主張である。

　しかし，このような意味での幸福の観念によってすべての人がそれを心理的に好ましい生として動機づけられるとは考え難い。それどころか，そもそも徳を幸福によって基礎づけることさえ不可能であるとして，ザグゼブスキーは，徳と幸福とを徳の具体的「範例」によって基礎

---

[2]　L. Zagzebski [2006].

[3]　P. Foot [2001].

[4]　R. Hursthouse [1999].

づける考えを示した。それによれば，欲求されるべき幸福な生が実際に有徳な人によって欲求されるならば，幸福は何らかの形で有徳な人の動機に既に組み入れられていることになる以上，倫理学の基礎づけは概念的にではなく，むしろ徳の範例によってこそもたらされるべきだとされる。そうした範例への指示によってこそ，我々は「徳」「欲求されるべき幸福な生」「称賛されるべき有徳な生」を直接に規定することができるようになるのである。このような直示的理解のもつ直接性は，道徳性の発達形成の問題と密接に連関する。アリストテレスが探究の始まりとして「ホ・ティ」（事実としての特定の状況）の認知・把握の重要性を強調するのも，倫理的なものの見方が予め習慣によって断片的・前哲学的にではあれしかるべく形成されていることによってこそ，徳の習得の端緒が既得のものとなり得るからである。さらに，徳の有無にかかわらず，この種の了解の直接性が共有される限り，個別の状況において実践知をもつ者（phronimos）は倫理的な尺度・基準とみなされ得る。このような，いわば濃密な相互了解の空間を前提した上で徳と幸福の一致に訴えるアリストテレス解釈は，なんら合理的な基礎をもたないがゆえに近代的思考枠には収まり切らないものと考えられた。かくして，倫理的実在とその認知をめぐって徳倫理学は，アリストテレスの立場を何らか合理的なものとして補強するにせよ，あるいはそれと決別するにせよ，非認知主義との対峙を余儀なくされたのである。

　アリストテレスのいわゆる幸福主義をめぐっては，それを強く批判するカントとの間にストア派の幸福主義，すなわちアリストテレスと異なり，健康や富のような外的善を善悪無記なものとする一方で，徳にのみ道徳的価値を置くことによって徳と幸福との一致を主張する立場を介在させ，両者の相違を相対化する試みが見出される[5]。徳と普遍的な自然法則とを合致させることによって徳と幸福の同定を担保するストア派の戦略は，確かに合理性の点ではアリストテレスに勝るものである。このような観点から J・アナスは，アリストテレスを徳倫理学の唯一の源泉とみなすことに対し，たびたび強い不満を表明している[6]。さらに，「よく為すこと」が極めて困難な場面であればあるほど，徳は自らの本性を

---

5) Engstrom / Whiting [1996].
6) J. Annas [2006], p. 515.

十全に発揮する，言い換えれば，徳とは「よく為すこと」を阻害する要因の矯正に他ならない，といういわゆる徳＝矯正説は，フットやハーストハウスらの第一次世代から見出だされる見解であるが，これなどはアリストテレスによる有徳者と抑制ある人との区別をむしろ限りなく無効化するものである。最近では，この点を批判したP・ゴットリーブ[7]が，アリストテレスの悪評高い「中庸徳」理論を強力に擁護することによって，矯正的ではない徳のありようを提示している。

## 2　行為における思慮の働き

　徳とは人の性格の善さであるが，それは単なる習慣づけの所産にとどまるものではなく，理由に基づいて行為することを可能にする性格の状態，すなわち実践知である思慮を介して発揮される性格の善さであり，その点にこそアリストテレスの強調点がある。このような実践知の強調を，過剰に知性主義的なエリート主義とみなす批判が一方にはある。たとえば，J・ドライバー[8]は，そうした批判に基づき，謙遜を自身の才覚に関する無知，無条件の慈愛を他人の虚偽に関する無知，というようにいわば「無知の徳」として徳のリストに加えることで，アリストテレスの知性偏重を修正しようとする。彼女は典型的な「徳帰結主義者」であるが，その特徴は徳に関する価値評価があくまで三人称的な評価である点にある。この立場から見るなら，たとえば初期のフットによる，「徳は一般に有益な性格であり，自分自身および隣人のために必要とされるものである[9]」という徳規定も徳帰結主義的なものとみなされる。

　対して，徳倫理学における価値評価は，行為者自身の観点からなされる一人称的な判断である。この点に着目し，有徳な行為を求める個別の状況を，その都度，行為を導くものとして読み取る道徳的な知覚的感受性を，思慮における認知的側面として非認知主義に抗して強調するの

---

7)　P. Gottlieb [2009].
8)　J. Driver [2001].
9)　P. Foot [2002], p. 3.

がJ・マクダウェル[10]ら感受性論者である。道徳的な普遍法則を予め前提し，それを演繹論的に個別の状況に適用していくという合理主義的な偏見を，彼らは徹底的に批判していく。この場合，知性徳と倫理徳の区別が問題となるが，思慮が顕著に働くまでは，倫理徳がいわば思慮としての知的働きを為すというアリストテレスの考えを彼もまた堅持している。とりわけ，行為を（カロンとして）いわば美的に見る（評価する）ところに知覚や感情における思慮の原初形態を見ることができるように思われる。

## 3 徳と政治的権利

アリストテレス『政治学』によれば，人間は「自然本性的にポリス共同体を構成する動物」であり，それゆえ，人間本性はポリス共同体において初めてその完成態に至る。換言すれば，ポリス共同体に固有の目的は，市民の有徳な活動の生なのである。アリストテレスにおいて徳と幸福をめぐる問題は，結局のところ，政治学における問いとならざるを得ない。このような政治学的脈絡における現代徳倫理の展開形がコミュニタリアニズムであるが，伝統的な共同体的価値に根差す保守主義的傾向に対する根強い批判を必ずしも全面的に解消するには至っていない。とりわけ，他の古代哲学者同様，アリストテレスにおける個人の権利概念の不在に起因するとみなされる，公的政治権威による市民各人の自由と自律の侵害に対する全体主義批判は，徳倫理にとって今や避けて通ることのできない踏絵と言えよう。

こうした批判に対する最近の応答の一つが，徳倫理における正義の位置を，最善国政における「権利」の位置づけ問題として考察していこうとするF・ミラーの試みである[11]。ミラーは，アリストテレスにおける「権利」に関する語彙の不在が，事実としての権利の不在の証左とはならないことを，文献に密着した詳細な調査によって検証し，一見すると時代錯誤的にさえ感じられる〈アリストテレスにおける権利論〉を展開

---

10) J. McDowell [1979].
11) Miller [2006].

する。それによれば，政治的共同体において，正義は，支配し支配されることを，各個人の公的価値に基づいて市民に配分する。もし市民がその価値において等しいなら，正義は市民に対し，交互に互いを支配する正しい要求（＝権利）と服従する義務とを要請する。このような社会的正義の理論は，多様な善の理念実現の可能性を説くアリストテレス的漸近主義と相俟って，徳倫理学に多元主義的な契機をもたらすものと思われる。

# あ と が き

---

　本書に収められた論考のうち，附論3と4を除いた他の16篇は，私が30代半ばから40代終わり頃までの10数年間にそれぞれ単独の論文として発表したものである。思い起こせば，アリストテレスの実体論で修士論文を纏めた後，博士課程に進んだものの既に家庭をもっていた私にとって，形而上学的な探求に没頭する観想の生よりも，日々の暮らしのために汗にまみれる《肉の生》こそがかけがえのない哲学の現場であった。研究とは無縁の雇われ仕事から疲れ切って帰宅した深夜，我が子たちの寝顔を見ながら書きあげたフィリアー論（第8章〜第10章）が本書ではもっとも初期の論考であり，ある意味で私の原点でもある。還暦を過ぎた今，若い頃に書き散らしたものを一書に纏めるにはいささか時機を逸してしまった気がしないでもないが，そんな気恥ずかしいものを臆面もなく上梓できるまで厚顔になるためには，それなりの月日が必要でもあったということなのだろう。とはいえ，その時々の思いに突き動かされるように書き連ねてきたものが，実はあらゆる角度から同じ事柄を繰り返し飽くことなく論じ返していたということに改めて気付かされる。青臭くて生硬な本書のタイトル「善く生きることの地平」が表しているのも，まさにそのことに他ならない。

　今回，過去の諸論考を一書に纏めるにあたっては，それらの初出の形をできる限り留めるように心がけた。もちろん，それらの論考が手直しの必要がないほど完璧だという意味では決してない。話はむしろ逆で，それらはあまりに荒削りで辛うじて均衡を保っている積み木細工のようなものであるがゆえに，むやみに手を入れるわけにはいかなかったに過ぎない。確かに現在の研究状況から見れば，書き改めるべきことや書き加えるべきことが多々あることは重々承知している。だが，著者としては，初出の形においてであれ本書所収の諸論考が展開する議論の方向性に今でも大きな可能性と力を感ぜずにはおれない。歳をとると残り時間

が少なくなるせいかなにかとせっかちになりがちだが，初出の形を保つことで少なくともその限りでの弊だけは免れ得たと信じたい．幸いなことに，他の研究者から度々引用され，抜刷りを所望されるという幸運に恵まれた論考も決して少なくはなかった．しかしそうした幸運が，それぞれの論考が執筆されたその時々の特殊な状況に依拠した単なる偶然によるものであったことも忘れてはなるまい．今日から見れば情報の電子化やネットワーク化による恩恵をほとんど享受できなかった時代に，一人の若い研究者がその都度何をどのように考え，語り得たのか，そのような一種のドキュメントとして本書を読んでいただければ幸いである．その意味では，新たな研究状況を反映し書き改めることは本書の仕事ではなく，むしろ今後私が課題とすべき別の新たな仕事となるであろう．

　私自身にはとりたてて誇るべきところなど一つもないが，これまで多くの素晴らしい師友に恵まれたことだけは唯一の誇りである．とりわけ，大学に入ってすぐに三人の終生の師に出会えた幸運は何ものにも代え難い．いつも変わらぬ律儀さでギリシア語原典を読み進めてくださり，生意気盛りだった学生時代の私に学的な誠実さとはどのようなものかを身をもって叩き込んでくださった故フランシスコ・ペレス先生．私がアカデミズムの表舞台から完全に落ちこぼれていた時でさえ，未知の分野の翻訳や論文の仕事を課題として与えてくださり，その結果を毎回数時間にわたり完膚なきまでにダメだしすることによって私の考えの偏狭さを思い知らせてくださったクラウス・リーゼンフーバー先生．そして，他大学のご所属であったにもかかわらず卒業論文と修士論文の指導を引き受けてくださり，その後，先生のご自宅で続けられていたマンデー・セミナーにも参加させていただき，文字通り公私にわたって計り知れない学恩をいただいた加藤信朗先生．本書を編む中で今さらながらに三先生の影響の大きさを痛感し，今だからこそわかるご配慮の数々にあらためて心からの感謝を捧げたい．

　大学院時代には，若くして傑出したトマス研究者であった矢玉俊彦氏といつも二人だけが受講者という演習が続き，すっかり意気投合し際限なく語り合った数年間が忘れられない．やがて京都から来られた渡部菊郎先生と三人でアリストテレス『デ・アニマ』，同書のギリシア語註解，さらにトマスの同書註解書を数行ずつ緻密に比較解読していく研究会を

立ち上げ，果てしなく脱線を繰り返しながらも実に濃密な時間を過ごすことができた。しかし，残念なことにそのような幸せな時間は長くは続かず，その後，矢玉氏，続いて渡部先生が共に病に襲われ早世された。まだお二人がお元気だった時，打ち上げと称して渡部先生の研究室でドイツ土産のフランケン・ワインを酌み交わし，互いの研究上の夢を語り合ったことが今でも鮮やかに思い出される。

　修士課程に入った頃からだろうか，加藤先生の後を追って各大学で開催されているゼミに潜り込むようになった。その頃ひたすら憧れの目で見ていた先輩たちがやがてギリシア哲学研究会を立ち上げ，その末席に加わらせていただいたことで多くの知己を得ることができた。不思議な縁で40代半ばから私が豪州での在外研究に出るまでの7年間，同研究会の世話人を務めることでなんとか恩返しすることができたが，「ギ哲研」から得た恩恵は計り知れない。とりわけ，私にとって若い頃からの憧れの星であり，いつも遥か行く手を照らし続けてくださる神崎繁氏，思索し続けることの意味を自らの論考で絶えず具体的に示してくださる渡辺邦夫氏，マンデー・セミナーの頃からずっと私のプラトン読解の歪さを粘り強く矯正し励まし続けてくださる栗原裕次氏，私のものの見方に較べ遥かに雄大なスケールで哲学が語るべき異次元の世界に導いてくださる納富信留氏，これらの方々からは顕在的であれ伏在的であれ本書が成るにあたってかけがえのない力を与えていただいた。ひたすら感謝あるのみである。さらにここで御礼を申し上げるべき方々は，本書所収の諸論考が書かれた時期に限ってさえ，数えきれないほどたくさんおられる。そのお一人お一人からその都度いただいた言葉の数々は私にとってかけがえのない宝であり，本書の随所にその影響が認められる。しかし，今そのような方々のお名前をぶしつけに列挙することは，それこそそれぞれの宝玉の輝きを曇らせてしまうようでかえって失礼にあたるであろう。ここでは敢えて控えることをお許し願い，いただいた学恩に限りない感謝を捧げたい。

　50代に入り，ギリシア教父学という領域に研究の軸足を移すようになってからも，幸いなことに新たな学的交わりに恵まれた。現在，本書と並行してその分野での論文集を編んでいるところなのだが，それもまたそちらの方面で多くの方々から教え導かれ，お世話になったおかげで

ある．とりわけ，今日のように困難な出版状況の中，相次いで公刊への途を開いてくださった知泉書館の小山光夫氏には心より感謝申し上げたい．氏の学術出版に賭ける情熱と高邁な理念がなければ，本書が陽の目をみることはおそらくなかったであろう．

　最後に，すべてにわたって私を支えてくれた家族に本書を捧げたい．

　　2016 年 8 月

　　　　　　　　　　　　　　　　　　　　　　　　　土橋　茂樹

## 初出一覧

（再録にあたりタイトルを一部改変した場合がある）

---

### 第1部　信念系の転換と知の行方
──プラトン対話篇読解──

第1章　プラトン『リュシス』篇解釈の一視点　（『紀要』第45号，2003年，中央大学哲学科）

第2章　信念系の転換と知の行方──プラトン『エウテュデモス』篇の一解釈　（『倫理学年報』第47集，1998年，日本倫理学会）

第3章　居丈高な仮想論難者と戸惑うソクラテス──『大ヒッピアス』篇の一解釈　（『紀要』第42号，1999年，中央大学哲学科）

附論1　美とエロースをめぐる覚え書き　（『紀要』第43号，2001年，中央大学哲学科）

附論2　ソクラテスが教えを乞うた女性アスパシア　（『中央評論』231号，2000年，中央大学出版）

### 第2部　魂と《生のアスペクト》
──アリストテレス『魂について』の諸相──

第4章　アリストテレスの感覚論──表象論序説　（『哲学科紀要』第17号，1991年，上智大学哲学科）

第5章　アリストテレスにおける表象と感覚　（『哲學』第42号，1992年，日本哲学会）

第6章　ロゴスとヌースをめぐる一試論──アリストテレス『霊魂論』に即して　（『倫理学年報』第42集，1993年，日本倫理学会）

第7章　生のアスペクトと善く生きること　（『理想』第664号，2000年，理想社）

附論3　アパテイアの多義性と「慰めの手紙」——東方教父におけるストア派の両義的影響　(『中世思想研究』第52号，2010年，中世哲学会)

## 第3部　善き生の地平としてのフィリアー
### ——アリストテレス政治・倫理学の諸相——

第8章　アリストテレスのフィリア論序説——愛の類比的構造　(『哲学論集』第16号，1987年，上智大学哲学会)

第9章　アリストテレスのフィリア論——自己愛と友愛　(『哲學』第40号，1990年，日本哲学会)

第10章　正義とフィリアの関係について——アリストテレス『ニコマコス倫理学』を中心に　(『哲学論集』第17号，1988年，上智大学哲学会)

第11章　共同体におけるテオーリアーとフィリアー　(『人文研紀要』第39号，2000年，中央大学人文科学研究所)

第12章　13・14世紀におけるアリストテレス『政治学』の受容　(『中世の社会思想』，創文社，1996年，所収)

第13章　善き生の地平としての共同体＝政治的公共性　(『哲学論集』第25号，1996年，上智大学哲学会)

第14章　人間本性と善——M・ヌスバウムによるアリストテレス本質主義の擁護　(『現代社会における倫理の諸相』，中央大学出版部，2003年，所収)

附論4　アリストテレス離れの度合——古典的徳倫理学の受容と変遷　(『倫理学年報』第59集，2010年，日本倫理学会)

# 引用文献表

（欧語文献で邦訳のあるものは，参照していない場合でもできる限り付記した）

---

Adkins, A. W. [1963], 'Friendship and Self-sufficiency in Homer and Aristotle', *Classical Quarterly* 13.
Allan, D. J. [1952], *The Philosophy of Aristotle*, Oxford.
Allen, R. E. [1970], *Plato's Euthypro and the Earlier Theory of Forms*, London.
Annas, J. [1977], 'Plato and Aristotle on Friendship and Altruism', *Mind* 86.
―――― [2006], 'Virtue Ethics', in: D. Copp (ed.), *The Oxford Handbook of Ethical Theory*, Oxford.
Anscombe, G. E. M. [1958], 'Modern Moral Philosophy', *Philosophy*, 33.
―――― [1986], 'The Intentionality of Snsation: A Grammatical Feature', in: J. V. Canfield (ed.), *The Philosophy of Wittgenstein*, vol. 13, New York & London.
Arendt, H. [1958], *The Human Condition*, Chicago.（志水速雄訳『人間の条件』中央公論社, 1973年）。
Aspasius [1889], *In Ethica Nicomachea Commentaria*, C. A. G. vol. XIX, G. Heybut, ed., Berlin.
Bambrough, B. [1965], 'Aristotle on Justice: A Paradigm of Philosophy', in: *New Essays on Plato and Aristotle*, London.
Barnes, J. [1975], *Aristotle's Psoterior Analytics*, Oxford.
Benson, H. H. [1990], 'Misunderstanding the 'What-is-F-ness?' Question,' *Archiv für Geschichte der Philosophie*, 72.
Beyenka, M. M. [1950], *Consolation in Augustine*, Washington.
Bien, G. [1990], Die Wirkungsgeschichte der aristotelischen Politik: Ein Problemaufriß, in: G. Patzig (Hg.), *Aristoteles' Politik. Akten des XI. Symposium Aristotelicum*, Göttingen.
Blythe, J. M. [1992], *Ideal Government and the Mixed Constitution in the Middle Ages*, Princeton.
Bordt, M. [1998], *Platon / Lysis*, Goettingen.
―――― [2000], 'The Unity of Plato's *Lysis*', in: Robinson, T.M., and Brisson, L. [2000].
Bolotin, D. [1979], *Plato's Dialogue on Friendship*, Ithaca and London.
Bossi, B. [2000], 'Is the *Lysis* Really Aporetic?', in: Robinson, T.M., and Brisson, L. [2000].
Brentano, F. [1867], *Die Psychologie des Aristoteles*, Mainz.
Burnet, J. [1900-1907], *Platonis Opera*, Oxford Classical Texts.
―――― [1924], *Plato's Euthyphro, Apology of Socrates, and Crito*, Oxford.

――――― [1973], *The Ethics of Aristotle* (reprinted ed.), New York.
Burnyeat, M. F. [1980], 'Aristotle on Learning to be Good', in: Rorty [1980].（神崎繁訳「アリストテレスと善き人への学び」，井上忠，山本巍編訳『ギリシア哲学の最前線 II』東京大学出版会，1986 年）。
Canto, M. [1989], *Euthydème*, Paris.
Carlyle, R. W. and Carlyle, A. J. [1903-1936], *A History of Medieval Political Theory in the West*, 6 vols., Edinburgh / London.
Chance, T. H. [1992], *Plato's Euthydemus*, University of California Press.
Chappell, T. (ed.) [2006], *Values and Virtues — Aristotelianism in Contemporary Ethics*, Oxford.
Cherniss, H. [1962], *Aristotle's Criticism of Plato and the Academy*, New York.
Coope, C. M. [2006], 'Modern Virtue Ethics', in: Chappell [2006]
Cooper, J. M. [1977], 'Aristotle on the Forms of Friendship', *Review of Metaphysics*, 30.
――――― [1980], 'Aristotle on Friendship', in: Rorty [1980].
Countryman, L. W. [1980], *The Rich Christian in the Church of the Early Empire*, New York / Toronto.
Crocker, D. A. [1992], 'Functioning and Capability — The Foundations of Sen's and Nussbaum's Development Ethic', *Political Theory*, vol. 20, no. 4.
Darwall, S., Gibbard, A., Railton, P. [1992], 'Toward Fin de siècle Ehics — Some Trends', *The Philosophical Review*, vol. 101, no. 1.
Dillon, J. M. [1983], 'Metriopatheia and Apatheia: Some Reflections on a Controversy in Later Greek Ethics', in: *Essays in Ancient Greek Philosophy*, vol. 2, New York.
Dirking, A. [1954], 'Die Bedeutung des Wortes Apathie beim heiligen Basilius dem Großen', *Theologische Quartalschrift*, 134.
Dirlmeier, F. [1956], *Nikomachische Ethik*, Berlin.
―――――[1962], *Eudemische Ethik*, Berlin.
Dod, B. G. [1982], 'Aristoteles latinus', in: *The Cambridge History of Later Medieval Philosophy*, N. Kretzmann, A. Kenny, J. Pinborg (eds.), Cambridge.
Driver, J. [2001], *Uneasy Virtue*, Cambridge.
Dunbabin, J. [1982], 'The reception and interpretation of Aristotle's Politics', in: *The Cambridge History of Later Medieval Philosophy*, N. Kretzmann, A. Kenny, J. Pinborg (eds.), Cambridge.
Engstrom, S. and Whiting, J. (eds.) [1996], *Aristotle, Kant, and the Stoics*, Cambridge.
Favez, C. [1937], *La Consolation Latine Chrétienne*, Paris.
Flüeler, C. [1992a], 'Die Rezeption der Politik des Aristoteles an der Pariser Artistenfakultät im 13. und 14. Jahrhundert', in: *Das Publikum politischer Theorie im 14. Jahrhundert*, J. Miethke (Hg.), München.
―――――[1992b], *Rezeption und Interpretation der aristotelischen Politica im späten Mittelalter, Teil 1*, Amsterdam-Philadelphia.
Foot, P. [2001], *Natural Goodness*, Oxford.（高橋久一郎ほか訳『人間にとって善とは

何か──徳倫理学入門』筑摩書房，2014 年)。
────── [2002], 'Virtues and Vices', in: *Virtues and Vices and Other Essays in Moral Philosophy*, Oxford.（高橋久一郎訳「美徳と悪徳」，加藤尚武ほか訳『徳倫理学基本論文集』勁草書房，2015 年)。
Fortenbaugh, W. W. [1966], 'Nicomachean Ethics, I, 1096b26-29', *Phronesis*, 11.
──────[1975], 'Aristotle's Analysis of Friendship: Function and Analogy, Resemblance, and Focal Meaning', *Phronesis*, 20.
Furley, D. J. [1978], 'Self Movers', in: G. E. R. Lloyd, G. E. L. Owen, ed., Aristotle on Mind and the Senses, Cambridge.
Gauthier, R. A. et Jolif, J. Y. [1970], *L'éthique à Nicomaque, Commentaire II, 2*, Louvain.
Gifford, E. H. [1905], *The Euthydemus of Plato*, Oxford.
Gonzalez, F.J. [1995], 'Plato's *Lysis* : An Enactment of Philosophical Kinship', *Ancient Philosophy*, 15.
Gottlieb, P. [2009], *The Virtue of Aristotle's Ethics*, Cambridge.
Graeser, A. [1978], 'On Aristotle's Framework of Sensibilia', in: *Aristotle on Mind and the Senses* (G. E. R. Lloyd and G. E. L. Owen, ed.), Cambridge.
Grant, A. [1973], *The Ethics of Aristotle*, New York.
Gregg, R. C. [1975], *Consolation Philosophy: Greek and Christian* Paideia *in Basil and the Two Gregories*, Cambridge, Mass.
Grube, G. M. A. [1926], 'On the Authenticity of the *Hippias Major*', *Classical Quarterly*, 20.
Guthrie, W.K.C. [1975], *A History of Greek Philosophy IV*, Cambridge.
Habermas, J. [1990], *Strukturwandel der Öffentlichkeit*, Frankfurt a. M.（細谷貞雄訳『公共性の構造転換』未来社，1973 年)。
Hamlyn, D. W. [1959], 'Aristotle's account of aesthesis in the De Anima', *Classical Quarterly* Ⅸ .
──────[1968], *Aristotle's De Anima, Books II & III*, Oxford.
Hardie, W. F. R. [1980], *Aristotle's Ethical Theory*, 2nd ed., London.
Hare, R. M. [1985], 'Ontology in Ethics', in; *Morality and Objectivity*, London, Boston, Melbourne and Henley.
Hawtrey, R. S. W. [1981], *Commentary on Plato's Euthydemus*, Philadelphia.
Heath, T. [1949], *Mathematics in Aristotle*, London.
Heidegger, M. [1962], *Die Frage nach dem Ding*, Tübingen.（高山守ほか訳『物への問い：カントの超越論的原則論に向けて』創文社，1989 年)。
Hertling G. [1914], 'Zur Geschichte der Aristotelischen Politik im Mittelalter', in : id., *Historische Beiträge zur Philosophie*, Kempten / München.
Hicks, R. D. [1907], *Aristotle: De Anima*, Cambridge.
Hoerber, R. G. [1964], 'Plato's *Greater Hippias*', *Phronesis* ,9.
Hoffmann, E. [1972], 'Aristoteles' Philosophie der Freundschaft', in: *Ethik und Politik des Aristoteles*, hrsg. von F. P. Hager, Darmstadt.

Hursthouse, R. [1999], *On Virtue Ethics*, Oxford.（土橋茂樹訳『徳倫理学について』知泉書館，2014 年）。
Husserl, E. [1950], *Husserliana* I, Haag.
Irwin, T. [1885], *Nicomachean Ethics*, Indianapolis.
―――[1990], 'The Good of Political Activity', in: *Aristotle's "Politik"*, ed., G. Patzig, Göttingen.
Jaffa, H. V. [1952], *Thomism and Aristotelianism*, Westport (reprint 1979).
Joachim, H. H. [1951], *Aristotle, The Nicomachean Ethics*, ed., D. A. Rees, Oxford.
Kahn, C.H. [1979], 'Sensation and Consciousness in Aristotle's Psychology', in: *Articles on Aristotle*, vol. 4 (J. Barnes, M. Schofield, and R. Sorabji, ed.), London.
―――[1981], 'Aristotle on Altruism', *Mind* 90.
―――[1985], 'The Beautiful and the Genuine', *Oxford Studies in Ancient Philosophy*, 3.
―――[1996], *Plato and the Socratic Dialogue*, Cambridge.
Kidd, I. G. [1988], *Posidonius*, vol. II ( ii ), Cambridge.
――― [1989], *Posidonius*, vol. I , 2nd ed., Cambridge.
Labarière, J-L. [1984], 'Imagination humaine et imagination animale chez Aristote', *Phronesis* 29.
Levin, D.N. [1971], 'Some Observations Concerning Plato's *Lysis*', in: *Essays in Ancient Greek Philosophy* (ed. J.P.Anton with G.L.Kustas, New York).
Locke, J. [1965], *An Essay concerning Human Understanding*, ed. J. W. Yolton, London.（大槻春彦訳『人間知性論』1-4，岩波書店，1972-77 年）。
Luscombe, D. E. [1982], 'The state of nature and the origin of the state', in: *The Cambridge History of Later Medieval Philosophy*, N. Kretzmann, A. Kenny, J. Pinborg (eds.), Cambridge.
Mackenzie, M.M. [1988], 'Impasse and Explanation : from the *Lysis* to the *Phaedo*', *Archiv für Geschichte der Philosophie*, Bd.70.
Mackie, J. L. [1976], *Problems from Locke*, Oxford.
Markus, R. A. [1970], *Saeculum: History and Society in the Theology of St. Augustine*, Cambridge.
McDowell, J. [1979], 'Virtue and Reason', *The Monist* 62.（荻原理訳「徳と理性」，大庭健監訳『徳と理性――マクダウェル倫理学論文集』勁草書房，2016 年。ただし底本は彼の論文集 *Mind, Value, and Reality*, Harvard U. P., 1998 に載録された版）。
―――[1985], 'Values and Secondary Qualities', in; *Morality and Objectivity*, London, Boston, Melbourne and Henley.
Michael [1892], *Eustratii et Michaelis et Anonyma in Ethica Nicomachea, commentaria*, Heylbut, ed., Berlin.
Miller Jr., F. D. [1995], *Nature, Justice, and Rights in Aristotle's Politics*, Oxford.
―――[2006], 'Virtue and Rights in Aristotle's Best Regime', in: Chappell [2006].
Modrak, D. K. W. [1987], *Aristotle: The Power of Perception*, Chicago.
Moore, G. E. [1993], *Principia Ethica*, (1$^{st}$ ed., 1903), Cambridge.

Morgan, M. L. [1983], 'The Continuity Theory of Reality in Plato's *Hippias Major*', *Journal of the History of Philosophy*, 21.

Mulgan, R. G. [1977], *Aristotle's Political Theory*, Oxford.

Nehamas, A. [1975], 'Confusing Universals and Particulars in Plato's Early Dialogues', *The Review of Metaphysics*, 29.

Nederman, C. J. [1988], 'Nature, Sin, and the Origins of Society: The Ciceronian Tradition in Medieval Political Thought', *Journal of the History of Ideas*, vol. 49, 1.

―――― [1990], 'Private Will, Public Justice: Household, Community and Consent in Marsiglio of Padua's *Defensor Pacis*', *The Western Political Quarterly*, 43,4.

―――― [1991], 'Aristotelianism and the Origins of "Political Science" in the Twelfth Century', *Journal of the History of Ideas*, 52,2.

Newman, W. L. [1887], *The Politics of Aristotle*, vol. II, Oxford.

Nussbaum, M. C. [1978], *Aristotle's De Motu Animalium*, Princeton.

―――― [1980], 'Shame, Separateness, and Political Unity', in: Rorty [1980].

―――― and Sen, A. [1989], 'International criticism and Indian rationalist traditions', in: *Relativisim, Interpretation and Confrontation*, M. Krauss (ed.), Notre Dame.

―――― [1990], 'Aristotelian Social Democracy', in: *Liberalism and the Good*, R. B. Douglass, G. R. Mara, H. S. Richardson (eds.), New York / London.

―――― [1992a], 'Virtue revived — Habit, passion, reflection in the Aristotelian tradition', *Times Literary Supplement*, July 3.

―――― [1992b], 'Human Functioning and Social Justice — In Defense of Aristotelian Essentialism', *Political Theory*, vol. 20, no. 2.

―――― [1992c], 'Justice for Women!', *The New York Review of Books*, October 8.（川本訳 [1993]）

―――― and Sen, A, (eds.) [1993], *The Quality of Life*, Oxford.（水谷めぐみ訳『クオリティー・オブ・ライフ：豊かさの本質とは』里文出版、2006年）。

―――― [1995], 'Aristotle on Human Nature and the Foundations of Ethics', in: *World, Mind, and Ethics — Essays on the Ethical Philosophy of Bernard Williams*, J. E. J. Altham and R. Harrison (eds.), Cambridge.

Oakeshott, M. [1975], *On Human Conduct*, Oxford.

Owen, G. E. L. [1960], 'Logic and Metaphysics in Some Earlier Works', in: *Aristotle and Plato in the Mid-Fourth Century*, I. Düring and G. E. L. Owen, ed., Göteborg.

―――― [1972], 'Titenai ta Phainomena', in: *Articles on Aristotle*, vol. 1, ed., by J. Barnes, M. Schofield, and R. Sorabji, London.

Pettit, P. [1994], 'Liberal / Communitarian: MacIntyre's Mesmeric Dichotomy', in: *After MacIntyre*, Cambridge / Oxford.

Pocock, J. G. A. [1973], *Politics, Language and Time*, New York.

Post, G. [1964], *Studies in Medieval Legal Thought: Public Law and the State, 1100-1322*, Princeton.

Price, A.W. [1989], *Love and Friendship in Plato and Aristotle*, Oxford.

Quine, W. V. O. [1953], 'Reference and Modality', in: *From a Logical Point of View*, Cambridge (Mass.).（飯田隆訳『論理的観点から：論理と哲学をめぐる九章』勁草書房，1992年。底本は原著第2版（1980））。
Race, W.H. [1983], *Plato's Lysis*, Pennsylvania.
Rawls, J. [1971], *A Theory of Justice*, Harvard Univ. Press.（川本隆史ほか訳『正義論（改訂版）』紀伊國屋書店，2010年）。
―――― [1987], 'The Idea of an Overlapping Consensus', *Oxford Journal of Legal Studies*, 7.
―――― [1988], 'The Priority of Right and Ideas of the Good', *Philosophy and Public Affairs*, 17, 1988.
Renaud, F. [2002], 'Humbling as Upbring : The Ethical Dimension of the Elenchus in the *Lysis*', in: *Does Socrates Have a Method?* (Scott, G.A., ed., Pennsylvania).
Renna, T. [1978], 'Aristotle and the French Monarchy, 1260-1303', *Viator* 9.
Riedel, M. [1972-74], Hrsg., *Rehabilitierung der praktischen Philosophie*, 2 Bde., Freiburg.
―――― [1975], *Metaphysik und Metapolitik*, Frankfurt a. M.
Robinson, R. [1941], *Plato's Earlier Dialectic*, Ithaca.
―――― [1942], 'Plato's Consciousness of Fallacy', *Mind* 51, pp. 97-114.
Robinson, T.M., and Brisson, L.(eds) [2000], *Plato / Euthydemus, Lysis, Charmides / Proceedings of the V Symposium Platonicum*, Sankt Augustin.
Rodier, G. [1900], *Traité de l'âme*, Paris.
Rorty, A. O. (ed.) [1980], *Essays on Aristotle's Ethics*, Berkeley / Los Angeles / London.
Ross, W. D. [1955], *Aristotle: Parva Naturalia*, Oxford.
―――― [1961], *Aristotle: De Anima*, Oxford.
―――― [1970], *Aristotle's Metaphysics*, vol. II, Oxford.
―――― [1971], *Aristotle*, repr., London.
Rowe, C. [2000], The *Lysis* and the *Symposium* : *aporia* and *euporia*?, in: Robinson, T.M., and Brisson, L. [2000].
Sandel, M. J. [1984], 'The Procedural Republic and the Unencumbered Self', *Political Theory*, vol. 12, no.1.
Saunders, T. J. [1995], *Aristotle: Politics, Books I and II*, Oxford.
Schofield, M. [1978], 'Aristotle on the Imagination', in: *Aristotle on Mind and the Senses*, ed. G. E. R. Lloyd, G. E. L. Owen, Cambridge.
―――― [1999], *The Stoic Idea of the City*, Chicago.
Sedley, D. [1988], 'Is the *Lysis* a dialogue of definition?', *Phronesis*, vol.34.
Seidel, H. [1971], *Der Begriff des Intellekts (νοῦς) bei Aristoteles*, Meisenheim/Glan.
Sen, A. [1984], *Resources, Values and Development*, Oxford.
―――― [1988], 'The Concept of Development, in: *Handbook of Development Economics*, H. Chenery and T. N. Srinivasan (eds.), vol. 1, Amsterdam.
―――― [1991], 'Gender Inequality and Theories of Justice', Paper presented at the

WIDER Conference on "Human Capabilities: Women, Men and Equality", Helsinki.
Shorey, P. [1930], 'The Alleged Fallacy in Plato *Lysis* 220E', *Classical Philology*, 25.
Siebach, J.L., and Wrathall M. [2000], 'Socratic Elenchus in Plato's *Lysis* ― More than just Consistency Testing', in: Robinson, T.M., and Brisson, L. [2000].
Simplicius [1882], *In Libros Aristotelis De Anima Commentaria*, M. Hayduck, ed., Berlin.
Simpson, P. P. [2001], *Vices, Virtues, and Consequences — Essays in Moral and Political Philosophy*, Washington, D. C.
Sorabji, R. [1979], 'Aristotle on Demarcating the Five Senses', in: *Articles on Aristotle*, vol. 4 (J. Barnes, M. Schofield, and R. Sorabji, ed.), London.
―――― [2000], *Emotion and Peace of Mind: From Stoic Agitation to Christian Temptation*, Oxford.
Sprague, R. K. [1962], *Plato's Use of Fallacy*, London.
Stewart, J. A. [1892], *Notes on the Nicomachean Ethics of Aristotle*, Oxford
Swanson, J. A. [1992], *The Public and the Private in Aristotle's Political Philosophy*, Ithaca / London.
Szlezák, T. A. [1980], 'Sokrates' Spott über Geheimhaltung: Zum Bild des φιλόσοφος in Platons *Euthydemos*', *Antike und Abendland* 26.
Tarrant, D. [1927], 'The Authorship of the *Hippias Maior*', *Classical Quarterly*, 21.
―――― [1928], *The Hippias Major Attributed to Plato*, Cambridge.
Taylor, C. [1989], *Sources of the Self*, Cambridge Mass.
Teichmann, R. [2008], *The Philosophy of Elizabeth Anscombe*, Oxford.
Telfer, E. [1970/1], 'Friendship', *Proceedings of the Aristotelian Society*, 71.
Thomas Aquinas, [1959], *In Aristotelis Librum De Anima Commentarium*, M. Pirotta, ed., Torino.
Ullmann, W. [1961], *Principles of Government and Politics in the Middle Ages*, London.
―――― [1965], *A History of Political Thought: The Middle Ages*, Baltimore.（朝倉文市訳『中世ヨーロッパの政治思想』御茶の水書房，1983 年）。
―――― [1975], *Law and Politics in the Middle Ages*, London.
Vlastos, G. [1981], 'The Individual as Object of Love in Plato', in: *Platonic Studies*, G. Vlastos ed., (2nd ed.), Princeton.
Waldenfels, B. [1995], 'Das Eigene und das Fremde', *Deutsche Zeitschrift fuer Philosophie* 43.
Wallach, J. R. [1992], 'Contemporary Aristotelianism', *Political Theory*, vol. 20, no. 4.
Walzer, M. [1990], 'The Communitarian Critique of Liberalism', *Political Theory*, vol. 18, no.1.
Waterfield, R. [1987], *Hippias Major, Hippias Mionor, Euthydemus* (tr. and intr.), in: *Plato: Early Socratic Dialogues* (ed. T. J. Saunders), Penguin Books (Penguin Classics).
Watson, G. [1982], 'ΦΑΝΤΑΣΙΑ in Aristotle, *De Anima* 3. 3', *Classical Quarterly* 32.
Wedin, M. V. [1988], *Mind and Imagination in Aristotle*, New Haven/London.

Wilamowitz-Moellendorff, U. von [1920], *Plato I* (2. Aufl.), Berlin.
Wilks, M. [1963], *The Problem of Sovereignty in the Later Middle Ages*, Cambridge.
Williams, B. [1985], *Ethics and the Limits of Philosophy* , London.
───[1986], 'Hylomorphism', *Oxford Studies in Ancient Philosophy*, 4.
Wittgenstein, L. [1969], *Philosophische Untersuchungen*, Suhrkamp.（藤本隆志訳『哲学探究』大修館書店，1976 年）。
Wolin, S. S. [1960], *Politics and Vision*, Boston.（尾形典男・福田歓一・有賀弘ほか訳『新装版・西欧政治思想』福村出版，1994 年）。
Woodruff, P. [1982], *Plato : Hippias Major*, Indianapolis/Cambridge.
Zagzebski, L. [2006], 'The Admirable Life and the Desirable Life', in: Chappell [2006].

アウグスティヌス [1979]『アカデミア派駁論』（清水正照訳），教文館。
アドルフォ・ビオイ＝カサーレス [1990]『モレルの発明』（清水徹・牛島信明訳），書肆風の薔薇。
稲垣良典 [1961]『トマス・アクィナスの共通善思想』有斐閣。
───[1972]『法的正義の理論』成文堂。
井上達夫 [1986]『共生の作法──会話としての正義』創文社。
岩田靖夫 [1985]『アリストテレスの倫理思想』岩波書店。
牛田徳子（訳）[2001] アリストテレス『政治学』京都大学学術出版会。
宇都宮芳明 [1980]『人間の間と倫理』以文社。
大竹敏雄（訳）[1982]「フェニキアの女たち」『ギリシア悲劇全集』第 4 巻，人文書院。
大森荘蔵 [1976]「ことだま論」『物と心』東京大学出版会。
加藤信朗（訳）[1973a] アリストテレス『ニコマコス倫理学』岩波書店。
───[1973b]「形の現象」『理想』483。
───[1976]「『ニコマコス倫理学』の冒頭箇所（1094a1-22）の解釈をめぐって」『西洋古典学研究』XXⅣ．
───[1988]『初期プラトン哲学』東京大学出版会。
───[1993]「公共性──ギリシア政治哲学の原点」『聖心女子大学論叢』第 80 集。
───[1995]「政治の原点としての哲学──いま日本の哲学に求められているもの」『哲学雑誌』第 782 号．
川本隆史（訳）[1993] M・ヌスバウム「女たちに正義を！」『みすず』8 月号。
神崎繁 [1994]「《徳》と倫理的実在論──アリストテレスの「徳」概念の現代的意義」『徳倫理学の現代的意義』（日本倫理学会編），慶應通信。
───[1998]「「生の形」としての魂──〈『霊魂論』崩壊〉以前の思考風景」，『生命論への視座』大明堂．
───[1985]「隠喩としてのポリス・隠喩としてのパイデイア」『現代思想』第 13 巻第 12 号．
木曽好能 [1982]「直接知覚か非知覚か」『哲學』（日本哲学会編）第 32 号。
───[1987/8]「心とは何か」『京都大学文学部研究紀要』26/7。

北嶋美雪（訳）[1975]プラトン『大ヒッピアス』プラトン全集10，岩波書店。
ギールケ, O. [1985]『中世の政治理論』（阪本仁作訳），ミネルヴァ書房。
久保正彰 [1984]「古代ギリシアの愛」『愛と人生』東京大学出版会。
栗栖聡 [1993]「権力」『現代の政治思想』東海大学出版会。
桑子敏雄 [1993]『エネルゲイア』東京大学出版会。
ケルゼン, H. [1975]『正義とは何か』（宮崎繁樹 他訳），木鐸社。
斉藤純一 [1993]「自由主義」『現代の政治思想』東海大学出版会。
柴田平三郎 [1985]『アウグスティヌスの政治思想』未来社。
―――[1987-1993]「君主の鑑」(1)～(8)，『獨協法学』第25号～第37号。
嶋津格 [1996]「民主主義――その認識論的基礎と機能のための条件について」『哲学』（日本哲学会編）第47号。
鷲見誠一 [1970]「マルシリウス・パドゥアにおけるアリストテレス受容の問題――その政治学的考察」『法學研究』（慶応義塾大学）第43巻第1号。
高田三郎（訳）[1973]『ニコマコス倫理学（下）』岩波文庫。
田中成明 [1987]「哲学と法律学――実践哲学の復権の一側面」『哲学研究』（京都哲学会）554号．
田中伸司 [1991]「プラトン『リュシス』篇の構造」『北大文学部紀要』40-1。
ダントレーブ, A. P. [1979]『政治思想への中世の貢献』（友岡敏明・柴田平三郎訳），未来社。
チザム, R. M. [1970]『知識の理論』（吉田夏彦訳），培風館。
―――[2003]『知識の理論 第3版』（上枝美典訳），世界思想社。
千葉真 [1994]「愛の概念と政治的なるもの――アーレントの集合的アイデンティティーの構成」『思想』第844号。
―――[1995]『ラディカル・デモクラシーの地平』新評論。
土橋茂樹 [1990]「アリストテレスのフィリア論――自己愛と友愛」『哲学』（日本哲学会編）第40号。
―――[1991]「アリストテレスの感覚論――表象論序説」『哲学科紀要』上智大学哲学科，第17号。
―――[1992]「アリストテレスにおける表象と感覚」『哲学』（日本哲学会編）第42号。
―――[1993]「ロゴスとヌースをめぐる一試論――アリストテレス『霊魂論』に即して」『倫理学年報』（日本倫理学会編）第42集。
―――[2000]「擬マカリオスにおける「霊的感覚」」『エイコーン』第22号，新世社。
―――[2001]「今，倫理学に何が求められているか」『人文研紀要』（中央大学人文科学研究所）第41号。
土屋賢二 [1984]「知覚されるもの――アリストテレス『デ・アニマ』第2巻第6章」『お茶の水女子大学人文科学紀要』第37巻。
ティアニー, B. [1986]『立憲思想――始源と展開 1150-1650』（鷲見誠一訳），慶應通信。

デイヴィッド, A. [1994]「リバタリアニズム研究序説（一）」『法學論叢』第135巻第6号。
ドゥオーキン, R. [1994]「リベラルな共同体」（高橋秀治訳）『現代思想』vol. 22-5。
中畑正志 [2001a]「哲学の教育――過去そして現在」『アルケー』（関西哲学会年報）No.9, 京都大学学術出版会。
―――（訳）[2001b] アリストテレス『魂について』京都大学学術出版会。
中村一彦 [1995]「プラトン『リュシス』研究――訳と注」『人文・自然科学研究（釧路公立大学紀要）』第7号。
新島龍美 [1993]「『エウテュデーモス』篇の問題」『西洋古典学研究』XLI。
ハイニマン, F. [1983]『ノモスとピュシス』（廣川洋一他訳），みすず書房。
バークリ, G. [1990]『視覚新論』（下條・植村・一ノ瀬訳），勁草書房。
フィルハウス, J. [1996]「中世における教会法学者の社会論」『中世の社会思想』所収, 創文社。
藤沢令夫 [1980]『イデアと世界』岩波書店。
干川剛史 [1994]「公共性とコミュニケーション」『モダンとポストモダン』所収, 法律文化社。
増田四郎 [1994]『都市』ちくま学芸文庫。
モラル, J. B. [1975]『中世の政治思想』（柴田平三郎訳），未来社。
山本巍 [2000]「鉄の孤独と対話問答法――プラトン『大ヒピアス』から」『ロゴスと深淵――ギリシア哲学探究』東京大学出版会。
湯本泰正 [1998]「「……とは何であるか」という問いと「何が…であるか」という問い――『ヒッピアス（大）』287c8-e4」『哲学誌』40。
リーデル, M. [1990]『市民社会の概念史』（河上倫逸，常俊宗三郎編訳），以文社。
リーベシュッツ, H. [1994]『ソールズベリのジョン』（柴田平三郎訳），平凡社。
和辻哲郎 [1965]『倫理学』上, 岩波書店。

# 人名索引

Adkins, A. W.　243, 245–46
Aeschines　100, 103, 107
Aegidius Romanus　312
Albertus Magnus　295
Allan, D. J.　243
Allen, R. E.　59
Annas, J.　6, 248, 365
Anscombe, G. E. M.　114, 335–36, 340, 363
Antisthenes　102–03
Arendt, H.　300, 302, 319, 328–29, 347
Aristophanes　100
Aristoteles　10, 12, 111–16, 118–19, 122, 124, 132–34, 136, 138–39, 141, 143, 145–46, 148, 151–53, 157–62, 166–67, 170–75, 179–82, 186, 188, 190–91, 195–96, 198, 202–03, 206, 209, 212–13, 220, 225–31, 234, 236, 238–39, 241–47, 249–56, 258–65, 268–70, 273, 281, 287–88, 291, 293–15, 319, 322–24, 332–33, 335–37, 339–50, 352–53, 355–56, 359, 362–68
Aspasius　234, 267
Augustinus　130–31, 301–06, 308–10
Bambrough, B.　258
Barnes, J.　119
Basilius　214–19, 221–22
Benson, H. H.　59–60
Berkeley, G.　141
Beyenka, M. M.　213
Bien, G.　293
Bioy Casares, A.　112
Blythe, J. M.　312
Bordt, M.　15

Bolotin, D.　5
Bossi, B.　296
Bossier, F.　296
Brentano, F.　120, 125
Broadie, S.　345
Bruni, L.　296
Burnet, J.　7, 19, 39, 59, 225, 229, 234, 240, 263, 266–67
Burnyeat, M. F.　349
Canto, M.　20
Carlyle, R. W. and Carlyle, A. J.　293, 303
Chance, T. H.　19, 20
Cherniss, H.　157
千葉真　319, 328
Chisholm, R. M.　147
Cicero　106, 307–10, 314, 324
Clemens Alexandrinus　216
Coope, C. M.　363
Cooper, J. M.　225–26, 228, 230–31, 233, 243, 245
Countryman, L. W.　213
Crocker, D. A.　345–46
Darwall, S.　334
David, A.　5
d'Entrèves, A. P.　293
Dillon, J. M.　215
Diogenes Laertius　105, 181
Dirking, A.　215
Dirlmeier, F.　225
Dod, B. G.　296–97
Driver, J.　366
Dworkin, R.　318, 327
Engstrom, S.　213, 365
Epictetus　301
Euripides　97, 227

Favez, C.   213
Flüeler, C.   294–96, 298, 306
Foot, P.   336, 345, 364, 366
Fortenbaugh, W. W.   235–37, 243
藤沢令夫   169
Furley, D. J.   150
Gadamer, H. G.   345
Gauthier, R. A.   267
Gierke, O. F. v.   294, 305
Gifford, E. H.   33
Gonzalez, F.J.   6, 15
Gottlieb, P.   366
Graeser, A.   125
Grant, A.   225, 230, 263, 267–68
Gregg, R. C.   213
Grube, G. M. A.   49–51
Guilelmus de Moerbecum   295–96, 298, 301, 303–04
Guthrie, W.K.C.   5–6, 40, 49, 50–51
Habermas, J.   302, 325
Hamlyn, D. W.   115, 124, 133, 140, 143–44, 171
Hardie, W. F. R.   250, 263
Hare, R. M.   88, 335
Hawtrey, R. S. W.   19, 23
Heath, T.   259, 264
Heidegger, M.   111
Heinimann, F.   255
Hertling G.   296
Hicks, R. D.   121, 125, 139, 143–44
Hoerber, R. G.   6, 49–50
Hoffmann, E.   228
Homerus   62
干川剛史   326
Hursthouse, R.   364
Husserl, E.   83
稲垣良典   254
井上達夫   328
Irwin, T.   271, 278, 383
岩田靖夫   226–27, 243, 250, 259, 263, 267–68, 282
Jaffa, H. V.   306

Joachim, H. H.   233
Johannes Parisiensis   309
Johannes Salesberiensis   307, 309
Jolif, J. Y.   267
K
Kahn, C.H.   5–6, 40, 104–05, 107, 144, 244, 248
神崎繁   210, 283, 291, 336, 349
加藤信朗   37, 81, 112, 156, 182, 225–26, 253–254, 263, 268, 271, 275–76, 292, 299
川島重成   98
Kelsen, H.   254, 261, 264
Kidd, I. G.   216
木曽好能   113, 147
Kraut, R.   345
久保正彰   226–227
栗栖聡   330
桑子敏雄   282–83
Labarière, J-L.   171
Lactantius   307
Levin, D.N.   5, 15
Liebeschütz, H.   307
Locke, J.   87–89, 325
Luscombe, D. E.   303
Macintyre, A.   319, 345
Mackenzie, M.M.   5–6
Mackie, J. L.   87
Macrobius   307
Markus, R. A.   302–05, 307
Marsilius de Padova   308–10, 319, 325
増田四郎   324
McDowell, J.   89–90, 360, 367
Michael   248
Miller Jr., F. D.   367
Modrak, D. K. W.   135, 140
Moore, G. E.   333–34, 336
Morgan, M. L.   78
Morrall, J. B.   293, 311–12
Mulgan, R. G.   278
Nagel, T.   351
中畑正志   329

人 名 索 引

Nehamas, A.　59–60
Nederman, C. J.　294, 307–10, 325
Newman, W. L.　280, 351
新島龍美　29
Nozick, R.　318
Nussbaum, M. C.　171, 174, 329–30, 332–33, 336, 340, 345–62
Oakeshott, M.　328
大森荘蔵　156
Owen, G. E. L.　234–35, 255
Petrus de Alvernia　298
Pettit, P.　317
Platon　5–7, 11–13, 16, 19–20, 34, 36, 39–40, 49–51, 58, 70, 83–84, 90, 96, 102, 104–08, 148, 195, 220, 232, 246, 254–55, 300, 323, 349, 360
Plutarchus　216
Pocock, J. G. A.　319
Post, G.　126, 303–04
Price, A.W.　6
Putnam, H.　329, 360
Quine, W. V. O.　120
Rawls, J.　254, 260–61, 318, 336, 353–54, 356–62
Renaud, F.　5
Renna, T.　294, 311–13
Riedel, M.　296, 298, 302, 336
Robinson, R.　5–6, 20
Rodier, G.　125
Ross, W. D.　122, 125, 133, 139, 157, 171, 233, 259, 263, 271
Rowe, C.　5
斉藤純一　328
Sandel, M. J.　319, 322
Saunders, T. J.　278, 280
Schofield, M.　171, 213
Sedley, D.　5
Seidel, H.　169
Sen, A.　59, 113, 136, 139, 141, 169, 176, 264, 298, 303–04, 307, 311, 332, 345–47, 349, 358, 360
Seneca　220–21, 307

柴田平三郎　302, 313
嶋津格　328
Shorey, P.　13
Siebach, J.L.　5
Simplicius　139
Simpson, P. P.　334
Skinner, Q.　319
Socrates　5–6, 10, 12, 14–17, 19–23, 25–32, 34–37, 40–47, 49–55, 57, 59–60, 64–65, 70–71, 73, 77, 80–81, 84, 86, 90, 101–07, 159, 254, 364
Sorabji, R.　124, 222
Sprague, R. K.　20
Stewart, J. A.　243
Strauss, L.　345
鷲見誠一　309
Swanson, J. A.　283, 300, 323
Szlezák, T. A.　20
田中成明　254, 263
Tarrant, D.　39, 50–51, 59, 71
Taylor, C.　322
Teichmann, R.　363
Tierney, B.　308
Telfer, E.　225, 231, 233
Thomas Aquinas　138, 143, 266, 277–78, 295–98, 303–07, 311–13, 324
Thucydides　100, 107–08
土橋茂樹　95, 202, 204, 211, 329–31, 339
土屋賢二　118
Ullmann, W.　293, 311–12
牛田徳子　343
宇都宮芳明　258
Vierhaus, J.　302
Vlastos, G.　5, 7–8, 226, 232, 234
Waldenfels, B.　83
Wallach, J. R.　332, 345
Walzer, M.　319–320
Waterfield, R.　39, 50–51, 71
Watson, G.　171
和辻哲郎　258
Wedin, M. V.　171–72

Whiting, J.　213, 365
Wiggins, D.　345
Wilamowitz-Moellendorff, U. von　106
Wilks, M.　303
Williams, B.　88–89, 347–48, 350, 353, 358, 360
Wittgenstein, L.　112, 143, 155
Wolin, S. S.　319
Woodruff, P.　39, 41, 46–47, 49, 50–52, 58–59
Wrathall, M.　5
Xenophon　101–02, 104
山本魏　78
山崎正和　317
湯本泰正　60
Zagzebski, L.　364

# 事項索引

(特定の章に頻出する見出し語、たとえば第8章～第9章における「友愛」のような場合、見出し語の後の [ ] に該当する章を示し、原則として頁数は割愛した。著者独自の用語の定義的記述を含む頁数は太字で示した。また、理解に資する限りで、見出し語とおりでない箇所も挙げた。なお、頁数の指示は必ずしも見出し語の網羅的列挙を目指したものではない。本索引で使用される記号は以下の意。⇒は、指示された項目の方を見よ。→は、併せて参照せよ。)

## ア 行

愛　7-8, 10-11, 13, 19, 22, 25-26, 34, 37, 83, 98, 100, 218-19, 225-27, 240, 251, 273, 319n.5, 326, 330, 357, 366　→自己愛, 友愛

愛情（フィレーシス）　97, 225, **230-31**, 244

相手のため　230-31, 241-43, 245, 249, 272-73, 284, 326　→自分のため, 利他／愛他性

アナトレプティコス・ロゴス　**26**　→プロトレプティコス・ロゴス

アパテイア　213-14, 215, 217-19, 221-22　→パトス

誤り／誤謬／錯誤　15, 36, 77, 87, 127, 142, 151-56

現れ　75, 88, 94, 116, 126-27, 129-31, 156n.41, 159, 162, 167, 170-71, 173-74, 329n.22　→現象

アリストテレス的本質主義　331-32, 347, 353, 358-59

家／家政　277-78, 281, 299-300, 304, 309, 318, 322, 324-25　→家父長制

異他性／異他的なもの [附論1]　327

一人称（的）　146, 203, 206, 211, 360-61, 366　→三人称

イデア　17, 58, 96, 234, 235, 323

因果（的）　136-37, 140-42, 144, 148, 157, 167-68, 170, 173-74, 180-81, 192, 196, 203-04, 207-08, 337

運動（キーネーシス）　116, 134, 136-44, 149-50, 165-70, 172-76, 180, 189, 192, 196, 202-04, 220, 277, 299, 352

エウトゥキアー（(幸運にも) うまくいくこと）　28-29, 31, 34

エネルゲイア　⇒現実活動（エネルゲイア）, 現実態
　――準則　**132**, 136
　――の文脈　**169-71**, 173-74, 176, **192**, 196-97　→キーネーシスの文脈

エロース　5-6, 50, 81, 83-85　→恋

エンドクサ（通念／既存信念群／公共的合意）　255n.9, 340, 348, 350, 361-62

## カ 行

快／快さ／快楽　53, 77-79, 102-03, 168, 180, 182-83, 206, 211, 221, 228-37, 239, 242-44, 247-48, 273, 284, 286n.9, 334, 338, 349, 356

仮想論難者 [第3章]

価値　47n.7, 64, 67, 86, 88-89, 95, 98, 108, 228-29, 254-55, 260-61, 277n.3, 292, 317-18, 323, 325, 330, 337-38, 340-41, 348-50, 353n.50, 365-68

可能態　22n.7, 115, 132, 136, 149-51, 168-69, 171, 186, 190, 196-97, 202-03, 205, 207, 209, 279, 342　→現実態, 能力

家父長制（的）　98, 304, 309, 324, 347　→家

感覚＝ロゴス（比）準則　**132**, 135, 158
感覚／――すること／――能力［第4, 5章］　86-87, 95n.13, 180-82, 186-99, 202-04, 208, 211, 250-51, 257, 277, 329n.22, 337-39, 352
　狭義の――　166, **168**, 170, 173-74, 176
　広義の――　144, **166**, 168, 170, 173, 175-76, 180
　原――　**141**-42, 144
感覚器官　123, 125, 132, 135-38, 140-44, 148, 160, 162, 166-68, 173, 180, 193, 196
感覚対象［第4章］　166-69, 170n.6, 173-75, 180-81, 190, 192, 196, 199, 203, 337, 339
　自体的――　116-17, 119, 121-22, 124-28, 135, 140, 143, 148, 153, 168
　固有感覚／―― 対象　116, 118, 122-26, 131-45, 148, 151-53, 157-58, 166, 168, 173, 199, 204
　共通――　116, 124-26, 131, 137-43, 145, 148, 152, 167, 174　→共通感覚
　付帯的感覚／―― 対象　116-28, 133, 139, 142-43, 147-48, 151, 153-56, 159-61, 168, 174-75, 199, 204
感覚与件　113-14, 117, 123, 133
感情　230-31, 335, 367　→パトス
観想　195, 212, 249-51, 282-83, 286-87, 290-91, 323
観念　87, 113, 141n.31, 313, 321, 324, 330n.27, 358, 364
帰一的用法　**234**, 236-38, 240　→焦点的意味
キーネーシスの文脈　**169**-70, 173-74, 176, **192**, 194-98　→エネルゲイアの文脈
キケロ主義　307-10, 324
帰属的用法　119, 121-22, 153　→付帯的感覚対象
基体　118-23, 125-27, 143, 148, 153, 161
義務論　308, 328n.21, 336, 363　→功利主義，徳倫理学
共通感覚　119, 122, 138, 140-45, 204
　――の知覚的機能　**138**
　――の統覚的機能　**138**, 144-45
　――対象　⇒感覚対象
共同食事　340-41
共同体［第11, 13章］　212, 228n.17, 229, 242n.3, 246n.11, 255, **258-59**, 263n.42, 299-301, 305, 308-09, 315, 333, 337-38, 341-44, 349-50, 352, 355, 360-62, 367-68
　ポリス――　229, 258-59, 263n.42, 276-81, 291, 299-301, 322, 337, 341-44, 350, 367
　完全――　276, **277**, 278-88, 290-92, 305, 309, 315　→存在の位相
　政治――　276, **281**, 283, 288, 290-91, 319n.6　→生成の位相
共同体主義（communitarianism）　319-21, 326-28, 360　→自由主義
キリスト教　213, 215, 293, 296, 301, 307-08, 310, 314, 324
苦／苦痛　155, 168, 180, 182-83, 211, 216-17, 219, 323, 338, 356-57
君主の鑑　313
形相　12, 16n.11, 65-66, 132, 136-37, 148, 158-61, 182, 184-85, 189-90, 194-95, 197-99, 201, 205-06, 208, 212, 251-52, 275, 277n.3, 279, 283, 299-300, 337　→質料
　――受容準則　**132**, 136-37, 158
　――現出的知性　185, 197　→能動知性
　世界の――的把握（の働き／機能）　**184-85**, 199
原‐異他性　**90-91**, 92-96
原感覚　⇒感覚
言語　26, 32, 34, 36-37, 86, 88, 91-

事 項 索 引

92n.12, 114, 125, 133, 157, 169, 179–86, 189–91, 194, 198–99, 204, 208n.7, 210–11, 258n.23, 297–98, 335, 337–39, 342, 351 →ロゴス
　——観Ⅰ　**182**, 184–85
　——観Ⅱ　**184–85**
現実活動（エネルゲイア）　166, 169–73, 176, 190, 192
現実態　115, 125, 127, 132, 136–37, 149–51, 168–69, 171–73, 176, 186, 190, 192–93, 196–98, 202–05, 207, 209, 250–51, 279, 342　→可能態, 働き
現象　125, 128, 130–31, 140–42, 148, 152–53, 156, 160–61, 168, 207, 325, 327　→現れ
　——的用法　130–31, 148
現生態　**202**, 204–05, 207, 209–10, 212
権利　254, 261, 263, 321, 340, 353, 356n.60, 367–68
恋　83–86, 90–93, 100–01, 227–28, 232　→エロース
濃い概念　89
好意　230–31, 242, 284
行為　28–31, 37, 49, 58, 74–75, 77, 97, 184, 245–47, 252, 255–58, 261, 271n.66, 273, 275, 277, 285–90, 306, 326–30, 332, 335, 338–39, 357–58, 366–67
公共空間（認知的・価値的な——）　337, 340–41
公共性　319n.5, 322, 325–28, 330, 336, 339–40
　政治的——　317, 319n.5, 323–25, 327–28
　《私たちの善き生》の地平としての——　330　→善
公共的フィリアー（友愛）　329　→フィリアー, 友愛
公共評価（＝美）　**47n.8**, 48–49, 56–57, 60–64, 66–67, 70–77, 79–80, 95

第1次（の公共）評価　**70–71**　→対人相対性
第2次（の公共）評価　**70–71**　→領域的専門知
公共評価の場面　**47n.8**–48, 56
　——Ⅰ　**56**–57, 60, 62–64, 67, 70, 72–76, 79–80
　——Ⅱ　**56**, 70n.15–71, 75–77, 80
公的　40–42, 45–49, 58, 72, 74–75, 77, 282–83, 287, 300–01, 309, 315, 320, 322–26, 329n.22, 330, 367–68
　——な領域　282, 287, 300
　私的　41–42, 45–46, 282–83, 287, 300, 309, 315, 317, 320, 322–30
　私的な領域　287, 300
　公私混合的な　43
　私事化（privatization）　325
　統合（公的な生と私的な生の——）　322, 325–27, 329–30
幸福（エウダイモニアー）　27–28, 35, 37, 84–85, 212–13, 229, 250, 252, 254n.4, 275, 281–83, 285, 291, 300, 326, 346, 350–52, 364–65, 367
衡平　261, 265, 267–68, 270–73, 289
　——なこと　268n.58
　——な性格　268n.58
　——な人　268n.58, 271
エピエイケイア　268n58, 273
功利主義（的）　254n.4, 261, 336, 363　→徳倫理学, 義務論
声　180–83, 338
個体　86, 95, 116, 118–20, 123, 126, 153–54, 157–59, 209–11, 251–52, 317
　——内属性　125–26
国家起源論　294, 299n.26, 302–03, 307–08
個別／——的事例　42, 59–60, 63, 79, 123, 154, 159, 160, 239, 251, 257, 271, 273, 330n.27, 356, 365–67
固有感覚対象　⇒感覚対象

## サ 行

最善の国政　290, 294, 310
三人称（的）　203–04, 207, 360, 366
　→一人称
自己　14–15, 21, 97, 130, 138, 149–50, 169, 171, 192, 196–97, 211–12, 227, 245–52, 259n.25, 263, 271n.66, 273, 285–91, 304, 319–21, 323, 325, 330, 344, 347, 349, 351, 355, 359, 360–62
　——α　**247–49**, 252
　——β　**247–48**, 250–52
　——γ　**250**–52
　真の——　246, 248–50, 252
　もう一つの別の——（アロス・アウトス）　249, 252, 286, 289
　広義の——　**286**–91
自己愛　227, 241–44, 246–49, 252, 273
志向（——的，——対象）　12, 125, 127, 142, 148, 156–57n.42, 159–61, 167–68, 176, 184, 204n.5, 208, 275, 277, 310, 361
指示的に透明／不透明　120
指示的用法　**119**, 153, 156　→付帯的感覚対象
自然（本性）　98, 112, 142, 169, 180–83, 185, 189–90, 192, 196, 198, 202, 205, 209–10, 212, 215–16, 219, 227, 229n.28, 237, 261, 269, 272, 277, 279, 285, 287–88, 290, 299, 302–10, 318–19n.5, 322, 324–25, 327, 334, 337–38, 341–44, 347–48, 350, 352, 356–57, 364–65, 367
自然主義　294, 299n.26, 302–03, 307–11n.73, 314, 337, 341–42, 344, 346, 364
　——的誤謬　334
　ゆるやかな——　337, 341, 344
自然法　254n.4, 258, 270, 294n.7, 306, 313, 324
自足　250–52, 257–58, 267, 278–79, 282n.7, 285, 291, 297, 319n.6, 344, 350
自体的感覚対象　⇒感覚対象
実在論　136, 334, 347–48, 360
　素朴——　114
　内在的——　329, 360
　道徳的——　360
質料　12, 132, 136–37, 158, 161, 182, 194–95, 198, 201, 205–06, 208, 251–52, 299–300, 337　→形相
支配／政治的支配　6–7, 14–15, 218, 220, 228, 247, 249–50, 267, 269–70, 278–80, 301–05, 309–11, 313–14, 318, 322–25, 332, 368
統治　43, 304, 308, 311–14, 325, 330
自分のため　231, 241–43, 248–49, 326　→相手のため，自己，利己
自閉的写像言語系　**32**, 34, 36
市民　98–99, 101, 108, 213, 228n.17, 257, 267–68, 276, 281, 290, 299–302, 304–05, 309, 311n.73, 319, 322–27, 340–41, 350, 354, 367–68
　——社会　301–02, 304, 330
社会　98–99, 181–82, 213, 227, 245–46, 254n.4, 260–62, 264, 272–73, 291n.11–92, 293–94, 301–04, 307–11, 314–15, 317–22, 324–26, 328n.20, 330–32, 337, 340, 347, 350, 352, 355, 357–60, 362, 368
種　119, 126, 135–36, 149, 151, 153–54, 158–59, 161–62, 165–67, 181, 185–86, 198–99, 207, 209–11, 229, 232–33, 259, 277, 317, 319, 342–44, 347, 349, 356
類種関係／類・種　158, 233
自由主義　317–22, 326, 328, 353–55, 359　→共同体主義
福祉型——（welfare liberalism）　318, 320

事項索引　393

自由至上主義（libertarianism）　318, 320
焦点的意味／焦点的構造　234-40
　→帰一的用法
知らないことを知らないと思う　14-15, 17
思慮　28, 30, 41, 366-67
心身（心身合成体／心身二元論）　85, 147-48, 158, 250
身体（——的なもの）　9-10, 13, 28, 93, 137, 143, 146-48, 155, 160, 162, 167, 173-76, 180, 190-94, 197-98, 202n.1, 205-06, 217, 219, 250, 356
信念系［第2章］　95, 337, 350
　——の転換　22, 25, 32, 34, 37
真理／真実／真　5, 25, 33, 44-46, 48, 55-56, 62, 72, 75-76, 85-86, 92-95, 101, 112, 116, 118, 120, 147, 151, 153-57, 162, 170, 172, 238, 255, 320, 339-40, 347, 353n.50
ストア派　213, 215-22, 365
生　165-68, 170, 174, 176, 186, 188, 201-02, 204-05, 207-12, 214, 218, 229n.28, 257-58, 269-70, 282-83, 286-88, 300, 320, 322, 326-27, 329-30, 332, 342-43, 346, 349-52, 354-58, 364-65, 367
　生きている（こと）　111, 165, 201-02, 205-10, 212
　——のアスペクト　**204**-05, 207-212
　観想の——　282, 287　→観想
　——の質　346
正義［第10章］　28, 58, 229n.28, 246n.11, 287-90, 318n.3, 320-21, 336, 354, 360, 367-68
　最大の——　253, 265, 267-68, 271-72, 288-89
　一般的——　256, 259, 265, 268-73
　特殊的——　246n.11, 256, 259-61, 264-65, 267-68, 270-73, 289
　　①配分的——　259, 261, 264, 266n.50
　　②規制的——　259, 261, 263
　　③応報的——　259, 263-64
　規則としての——（事の正しさ）　256, 261
　事の正しさ　256, 261, 264
　徳としての——（人の正しさ）　256, 258, 261, 265, 267, 273
　正しいこと（行為／事柄）　255
　　→規則としての正義
　正しい人　58, 86, 253, 255-56, 265-66, 288
　正しい性向／正義の性向　255-59, 267, 271　→徳としての正義
政治（術／学）［第12, 13章］　35, 41, 74n.17, 98, 100, 104, 106, 108, 212, 276, 280-81, 283, 287-88, 290-92, 333, 336, 341, 343-46, 350, 357-58, 361-62, 367-68
　アリストテレス『政治学』受容　294, 298, 302, 305, 314-15
　——学的自然主義　302-03, 305, 307, 314
性質変化　132-34, 136-37, 141-44, 149-50, 156-57, 159, 167-69, 192, 196, 203
生成の位相　**279-81**, 283-90　→存在の位相
政体（論）　228n.16, 270, 294, 299, 310, 312
　君主制　311-14
　民主制　311-12, 314
　混合政体　312, 314
生能　**202**, 204-05, 207-12
生物　133-34, 149-50, 166, 191, 205, 208n.7, 210-11, 215, 231, 244, 299, 310, 347, 351, 364
生命体　201-02, 204-05, 209-10
説得　21-22, 45, 103, 124, 308, 323-24, 339, 354
善／善さ／善いもの［第1, 9, 11, 13章］　21, 27-28, 30, 35, 37, 43-45, 47-48,

58n.11, 61, 66, 68–71, 73–74n.17, 84–86, 91, 166, 182, 184, 209–11, 213–14, 219, 226, 228–32, 235–40, 256–57, 259, 261–62, 265–66, 268n.58, 270–72, 299–300, 304–06, 310–15, 334–35, 338, 343–44, 346, 349, 351, 353–55, 357–58, 361–66, 368

善く生きる／善き生　181, 190, 199, 210, 212, 225, 229, 252, 275, 278–85, 287–88, 290–91, 300, 320, 326–27, 330, 344, 357

善い人　226, 245, 257, 268n.58, 276, 281, 284–88, 290, 311n.73

善い市民　257, 276, 281, 290, 311　→市民

共通善（bonum commune）　305, 314, 324, 328, 330n.27

最高善　275–76, 280–283n.7, 291n.13, 292　→幸福

濃密だが漠然としている善（thick vague conception of the good）　353, 355–56, 358, 362

像（エイドーロン）　92–95, 127, 130, 170–71, 173–74, 176, 179, 182, 184, 222, 235, 286, 337

　心――　170–71, 173, 176
　似――　130, 170n.6, 176, 222, 235

相互（性）　64, 95, 142, 191, 228, 230–31, 233–34, 236–37, 242, 244, 246, 252, 262–64, 266, 283n.7, 287, 312–13, 318–21, 323, 327–28, 330, 337–40, 342–43, 345, 351, 357, 365

相反する現れ（同一物の――）　64, 71, 80

争論術　21

ソクラティコイ・ロゴイ　102–04

ソフィスト　39n.2, 42, 46n.6, 74, 106, 255n.6, 269

存在／存在するもの　55, 75, 81n.20, 83n.1, 111–13, 116, 125–29, 136, 142, 150, 154–62, 183–84, 204n.5, 229, 233, 235–36, 239–40, 246, 254, 278, 286, 288, 298–99, 326–27, 329, 331, 347, 349

存在の位相　**279–81**, 283–85, 287–89　→生成の位相

タ 行

第一次／第二次性質　86–89

第一の友　10–13, 15–17　→フィリアー

対人相対性　45, 71, 73, 75–78
対物相対性　64, 67, 71, 74–75

多義（的）／性　112, 114–16, 148, 166–67, 215, 228, 232, 234, 255

正しい　⇒正義

脱政治化（depoliticization）　301, 325, 327–28

他人との関わり　257–58　→対人徳

魂（プシューケー）　13, 15–16, 95n.13, 112, 115, 148–50, 158, 162, 165, 169, 171, 173, 175, 179–81, 184–86, 189–91, 193–95, 198–99, 201–02n.1, 215–17, 219–22, 247–52, 255, 337, 339

戯れ　26, 52, 106

知［第1, 2章］　41–48, 58n.11, 64, 67, 69–78, 83n.1, 93, 103, 112n.5, 121, 125–26, 141, 155–58, 160, 170, 174, 184, 209, 212, 235, 280, 288, 302, 306, 338, 342, 366–67

　技能授与型の――　21–22, 34
　客観的専門――　6, 11–17
　ソクラテス的な――　14
　脱領域的――　25, 27–31, 34
　ロゴスを用いる――　35–36

知覚　87–89, 113–17, 122–23, 125, 127, 131–32, 134, 136, 138, 141–42, 145, 152, 155, 158, 160, 208n.7, 250, 342, 356, 366–67

　直接――／間接――　113, 116

知性（ヌース）　87, 162, 165, 169n.4,

事　項　索　引　　　395

170-71, 180, 185-95, 197-99, 212, 247-51, 275, 366-67
敵のために　11, 13, 15-16n.11　→第一の友
哲学／──者　19-20, 34, 39, 49, 101, 105, 113-15, 181, 195, 201, 213, 234, 238, 254, 258n.23, 264, 273, 287, 291-94, 298, 302-03, 308, 311n.73-12, 315, 330-37, 345, 349, 360, 363, 365, 367
同一者異相準則　**132**, 136-37, 158, 161
動物　131, 133, 146, 157-58, 160, 165-68, 170, 174-76, 179-83, 186-89, 208-09, 211-12, 226n.4, 233, 258, 269, 279, 288, 299, 301, 303, 310, 337-38, 341-44, 350, 357, 367
同名異義（性／的）　232-34, 236, 238
同名同義（性／的）　232-34
徳　19, 21-22, 28, 30, 36-37, 85, 103-104, 213, 215, 217, 225-26, 228-29n.28, 231n.37-32, 239, 243, 245-48, 256-59, 261, 264-65, 270-73, 284, 286n.9, 288, 300, 303, 314, 329-30n.27, 333, 335-36, 343, 351, 360, 363-68
　終極的な──／──の完成　257-58, 288
　対人──　258-59
　中庸──　218, 239, 366
ドクサ　119, 131, 238, 339-40　→エンドクサ
徳倫理（学）　336, 360, 363, 365-68　→義務論, 功利主義
友／友人［第1章］　101, 217, 226-28, 230, 236-37, 244, 246-48, 252-53, 265-66, 284-86, 288-89, 327, 329, 349　→フィリアー
奴隷（的）　99, 228, 244, 261n.33, 267-68, 277-78, 281, 300, 302, 304-05, 322-23, 352

## ナ　行

内在的本質主義（internalist essentialism）　347, 352
慰めの手紙　213-15, 218-19, 221-22
何かのため（heneka 構造）　10, 12, 16n.11, 183, 211, 328, 354
何かの故に（dia 構造）　10n.6-13, 247
人間［第14章］　13-15, 65, 91, 95n.13, 112, 115, 118-19, 123, 154-55, 160, 165, 170n.6, 174, 179-83, 185-91, 194, 198-99, 207-08, 210-12, 214-20, 225-27, 229n.27, 231-33, 244-45, 249-51, 257-58, 260-61, 265, 269-70, 272-73, 275, 277, 279, 282-84, 287-88, 290-91, 299, 301-10, 318, 322, 324-25, 327, 329n.22, 364, 367
　──の機能遂行（のための）能力　346, 356, 358, 360
人間は自然本性的にポリス的動物である　182, 258, 269, 279, 299, 337, 341-43
認知的／非認知的　8, 12, 16n.11, 146-48, 154, 159-60, 208n.7, 330, 337, 341, 353n.50, 366
能動知性　162, 169n.4, 180, 187-88, 191, 194-95, 197-99, 212, 250-51, 275
能力［第5, 6, 7章］　115, 124-25, 131-32, 134, 136, 138, 149-51, 158, 160, 250, 255-56, 275, 277, 321, 330n.27, 342-44, 346-47, 351, 355-59, 361-62
　栄養摂取──　199, 202, 208, 211, 277
　運動──　165, 167, 189, 202, 277
　感覚──［第5章］　124-25, 136, 149-51, 158, 180, 186-94, 196, 202, 208, 277　→感覚
　思考（思惟）──　165, 176, 185-

86, 189–90, 194, 197

ハ 行

発展（発達・開発）　5, 39, 133, 234–35, 273, 303, 309, 319n.6, 322, 332, 345–46, 364
パトス(情念／情動／受動的状態／情態)　134, 143, 179, 184, 214–18, 220–22, 225n.1, 230–31, 250, 303, 314, 333, 337–39
　アパテイア　213–15, 217–19, 221–22, 323
　エウパテイア　218, 220–22
　プロパテイア　221n.11
　メトリオパテイア（適度な情念）215, 218, 221–22
パンクラティアスティケー（万能闘技）21, 25, 37n.15
反照的均衡（reflective equilibrium）336, 362
反対性質共在禁止条件　**65**–67, 71
判断　31, 47n.8, 71, 74, 89, 119, 126–27, 129, 131, 153–56, 206, 220–21, 306, 330, 348, 351, 354, 366
美／美しさ／美しいもの[第3章, 附論1]　28, 99, 229, 241, 252, 271n.66, 273, 289, 353n.50, 367
　美しい公的行為　48–49, 58
　美しいものの内への出産　85
光　111, 129, 180, 194–97, 203–04, 211, 329n.22
人と人との結び付き（コイノーニア）182, 263n.42, 276–77, 289–290, 299, 338　→共同体
表象［第5章］　88, 116, 136, 144, 162–63, 180–81, 192n.4, 194, 202, 220–21n.11, 292n.13, 339
　——対象　172
　——内容　170–71, 173–74, 176
表層・基層・深層（——解釈）　**20**, 22–23, 25–26, 32, 34–37,

平等（な）　256–57, 259–64, 266–68, 271, 273, 289, 300, 333　→正義
比例　229, 237–38, 259–61, 264, 267
フィリアー　5–6n.1, 225–28, 230, 241n.2, 246, 253, 265–69n.61, 271–73, 329　→友愛
　クセニケー・——　227, 246
　恋する人々の——　227, 232
　親友仲間同士の——　227, 284
　同族間の——　227, 239
不可謬／可謬　128, 142, 147–48, 151–53, 156　→誤り
副詞的用法　**126**, 140, 148
付帯的　9–12, 116–17, 119–20, 123–26, 138–42, 148, 152–53, 168n.3, 277n.3, 349
付帯的感覚対象　⇒感覚対象
プロトレプティコス・ロゴス　19, 22, 25–26n.10
文脈相対性／文脈依存的／相対性　46n.6, 57n.10–58, 60, 62–63, 71, 76–78, 80, 95
ペリパトス派　215, 218, 221
法　43–48, 50, 55, 58, 66, 69–70, 73–74, 77, 99, 101, 254–59, 261–64, 266–73, 276, 280, 288, 290, 294n.7, 305–06, 308, 312–14, 324, 326, 335, 340–43
　——に適う　256, 257, 269　→遵法性，適法性，正しい人
　遵——性　257–59, 268–70
　適——性　254n.4, 258, 264, 269–70, 273
　実定——　254, 258, 264, 269, 270, 272–73, 306n.57, 312–14
ポリス　40–41, 43, 48, 74n.17, 181–82, 212, 226, 228–29, 242n.3, 257–59, 263n.42, 267–69, 275–83n.7, 288, 291, 299–301, 309, 319n.6, 322–24, 337–38, 341–44, 350–51, 367　→共同体
　——的動物　182, 258, 269, 279,

299, 301, 337-38, 341-43, 350
→人間
　社会的動物（animal sociale）　301, 303
翻訳　294-95, 297-98, 301, 303

マ　行

交わり（コイノーニア）　229, 232, 276, 299, 309, 323, 327, 330, 342
→共同体
ミーメーシス　92
民主主義　317-20, 332n.3, 361
目的　10-12, 15-16, 49-50, 90, 116, 154, 182-84, 189-90, 209, 211, 217, 222, 229n.28, 235-37, 239, 245, 250, 257, 261, 264, 266-67, 275, 278-81, 283-84, 288, 291, 308, 311, 318, 320, 328-30, 332, 338, 340, 343-44, 346, 354-55, 357, 361-62, 364, 367
　──論　10, 254n.4, 275, 308-09, 324, 328n.21
もの　66-69, 111-12, 114-15, 126, 162, 204n.5, 233, 244-45

ヤ　行

友愛［第 8, 9 章］　5-7, 9-10, 12, 17, 199n.5, 253, 261, 265-66, 271, 284-91, 329, 333, 349-50, 352n.46 →フィリアー
　完全な──　239, 245, 248, 284-91
　第一義的な──　232, 240
　付随的──　244-45
　──の動機／対象　228, 230, 242-43, 284
　　①善（いもの）／人柄の善さ　⇒善
　　②快（いもの）／快楽　⇒快
　　③有用（なもの）／利益　⇒有用
友愛の三条件　230-31, 233, 237

①愛他性　⇒利他／愛他性
②相互応答性　⇒相互（性）
③相互自覚（認知）性　⇒相互（性）
有用　8-9, 11, 16, 53, 68, 228, 242, 244, 284, 305
善い／よい　⇒善
抑制（エンクラテイア）　218, 222, 366 →アパテイア
欲望　9, 85, 90-92, 216, 221, 247-48, 273, 303, 317, 330n.27
欲求──能力　8-12, 14, 16, 86, 162, 165, 167-68, 170n.6, 174-76, 202n.2, 209, 220, 248-49, 343-44, 356, 365
　──対象　10-11, 167, 175
　──の四項構造　8, 10, 12

ラ　行

利己　231, 233, 241, 243-49, 251, 273, 318 →利他／愛他性
利他／愛他性　230-31, 233, 237, 241-49, 251-52, 318, 326, 329 →利己
立派な公的行為　⇒美しい公的行為
領域的専門知　27-32, 34-37, 64, 67, 71-72, 74-77 →知
倫理学　191, 212-13, 225, 239-40, 243, 247, 256, 261, 273, 306, 315, 331-37, 344-46, 348, 350, 353, 360, 362-63, 365-66, 368
類似　63, 87, 129-30, 179, 182, 190, 235-38, 240n.67, 267, 286n.9, 297, 337
類比　16, 30, 42, 63, 89, 133, 167n.2, 169n.4, 180, 190-91, 194-95, 197, 202n.1, 208-09, 225, 232, 235-38, 240, 251
ロゴス　35-37, 132, 135, 158, 161, 179, 181-82, 186, 211, 220-21, 249, 270n.62, 323, 324, 338-39 →言語

# 古典出典索引

Aeschines アイスキネス
*Aspasia*『アスパシア』
SSR V A 62  103
SSR V A 65  104

Albertus Magnus アルベルトゥス・マグヌス
*De praedicamentis*『カテゴリー論註解』
Ⅲ c. 11  295n10

Antisthenes アンティステネス
*Aspasia*『アスパシア』
SSR V A 142–144  102

Aristoteles アリストテレス
*Categoriae*『カテゴリー論』
9b5–7  134
10a27–b11  125n.19
*De interpretatione*『命題論』
16a3–8  179, 337
16a19–21  181
*Analytica posteriora*『分析論後書』
99b35  126
*Sophistici elenchi*『詭弁論駁論』
182b22  234n.45
*Physica*『自然学』
184a21–22  141n.30
194a9–12  299n.23
198b19–20  207

200b32–34  167n.2
244b2–3  157
244b5–5ᵇ  133
244b10–12  134
244b15–245a1  134
263a25ff  143
*De generatione et corruptione*『生成消滅論』
329b16–330a29  135
*De anima*『魂について』
403a8–10  173, 188, 194
403a18–24  175
403b25–27  149, 165
408b13–15  250
412a19–21  202n.1, 205
412a22–26  209
412a26–27  202
412a27–28  202n.1, 205
412b3–4  208
412b5–6  205
412b20–22  193, 205
412b25–26  202n.1
413a3–7  193
413a21–22  165, 202
413a22–25  202
413a25–b1  187
413a31–32  188
413b1–2  165
413b22–24  168, 180
414a12  202n.1
414a31–32  171, 202n.2
414b25–28  207

415a2  187–88
415a3–6  188
415a10–11  174n.13
415a11–12  188
415a16–22  171
415a18–20  202
415a18–b2  209n.8
415a20–22  203n.3
415b24  132, 167, 169, 180, 192
416a19, 25  202n.2
416b34  132, 169, 192
416b33–35  167, 180
417a16–17  169, 192
417a18–20  136
417a27–28  150
417a31  168
417a31–32  169
417b2–3  169, 192
417b6–7, 9  149, 169, 203
417b16–18  149, 169, 192
417b20–21, 25–26  149, 169
417b24–25  151
418a3–4  132, 190
418a8–11  116
418a11–16  196, 203
418a12  151
418a14–16  126
418a15  151
418a16  118, 154
418a19–20  139
418a20–24  117–18, 168
418a23–24  139, 175

418a24–25　168
418a26–28　196, 203
418a30–31　135
418a31–b2　196–97, 203
418b4–6　196
418b16–17　196
419a9　196
419a13–15　196, 203
420b27–33　180
422a10　122
424a5–10　126
424a17–19　132, 190
424a21–24　118
424a23–24　135
424a25–26　136
424a26–28　136
424a31　132
425a14–16　125, 138, 140, 142
425a16–17　142
425a20–21　125
425a24–27　118
425a27　138n.23
425a27–28　140, 142
425a30–b4　118
425b3–4　153
425b8–9　142
425b12–23　145
425b17–20　131
425b23–24　132
425b24–25　176
425b26–27　132, 190, 203
425b26–426a1　196, 204
426a4–5　251
426a12–14　196, 203
426a15–17　132, 190
426a20–26　136
426b3　132
426b8–14　126

427a2–3　132
427a8–9　136
427a17–21　149, 167, 189
427a20–21　126
428a1–5　170
428a3–5　126
428a9–11　174n.13
428a12–15　174
428a13　153
428a14　118, 154
428a14–15　153
428a22–24　339
428b3–4　111n.2
428b10–17　172
428b10–429a2　144, 167, 180
428b19　151–52
428b21–22　118, 153
428b24–25　152
428b25–27　174
428b25–29　170n.6
429a1–2　172
429a2–9　174n.13
429a10–11　186
429a15–16　190
429a16–18　190
429a21　251
429a24–27　190
429a29–30　192
429b5　192–93
429b10–22　189, 193–94
429b30–31　251
429b31–430a2　198
430a10–14[a]　194
430a14–17　195–96, 204, 251
430a18　195, 251
430a19–20　190
430a21　251
430a22–23　195

430a23–25　251
430a25　197
430b29–30　118, 154
431a2　115
431a5　132, 169, 192
431a14, 19　132
431a17–18　194
431b21　251
431b29–432a3　251
432a1–3　185
432a4–10　251
432a15–18　149, 167, 189–90
432a16　126, 189
432a31–b3　171, 173, 202n.2
432b1　132
432b10, 24　202n.2
433b1–3　171, 202n.2
433b11–12　167, 175
433b12　175
433b13–18　167n.2
433b27–30　167
433b28–29　175
434a4–7　174n.13
434b1–8　188
434b3　189
434b16–18　188

*De sensu et sensibilibus*『感覚と感覚されるものについて』
446b2–6　169

*De memoria et reminiscentia*『記憶と想起について』
450a10　138n.23
453a14–16　173

*De insomniis*『夢について』
459a15–17　173
460b28–32　167, 176, 180

461a17–19　　167, 180
*Historia animalium*『動物誌』
487b33–488a14
　　　337n.13
536a21　　181
*De partibus animalium*『動物部分論』
640b33　　154
656a6–8　　212
660a35–b2　　181
686a27　　138n.23
*De motu animalium*『動物運動論』
chs.6–8　　167
702a17–19　　176
*De generatione animarium*『動物発生論』
731b30　　209
786b21–22　　198
*Metaphysica*『形而上学』
1003a14　　158–59
1003a21–22　　299n.23
1003b15–16　　299n.23
1028a17　　157n.42
1028a20–29　　122n.15
1028a32–33　　158
1030a3　　157n.42
1030b4–6　　158
1032a32–b2　　158
1034a5–8　　159
1035a7　　161
1036a28–29　　158–59
1038b8–9, 35　　158
1038b11–12　　159
1039b20–1040a7
　　　158–59
1041b4–9　　158
1051b24　　157
*Ethica Nicomachea*『ニコマコス倫理学』
1094a26–b10　　280

1094b4–7　　288
1096b26–27　　233n.43
1096b29　　249
1096b30–31　　235n.50
1097b6–11　　257n.20
1098a3–4　　352
1098a21–26　　356n.58
1098a26–b3　　238n.62
1102a27–28　　249
1103a23–b6　　257n.18
1103b26–30　　238n.62
1108a26–30　　225n.1
1110a11　　249
1112a33　　249
1115b17–20　　239n.66
1126b19–23　　225n.1
1129a6–9　　256n.11
1129a26–31　　233n.44
1129a31–b1　　257n.13
1129b1–4　　259n.27
1129b19–25　　257n.14
1129b23–24　　288
1129b25–27　　257n.16
1129b30–1130a1
　　　257n.17
1129b31　　288
1130a3–5　　266n.51
1130a12–13　　258n.23
1130a14　　265n.49
1130b2　　259n.27
1130b7, 19, 22–23
　　　257n.15, 17
1130b18–20　　265n.49
1130b31–32　　259n.28
1131a1　　261
1131a26–29　　260
1131b13　　259n.29
1132a4–5　　262n.38
1132b21–23　　264n.45
1132b28–30　　262n.39
1132b31–32　　263n.44
1132b32–33　　264n.45

1133a10–12　　264n.47
1133a26–27　　263n.44
1134a35–b1　　270n.62
1134b5–6　　266n.51
1134b18–27　　269n.60
1134b29–35　　269n.61
1135a4–5　　270n.63
1135a8–9　　256n.12
1135a28–30　　262n.39
1136b20–21　　271n.66
1136b21–22　　289
1137a17–26　　256n.11
1137b11–13　　268n.59
1137b26–27　　271n.64
1137b33–1138a3
　　　271n.65
1138a1–2　　271n.66,
　　　289
1139a18　　249
1139b16–18　　171
1143a36–b3　　249
1155a3–4　　225n.1
1155a3–5　　241
1155a6–12　　350
1155a7–8　　230n.29
1155a16–19　　226n.4
1155a16–23　　350
1155a21–22　　355n.57
1155a22–b8　　228n.19
1155a23–24　　267n.53
1155a26–28　　253n.2,
　　　265, 289
1155a28–29　　229n.28,
　　　241
1155b17–19, 27
　　　228n.20
1155b18–19　　242,
　　　284
1155b27–31
　　　231n.34, 244
1156a3–5　　242,
　　　266n.51, 284

| | | |
|---|---|---|
| 1156a7–8 228n.20 | 229n.24, 284 | 1177b34 251 |
| 1156a10–24 231n.36, 244 | 1162b7 245, 284 | 1178a2–3 249 |
| 1156a30–31 227n.11 | 1162b21–22 270n.62 | 1178a10–21 250 |
| 1156b1–3 227n.14 | 1162b16–17 231n.36 | 1178a22 250 |
| 1156b7–8 245, 284 | 1162b21–34 228n.15 | 1180a14–b28 343 |
| 1156b10–11 245, 284 | 1163b11 229n.24 | *Ethica Eudemia*『エウデモス倫理学』 |
| 1157a13 227n.14 | 1163b33–1164a2 228n.22 | 1236a16–19 232n.38 |
| 1157a25–26 226n.5 | 1164a3 227n.14 | 1236b1–2 233n.39 |
| 1157a30 234n.46 | 1164a6–8 228n.21 | 1236b5–11 231n.33 |
| 1157b23 227n.13 | 1164a12 245, 284 | 1236b11–18 239n.64 |
| 1157b28–29 230n.30 | 1165b8–9 245, 284 | 1242b22–23 228n.17 |
| 1157b29–32 231n.33 | 1166a1–2 247–48 | 1242a22–27 337n.13 |
| 1157b36 229n.25 | 1166a16–19, 22 249 | *Politica*『政治学』 |
| 1158a21 228n.15 | 1166a19–22 251 | 1252a1–7 276 |
| 1158b2–3 228n.21 | 1166a30–31 286 | 1252a4–7 281 |
| 1158b11–23 226n.4 | 1166a31–32 252, 286 | 1252a17–26 277 |
| 1158b27–28 229n.24 | 1166b8–9 248 | 1252a26–30 277 |
| 1158b29–33 266n.50 | 1166b30–1167a3 231n.32 | 1252b1–3 277 |
| 1159a27–33 231n.35 | 1167a15–18 231n.36 | 1252b1–5 183 |
| 1159a30 246 | 1168b8 229n.25 | 1252b27–30 212 |
| 1159a35–b3 229n.24 | 1168b15–23 244, 247–48 | 1252b27–1253a1 281 |
| 1159b25–26 266n.50 | 1168b23–1169a6 247 | 1252b28 278n.4, 295 |
| 1159b26–27 266n.51 | 1168b30, 35 249 | 1252b28–30 278, 300n.29, 341 |
| 1159b26–30 229n.26 | 1169a6–11 246n.11 | 1252b32–33 279 |
| 1160a4–7 262n.39 | 1169a18–20 246, 252 | 1253a2–3 258n.21, 279, 299n.24, 337 |
| 1160a7–8 266n.52 | 1169b8–10 350 | 1253a5 351 |
| 1160a29–30 284 | 1169b16–19 350 | 1253a9 277 |
| 1161a10–11 266n.50 | 1169b17–19 337n.13, 344 | 1253a9–10 179, 337 |
| 1161a25 227n.13 | 1169b30–1170a4 285 | 1253a9–18 182, 211, 338 |
| 1161a34–b8 228n.16 | 1170a3 289 | 1253a10–11 180 |
| 1161b4–6 244 | 1170a19 249 | 1253a29 279 |
| 1161b5–7 261n.33 | 1170b10–11 286 | 1253a29–31 341 |
| 1161b11 229n.26 | 1170b11–12 291 | 1254b10–13 295 |
| 1161b11–12 266n.50 | 1170b20–22 227n.11 | 1254b14–32 295 |
| 1161b12, 35 227n.13 | 1177a13–21 251 | 1256b20–22 277 |
| 1161b15–16 227n.11 | 1177a21–22 250 | 1265a26 300n.29, 322n.12 |
| 1161b28–29 252 | 1177a27–28 250 | 1276b30–32 290 |
| 1161b30–33 252 | 1177b26–33 250 | |
| 1162a16–33 229n.27 | | |
| 1162a35–b4 228n.18, | | |

1276b38–39　　290
1278b17–30　　343
1279a21　　300n.30
1285b29–33　　314n.85
1286a7–9　　312n.80
1287a12–13　　261n.33
1324a16–17　　291
1325b16–21　　286
1328a35　　300n.30
1340a25–28　　286n.9
*Rhetorica*『弁論術』
1370a28–29　　171n.6
1373b6　　306n.53

Aspasius　アスパシウス
*In ethica Nicomachea quae supersunt commentaria*『「ニコマコス倫理学」註解』
160.7–18　　267n.54
164.2　　234n.46
164.3–11　　234n.48

Augustinus　アウグスティヌス
*De civitate* Dei『神の国』
12.28　　301n.31

Basilius　バシレイオス
*Epistulae*『書簡』
261　　215
302　　214

Cicero　キケロ
*De inventione*『構想論』
I.2, 3　　308n.63, 64
*De officiis*『義務論』
I.11–12　　308n.62

Epictetus　エピクテトス
*Dissertationes*『語録』
Ⅲ.13.5　　301n.31

Euripides　エウリピデス
*Medea*『メデイア』
98–99

Marsilius de Padova　パドヴァのマルシリウス
*Defensor pacis*『平和の擁護者』
I.3.4　　309n.68
I.4.3　　310n.71
II.22.15　　310n.72

Platon　プラトン
*Apologia Socratis*『弁明』
21d3–5, 7　　14
32b　　101
*Euthydemus*『エウテュデモス』
271d1–272b4　　21
272b9–10　　21
273d8–9　　21
274d7–e5　　21–22
275a1–2　　19, 22
275d2–276c7　　23
276d7–277c7　　23, 26–27
277e5–278a5　　25
278e3, 279a2–3　　27
279c1–2　　28
279c5–8　　28
279d6　　28
279e4–280a5　　29
280b2–3　　29
281a6–b4　　30
283c5–d6　　32–33
283e9–287a4　　33
284c1–2　　36
287a7–8　　36
287c1–2　　35
289b5–6　　35
289d2–e1　　37
292b4–7　　35

292d1, 5–6　　35
*Hippias Maior*『大ヒッピアス』
281b6–282d1　　41–42
284c5, 8–9　　45
284d2–285a7　　43–44
286a8–b4　　58
286b1–4　　47
286c5–7　　49
286c5–d3　　53
286d3–e1　　53
286d7–287b5　　53
287c1–e1　　58
287e2, 4　　59
288c4　　63
288c5　　63n.13
288d1–3　　63
289d2–4　　65
289d7–8　　65n.14
289e2–3　　65
290b3–7　　66
290d2–3　　66
290e3　　67
291d2–3　　69, 71
291d9–e2　　72
293c4–5　　73
293c5–7　　73
293e4–5　　68
293e5–298a5　　53
293e11–294a2　　68
294c8–d3　　74n.17
296c7–d7　　68
296d9–e4　　68–69
296e7–297d9　　69
297d3–4, 6–8, 10–11, e4–5　　70n.15
298a5–300b2　　53
298a6–7　　77
298b11　　51
298d1–5　　77
300b2–303d11　　53
302e5–9　　79

| | | |
|---|---|---|
| 304b7–e5 | 53 | |
| 304c1–2 | 80 | |
| 304e2–3 | 80 | |
| 304e5–9 | 53, 80 | |

*Lysis*『リュシス』
| | |
|---|---|
| 210a9–c4 | 7 |
| 210c5–d3 | 8 |
| 214d1–2 | 15 |
| 217a4–7 | 10n.6 |
| 217b4–6 | 9 |
| 217e6–8 | 9 |
| 218a2–6 | 13 |
| 218a6–b1 | 14 |
| 218b8–c2 | 13 |
| 218c1–2 | 246 |
| 218c6 | 10n.6 |
| 218d8 | 10n.6 |
| 219a1–4 | 10 |
| 219a3–6 | 12 |
| 219a6–b2 | 10 |
| 219c5–d2 | 10n.7 |
| 219d3 | 19 |
| 220d4, 6–7 | 11 |
| 220e4 | 13 |
| 220e4–5 | 11 |
| 223b6 | 17 |

*Menexenus*『メネクセノス』
| | |
|---|---|
| 235e4–8 | 106 |
| 236a8–b6 | 106–107 |

*Symposium*『饗宴』
| | |
|---|---|
| 198d3–4 | 85 |
| 198d8–e1 | 85 |
| 202a8–9 | 93 |
| 202d1–3 | 91 |
| 202e3 | 91 |
| 204c4, d5–11 | 84 |
| 204c4–5 | 90 |
| 204e2–7 | 84 |
| 206b7–8 | 85 |
| 210a7–8, c1–3 | 85 |
| 212a4 | 92 |

*Epistulae*『書簡』
| | |
|---|---|
| 316a, 318d | 300n.27 |

Plutarchus プルタルコス
*Consolatio ad Apollonium*『アポロニオスへの慰めの手紙』
| | |
|---|---|
| 1. 101F–102A | 219 |
| 3. 102C–D | 219 |

*De libidine et aegritudine*『喜びと悲しみについて』
| | |
|---|---|
| 6 | 216 |

*Pericles*『ペリクレス伝』
| | |
|---|---|
| 16, 24, 32 | 100 |

Seneca セネカ
*De ira*『怒りについて』
| | |
|---|---|
| Ⅰ 16. 7 | 220 |
| Ⅱ 1–4 | 221n.11 |

Simplicius シンプリキオス
*In libros Aristotelis De anima commentaria*『アリストテレス「魂について」註解』
| | |
|---|---|
| 182. 38–183. 4 | 139n.25 |

Thomas Aquinas トマス・アクィナス
*De regimine principum, ad regem Cypri*『王制論（君主の統治について──謹んでキプロス王に捧げる）』
| | |
|---|---|
| Ⅰ c. 1 | 278n.4, 305n.45 |

*In Aristotelis librum De anima commentarium*『アリストテレス「魂について」註解』
| | |
|---|---|
| Ⅲ 1. 577 | 143n.32 |

*In decem libros ethicorum Aristotelis ad Nicomachum expositio*『アリストテレス「ニコマコス倫理学」註解』
| | |
|---|---|
| Ⅷ 1.7. 1631–1633 | 266n.50 |

*Scriptum super libros sententiarum*『命題集註解』
| | |
|---|---|
| Ⅱ d.44 q.1 a.3 | 304n42 |

*Summa contra gentiles*『対異教徒大全』
| | |
|---|---|
| Ⅲ 22 | 295n.11 |
| Ⅲ 81 | 295n.12 |
| Ⅲ 85 | 305n.48 |

*Summa theologiae*『神学大全』
| | |
|---|---|
| Ⅰ q.79 a.12 | 306n.55 |
| Ⅰ q.81 a.3 | 297n.18 |
| Ⅰ q.92 a.1 | 304n.43 |
| Ⅰ q.96 a.4 | 305n.44 |
| Ⅰ–Ⅱ q.72 a.4 | 305n.48 |
| Ⅰ–Ⅱ q.91 a.2 | 306n.52 |
| Ⅰ–Ⅱ q.94 a.2 | 306n.52 |
| Ⅰ–Ⅱ q.94 a.5 ad.3 | 305n.50 |

Thucydides トゥキュディデス
*Historiae*『歴史』
| | |
|---|---|
| Ⅱ 34–46 | 107 |
| Ⅷ 68 | 107 |

Xenophon クセノフォン
*Memorabilia*『ソクラテスの思い出』
| | |
|---|---|
| Ⅱ 6 | 102 |
| Ⅲ 11 | 101 |

土橋 茂樹（つちはし・しげき）

1953年東京生まれ。1978年上智大学文学部卒業。1988年上智大学大学院哲学研究科博士後期課程単位取得満期退学。上智大学哲学科助手，オーストラリア・カトリック大学・初期キリスト教研究所客員研究員を経て，現在，中央大学文学部教授。

〔編著書〕『善美なる神への愛の諸相──『フィロカリア』論考集』（教友社，2016年），『内在と超越の閾』（共編，知泉書館，2015年），『哲学』（中央大学通信教育部，2003年），他。

〔訳書〕『アリストテレス全集12：小論考集』（共訳，岩波書店，2015年），R・ハーストハウス『徳倫理学について』（知泉書館，2014年），エジプトの聖マカリオス『50の講話──抄録者シメオンによるその150章の抄録』（『フィロカリアⅥ』所収，新世社，2013年），偽マカリオス『説教集』『大書簡』（『中世思想原典集成3──後期ギリシア教父・ビザンティン思想』所収，平凡社，1994年），他。

〔共著〕『越境する哲学──体系と方法を求めて』（春風社，2015年），*Christians Shaping Identity from the Roman Empire to Byzantium* (Brill, 2015)，『新プラトン主義を学ぶ人のために』（世界思想社，2014年），『中世における信仰と知』（知泉書館，2013年），『西洋哲学史Ⅱ』（講談社，2011年），*Prayer and Spirituality in the Early Church* Vol. 4 (St. Pauls Publications, 2006)，『現代社会に於ける倫理の諸相』（中央大学出版，2003年），『中世の社会思想』（創文社，1996年），他。

---

〔善く生きることの地平〕　　ISBN978-4-86285-240-3

2016年9月15日　第1刷印刷
2016年9月20日　第1刷発行

著　者　土　橋　茂　樹
発行者　小　山　光　夫
製　版　ジャット

発行所　〒113-0033 東京都文京区本郷1-13-2
電話03(3814)6161 振替00120-6-117170
http://www.chisen.co.jp
株式会社 知泉書館

Printed in Japan

印刷・製本／藤原印刷